交融与创新

北魏平城时代研究论集

云冈研究院 编

上海人民美术出版社

编委会主任

刘建勇　杭　侃

编　委

刘建勇　杭　侃

何建国　闫　丁　卢继文　崔晓霞

主　编

何建国

执行主编

王雁卿　周世茂

编　辑

王　珏　侯　瑞　吴　娇

王若芝　张轩鑫

序

马长寿先生的《碑铭所见前秦至隋初的关中部族》是我外出时不时带在身边的一本书。书中马长寿先生对北魏孝文、宣武时期"性巧，强于部分"的著名宦官王遇所在的李润羌进行了精彩的论述，揭示了李润羌在太武帝时期爆发的盖吴起义中扮演的角色，从而认为王遇被阉的原因是"钳耳氏之在李润镇，正如上文所述冯羌酋道子、不蒙娥之伦，对北魏有所不满、起兵反抗者，正是此辈。北魏镇压他们以后，阉王遇为宦，与唐之征岭南，阉岭南豪族子弟杨思勖、冯播州、高力士为宦者亦复相同"。

王遇参与的重要营建项目，除了史书所记"北都方山灵泉道俗居宇及文明太后陵庙，洛京东郊马射坛殿，修广文昭太后墓园，太极殿及东西两堂、内外诸门制度"之外，宿白先生根据《大金武州山重修大石窟寺碑》所记，还参与了云冈石窟9、10窟的工程。类似王遇这样出身少数族群，在北魏历史上起到过重要作用的人不在少数，可以说除了文献资料之外，考古发现也给我们不断提供着新的材料。

山西应县近年来发现北魏乙弗莫瓌铭砖和莫瓌子乾归元息贰虎妻阳平长公主铭记砖铭，一些学者对这批新材料进行了研究，最新的综合研究是发表于《大众考古》2023年11月刊上刘永瑞先生的《北魏乙弗贰虎妻阳平长公主铭记考》。乙弗莫瓌出自青海湖附近的乙弗鲜卑，其先世为吐谷浑渠帅。"乙弗莫瓌"在《魏书》中作"乙瓌"，孝文帝姓氏改革时乙弗氏改为乙氏，《魏书·乙瓌传》曰：

> 乙瓌，代人也。其先世统部落。世祖时，瓌父匹知慕国威化，遣瓌入贡，世祖因留之。瓌便弓马，善射，手格猛兽，膂力过人。数从征伐，甚见信待。尚上谷公主，世祖之女也。除镇南将军、驸马都尉，赐爵西平公。从驾南征，除使持节、都督前锋诸军事。每战，身先士卒，勇冠三军。后除侍中、征东将军、仪同三司、定州刺史，进爵为王。又为西道都将。和平中薨，时年二十九。

乙瑰曾孙瑗之女为西魏文帝文皇后，《北史·后妃传上·文帝文皇后乙弗氏》曰：

> 文帝文皇后乙弗氏，河南洛阳人也。其先世为吐谷浑渠帅，居青海，号青海王。凉州平，后之高祖莫瑰拥部落入附，拜定州刺史，封西平公。自莫瑰后，三世尚公主，女乃多为王妃，甚见贵重。

乙弗皇后的故事非常凄婉。从青海湖畔到雁北盆地，再南迁洛阳，西移长安，可以说乙弗氏的变迁见证了魏晋南北朝时期民族融合的历程。据宿白先生《平城实力的集聚和"云冈模式"的形成与发展》一文中的统计，见于文献明确记载，在平城时代迁往平城的四面八方的移民数量就超过一百万之多，其间有多少悲欢离合的故事、波澜壮阔的史实等待我们去揭示和书写！

2024年岁末于燕园

杭侃

云冈研究院院长

目录

中华民族"凝聚力"考古学研究　008
刘庆柱　中国社会科学院学部
刘秀娟　河南工业大学新闻与传播学院

试论中国佛教对铸牢中华民族共同体意识发挥的积极作用　026
李四龙　北京大学哲学系宗教学系

从边缘到中心：秦人认同华夏民族的心理历程及其历史意义　034
彭丰文　中国社会科学院民族学与人类学研究所

汉代的民族交往与民族融合　044
汪高鑫　北京师范大学历史学院

从世俗到宗教：汉魏南北朝大象图像的转型　060
戴卫红　中国社会科学院古代史研究所
章泽玮　中国社会科学院大学历史学院

大同地区辽金墓葬中的民族融合现象研究　094
刘贵斌　云冈研究院

草原丝绸之路视域下北方民族交往交流交融的历史书写　106
张景明　北方民族大学民族学学院

古代敦煌多元文化交融中的中华民族共同体意识　116
杨燕　兰州城市学院音乐学院
杨富学　敦煌研究院

儒家民族观与十六国北朝民族融合及其历史影响　130
朱大渭　中国社会科学院历史研究所

民族融合与制度革新——十六国北魏的历史轨迹　164
李凭　华南师范大学历史文化学院

佛教在北朝的弘传及中西文化的碰撞和交融　174
李书吉　山西大学历史文化学院

墓志所见北朝的民族融合——以司马金龙家族墓志为线索　196
张学锋　南京大学历史学院

关于胡族汉化的实态　206
川本芳昭　日本九州大学
张雨怡（译者）　复旦大学历史学博士

论平城时代"大一统"意识与中华民族共同体构建　222
张公达　安徽师范大学文学院
孙玉梅　山西大同大学云冈学院

北魏墓葬动物殉祭习俗的形成与影响因素　230
张国文　南开大学历史学院

平城实力的集聚和"云冈模式"的形成与发展　242
宿白　北京大学考古文博学院

从穹庐到殿堂——漫谈云冈石窟洞窟形制变迁和有关问题　280
杨泓　中国社会科学院考古研究所

关于云冈石窟的《茹茹造像铭记》——兼谈柔然的名号问题　300
周伟洲　陕西师范大学中国西部边疆研究院

云冈石窟与北魏平城外来文明艺术　308
张庆捷　山西省考古研究院

试述河西凉州石窟和云冈石窟的关系　322
秦大树　北京大学考古文博学院

徐州高僧入主云冈石窟　328
张焯　云冈研究院

云冈石窟——文化交流融合的瑰宝　342
李君　山西大学历史文化学院

云冈石窟造像的鲜卑特色与文化多样性　350
彭栓红　大同大学文学院

云冈石窟大中型洞窟供养人的意识表达　366
员小中　云冈研究院

云冈石窟——多民族交流融合的艺术典范　386
侯瑞　云冈研究院

中华民族"凝聚力"考古学研究

刘庆柱
中国社会科学院学部

刘秀娟
河南工业大学新闻与传播学院

一、关于"文明"的说明

"文明"一词亦见于中国古代文献中。如《尚书·舜典》记载:"曰若稽古帝舜,曰重华,协于帝。睿哲文明,温恭允塞,玄德升闻,乃命以位。"《周易·文言》曰:"见龙在田,天下文明。"孔颖达注疏曰:"文明"是"有文章而光明也。"《周易·同人》曰:"文明以健,中正而应,君子正也。"《周易·明夷》曰:"内文明而外柔顺,以蒙大难,文王以之"[1]。冯时认为,中国传统文明体现的是中国古代的"道德体系、知识体系和礼仪制度基础上的文明社会"[2]。

19世纪,德国学者曾提出"文明"是"物质成就"的体现,"文化"是"精神成就"的体现。这与西方及近现代以来国际人类学、历史学、考古学等学术界使用的"文明"之意义不同。社会上流行的"文明"一词,《辞海》中的定义为:"同文化";又称"文明"为"社会发展水平较高有文化的状态"。有的把"文明"分为"精神文明"与"物质文明"。

恩格斯在《家庭、私有制和国家的起源》中指出:"文明史"是"有文字记载的历史",反之则为"人类的史前史"[3]。中央关于"文明"的最新解读是在2020年9月28日十九届中央政治局第二十三次集体学习时,习近平总书记在讲话中提到:"我国考古发现的重大成就实证了我国百万年的

---

[1] 《春秋正义》卷50,〔清〕阮元校刻:《十三经注疏》,中华书局,1980年。
[2] 冯时:《文明论》,载韩国河主编《根与魂:考古学视野下不断裂中华文明研究》,科学出版社,2022年。
[3] 〔德〕恩格斯:《家庭、私有制和国家的起源》,人民出版社,1972年,第19页。

人类史、一万年的文化史、五千多年的文明史"[1]。笔者认为这里所说的"人类史""文化史"及"文明史"即考古学的"旧石器时代""新石器时代"及"历史时代",历史学的"原始社会史"(即习近平讲话中的"人类史""文化史"组成的"史前史")与"国家历史"(即"文明史"),人类学的"蒙昧时代""野蛮时代"与"文明时代"。

作为"国家"意义的"文明"一词最早源于西方。18世纪,德国人类学家约翰·戈特佛里德·冯·赫德尔(Johann Gottfried von Herdeer)提出人类的原始社会、野蛮社会与文明社会三个阶段。路易斯·亨利·摩尔根(Lewis Henry Morgan)的《古代社会》将人类社会分为"蒙昧""野蛮"与"文明"三个阶段[2]。恩格斯则认为:"国家是文明社会的概括"[3]。

易建平从"文明"的词源学角度认为:"Civiliz(s)ation(文明)与State(国家)本是一家,最初的意思就是'城、城堡'。……从词源学上追溯,不管是Civiliz(s)ation(文明),还是State(国家),都与Civiliz-(s)ation(文明)后来衍生意义上的'文化',包括所谓精神文化与物质文化,没有什么关系"[4]。易建平进一步指出:"现在有些考古学家将'文明'区分为'文化'与'社会'两大部分,我曾经从词源学角度考察了这两个词在古希腊文、古拉丁文、中世纪拉丁文、法文和英文等文章中的演变,从词源学角度看,上述分法并无根据"[5]。可见易建平对西方"文明"的解读,与18世纪以来欧洲人类学家在探索人类社会发展状态时使用的"文明"一词是一致的。因此易建平指出:"研究'文明'起源,也就是研究'国家起源',所谓的'文明'社会,也就是'国家'社会。"[6]笔者认为这是关于"文明"学术定义最清楚、最简洁的表述。

作为中国当代学术术语的"文明"一词,是由西方的Civiliz(s)ation于19世纪60年代传入中国,直至戊戌变法以前,一般被译为"教化",而将其译为西方"文明"内涵(即"国家"意义)是20世纪以来的事情[7]。

---

[1] 习近平:《建设中国特色中国风格中国气派的考古学 更好认识源远流长博大精深的中华文明》,《求是》2020年第23期,第4—9页。
[2] 〔美〕摩尔根:《古代社会》,杨东莼、马雍、马巨译,商务印书馆,1977年,第1页。
[3] 〔德〕马克思、恩格斯:《马克思恩格斯选集》第4卷,人民出版社,2012年,第193页。
[4] 易建平:《从词源角度看"文明"与"国家"》,《历史研究》2010年第6期,第27—35、190页。
[5] 同上。
[6] 易建平:《关于国家定义的重新认识》,《历史研究》2014年第2期,第143—161页、第192页。
[7] 黄兴涛:《晚清民初现代"文明"和"文化"概念的形成及其历史实践》,《近代史研究》2006年第6期,第1—34页。

作为考古学的"文明"研究，其研究对象的物化载体应该明确。恩格斯在《家庭、私有制和国家的起源》中提出"国家是文明社会的概括"[1]，而"国家"主要包括"国民""国土"与"国家政府机构"[2]。其中"国土"即国家"土地""河山"与"海洋"（现代还有"领空"），这在中国考古发现中均得到印证。如秦始皇作为国家权力的"代表"与"化身"，其陵墓就是"国家"的缩影，陵墓中的内容就明显表示出国家的"核心"内容。《史记·秦始皇本纪》记载秦始皇陵地宫之中"以水银为百川江河大海，机相灌输，上具天文，下具地理"。考古工作者在西汉时期的一些高等级墓葬的墓室顶部发现了天文星象图，因而司马迁关于秦始皇陵地宫中的"上具天文"应该是可信的。至于秦始皇陵的"下具地理"的"以水银为百川江河大海"已被考古证实。考古工作者与科技工作者合作，在秦始皇陵地宫之上测到"汞"及其不同区域的不同浓度[3]。古代都城是国家的"缩影"，汉武帝在都城建章宫仿照大海修建太液池，太液池中有海上神山与石刻鲸鱼[4]。自汉长安城至明清北京城，历代王朝的都城基本沿袭此制，如唐长安城太极宫中有"四海池"（东海、西海、南海、北海），大明宫中有太液池。建都北京的金中都与"元大都"之内均有"太液池"，明清北京城中则以"海"（如"北海""中南海""西海"等）名"池"（太液池）。这体现出中国古代王朝以"海洋"作为国家"领海"的理念。

在上述"国家"内涵之中最为重要的是"国民"关于"国家认同"的理论，这是"中华文明不断裂"的根本所在。

二、"中华文明不断裂"的考古学研究

前面已经就"文明"进行了讨论，而"中华文明"研究则有必要首先研究"中""华"与"中华"的历史，方可继而探讨"中华文明不断裂"的原因。

---

[1] 〔德〕恩格斯：《家庭、私有制和国家的起源》，人民出版社，1972年。
[2] 20世纪初，法国、德国学者Jeillnek Laband、Carrede Malberg 提出"国家三要素"一说。
[3] 刘庆柱：《秦始皇陵考古述评》，《探古求原：考古杂志社成立十周年纪念学术文集》，科学出版社，2007年，第122页。张卫星：《地下秦朝》，山东文艺出版社，2022年。
[4] 《史记》·卷12·《孝武本纪》载："其北治大地，渐台高二十余丈，名曰太液池，池中有蓬莱、方丈、瀛洲、壶梁，象海中神山龟鱼之属。"刘庆柱《三秦记辑注·关中记辑注》之注10："考古工作者曾在太液池遗址东边发现一件汉代石刻鲸鱼，鱼身长4.6米，径1米。此即本文所载的'石鱼'。太液池为汉武帝时所修建的人工湖，位于建章宫北部，面积2万平方米，为一平面曲尺形。池内渐台遗址东西60米、南北40米，高约8米。"

(一)"中"的解读

冯时认为"中"之初文为"丨",就是测中的"表","古人通过立表测影的执中活动造就了汉字的'中'"。商周的甲骨文与金文的"中"字上部所饰之斿("飘带")则或为旗斿。而建旗必于中央,因此"中"具有"中央""中正"之意[1]。

中国古人对"中"的信仰及追求,可以追溯至久远的新石器时代晚期[2]。1987年,在河南省濮阳市西水坡发现了一座6400年前的墓葬,墓主人左右两侧分别放置了蚌壳堆塑的"龙"与"虎"形,足下有一象征"北斗"的蚌壳堆塑的三角形图案,图案的东部与东西向有两根人的胫骨相连(即"周髀")[3]。有学者指出,此即古人测量"求中"方位的"槷表"或"圭表"[4]。

在山西省襄汾县陶寺遗址(距今4300—1900年)发现的M2200与ⅡM22中[5],均有与"测中"相关的"槷表"遗物[6]。当下,学界多倾向于襄汾陶寺城址为古代都城遗址,或许是史料记载的"尧都平阳"[7]。因而,陶寺遗址出土的"槷表"等文物,可能与"求中"的"建都"活动紧密关联,表明中华文明"中"的理念形成于夏商周三代前。

目前,战国的《清华简·保训篇》是最早记载"求中"的出土文献,简文记载"五帝时代"的虞舜于"鬲茅""求中"[8]。"鬲茅",即今河南省濮阳和山东省菏泽一带。该出土文献又记载夏禹将其都城定于"河"(即洛河与黄河汇流之地)。中华人民共和国成立伊始,人们在河南郑州、洛阳一带考古发现了夏代都城遗址:登封王城岗城址、新密新砦城址与偃师二里头城址[9]。这些考古发现印证了《清华简·保训篇》关于甲微为大禹都城选址于"大嵩山"("求中")的记载是准确的。

---

[1] 冯时:《文明以止:上古的天文、思想与制度》,中国社会科学出版社,2018年,第127、161、162页。
[2] 刘庆柱,韩国河:《历史考古的考古学文化阐释》,《中国社会科学》2021年9期,第159—171页。
[3] 河南省文物考古研究所:《濮阳西水坡》,中州古籍出版社、文物出版社,2012年。
[4] 冯时:《〈保训〉故事与地中之变迁》,《考古学报》2015年第2期,第129—156页。
[5] 中国社会科学院考古研究所山西队,山西省考古研究所,临汾市文物局:《陶寺城址发现陶寺文化中期墓葬》,《考古》2003年第9期,第771—774页。
[6] 冯时:《陶寺圭表及相关问题研究》,《考古学集刊:第19集》,科学出版社,2013年,第54页。
[7] 王震中:《中国文明起源的比较研究(增订版)》,中国社会科学出版社,2013年,第317—322页。
[8] 李学勤:《清华大学藏战国竹简·壹·下册》,中西书局,2010年,第143、145页。
[9] 夏商周断代工程专家组:《夏商周断代工程:1996—2000年阶段成果(简本)》,世界图书出版公司北京公司,2000年。

《清华简·尹诰篇》记载，商汤"乃致众于亳中邑"[1]。《诗·商颂·殷武》曰："商邑翼翼，四方之极。"郑玄《笺》曰："极，中也。商邑之礼俗翼翼……乃四方之中也。"林义光《通解》曰："商邑，亳也，居九州之正中，故曰四方之极。"上述文献记载也被20世纪50至80年代考古发现的郑州商城与偃师商城等商早期都城所证实。

周武王灭商后，新王朝的都城位于"大嵩山"核心地区。《逸周书·作雒》曰："乃作邑成周于土中。""土中"即"中土"，"洛邑居天下之中"。1963年，人们在陕西省宝鸡发现的青铜器"何尊"，其铭文"宅兹中或（国）"，"国"即都城，因位于国家空间之"中"而名之[2]。

自夏商周至宋，大一统王朝都城的选址基本在"大中原"的长安、洛阳及开封东西一线的黄河中游，这里是古人所说的"择中建国"（亦称"择中建都"）之地[3]。金朝推翻北宋王朝后，在北宋都城故地开封营建金王朝都城，后因考虑与金人故土距离遥远，又改变想法，将都城建于距其"起家"之地黑龙江较近，又能通过大运河南下管控中原的燕京。都城选址是国家大事，为了体现弃开封而建都燕京的意义，海陵王提出"燕京乃天地之中"的"理由"，定都于燕京是"以应天地之中"的"择中建都"的中华传统政治文化[4]。这也促成元朝与明、清两朝定都北京[5]。金朝称燕京为"中都"，此名又为其后元朝开启者忽必烈所延续。至元四年（1267），忽必烈"命秉忠（刘秉忠）筑中都城，始建宗庙宫室"。至元八年（1271）改国号为"大元"，"中都"才更名为"大都"[6]。

（二）"华"的解读

关于"华"的源头，我们可以从新石器时代仰韶文化庙底沟遗址的考古发现中找到。庙底沟遗址位于河南省三门峡市区西南，为原始氏族公社的村落遗址，距今5000多年[7]。

彩陶是仰韶文化的重要特点。学术界现在一般将仰韶文化彩陶分为半坡

---

[1] 李学勤：《清华大学藏战国竹简·壹·下册》，中西书局，2010年，第133、134页。
[2] 马承源：《何尊铭文初释》，《文物》1976年第1期，第64、65、93页。
[3] 刘庆柱，韩国河：《历史考古的考古学文化阐释》，《中国社会科学》2021年第9期。
[4] 于敏中等编纂：《日下旧闻考》引《元一统志》记载："天德三年，海陵王意欲徙都于燕。上书者咸言上京临潢府畔在一隅，官艰于转漕，民难于赴愬，不如都燕，以应天地之中。"
[5] 刘庆柱，韩国河：《历史考古的考古学文化阐释》，《中国社会科学》2021年第9期，第159—171页。
[6] 于敏中：《日下旧闻考·卷17》，北京古籍出版社，2001年，第588页。
[7] 中国科学院考古研究所：《庙底沟与三里桥》，科学出版社，1956年。

类型、庙底沟类型、秦王寨类型、马家窑类型等。不同类型的彩陶典型纹饰特点各有不同,而庙底沟类型以其"花卉纹"尤为突出。苏秉琦先生认为:"仰韶文化的庙底沟类型可能就是形成华族核心人们的遗存,庙底沟类型的主要特征之一花卉彩陶可能就是华族得名的由来。"[1]

关于"華"字,金文中已见,如《命簋》《毛公鼎》的铭文中均有"華"。《后汉书·崔骃列传》曰:"春发其華,秋收其实,有始有极,爰登其质。"这里"華"即"花"。"花"字是北魏时期逐渐从"華"字分化出来的。庙底沟文化分布核心地区保留至现代的一些地名、山名、人名或部族之名,大多与"華"字有关,如黄河流域中游的考古调查发现,今"华胥""华县""华阴""华山""华州"等地附近,恰恰是庙底沟文化分布的中心地区或其附近。这里的先民应该就是崇拜"華"(即"花")的古人。蕴含着庙底沟文化精神的高度统一的彩陶多出土于墓葬,有的学者据此认为庙底沟文化的彩陶有"礼器"功能。因此有专家说,庙底沟文化是开启"史前中国"的密码,是中华文明探源的起点。夏商周王朝上承公元前2600—前2000年的中原龙山文化,中原龙山文化又源于庙底沟二期文化与庙底沟文化,它们成为中华五千多年不断裂文明史的源头主干。

20世纪50年代以来,人们通过考古发掘及研究发现,庙底沟文化分布范围西迄甘青地区,东至鲁西与豫东北,北抵长城地带,南达长江以北,而且其地理位置又在中国新石器时代考古学文化的"中心地区",其影响也最深远。

(三)"中华"的解读

庙底沟类型的"空间属性"之"中",与其考古学"文化属性"的彩陶花卉纹之"华",合为"中华"一词,融活动空间与文化内涵为一体[2]。从"一万年文化史"进入"五千年文明史"时代,"华"的"文化属性"不变,"中"的"空间属性"已延展出"政治属性"。这也就使我们的先民变成"国民",作为国家政治标识的都城之宫门、城门就以"中华"命名,而"中华"随着历史发展成为"国家"或国家都城所在地的"称谓",如:《晋书·殷仲堪传》载殷仲堪上奏云:"盖定鼎中华,虑在后伏,所以分斗绝之势,开荷戟之路。"《魏书·礼志》曰:"下迄魏晋,赵、秦、二燕,虽

---
[1] 苏秉琦:《中国文明起源新探》,生活·读书·新知三联书店,2000年。
[2] 刘庆柱:《陕州文化·序》,《三门峡职业技术学院学报》2017年第16期,第1、2页。

地据中华，德祚微浅。"

"中"与"华"尽管有着久远历史，但合为一词在文献记载中出现较晚。《晋书·天文志》载《天文经星·中宫》曰："东蕃四星，南第一星曰上相，其北，东太阳门也；第二星曰次将，其北，中华东门也……西蕃四星，南第一星曰上将，其北，西太阳门也；第二星曰次相，其北，中华西门也……"

与天宫的中华东门、中华西门相对应[1]，南北朝时期的"中华"多用为宫门名称，如十六国后赵邺都的西中华门，北魏洛阳城的中华门及梁朝建康城（今江苏省南京）的东中华门、西中华门。可见，"中华"这一名称在当时极受青睐[2]。其中，尤以鲜卑人建立的北魏平城（在今山西省大同）为著。自北向南，北魏平城由宫城、外城、郭城组成。宫城是皇帝居住之所，宫城北门为中华门，它又是都城中轴线北端起点之门，由此可见平城"中华门"之重要。北门是目前所知北魏平城城门中最早以"中华"命名的城门。中华东门与中华西门分别演变为明清两朝宫城的东华门、西华门，它们对称分列大朝正殿太和殿东西两侧。

随着中华文明的发展及国家的壮大，疆土渐广，"中华"成为国家称谓。特别是蒙古族建立的元朝，当时的学者王元亮就认为"中华"就是"中国"。

（四）"中华文明不断裂"的解读

"文明不断裂"，是相对"文明"的"断裂"而言的。习近平总书记在2020年9月28日十九届中央政治局第二十三次集体学习时讲道："中华文明是世界上唯一自古延续至今、从未中断的文明"[3]。也就是我们经常讲的"中华五千多年不断裂文明"。学术界关于古代世界文明独立发展有"六大文明"与"三大文明"之说。前者即西亚两河流域古文明、北非埃及尼罗河流域古文明、南亚次大陆印度古文明、东亚中华文明、中南美洲的玛雅文明与印加文明[4]。后一说法指近东（两河流域文明与埃及文明）、中国（中华文

---

[1] 胡阿祥：《中华："五十六族兄弟姐妹是一家"》，《唯实》2016年第7期，第79—83页。
[2] 同上。
[3] 习近平：《建设中国特色中国风格中国气派的考古学 更好认识源远流长博大精深的中华文明》，《求是》2020年第23期，第4—9页。
[4] Daniel G: *The First Civilizations*. Sterling Pub Co Inc, 2004.

明）和中南美（玛雅文明与印加文明）三大文明[1]。

号称现代西方文明源头的希腊文明与罗马文明，前者产生于两河流域文明与埃及文明，并非"原生文明"。古希腊帝国在亚历山大之后被罗马征服，公元476年西罗马帝国被日耳曼人与哥特人灭亡，西罗马灭亡也就宣示了西方"古典时代"结束，而世界文明史亦"罗马之后再无罗马"。波斯文明在西亚两河流域文明与印度文明共同影响之下产生，并先后成为地跨亚洲、欧洲与非洲的波斯帝国与萨珊波斯帝国（波斯第二帝国），但是公元651年为阿拉伯帝国伊斯兰文明所取代，波斯文明走向衰亡。北部古印度文明（巴基斯坦）因雅利安人的入侵而消失，其后又为伊斯兰文明所取代。至于恒河流域古印度文明，也是在笈多王朝之后被阿拉伯、突厥不断征服，印度的著名世界文化遗产泰姬陵就是伊斯兰文明在印度的历史见证。

至于南美洲的玛雅文明与印加文明，随着15世纪末—16世纪初"大航海时代"的"地理大发现"，亦逐渐被毁灭。

中国近百年来的考古发现揭示，距今约5300年的郑州巩义"双槐树城址"[2]与"西山城址"[3]，世纪之交考古发现的距今4300多年的山西襄汾陶寺城址[4]，20世纪70年代以来考古发现的距今约4000年的河南登封"王城岗城址"[5]、河南新密新砦城址[6]、偃师二里头城址[7]，均被"夏商周断代工程"与"中华文明探源工程"认为是中国历史上的第一个王朝——夏王朝的早、中、晚期都城遗址[8]。其后的郑州商城[9]、偃师商城与殷墟的考古发现，周秦汉唐与宋辽金元明清王朝都城遗址的考古调查与发掘，都揭示了中国古代都城制度的一脉相承[10]。都城作为国家（王朝）的象征，它们也就理所当然地

---

[1] 〔荷兰〕富兰克弗特：《近东文明的起源》，子林译，上海人民出版社，2009。
[2] 《"河洛古国"神秘面纱揭开：郑州巩义双槐树遗址被誉为"早期中华文明的胚胎"》，《河南日报》2020年5月7日。
[3] 张玉石，赵新平，乔梁：《郑州西山仰韶时代城址的发掘》，《文物》1999年第7期，第4—15页。
[4] 中华人民共和国科学技术部，国家文物局：《早期中国：中华文明起源》，文物出版社，2009年，第35—37页。
[5] 北京大学考古文博学院，河南省文物考古研究所：《登封王城岗考古发现与研究：2002—2005》，大象出版社，2007年。
[6] 北京大学震旦古代文明研究中心，郑州市文物考古研究院：《新密新砦：1999—2000年田野考古发掘报告》，文物出版社，2008年。
[7] 夏商周断代工程专家组：《夏商周断代工程：1996—2000年阶段成果（简本）》，世界图书出版公司北京公司，2000年。
[8] 中国社会科学院考古研究所：《偃师二里头：1959年—1978年考古发掘报告》，中国大百科全书出版社，1999年，第86页。
[9] 河南省文物考古研究：《郑州商城：1953—1985年考古发掘报告》，文物出版社，2001年。
[10] 刘庆柱：《中国古代都城考古发现与研究》，社会科学文献出版社，2016年。

成为中华文明是古代世界保留至今的"五千多年不断裂文明"的唯一实证。

三、中华民族凝聚力与"中华文明不断裂"考古学研究

"中华文明不断裂"的根本历史原因是缔造"中华文明"的"中华民族凝聚力"。本文通过考古学探索中华民族凝聚力的"物化载体",进而回答"中华文明五千多年不断裂"何以可能这一"世界之问"[1]。

(一)"中华民族"解读

"中华文明"是"中华民族"缔造的。如果说"中华"早在魏晋南北朝的历史文献记载中已经出现,那么"中华民族"一词的出现要晚至近代。1902年,梁启超在《论中国学术思想变迁之大势》中曾提及:"中华民族之有海思想者厥惟齐,故于其间产生两种观念焉,一曰国家观,二曰世界观"[2]。他首次提出了"中华民族"的概念。清末的一些有识之士,如清朝贵族子弟托忒克·端方、爱新觉罗·戴泽在《条陈化除满汉畛域办法八条折》中提出:"满汉之界宜归大同","放弃满洲根本,化除满汉畛域,诸侯相忘,混成一体"[3]。此后一批清朝满族留日学生在日本创建《大同报》发表文章提出:"统合满汉蒙回藏为一大国民。"1912年,巴达尔胡在北京创办的《蒙文大同报》明确提出"五族共和"。因此我们可以说"中华民族"就是"国族"。

虽然"中华民族"一词出现很晚,但是"中华民族"的形成历史可以追溯至秦汉时代。范文澜先生早在20世纪50年代初就提出:"嬴政建立起统一的中央集权的以汉族为基干的民族国家,这又是一个极大重要性的历史事件,可以说是伟大中国和伟大中华民族形成的开始"[4]。秦始皇建立的多民族统一国家,这种"大一统"的国家根本制度,可以说一直在中国历史发展过程中延续着。因此说今天的社会主义中国是从"中华五千多年不断裂文明"发展而来的。

---

[1] 中国好书2024年4月榜单(10部,《不断裂文明史》为第一部)(中国图书评论学会):"从世界史的范围来看,中华民族是唯一一个有着不曾断裂的文明史的民族。文明不断裂的原因何在?这是一个世界之问。"
[2] 梁启超:《论中国学术思想变迁之大势》,上海古籍出版社,2006年,第23页。
[3] 〔清〕端方,戴泽:《条陈化除满汉畛域办法八条折》,载《清末筹备立宪档案史料:下》,文海出版社有限公司,1981年,第915页。
[4] 范文澜:《中华民族的发展》,《学习》1950年第1期,第45页。

（二）"中华民族凝聚力"的考古学解读

研究"中华文明五千多年不断裂"之原因，首先应该开展的是对创造这一文明的"人群"——"华人"的研究，也就是对中华民族先民之研究。因为他们是这一不断裂文明的创造者。关于中华大地五千多年来（甚至是更为遥远的时代以来）的历史，人们通过考古学、遗传学（分子生物学及体质人类学）、历史学等跨学科、多学科的研究，已经取得一定成果。首先是中华大地百年来有关"百万年人类史""一万年文化史"与"五千年文明史"考古发现的与中华先民自身直接相关的遗存，这些科学资料成为我们了解古人的"密码"，也就是我们现在所说的先民的"基因"（DNA）。考古工作者与分子生物学家合作探索，提出五千多年来，其人群基因主要集中在黄河流域中游。换言之，生活在该地域的古人，也正是中华五千多年不断裂文明的缔造者[1]。因此说中国古史传说中国人为"炎黄子孙"是有一定道理的，与历史文献记载的炎黄部族生于此、活动于此是一致的。这也使我们认识到东亚地区古代先民的遗传基因是持续不断的，当前绝大多数国人的基因和五六千年前黄河流域中游地区的人群基因相近[2]。

至于北方鲜卑人的族源，多年来辽宁、内蒙古、河南、北京等地区的田野考古发现与历史文献学、体质人类学、分子生物学等多学科、跨学科结合研究，确认鲜卑、契丹、蒙古在考古学文化、体质人类学及分子生物学三方面的一致性。遗传学方面的数据更能表明他们均源于2000年前后的汉代鲜卑人。至于史前时代西南地区与黄河流域先民的关系，近年来考古学、语言学与遗传学等学科的研究揭示：早在距今约6000年前，汉藏语系藏缅语族先民已在黄河流域中上游的甘青地区生活，而在黄河中游则生活着属于汉藏语系汉语族的华夏先民。

（三）中华姓氏发展历史

宗法社会是中国古代历史的突出特点，姓氏是宗法社会人群的基本符号，因此姓氏研究是宗法社会研究的基础，也是研究中华民族及其国家社会历史的重要学术领域。

---

[1] 李辉，金力：《Y染色体与东亚族群演化》，上海科学技术出版社，2015年，第120页。
[2] 刘庆柱：《中华文明五千年不断裂特点的考古学阐释》，《中国社会科学》2019年第12期，第4—27、199页。

中国学者袁义达等指出，中国是世界上最早出现姓氏的国家，"姓"大概产生于新石器时代晚期。欧洲大陆普遍使用姓的历史只有400年。日本直至明治维新时期国家进行户籍登记，才规定每个人必须有"姓"[1]。

田野考古发掘与研究，是"姓氏"研究的重要的、基础性科学方法。多年来我们的田野考古实践也证实，关注古代人类生存、生活、生产的"平台"——房屋、聚落、聚落群等古代遗存，是揭示古代"人""人群"彼此血缘与地缘关系的一把科学钥匙。从旧石器时代北京周口店猿人的"群居"，到新石器时代内蒙古敖汉旗兴隆洼遗址[2]、甘肃秦安大地湾遗址[3]、陕西西安半坡遗址[4]、陕西临潼姜寨遗址[5]、陕西高陵杨官寨遗址[6]、河南灵宝西坡遗址[7]、安徽蒙城尉迟寺遗址[8]、湖北枣阳雕龙碑遗址[9]等聚落遗址的发现，其房屋布局结构为探索当时人们之间的"婚姻""家庭"关系，提供了实物资料。

古代墓葬考古资料是考古学进行"姓氏"研究的另一个重要领域。古代墓葬中的死者性别、年龄、墓内彼此分布位置、随葬品等，是研究同一墓葬中的不同人之间关系的重要考古资料。同一墓地不同墓葬的分布位置，又可揭示彼此关系。

现代分子生物学在考古学中的应用，极大地促进了考古学的"姓氏"研究：其一，对现代中华民族不同地区不同"姓氏"的人，通过DNA技术与碳十三食性分析方法，寻找到古代"姓氏"的分布地域及其"姓氏"移动信息；其二，通过古代墓地的大规模考古发掘，从古人的骨骼提取DNA样本，建立其遗传学关系，探讨"人群"变化，探索"人群"迁移时空，从而为"姓

---

[1] 袁义达，张诚：《中国姓氏：群体遗传和人口分布》，华东师范大学出版社，2002年，第1页。

[2] 杨虎，朱延平，孔昭宸等：《内蒙古敖汉旗兴隆洼遗址发掘简报》，《考古》1985年第10期，第865—874、961、962页。中国社会科学院考古研究所内蒙古工作队：《内蒙古敖汉旗兴隆洼聚落遗址1992年发掘简报》，《考古》1997年第1期，第1—26、52、97—101页。

[3] 甘肃省文物考古研究所：《秦安大地湾：新石器时代遗址发掘报告》，文物出版社，2006年。

[4] 中国科学院考古研究所，陕西省西安半坡博物馆：《西安半坡：原始氏族公社聚落遗址》，文物出版社，1963年。

[5] 西安半坡博物馆，陕西省考古研究所，临潼县博物馆：《姜寨：新石器时代遗址发掘报告》，文物出版社，1988年。

[6] 王炜林，张鹏程，袁明等：《陕西高陵杨官寨遗址发掘简报》，《考古与文物》2011年第6期，第16—32页。陕西省考古研究院，高陵区文体广电旅游局：《陕西高陵杨官寨遗址庙底沟文化墓地发掘简报》，《考古与文物》2018年第4期，第3—17页。

[7] 中国社会科学院考古研究所，河南省文物考古研究所：《灵宝西坡墓地》，文物出版社，2010年。

[8] 中国社会科学院考古研究所：《蒙城尉迟寺：皖北新石器时代聚落遗存的发掘与研究》，科学出版社，2001年。中国社会科学院考古研究所，安徽省蒙城县文化局：《蒙城尉迟寺（第二部）》，科学出版社，2007年。

[9] 中国社会科学院考古研究所：《枣阳雕龙碑》，科学出版社，2006年。

氏"研究提供基础科学资料。就目前中国考古学发展来说，上述科学技术在考古学中的应用已经起步。可以肯定地说，新的科学技术方法、手段的应用，必将推进"姓氏"研究的发展。

鉴于半个多世纪以来中国考古学的发现与研究成果，学术界已经基本认为"姓"是母系氏族社会的产物，而史前时代的仰韶文化是中国古代历史上最发达、影响最大的母系氏族考古学文化[1]。仰韶文化的中心地区在河南西部、陕西东部、山西南部，其中仰韶文化的庙底沟类型最为重要。"庙底沟类型主要分布于华山以东、崤山以西的豫西三门峡地区和汾河中下游的晋南地区"，其"强大时西逼甘东，东据郑、洛，南抵宛襄，北达河套。它的影响面更大，西至甘青，东抵沿海，南到长江南北，北达长城内外，几乎遍及大半个中国"[2]。这与我们现在了解的中国人姓氏分布情况有着惊人的相似之处。最新发表的相关资料显示，"在现代中国依据人口数量多少而排列的300个大姓中，有170个姓氏的源头或部分源头在河南，在最新排列的100个大姓中，78%的姓氏源头或部分源头在河南"[3]。这是五千多年来历史发展的必然。先秦时代，"大中原"地域之中属于不同"姓"的家族、宗族之间，形成长期的婚姻关系，构成最初的"华夏族"。秦汉时代以汉族为主体的中华民族，就是在"华夏族"的基础之上，在东亚更大区域（基本与现代中国地域相近的空间范围）中，形成的"多元一体"的中华民族。

姓氏学研究有助于厘清彼此的血缘关系，进而探索社会上"人群""族群"与"国民"的彼此关系[4]，这是中华文明在世界文明研究领域所具有的得天独厚的条件。中国哲学社会科学以考古学、遗传学（分子生物学）、民族学、人类学等多学科结合研究中国古代姓氏文化，为世界姓氏学研究做出了重要贡献！

（四）"炎黄同源"的解读

"黄帝"既是中华民族的"人文始祖"，又是中国人的"第一国父"[5]。

中华文明自古以来有着中原与"四夷"之说。所谓"四夷"，就是中

---

[1] 中国科学院考古研究所：《庙底沟与三里桥：黄河水库考古报告之二》，科学出版社，1959年，第143页。杨育彬，袁广阔：《20世纪河南考古发现与研究》，中州古籍出版社，1997年。
[2] 河南省文物研究所：《河南考古四十年：1952—1992》，河南人民出版社，1994年，第49页。
[3] 徐光春：《序言》，载中共河南省委统战部、河南省社会科学院编《中华姓氏河南寻根（第一卷）》，中州古籍出版社，2009年。
[4] 刘庆柱：《中华文明五千年不断裂特点的考古学阐释》，《中国社会科学》2009年第12期，第4—27页。
[5] 刘庆柱：《国祭也是祭国》，《光明日报》2015年第16期。

华大地东西南北四方周边的少数族群，即历史文献记载的"东夷""西戎""南蛮""北狄"。而"四夷"族群的首领又自认为是黄帝的后裔。如历史文献记载的"东夷"为"黄帝之子"少昊之后裔。被视为"西戎"后人的苻洪（前秦皇帝）自称其祖先为"有扈之苗裔"，而"有扈"为大禹之后。被视为"南蛮"的楚人，《史记·楚世家》记载其先祖"出自帝颛顼高阳"。《史记·越王勾践世家》中则记载"百越"先祖属于"禹之苗裔，而夏后帝少康之庶子也"。北方地区匈奴也认为"其先祖夏后氏之苗裔也，曰淳维"。北魏时期，来自大兴安岭的鲜卑人也自称"魏之先，出自黄帝轩辕氏。黄帝之子曰昌意，昌意之少子受封北国，有大鲜卑山，因以为号"。

（五）多民族统一国家的"国家认同"

关于多民族统一国家的"国家认同"，可以从帝王庙设置、发展，以及"中华文明五千多年不断裂"的"文化基因"两个方面进行考古学、历史学解读。

1. 帝王庙（国家的"宗庙"）是多民族统一国家完整历史的缩影

在中古时代以后的中国古代都城出现的帝王庙，与传统的都城礼制建筑中的"宗庙""社稷""明堂""辟雍""灵台"等不同，也与各种类型的"天坛""地坛""日坛""月坛"等祭祀天地日月及其他祭祀性建筑不同。帝王庙是祭祀传说时代（一般认为属于史前时代）帝王与前朝帝王及有文治武功名臣的建筑，也可以说帝王庙是中国历史上最早的"国家历史博物馆"。

对传说时代帝王的祭祀，历史文献记载先秦时代已经开始。祭祀的"帝王"实际上是传说时代的"圣君"，如黄帝。对其祭祀不在祭祀对象"传说"的当年都城或其故居之地，如《史记·秦本纪》《史记·封禅书》《汉书·郊祀志》等历史文献记载秦灵公就在当时秦国都城雍城（今凤翔）附近祭祀黄帝、炎帝[1]。这些记载又为近年来的考古发现所证实。在陕西省凤翔县（今凤翔区）西北柳林镇的血池村东南距秦雍城遗址15公里处，雍山考古发现了一处总面积470万平方米的秦汉时代祭祀遗址，已发现3200个祭祀坑，根据已发掘面积，推测该处至少应有祭祀坑5000个。祭祀坑分为大、中、小

---

[1] 《汉书》·卷25（上）·《郊祀志》（上）载："秦灵公于吴阳作上畤，祭黄帝；作下畤，祭炎帝。"

三种类型，坑内有大量的马骨、木车、金属残片和玉器。发掘者在祭祀坑大约直线2公里之外的山梁上发现了夯土平台遗址，上下三层。发掘者根据上述对比，推断这个夯土遗址就是祭坛[1]，类似在唐长安城明德门之外考古发现的唐代"圜丘"遗址（即"天坛"），为上下三层[2]。参照《史记》《汉书》等历史文献相关记载，该遗址可能与祭祀黄帝有关。在春秋战国时期，秦国为春秋五霸与战国七雄成员国，作为起家于西戎之地的秦国，秦人力图证明其"诸夏"之身份，因此祭祀黄帝应该是出于政治需要。但是这从另一个侧面反映了春秋战国时代对黄帝的祭祀活动是可信的。先秦与秦汉时代传统历史文献对黄帝的祭祀也有不少记载[3]。

南北朝时期不少北部、西部的族群进入内地，并且建立了不少王朝。如鲜卑人创建的北魏王朝，其皇帝不但对黄帝、帝尧、帝舜等进行祭祀[4]，而且还有周王朝的政治人物。其祭祀活动在传说圣君活动的地方举行，体现出北魏对"华夏"历史与文化的认同。

隋代帝王祭祀的进一步发展反映在，从夏商周到汉代的开国帝王均在祭祀之列，此外还有很多名臣。这时的祭祀活动，在被祭祀对象的都城故地或其陵墓附近举行。

唐代初年延续了隋代祭祀传说圣君与夏商周及汉代开国帝王的做法，祭祀地点也没有变化[5]。唐玄宗时期，帝王祭祀发生了重大变化，都城内修建了祭祀"上古之君"和"三皇五帝"的"帝王庙"[6]。但是，这还不是严格意义上的"帝王庙"，而是对共同"祖先"的祭祀。

降及宋代，这时对先代圣君、历代帝王的祭祀主要在他们各自的陵墓前进行[7]。

---

[1] 陕西省考古研究院，中国国家博物馆，宝鸡市考古研究所等：《陕西凤翔雍山血池秦汉祭祀遗址考古调查与发掘简报》，《考古与文物》2020年第6期，第3—24、134、25—49、2、129页。

[2] 安家瑶，李春林：《陕西西安唐长安城圜丘遗址的发掘》，《考古》2000年第7期，第29—47、114—116页。

[3] 《竹书纪年》记载，黄帝之大臣左彻"削木为黄帝之像，帅诸侯奉之"。《国语·鲁语（上）》记载："有虞氏禘黄帝而祖颛顼，郊尧而宗舜。夏后氏禘黄帝而祖颛顼，郊鲧而宗禹。"《穆天子传》记载，周穆王"升昆仑之丘，以观黄帝之宫，而丰隆之葬，以诏后世"。《史记》·卷28·封禅书》记载："其来年冬，上议曰：'古者先振兵泽旅，然后封禅。'乃遂北巡朔方，勒兵十余万，还祭黄帝冢桥山，释兵须如"。

[4] 〔北齐〕魏收：《魏书》·卷2·《太祖纪》，中华书局，1974年。

[5] 〔后晋〕刘昫：《旧唐书》·卷24·《礼仪志》，中华书局，1975年。

[6] 〔五代〕王溥，撰。牛继清，校证：《唐会要校证》·卷22·《前代帝王》，三秦出版社，2012年，第369—371页。

[7] 《宋大诏令集》卷156，中华书局，1962年。

元代的祭祀对象主要为先代圣君及少数帝王等，祭祀地点多在被祭祀者生前重要活动地区[1]。

明代，朱元璋在南京城中修建了历代帝王庙，祭祀18位明以前王朝的开国君主，元朝皇帝也享祀于帝王庙。这寓示着明王朝将元王朝视为中国历史的一部分。因此，明代将原有的"帝王庙"更名为"历代帝王庙"。"历代"十分重要，意味着是冲"朝代"限制的"国家历史"。更重要的是，洪武二十一年（1388），朱元璋又将先前朝代中37位汉族或少数民族的"名臣"，从祀于历代帝王庙[2]。

嘉靖九年（1530），明世宗在北京"建历代帝王庙于都城西"。清历代帝王庙又承袭明历代帝王庙，其最大特点是，除了明代的国君与功臣，辽、金、元三代帝王及其名臣也被列为祭祀对象。清历代帝王庙的祭祀对象几乎囊括了中国古代历史上所有的王朝及帝王，祭祀的内容也更为全面、系统、完整，历代帝王庙成为真正意义上国家的庙，而非某个王朝、某个圣君的庙。帝王庙宏观地展示出"中华统绪"，"叙述"着国家的历史，而不是王朝"明君"的汇聚地。历代帝王庙是多民族统一国家的完整历史缩影。

清历代帝王庙的又一重要历史意义是，女真人成为国家最高统治者，他们认同中华民族数千年形成、发展的文明史。不论是哪个王朝，也不论是哪个民族作为国家统治者，历代帝王庙凸显的都是将其视为多民族统一国家的有机组成部分，也是必不可少的一部分。历代帝王庙祭祀也表明了"中华文明五千多年不断裂"。

上述历代王朝对黄帝的祭祀，都城中帝王庙的营建以及祭祀活动的不间断举行，这些在世界其他国家的历史上是绝无仅有的。"中华文明五千多年不断裂"正是基于历史上多民族对共同国家——中国的认同，对以汉族为主体的多民族共同体——中华民族的认同，对多元一体的中华民族历史文化的认同[3]。

2. "中华文明五千多年不断裂"的"中"与"中和"是历史"文化基因"

历史"文化基因"是从遗传学的术语"基因"借用而来的，《不列颠百

---

[1] 〔明〕宋濂等：《元史》·卷76·《祭祀志·古帝王庙》，中华书局，1976年。
[2] 〔清〕张廷玉等：《明史》·卷50·《礼志四》，中华书局，1974年，第1293页。
[3] 刘庆柱：《中华文明五千年不断裂特点的考古学阐释》，《中国社会科学》2019年第12期，第4—27页、第199页。

科全书》的"基因"定义为："世代相传的遗传信息的载体。"[1]考古学视阈之下的中华文明"基因"研究，主要是以国家形成的"要素"为切入点，国家的核心"要素"是管理国家的平台——都城选址所反映的国家政治文化的"中"与"中和"理念。

古代都城选址是国家大事，必须遵循中华历史文化的"中"之原则，也就是"择中建都"（即《吕氏春秋》记载的"择中建国"）。如前所述，从"五帝时代"至清的国家都城，均遵循"择中建都"惯例[2]。"中"是相对于"东西南北"之"四方"而言的。因为"中"在"东西南北""四方"之"中央"，形成二者关系的"中"与"和"的"中和"。"四方"必须和于"中央"，这就是"中和"。"中和"确保"中"的至高无上。从宏观上来说，代表国家的都城选址于国家空间之中央，其对东西南北"四方"而言是等距离的，是国家通过等距离对"四方"表现出"公平""公正""公允"，这是"四方"凝聚于"中"的保障[3]。

都城"中"与"中和"的观念在考古发现中也得到证实。如鲜卑人在建立北魏王朝后，徙都至"天地之中"的洛阳[4]。"大金"王朝徙都燕京，都城命名为"中都"，这在中国古代都城发展史上，使"择中建都"与都城之名相统一，"中和"理念达到更高层次。它们反映了女真人建立的金王朝对"中华文明"之延续与深化发展，是对"中华"国家文化的认同。这与百年中国考古所揭示的"中华文明五千多年不断裂"的历史发展完全一致。

"中国"的国家名称，源于"中和"之"中"。1963年陕西宝鸡出土的西周早期青铜器"何尊"铭文"宅兹中或"的"中或"，即"中国"。关于"中国"，《史记·五帝本纪》中《集解》曰："刘熙曰：'帝王所都为中，故曰中国。'"

中国古代都城形制蕴含的"中"与"中和"的理念，被中华大地上的各个民族认同。北魏洛阳城、金中都及元大都等少数民族政权的都城，也继承了"中"与"中和"理念，强化了国家认同的思想。"中""中和"理念之所以有此长盛不衰的生命力，原因在于它们已渗入中华民族的"血液"里。

---

[1] 中国大百科全书出版社不列颠百科全书编辑部：《不列颠百科全书（国际中文版）》，中国大百科全书出版社，2001年，第48页。
[2] 刘庆柱：《黄河文化是中华民族文化的根和魂》，《中国民族博览》2021年第9期，第19—23页。
[3] 刘庆柱：《"中和"基因维系中华文明绵延不绝》，《中国社会科学学报》2020年第2期。
[4] 刘庆柱：《我国古代都城遗址的"中和"理念》，《光明日报》2019年第10期。

"中""中和"是中国历史上形成的中华民族从"家国同构"到"家国一体"的理念。国民将"国"视同"家",作为国家"大事"的择址建都要遵守"中"与"中和"原则;而作为国民的"家",居室的"四合院"布局、家宴与"全家福"合影均要体现"家长"(或辈分高者)"居中"与其两侧形成"中和"的空间布局[1]。这也就是中华民族每一个人的"日用而不觉的文化基因"与共同价值观。

结语

在世界文明史上,唯有中华文明五千多年不断裂。"中华文明五千多年"何以不断裂,已成"世界之问"。本文对此进行回答。中华五千多年文明不断裂的根本原因是:作为缔造其"文明"(即"国家")的"国民"对其"国家认同",而其"国家认同"的基础是其国民认为"家国同构"与"家国一体",这一思想、理念就是"中"与"和"形成的有机整体"中和"。中华民族共同体数千年来形成并延续的"日用而不觉的文化基因",它确保了"中华文明"世世代代延续不绝。

原文刊载于《中央民族大学学报(哲学社会科学版)》2023年第3期

---

[1]《家国一体与国家认同》,《天津日报》2020年第11期。

试论中国佛教对铸牢中华民族共同体意识发挥的积极作用

李四龙
北京大学哲学系宗教学系

人以"群"分,"分"的目的则是能"群",形成一个整体,"一则多力,多力则强"(《荀子·王制》)。这是战国后期社会学家荀子的著名观点。"中华民族"的基本格局是多元一体,费孝通先生把汉族看作中华民族的"凝聚核心",并强调许多群体参与了这个"凝聚核心"的发展过程,有的进入了这个核心,有的附着在这个核心之上,形成不同的层次。佛教的入华及其传播,促进了中华民族凝聚核心的发展与演变,有力推动了中华民族共同体的形成。了解中国佛教的民族融合功能,对铸牢中华民族共同体意识具有重要的积极作用。

一、佛教是历史上中华民族交融的催化剂

佛教作为一种外来宗教,虽在两汉之际已经传入中国,但朝廷直到西晋还不允许汉人出家。后赵(319—351)是西晋灭亡后不久由石勒、石虎建立的北方政权。中书著作郎王度站在儒家的立场给石虎上奏说,建议禁断佛教。这位羯族首领说自己虽然"君临诸夏",但也"生自边壤",认为"佛是戎神,正所应奉"(事见慧皎《高僧传》卷9)。当时的北方,胡汉杂居,民族矛盾严重。石虎是中亚粟特石国(今乌兹别克斯坦塔什干)人后裔,原本可能信仰祆教,听信神僧佛图澄的劝告后,大力推广佛教。这是佛教在中国历史上大规模传播的开端。佛图澄在当时被尊为"国之大宝",兴立佛寺893所,有近万名弟子,使从未接触佛教的"戎貊之徒"对他遥相礼拜。("戎貊"泛指西戎、北狄。)当时在后赵境内的胡人和汉人,因佛教而多

了一种沟通、和解的途径。佛，这位外来的"胡神""戎神"，成了各民族间友好相处的纽带。

翻开中华民族的历史，自古以来就是一部多民族不断交流交融的历史。中华文明五千年绵延不绝，其重要原因是不断吸纳外来民族和外来文化。外来的因素附着于原来的凝聚核心，使之越来越有包容性。历史上，中国有四次民族大融合时期。第一次是春秋战国时期。这次民族大融合的结果，奠定了华夏文明的基础。第二次是三国两晋南北朝时期。在这三百多年里，战乱频仍，外来的胡人在中原建立了一系列政权，统称"十六国北朝"。匈奴、羯、乌桓、鲜卑、氐、羌等族，最终加入汉族血统。原来的汉族主支南移，开拓长江中下游地区。在随后到来的大唐盛世，高丽、突厥、回纥、沙陀、党项、吐蕃、奚、契丹等族，部分血统融入中原汉族。第三次是五代宋元时期，汉、蒙古、色目、契丹、女真、党项等族大范围混杂融合，有的少数民族开始创立自己的语言文字。第四次是清朝，汉、满、蒙、回、藏等族大范围杂居融合，满人最终融入中华民族。在第三、四次大融合时期，中华民族的凝聚核心得到了蒙古族、满族等新力量的汇入。除了第一次，佛教对后三次民族大融合发挥了重要作用。

东晋时期，北方地区在短短的100多年里出现的十余个割据政权大多推崇佛教，利用佛教思想化解民族矛盾。到了北朝时期，佛教取得了空前发展，南北方的佛经翻译和讲解极度活跃，形成了长安、建康、洛阳、邺城等多个重要的佛教中心，寺院林立，高僧辈出。大量民众信仰佛教，并不在意彼此的民族身份。

"五代十国"是中国历史上又一个地方割据的乱世。960年，宋太祖赵匡胤建立北宋王朝，而北方有契丹族的辽国，在西北边陲后来有党项人建立的西夏国。辽国灭亡后，女真族的金国迅速崛起。13世纪初，成吉思汗的蒙古军队在欧亚各地所向披靡，1227年灭西夏，7年后灭金国，1279年蒙古消灭南宋王朝。在这个过程中，佛教再度成为民族大融合的催化剂。无一例外，这些政权的统治者全都选择信奉佛教。北宋、辽、西夏，以及当时朝鲜半岛的高丽之间常有佛教交流。譬如，文化繁荣的北宋，把自己刊刻的佛教《大藏经》颁送给契丹、高丽和西夏。

1247年，蒙古大汗王子阔端在凉州（今甘肃武威）与西藏萨迦派领袖萨班举行了历史性会晤，蒙藏结盟。珍贵的历史文献《萨班致蕃人书》，就是藏族人民自愿加入祖国大家庭的历史见证。蒙古族随后逐渐全民信仰藏传佛教，藏传佛教也逐渐传入中国。清朝，入关的满族同样接受蒙、藏的佛教信仰，客观上促成了中国边疆的安定团结。

相对而言，在第二次民族大融合时期，佛教发挥了关键的纽带作用。不同民族的佛教徒共同塑造了世界佛教史上独树一帜的汉传佛教，形成了隋唐时期富有中国特色的佛教宗派，以及儒释道三教合流的中国文化新格局。在第三、四次民族大融合时期，佛教发挥了重要的民族沟通作用。藏传佛教促进了蒙藏满的民族团结，清朝统治者精心协调汉藏两种佛教传统，并以满族的主动汉化，促成了全新的中华民族凝聚核心，形成了近现代中华民族的基本格局。

二、平等共生的民族观

西晋末年，中国北方的民族矛盾已经非常严重。佛教在这样的时代背景下在华大规模传播，它的成功得益于其主张平等的民族观。

从刘邦建立汉朝开始，汉魏西晋时期的中国，始终面对主要来自西北方的边患问题。国家的大一统，要以举国之力抵御外敌，后与那些游牧民族构建政治上的"朝贡体系"，以昂贵的经济代价去维持边疆和社会的稳定。江统《徙戎论》反映了西晋末年的危急情况："关中之人百余万口，率其少多，戎狄居半。"外来人口竟占关中地区总人口的一半以上，高达50万人。这个数字，还没有计算山西境内数量可能更多的外来人口。然而，如何面对这些非汉人族群？这位作者提出了一个不切实际却能真实反映抵触情绪的激进方案：把匈奴、氐、羌等迁回他们原来的地方，"伐其叛者，徙其余种"。这种民族理论，除了当时的现实因素，还受到了儒家"夷夏论"的影响。本身作为一种外来宗教，佛教的态度与《徙戎论》完全不同，主张平等共生。

在中华民族第一次大融合时期，中国形成了具有强烈文化优越感的民族理论——"夷夏论"。"华夏"居住在世界的中央，"夷、戎、蛮、狄"分别居住在世界的东西南北四方。这种地理概念，被称为"四裔五方"的"中国意识"。《礼记·王制》说："中国、戎夷，五方之民，皆有性也，不可推移。"中国是礼仪之邦，四夷则是化外之民。华夏，是中国的代名词，即"中于天地者"，具有宇宙论意义上的神圣性。所以，佛教传入中国不久，就被贴上了"夷狄之术"的标签。在相传是东汉末年完成的《牟子理惑论》里，牟子从小学习尧舜周孔之道，却要放弃诗书礼乐，改学夷狄之术。这在当时看来实属糊涂，但在牟子看来，学佛并不妨碍尊孔。他的辩解，首先援引中国传统的星象学说，提出"汉地未必为天中"的观点。后来的中国佛教徒，特别是从东晋开始，有的认为自己的祖国并不是佛教的"佛国"，因而有一种屈居"边国"的悲情，而把印度看成世界的中心。这种悲情，让很多中国佛教徒谦虚地对待外来文化，造就了像玄奘这样能够会通中印文化的一代宗师。

牟子的辩解并不意在驳斥夷夏论，而是主张儒佛两家可以相辅相成，"金玉不相伤"。他说："佛经，上下周极，含血之类，物皆属佛焉。是以吾复尊而学之，何为当舍尧舜周孔之道？"他还明确表达了佛教与儒家、道家思想相通的原则——"在乎所用"，也就是依据三家实际的作用或功能，博采众长，方为正道。他说："夫见博则不迷，听聪则不惑。尧舜周孔，修世事也；佛与老子，无为志也。"（《牟子理惑论》）本土文化和外来文化各有用处，可以平等共生。

夷夏之间，即在今天所说的民族关系上亦应如此，金玉不相伤。"徙戎"所代表的排外心理，在世界范围的民族大迁徙面前变得毫无说服力。佛教所讲的慈悲、无我、平等思想，化解了历史上各民族之间的排外心理。佛教最初所代表的是已经很成熟的印度文明，传到中原汉地，遇到的是同样发达的、以儒家为代表的中华文明。佛教入华以后，很早主动认同中国本土的主流文化，找到了能与儒家社会相适应的表现方式，既突破了原先印度文明的民族性，又包容了中国本土社会的民族性。相对于不变的佛法，在佛教徒看来，中国和印度的民族性都是因缘起灭的现象，生生不息，儒释道三教各有其用，同归于治。当五祖弘忍说慧能是来自岭南的"獦獠"时，慧能回答："獦獠身与和尚不同，佛性有何差别？"（《坛经》）佛教给各民族的平等共生提供了哲学上的理论依据：民族间的差异是基于缘起的表面现象，民族间的平等则是普遍的真理。

中国佛教在变与不变之中找到了适当的平衡，这需要高超的智慧。在中华民族第二次大融合时期，这种动态平衡的智慧，完美地表现为隋唐中华民族共同体的扩容与强化。

三、佛教是中国传统文化的重要元素

历史上，非中原族群何以比较容易融入中原文化？费孝通先生给出了社会学的回答。他说："如果要寻找一个汉族凝聚力的来源，我认为汉族的农业经济是一个主要因素。看来任何一个游牧民族只要进入平原，进入精耕细作的农业社会里，迟早会主动地融入汉族之中。"

相对于满族的全面汉化，蒙古皇室直到元朝覆灭，他们的生活方式并没有太多的汉化，或许这与蒙古人同时还有四大汗国（钦察汗国、察合台汗国、窝阔台汗国、伊利汗国）有关。少数族群及其文化是否汉化，与他们选择的生活方式有关。佛教在融入中国社会过程中所遭受的批评，主要来自夷夏论，南北朝隋唐的儒家士大夫、道教徒都有可能据此排佛。事实上，唐代佛教徒的生活方式发生了重要变化。寺院推行"一日不作，一日不食"的农禅生活，这更适应中国农业社会的生活方式，完全不同于印度佛教僧团的乞食生活。宣扬夷夏论是为了文明的进步，而不是为了排斥，即所谓"用夏变夷"，其实质是引导一种主流的生活方式、礼仪制度。这种主流文化并不基于血缘宗法关系，也不基于地域的乡土传统，各地有主体人群，全国有主流文化。夷夏论是中华民族第一次大融合的理论成果，暗示了一种社会形态历史演进的必然规律。尽管儒家经典充斥着对夷狄生活方式的鄙视和道德批判，如《礼记·王制》描述夷狄的风俗时说"东方曰夷，被发文皮，有不火食者矣。南方曰蛮，雕题交趾，有不火食者矣。西方曰戎，被发衣皮，有不粒食者矣。北方曰狄，衣羽毛穴居，有不粒食者矣"，但夷狄成为"华夏"的可能性始终存在。

普通的儒生常按字面理解孔子所说的"夷狄之有君，不如诸夏之亡也"，将之简化为"本土与外来"的关系，基本等同于"出身论"，据此把佛教贬为"夷狄之术"。《牟子理惑论》对此做出了有力的反驳："孔子所言，矫世法矣。"牟子认为，孔子的话，恰好是为了批评世俗的成见，旨在打通夷夏之间人为的藩篱。他进而举例说："昔孔子欲居九夷，曰：君子居之，何陋之有？及仲尼不容于鲁卫，孟轲不用于齐梁，岂复仕于夷狄乎？禹出西羌而圣哲，瞽叟生舜而顽嚚。"以今天的眼光看，人才流动是硬道理。有圣贤的地方是华夏，没有圣贤的地方是夷狄。因此，世人看到的只是"礼制之华"，圣人展现的是"道德之实"。数百年后，唐代韩愈将这层意思讲得更为通透："孔子之作《春秋》也，诸侯用夷礼则夷之，夷而进于中国则中国之。"（《原道》）不过，韩愈的初衷是要排佛，批评当时把"夷狄之法"凌驾于"先王之教"的做法。他在"先王之教"里看到了华夏文明的"道统"：尧、舜、禹、汤、文、武、周公、孔子、孟子，一脉相承。韩愈否定了其他的"道"，即使是儒家内部的荀子、扬雄，亦在其否定之列。

韩愈的观点在宋儒那里得到了很好的呼应，儒家的精神传统得以发扬光大，而不再局限于政治生活。但韩愈、宋儒的辟佛，并没有组织佛教进一步深入中国文化，乃至于达到水乳交融的地步。佛教之于古代中国，具有配合朝廷推行社会教化的重要作用。佛教不仅具有一套自己的信仰体系，还有一套特别的组织体系深入中国社会，改变了古代中国的社会结构。寺院是以佛法为纽带，供出家佛弟子和合而居的修行场所。这种社会组织形态，在原来的中国社会并不存在，成员之间既没有宗族的血缘关系，也没有行政体系所需的权力关系。寺院因此成为在王权和宗族之外的社会空间，在老百姓的日常生活里发挥多种功能。寺院不仅有礼佛的宗教功能，还有公园休闲、慈善救济等公益功能，而其核心功能是向信众推行社会教化，即教育功能。尽管佛教自身的目的是要弘法传教，但在客观上，这种教化引导信众积德行善，造福社会。印度佛教强调生命的轮回，但中国的佛弟子主要关注当下的现世生活。六祖慧能说："佛法在人间，不离世间觉。"（《坛经》）我们从中似乎能感受到孔子讲"未知生，焉知死"时的现实主义精神和人文主义情怀。在中国佛教宗派里，禅宗的思想是最透彻的，把生命的主体凝练为"心"，将修身实践浓缩为"明心见性"，摆脱所有外在的束缚，发明心性，恒顺众生。在唐代以前，还没有一个中国本土的思想传统能做如此的易简工夫。对"心"的重视和诠释，赋予它一种本体论的功能，可以说是印度佛教给中国文化的一种贡献。同时，这种理论贡献又是佛教结合了中国文化的人文精神提炼出来的，世界上其他地方的佛教都没有像禅宗这样把"明心见性"当作成佛的工夫。

今天，在中国人的民俗生活里，我们随处可见佛教的各种影响。而在中国文化的精神传统里，佛教的心法已经融入中国文化主流。南宋以后，中国社会逐渐有"儒家治世，道家治身，佛家治心"的说法，儒释道三教合流成为中华传统文化的基本结构。因此，佛教融入了中华传统文化的主流，是中华民族共同体的重要精神元素。

总之，在中华民族交流交融的进程中，佛教始终发挥重要的催化作用，在不同历史阶段以悲心化矛盾，促成中华民族共同体的发展演变。讲清楚中国佛教对铸牢中华民族共同体意识发挥的积极作用，将会激励更多的中华儿女、信教群众为实现中华民族伟大复兴而共同奋斗。

原文刊载于《中国宗教》2021年第11期

从边缘到中心：秦人认同华夏民族的心理历程及其历史意义

彭丰文
中国社会科学院民族学与人类学研究所

春秋战国时期，是华夏民族初步形成的重要历史阶段。秦人在这一历史阶段的心理历程非常值得关注。然而，目前有关秦人的研究成果主要集中于对秦人的族源进行辨析，或者对秦人族体发展壮大的史实进行考证，而对秦人民族心理演变过程的研究则明显不足。陈连开、王明珂在探讨华夏民族形成问题时都曾注意到秦人由夷狄演变为华夏的现象，但又皆因议题主旨所限而未能深入论述。笔者不揣浅陋，尝试拾遗补阙，不当之处敬请方家教正。

秦人，严格说来包括自嬴氏被西周王朝赐封秦邑以后，至秦国统一中国之前，所有嬴秦公族以及其统治下的全体臣民，本文侧重讨论的是嬴秦公族以及秦国统治阶层。"秦人"是族群称呼，同时与"秦国"在内涵上高度重合，具有一定的政治含义，在秦襄公建立诸侯国以后更是如此。西周时期，秦人肇兴于陇右，偏居于西陲，直到战国早期，仍被视为且自视为夷狄。但至战国晚期，秦人融入且认同华夏民族，并自视为华夏民族的核心成员，从而完成了由夷狄到华夏、从边缘到中心、从自卑到自信的民族心理转变，最终吞并六国，统一华夏，开创了华夏民族的历史新时期，开启了中国统一多民族国家历史的新起点。考察这一阶段秦人的民族心理演变历程，对揭示华夏民族发展壮大、生生不息的内在原因，以及认识中国古代统一多民族国家的形成和发展的社会心理基础，具有重要的启发意义。

一、秦人的族源记忆与春秋至战国初期的族群身份认知

华夏民族具有悠远的历史文化与复杂多元的族源结构，炎黄世系认同是

维系华夏民族的重要纽带。华夏民族孕育于夏商周时期，秦人是构成华夏民族的重要来源之一。但秦人的族源记忆中保留了秦人肇兴于陇右、本为炎黄世系姻族、处于华夏民族边缘的重要内容。史载："秦之先，帝颛顼之苗裔，孙曰女修。女修织，玄鸟陨卵，女修吞之，生子大业。大业取少典之子，曰女华。女华生大费，与禹平水土。……佐舜调驯鸟兽，鸟兽多驯服，是为柏翳。舜赐姓嬴氏。其玄孙曰中潏，在西戎，保西垂。""非子居犬丘，好马及畜，善养息之。犬丘人言之周孝王，孝王召使主马于汧渭之间，马大蕃息。……于是孝王曰：'昔伯翳为舜主畜，畜多息，故有土，赐姓嬴。今其后世亦为朕息马，朕其分土为附庸。'邑之秦，使复续嬴氏祀，号曰秦嬴"[1]。这两条叙述秦人先祖与世系的资料，糅合了神话、传说和史实。据此可知，在秦人的历史记忆中，其先祖为颛顼苗裔，隶属于炎黄世系，不过这是由于秦人的母系成员女修、女华出自炎黄世系，秦人实为炎黄世系的姻族。上引资料还显示秦人先祖长期活动在西周王朝的"西垂"（即西部边疆地区），以善于养马而著称，西周王朝因此赐予封邑，收为附庸。这份族源记忆，折射了西周时期秦人先祖身处炎黄世系外围、华夏民族边缘的史实。林剑鸣认为，直到西周末年，秦人仍然是"徘徊于西垂的一支游牧部落"[2]。

春秋时期，以炎黄世系认同为核心的华夏民族认同初步形成，"夷夏之辨"的民族意识呈高涨态势。以齐、鲁、晋为代表的中原地区众多诸侯国通常自称为"诸夏""诸华""华夏"或者"中国"，他们认为自身是传说中的黄帝、炎帝的后裔，夏、商、周王朝的开创者是他们共同的祖先，周边民族只能称为"四夷"或者"夷狄"，不论是政治地位还是文明程度，"诸夏"都优于"四夷"。炎黄世系认同，是华夏民族雏形初现的重要标志，也是维系华夏民族发展壮大的重要心理基础。"夷夏之辨"的民族观随着华夏民族的发展壮大而向周边地区传播，对周边族群产生了深刻的影响，秦人也是深受影响的族群之一。

这一时期，秦人得到了很大的发展。《史记·秦本纪》记载，秦襄公因护卫周平王东迁洛邑有功，被封为诸侯，秦人由此进入诸侯国之列。此后，秦人一再东迁，势力扩大到陇右、关中大部分地区，成为西北地区一个实力强大的诸侯国。然而在整个春秋时期，中原诸夏一直将秦人视为夷狄并加以歧视。在

---

[1]〔汉〕司马迁：《史记》·卷5·《秦本纪》，中华书局，1982年，第173、176页。
[2] 林剑鸣：《秦国发展史》，陕西人民出版社，1981年，第1页。

这种氛围的影响下，秦人被动地接受了中原诸夏所赋予的夷狄身份，不仅认同夷狄身份和边缘化政治地位，而且为此深感自卑。秦穆公的表现颇具代表性。秦穆公时期(前659—前621)，秦国"益国十二，开地千里，遂霸西戎"[1]。秦穆公成为"春秋五霸"之一，得到周天子和中原诸侯的礼遇，"天子致伯，诸侯毕贺"[2]。然而，秦穆公内心深处有着浓厚的自卑心理，身处华夏民族边缘的意识非常强烈。史载："秦缪公相百里奚，晋使叔虎、齐使东郭蹇如秦，公孙枝请见之。公曰：'请见客，子之事欤？'对曰：'非也。''相国使子乎？'对曰：'不也。'公曰：'然则子事非子之事也。秦国僻陋戎夷，事服其任，人事其事，犹惧为诸侯笑。今子为非子之事，退，将论而罪。'"[3] 上引"秦缪公"，即秦穆公。这则记载的主旨是赞扬秦穆公善于让臣下各司其职、各安其位，但是"秦国僻陋戎夷"以及"犹惧为诸侯笑"的言论透露了秦穆公的华夏边缘意识、夷狄身份认同和强烈的自卑心理。直至战国初期，秦孝公心态依然如此。秦孝公即位前后，中原诸夏视秦人为夷狄，"河山以东强国六，与齐威、楚宣、魏惠、燕悼、韩哀、赵成侯并。……秦僻在雍州，不与中国诸侯之会盟，夷翟遇之"。秦孝公为此深感痛心和耻辱，表示"诸侯卑秦，丑莫大焉"[4]。

综上所述，在秦人的历史记忆中，其先祖不是炎黄世系的直系成员，而是借助婚姻的媒介成为炎黄世系的姻族，处于华夏民族的边缘。秦人因而自认为身为夷狄，深感自卑。这种状况一直持续到战国初期。

二、秦人的发展壮大及其与华夏的交融互动

面对中原诸夏居高临下的政治、文化优越感，秦人在深感自卑、焦虑的同时，也竭力发愤图强，改变现状，自秦襄公以来的历位秦国国君皆做过积极努力。在他们的带动下，秦国走上了不断发展壮大的道路。秦人发展壮大的过程，实质上也是秦人与华夏之间交融互动逐渐增多的过程。

在春秋战国五百余年间，秦人持续迁都东进。秦人先祖世代居住于犬丘(今甘肃天水境内)，牧马于汧水、渭水之间。秦文公时，秦人迁都于"汧、渭

---

[1] 〔汉〕司马迁：《史记》·卷5·《秦本纪》，中华书局，1982年，第194页。
[2] 同上。
[3] 陈奇猷：《吕氏春秋新校释》，上海古籍出版社，2002年。
[4] 〔汉〕司马迁：《史记》·卷5·《秦本纪》，中华书局，1982年，第202页。

之会"[1],即今陕西宝鸡陈仓附近。秦宁公在位时,迁都平阳(今陕西眉县阳平附近)。秦德公时,再度迁至雍城(今陕西凤翔境内)。秦献公时,迁都栎阳(今陕西西安阎良)。秦孝公时,再度迁至咸阳。经过几百年来持续的东向迁徙,秦人完成了其活动中心由陇右到关中腹地的重大转移,既发展壮大了实力,扩张了疆域,又在地理空间上不断接近华夏民族,缩小了秦人与华夏文化、心理差距,促进了交互融合。

在东迁的过程中,秦人与华夏的交融互动日渐增多。自秦穆公即位以来,这种趋势更加突出,到战国时期尤为明显。秦人与诸夏的互动,既有战争、会盟、使节往来,也有联姻、重用诸夏人才、吸收中原文化等多种形式,其中后三种形式是主要的,影响也较为深远,故本文详论之。

联姻是秦人与诸夏建立亲密联系的重要途径。秦穆公在位时期,与毗邻的晋国发生过多次联姻。这主要是因为当时秦晋两国大略上以黄河为界,疆界毗邻,具有较为密切的地缘关系。据《史记·秦本纪》记载,秦穆公娶晋国太子申生之姊,秦穆公之女怀嬴嫁给为质于秦的晋太子圉。太子圉逃归秦国后,秦穆公又将包括怀嬴在内的数名秦国宗女嫁给流亡至秦国的晋公子重耳。后来,重耳在秦国的支持下回国即位,即历史上有名的晋文公,怀嬴则成为晋文公诸姬妾中最有地位和影响力的夫人。春秋时期,秦晋两国时战时和,秦穆公夫人和晋文公夫人在两国关系中发挥了重要影响。战国时期,秦武王娶魏女为王后。秦国与诸夏的联姻,起到了缓和矛盾、促进交往、推动秦人与诸夏在文化与血缘多方面交融互动的作用。

秦人走近和融入华夏的另一个重要途径,是吸引和重用来自中原诸夏的人才。自秦穆公始,秦国开始重用来自诸夏的或者拥有诸夏文化背景的贤能之士,开启了秦国用人方面的新气象。秦穆公重用的人才,较为著名的有百里奚、蹇叔和由余,他们为秦国的发展壮大立下了汗马功劳,客观上也为秦人走近和融入华夏创造了有利条件,从而推动了秦人与华夏的交融互动。例如,孔子曾高度评价秦穆公的道德和功业。史载:"景公问孔子曰:'昔秦穆公国小处辟,其霸何也?'对曰:'秦,国虽小,其志大;处虽辟,行中正。身举五羖,爵之大夫,起累绁之中,与语三日,授之以政。以此取之,虽王可也,其霸小矣。'景公说"[2]。可见孔子认为秦穆公不仅有称霸的资格,甚至

---

[1] 〔汉〕司马迁:《史记》·卷5·《秦本纪》,中华书局,1982年,第179页。
[2] 〔汉〕司马迁:《史记》·卷47·《孔子世家》,中华书局,1982年,第1910页。

有"王"天下的资格。在儒家政治哲学命题中,"王"与"霸"是政治境界上的两个不同等次。"王"是政治中的极高境界,主要是基于对统治者的道德品质与精神面貌的评价。春秋战国时期,诸侯建功立业,大多以"霸"为现实目标。孔子给予秦穆公如此高的评价,既说明孔子在夷夏观念上较为开明,对夷狄没有过多偏见,也说明在与诸夏的交融互动中,秦国统治者的精神面貌朝着诸夏文明所欣赏的方向迈出了历史性的一步。

战国初年,秦孝公发布求贤令,宣称:"宾客群臣有能出奇计强秦者,吾且尊官,与之分土"[1]。由此引发了中原诸夏人才西向入秦的高潮,衍生了秦国的客卿制度。来自中原诸夏的人才极大地推动了诸夏文化由东向西传播的历史进程,掀开了秦人与华夏交融互动的历史新篇章。

商鞅是最先响应秦孝公求贤令的诸夏人士。史云:"商君者,卫之诸庶孽公子也,名鞅,姓公孙氏,其祖本姬姓也"[2]。又曰:"卫康叔名封,周武王同母少弟也"[3]。可见,商鞅为卫国公室子弟,源自华夏贵胄。他在秦国主政五年后即做出了出色政绩,"秦人富强,天子致胙于孝公,诸侯毕贺"[4]。主政期间,商鞅在有关移风易俗方面也取得了显著成绩。史载,商鞅自言:"始秦戎翟之教,父子无别,同室而居。今我更制其教,而为其男女之别,大筑冀阙,营如鲁卫矣"[5]。可见新法推动了秦人改变旧俗,向华夏民风民俗靠近。秦惠文王十二年(前326),秦国"初腊"[6],即初次采用周王朝的祭祀礼仪,在岁终祭祀先祖,显示秦人在风俗礼仪上进一步华夏化。

继商鞅之后,诸夏才干之士源源不断地西向入秦,在秦国构成了一支重要的人才队伍。战国时期,由东入秦的诸夏人士名留史册者,比比皆是。如秦惠文王时有张仪,秦武王、秦昭王时有公孙衍、甘茂、魏冉、范雎、蔡泽。其中,蔡泽在秦昭王、孝文王、庄襄王及秦王嬴政统治时期四世为相[7]。秦王嬴政在位时,秦国更是人才济济。林剑鸣指出:"在统一中国前夕,秦国聚集了几乎是全中国所有的第一流军事家、政治家。这里有王翦、王贲、尉缭、李

---

[1] 〔汉〕司马迁:《史记》·卷5·《秦本纪》,中华书局,1982年,第202页。
[2] 〔汉〕司马迁:《史记》·卷68·《商君列传》,中华书局,1982年,第2227页。
[3] 〔汉〕司马迁:《史记》·卷37·《卫康叔世家》,中华书局,1982年,第1589页。
[4] 〔汉〕司马迁:《史记》·卷68·《商君列传》,中华书局,1982年,第2232页。
[5] 同上。
[6] 〔汉〕司马迁:《史记》·卷5·《秦本纪》,中华书局,1982年,第206页。
[7] 同上。

斯、姚贾、顿弱等等，他们大多并非秦国人，却在尽心地为秦效力"[1]。这些由东入秦的诸夏人才，在秦国的崛起与壮大的历史进程中发挥了不可忽视的重要作用。借助诸夏人才之力，秦国一跃成为战国时期实力最为雄厚的诸侯国，为秦国最终完成扫六合、一统天下奠定了重要基础。正如南宋学者洪迈所言："七国虎争天下，莫不招致四方游士。然六国所用相，皆其宗族及国人，如齐之田忌、田婴、田文，韩之公仲、公叔，赵之奉阳、平原君，魏王至以太子为相。独秦不然，其始与之谋国以开霸业者，魏人公孙鞅也。其他若楼缓赵人，张仪、魏冉、范雎皆魏人，蔡泽燕人，吕不韦韩人，李斯楚人，皆委国而听之不疑，卒之所以兼天下者，诸人之力也"[2]。

诸夏人才的西向入秦，不仅充实了秦国的政治智囊，而且促进了诸夏学术文化向西部的传播，促使秦人吸收中原文化，从文化和社会心理上走近及融入华夏。春秋战国时期百家争鸣，作为重要学术流派之一的法家思想，不仅流传到秦国，而且成为秦国的政治指导思想。在秦国主持朝政者，如商鞅、李斯均为法家代表人物，韩非子虽未及在秦国施展政治抱负，但是其政治学说对秦国影响深远。他们的活动和著述，对秦国君主专制中央集权的形成与确立发挥了极其重要的作用。墨家、兵家、纵横家在秦国的活动也十分频繁。据《吕氏春秋》的《去私》《去宥》《首时》等篇章，秦惠文王在位时，不少墨家学派人士来到秦国，其中留下姓名的有腹䵍、唐姑果、谢子、田鸠等人。在此之后，著名儒家学者荀子造访秦国。他对秦国的所见所思，体现在《荀子》的《儒效》《强国》《性恶》《议兵》等篇章中。总之，随着中原诸夏人才西向入秦的潮流，"百家争鸣"的学术文化风气也从中原西向扩展到秦国，对秦国的政治与文化产生深刻影响。

《吕氏春秋》问世，是秦人吸收中原文化的重要文化成果，也是秦人与华夏交融互动的典范。吕不韦是来自中原的商人，因投机扶植秦庄襄王而成为秦国的相国。史曰："吕不韦者，阳翟大贾人也。往来贩贱卖贵，家累千金"[3]。在任相国期间，他招募大量宾客游士至门下，合众人之力，主持编撰《吕氏春秋》。史曰："当是时，魏有信陵君，楚有春申君，赵有平原君，齐有孟尝君，皆下士喜宾客以相倾。吕不韦以秦之强，羞不如，亦招致士，厚遇之，至

---

[1] 林剑鸣：《秦史稿》，上海人民出版社，1982年，第405页。
[2] 〔宋〕洪迈：《容斋随笔》·卷2·《秦用他国人》，中华书局，2007年，第9页。
[3] 〔汉〕司马迁：《史记》·卷85·《吕不韦列传》，中华书局，1982年，第2505页。

食客三千人。是时诸侯多辩士，如荀卿之徒，著书布天下。吕不韦乃使其客人人著所闻，集论以为八览、六论、十二纪，二十余万言。以为备天地万物古今之事，号曰《吕氏春秋》。布咸阳市门，悬千金其上，延诸侯游士宾客，有能增损一字者予千金"[1]。吕不韦把战国时期中原诸夏喜好养士和著述、重视精神文化的风气引入秦国，悬赏"一字千金"的做法，既是对《吕氏春秋》学术成就高度自信的表现，也是代表秦国与中原诸夏角逐学术文化地位的表现。《吕氏春秋》对各家学术流派兼容并蓄的态度，既起到了保存战国后期各家学派学术活动与学术观点的作用，也起到了对百家争鸣活动进行总结的客观效应。林剑鸣指出："在理论观点上，《吕氏春秋》对先秦的儒、法、道、墨、阴阳五行各派，采取兼容并包的态度。它'兼儒墨、合名法'（《汉书·艺文志》），先秦各主要学派的理论，几乎都可以从《吕氏春秋》中找到"[2]。在中原以外的、长期受歧视的秦人统治地区，一部带有总结性质的高水平学术文化著作出现了。这并非一个偶然现象，而是秦人不断走近和融入华夏的历史产物，是秦人与西向入秦的中原诸夏之士密切合作的文化结晶，表明秦人在吸收中原文化、认同华夏民族方面已经非常深入。

综上所述，春秋战国时期，随着地理空间上的不断东进，秦人在政治思想、学术文化上与中原诸夏的交融互动越来越深入。所有这些均表明，秦人在认同华夏民族的历史进程中已取得重要进展。

三、战国晚期秦与诸夏的民族心理变化

战国晚期，秦人的民族心理发生了巨大变化。史载，秦武王三年（前308），秦武王对丞相甘茂曰："寡人欲容车通三川，窥周室，死不恨矣"[3]。尽管周王室在春秋战国时期每况愈下，甚至名存实亡，但是周天子的名分与尊严仍高高在上，如果没有足够自信，秦武王绝不敢如此坦露"窥周室"的愿望。可见，到战国晚期，秦人已经走出被视为夷狄的心理阴影，取而代之的是满满的自信，他们已经完全融入华夏民族，并以华夏民族的核心中坚力量自居，拥有了取代周室、吞并六国、一统天下的战略雄心，以及主导华夏命运、争当天下共主的抱负和担当，并最终完成了统一华夏的重任，开启了

---

[1] 〔汉〕司马迁：《史记》·卷85·《吕不韦列传》，中华书局，1982年，第2510页。
[2] 林剑鸣：《秦史稿》，上海人民出版社，1982年，第318页。
[3] 〔汉〕司马迁：《史记》·卷5·《秦本纪》，中华书局，1982年，第209页。

中国统一多民族国家的历史新篇章。

与此同时,诸夏的民族心理也发生显著变化,对秦人夷狄身份的关注逐渐淡化。战国晚期,由于秦国实力不断壮大,取代周室、吞灭群雄的战略意图越来越明显,秦国与关东六国逐渐形成紧张对抗的关系。六国人士深感岌岌可危,普遍对秦国充满仇恨和畏惧,抨击秦国的言辞十分激烈、尖锐,普遍将秦国称为"虎狼之国"。例如,秦惠文王在位时,周室之臣游腾对楚王曰:"今秦者,虎狼之国也,兼有吞周之意"[1]。楚威王认为:"秦,虎狼之国,不可亲也"[2]。楚怀王应秦昭王之请前往秦国,出发前,楚国贵族屈原坚决反对此行,理由是"秦虎狼之国,不可信,不如毋行"[3]。由上可知,六国人士普遍持有秦为"虎狼之国"的观点。然而值得注意的是,六国人士提及秦人的"戎狄"身份或加以民族歧视的言论已经非常少见。只有魏国公子信陵君在谴责秦国为"虎狼之国"以外,还提到了"秦与戎、翟同俗"[4],这是战国晚期较为罕见的一次将秦人与夷狄联系在一起的例子。"虎狼之国"的称谓,主要是道德谴责而非民族歧视。春秋时期著名的谋士士会也曾以此称"晋人虎狼也"[5]。而晋国为当时中原诸夏中实力最强的诸侯国之一。可见"虎狼"之喻是一种政治道德批判,也是弱国面对强国时常有的反应,与夷夏之辨无关。由此可见,一百余年之前贴在秦人身上的"戎狄"标签,在战国晚期大部分六国人士心目中已经逐渐淡化,甚至悄然消失。

当六国人士谴责秦国为"虎狼之国"之时,秦人对吞灭六国、统一中原也有自己的理由。秦始皇完成统一后,非常重视对秦灭六国之举的解释。在秦国刚刚完成统一之际,秦始皇就颁令谴责六国国君"倍约""倍盟""畔约""昏乱"或"欲为乱",声明秦国出兵吞灭六国是"兴兵诛暴乱"的正义之举[6]。大一统秦王朝建立后,秦始皇四次东巡关东六国故地,并且立碑刻石。在这些刻石中,谴责六国残暴不义的文字占了大量篇幅。例如,《峄山刻石》曰:"讨伐乱逆,威动四极……经时不久,灭六暴强"[7]。《之罘刻石》曰:"六国回辟,贪戾无厌,虐杀不已。皇帝哀矜,遂发讨师,奋扬武

---

[1] 何建章:《战国策注释》·《西周策》,中华书局,1990年,第37页。
[2] 同上书,第394—395页。
[3] 〔汉〕司马迁:《史记》·卷84·《屈原列传》,中华书局,1982年,第2484页。
[4] 何建章:《战国策注释》·《魏策三》,中华书局,1990年,第749页。
[5] 杨伯峻:《春秋左传注》·《文公十三年》,中华书局,1981年,第507页。
[6] 〔汉〕司马迁:《史记》·卷6·《秦始皇本纪》,中华书局,1982年。
[7] 〔清〕严可均:《全上古三代六朝文》·《全秦文·李斯卷》,中华书局,1958年,第121页。

德。义诛信行，威燀旁达，莫不宾服。烹灭强暴，振救黔首，周定四极"[1]。《会稽刻石》曰："六王专倍，贪戾傲猛，率众自强。暴虐恣行，负力而骄，数动甲兵。……义威诛之，殄熄暴悖，乱贼灭亡"[2]。在流传至今的七篇秦朝刻石文字中，有五篇对六国进行了严厉的道德谴责，六国的"罪名"已经不限于"背约"，还陆续添加了"贪戾""虐杀""强暴""无道""专倍"等恶名[3]。由此可见，秦始皇试图站在道德的制高点来彻底否定六国统治者，把自己塑造成中原救主的角色，把吞灭六国的战争定性为顺应天意民心、结束残暴统治的正义战争，将秦灭六国的战争赋予正义色彩。虽然这些政令和刻石文字形成于秦王朝统治初期，但是由于时隔战国晚期仅仅十年左右，因此根据这些文字不难窥见在战国晚期秦人的民族心理状态。在这些文字中，秦人对六国的谴责也都是站在政治道德角度，没有只言片语与夷夏之辨有关。

总之，尽管战国晚期秦与六国形成紧张对抗的关系，但是这场对抗没有夷夏之辨的内涵。秦国向东发动的系列兼并战争，在六国人士心目中不是异族入侵的战争，而是强者对弱者的征服战争。然而，在秦国统治者看来，兼并战争是除暴安民的正义战争。在这场隔空论辩中，秦与六国双方处在同一种话语体系，相互间的批评指责均是从政治道德立场而非夷夏有别的立场来展开的。夷夏之辨在春秋时期曾经是诸侯争霸的舆论利器，而在战国晚期秦与六国的这一场殊死较量中，已经完全被遗弃了。秦与诸夏之间已经不复存在所谓的夷夏之别，秦人已经完全融入并认同华夏民族，而华夏也接纳和认同了秦人的华夏身份。

四、秦人认同华夏民族的历史意义

秦人用了数百年时间逐步融入并认同华夏民族，这一重要的民族心理变迁历程，在华夏民族形成发展史上具有典范样本意义。秦人的民族心理变迁并不是孤立现象，楚人经历了与秦人基本相同的心理历程，最终在战国晚期，由蛮夷进入华夏[4]。透过秦人、楚人的民族心理变迁可以清楚地看到，经过春秋

---

[1] 〔汉〕司马迁：《史记》·卷6·《秦始皇本纪》，中华书局，1982年，第249页。
[2] 同上书，第261页。
[3] 同上。
[4] 彭丰文：《从蛮夷到华夏：先秦楚人的族源记忆与民族认同》，载达力扎布主编《中国边疆民族研究：第七辑》，中央民族大学出版社，2013年，第214—223页。

战国数百年的与周边民族的交融互动，秦人、楚人等周边族群融入华夏民族，为华夏民族补充了新的血液，华夏民族得以进一步向周边扩展，标志着华夏民族进入了一个新的历史时期。吴人、越人也有与此类似的情形，只是时间上比秦人、楚人略晚。魏晋南北朝时期的乌桓、鲜卑、匈奴等民族，也是在不断走近华夏的过程中融入华夏，成为华夏民族的成员，其族名随之成为历史名词并逐渐在中国古代政治生活中消失。华夏民族的形成壮大，就是中原诸夏与周边"四夷"不断相互吸引、融合互动的结果。秦人与中原诸夏以及周边其他各族的共同努力，推动了华夏民族的发展壮大，推动了中国古代统一多民族国家的形成发展。

秦人融入并认同华夏民族的心理历程，体现了华夏文明巨大的包容性和凝聚力，揭示了中华民族发展壮大、生生不息的根本原因。正是华夏文明的包容性和凝聚力，使得华夏民族能够发展壮大、生生不息，为中华民族的形成与发展发挥了重要的主导凝聚作用，为中国古代统一多民族国家的形成与发展提供了重要的社会心理基础。中华传统文明赖此得以在数千年的历史长河中虽饱经风桑却经久不衰，代代相传，展现出强大、坚韧的生命力。同时，秦人融入华夏并吞灭六国，统一华夏，创建中国历史上第一个统一多民族国家，这一历史现象充分显示，历史上的华夏周边族群，即"夷狄"或曰"四夷"，对中华民族的发展壮大、对中国统一多民族国家的形成与发展具有独特的历史贡献，他们与华夏民族共同创造了中华传统文明的辉煌。这在此后的中国历史进程中一再得到印证并不断发展和深化。

原文刊载于《河北学刊》2015年第4期

汉代的民族交往与民族融合

汪高鑫

北京师范大学历史学院

汉代是中国统一多民族国家的巩固时期，其"广地万里，重九译，致殊俗，威德遍于四海"（《汉书》·卷61·《张骞李广利传》），将先秦以来人们的大一统理想变成了现实。在汉代统一多民族国家政权的巩固过程中，加强民族间的交往，促进民族融合，起到了至关重要的作用。这里所谓"民族间的交往"，主要是指汉政权与边地各少数民族政权间的交往，也包括作为主体民族的汉民族与四邻各少数民族的民间往来；而交往的形式往往会根据政治需要和民族区域的不同，表现出不同的特点。民族间交往的加深，必然会促进民族的融合；而这种民族融合的表现形式，则主要是少数民族的汉化，也包括少数民族文化对汉民族的影响。本文试图从汉代的民族交往与民族融合角度，对汉代统一多民族国家的巩固过程做出解说。

一、汉匈和战与南匈奴的内附和逐渐汉化

匈奴作为族称，文献记载始见于战国；而考其族源，学者大多认为与殷周以来鬼方、獯鬻、荤粥、猃狁、胡等有着密切的渊源，匈奴应该是在这些族群的基础上吸收周围各族而形成的。匈奴民族最初的活动中心在今内蒙古的河套地区及大青山一带，后来逐渐移至漠北。在冒顿单于以前，匈奴作为一个逐水草而居的游牧民族，长期以来只是一个松散的联合体，内部各氏族、部落"自有君长"，彼此间没有永久的盟约关系。在冒顿单于统治时期，亦即西汉建立前后，通过采取一系列巩固内政、兴建制度的强化统治举措，同时不断进行征伐，最终结束了长期以来各部互不统属的

局面，建立起了一个东尽辽东、西达葱岭、北至贝加尔湖、南抵长城的奴隶制帝国。在整个两汉时期，北方的匈奴政权虽然在汉武帝以后逐渐走向衰落，却始终是汉朝需要面对的重要的少数民族政权，汉匈关系是汉朝民族关系的重要一环。

在两汉时期的汉匈关系史上，和亲与战争是汉匈双方最普遍的两种交往方式。作为汉朝而言，它与匈奴的和亲，一开始是迫不得已之举，而在后来的与匈奴的交往过程中，这种和亲往往被当作调整与匈奴之间关系的一种重要手段。因此，和亲对汉朝而言，无论是对巩固政权统治，还是加强与匈奴的交往，都起到了重要作用。作为匈奴而言，无论是强盛时期还是衰败时期，都是经常主动请求汉朝与其和亲。匈奴向汉朝求亲，既有贪图汉朝财物的因素，因为和亲不但要下嫁公主于匈奴单于为阏氏，而且还"岁奉匈奴絮缯米等实物各有数"；更主要的是将其视为一种光荣和体面的事情，表现出了一种对中原汉民族文化的仰慕之情，正如白寿彝先生所说的，"一个少数民族领袖，为什么要娶一个汉族姑娘？为什么把这看作光荣的事？他认为汉族姑娘好，汉族姑娘嫁给他是他受到重视的表现。这类事情，历史上多得很，都是向往中原、钦慕汉族文化的反映"[1]。此外，撇开双方的政治、心理因素，汉匈和亲，对增进民族之间的相互了解和信任、沟通民族之间的感情、促进民族融合与政治大一统，有着其他方式所不可替代的特殊的重要作用。

而关于汉匈战争，对汉朝而言，情况比较复杂，其中既有扩张大一统政权的需要而采取的主动出击，也有出于捍卫农业文明、护边安民的需要而进行的被动反击。对匈奴而言，骚扰汉朝边地，掳掠汉民与财物，是这个处于奴隶制社会的游牧民族的一贯做法，而这，自然会遭到汉朝的抵制和讨伐，结果往往引发双方大规模的战争。因此，从某种意义而言，"即便是民族间战争，也或多或少反映出向往中原的心情"[2]。值得注意的是，两汉时期的汉匈战争，尽管过程中匈奴会取得一些暂时的胜利，而最终还是为汉朝所击败。西汉初年强盛一时的匈奴国家，在走过它数百年的历程之后，最终还是从强盛走向衰落、从独立到臣服于汉，以至于东汉以后南匈奴成为汉朝统治下的一个少数民族。究其原因，我们认为是汉

---

[1] 白寿彝：《白寿彝民族宗教论集》，北京师范大学出版社，1992年，第59页。
[2] 同上。

朝先进的文化而不是军事最终击败了匈奴，因为即使是汉武帝的征发，也并没有使匈奴真正臣服。与汉朝封建体制、农业经济和科学文化相比，匈奴的奴隶制、游牧经济和落后的文化是不能同日而语的。实际上匈奴的最终失败，就是败于它的这种游牧文化，因为这样一个"以马上战斗为国"的国家，是依靠军事联合起来的统一体，内部缺乏稳定的基础，虽能强盛一时，却也能迅速溃败，随着联合体内部不可避免的各种矛盾与争斗的发生，最终的败亡便成为必然。

在汉匈往来中，经济无疑是一个重要因素，它是联系汉匈关系的一个重要纽带。无论是请求和亲还是经常犯边，想获取汉朝财物，是匈奴的一个重要目的。在汉代，匈奴获取汉朝财物的正常途径，主要是通过"合市"的办法。《史记·匈奴列传》说："匈奴贪，尚乐关市，嗜汉财物，汉亦尚关市不绝以中之。"道理很简单，匈奴作为一个以畜牧业为主的游牧民族，它需要借助于开关市，来获取汉地的纺织品、粮食、兵器、铁器等等；而汉朝愿意与之开关合市，一方面是要通过合市获得匈奴的畜牧和狩猎产品，另一方面则是利用匈奴人"好汉物"的心理达到控制它的目的。正因如此，在两汉时期，汉匈关系无论好坏，甚至东汉北匈奴败走后，双方还是能"通关市不绝"。毫无疑问，这种经济上的难以分离和依赖性，是促使东汉以后匈奴不断汉化的重要因素。

在汉匈交往中，还有一个重要现象，那就是大量汉人流入匈奴。两汉时期汉人流入匈奴，一般来讲有三种途径：被掠、降俘和亡入。匈奴不断犯边，其中一个重要目的就是掠夺汉民。当时的匈奴，是一个人口稀少的奴隶制国家，"匈奴人众不能当汉之一郡"（《史记》·卷110·《匈奴列传》），掠夺汉民做奴隶，是满足其维持奴隶制游牧经济的需要。而在汉匈交战的过程中，双方自然都有投降或被俘人员。像汉武帝征和三年（前90），贰师将军李广利竟率众七万余人投降匈奴。一些不堪忍受愁苦的边地奴婢，也纷纷亡入匈奴。据大致估算，两汉时期流入匈奴境内的汉人，总数达十余万。这么多汉人流入匈奴，在为匈奴增加劳动力的同时，也给匈奴带去了汉地先进的文化和技术，在加速匈奴文明进步步伐的同时，也改变了匈奴民族的成分。

毫无疑问，东汉以后南匈奴的内附和逐渐汉化，主要是汉匈经济文化往来不断、汉匈关系长期发展的结果。早在汉宣帝时，呼韩邪单于附汉，就打破了"胡、越不与受正朔"的旧传统，开启了北方游牧民族政权主动接受中原政权领导的先例。随着东汉初年匈奴分裂为南、北两部以后，南匈奴长期散居于北地、朔方、五原、云中、定襄、雁门、上谷等郡，一直受到汉民族先进的经济、文化的影响，在这样一种地理环境和经济文化氛围的熏陶下，南匈奴逐渐汉化也就成为一种历史的必然。

二、汉通西域与统一多民族国家的展拓

"西域"一名，始见于《汉书·西域传》。两汉时期的西域，从地理概念来讲，一般是指玉门关、阳关以西，葱岭以东，包括天山南北地区。不过，它在中国古籍上还有一个广义概念，指凡通过狭义西域所能到达的地区，包括中亚、西亚、印度，甚至更远的地方。我们这里所谈的西域，主要是就狭义而言，与今天的新疆地区大致相仿，亦即汉朝所设西域都护府所管辖的大致范围，但又不完全拘泥于这一范围。据《汉书》和《后汉书》的《西域传》的记载，汉武帝时西域有36国，西汉哀平以后至东汉，自相分割出50余国。西域的民族分布很复杂，各地的经济状况也有较大的差异，其中以畜牧业为主的有婼羌、鄯善、西夜、蒲犁、乌孙等国，以农耕为主的有于阗、莎车、疏勒、龟兹、焉耆等国，兼事农耕与畜牧的有车师前、车师后、蒲类、蒲类后等国。

汉朝与西域的交往，始于汉武帝时张骞两次出使西域。张骞出使西域，虽然联合西域夹击匈奴的使命没有完成，却打通了汉与西域的交通，促进了汉与西域各国的往来。元鼎六年（前111），汉朝在河西走廊设张掖、敦煌二郡，加上原有的酒泉、武威二郡，总称"河西四郡"。此后汉朝通过对西域的不断用兵，削弱了匈奴在西域的影响，加强了汉与西域的联系。西域各国开始主动向汉朝遣使交往，请求和亲。如元封年间，汉遣江都王之女细君为公主妻乌孙昆莫；细君死后，汉又将楚王之女解忧嫁与乌孙王，汉与乌孙的联盟不断得到巩固。正是通过武力和和亲两手，汉朝将其势力真正深入了西域各国。神爵二年（前60），汉朝在西域设立都护府，治理天山南北诸地，标志着汉朝在西域的统治完全确立，西域从此成为中国统一多民族国家的重要组成部分。两汉之际，随着中原的内乱，西域重新被匈奴控制。东汉明帝时期，在对匈奴战争的同时，班超出使西域，旨在说服西域脱离匈奴而亲附汉朝。班超出使西域后，很快便使鄯

善、于阗、疏勒等国归附东汉,东汉随即设置了西域都护以及戊己校尉,一度中断的汉与西域的关系得以重新建立起来。随着东汉对匈奴战争的决定性胜利和班超对西域数十年的艰辛经营,汉和帝时期已是"西域五十余国悉纳质内属"(《资治通鉴》卷48)。

汉朝在打通与西域各族的交往过程中,可以说是遣使劝说、和亲结盟与武力征讨兼而用之。而汉朝打通西域的目的,一是对付匈奴的军事,二是使西域归附于汉中央政权。在经过两汉数百年的通西域后,随着匈奴的衰败和南匈奴的汉化,汉通西域的军事意义已经变得微不足道,而其对拓展中国统一多民族国家、促进汉文化对西域各族的影响以及中西文化交流的意义则日益彰显。

首先,拓展了中国统一多民族国家。西域地域辽阔,民族众多。在汉通西域以前,西域处在匈奴统治之下。不过,匈奴是一个以游牧为生的不稳定的军事联合体,它对西域的统治是不稳固的。因此,从严格意义上说,西域尚未归入中国统一多民族国家的版图,《史记·秦始皇本纪》记载大一统的秦朝疆域,也只是说其"西至临洮、羌中"。汉通西域后,在西域设立行政机构进行统治。经过数百年的开发,西域完全成为汉朝统治的一部分,正式成为中国统一多民族国家的组成部分,西域各民族也因此加入了中华民族大家庭之中。当然,在汉朝对西域的统治过程中,西域各国对汉朝西域都护的管辖是时有不满的,甚至还时常游离于汉与匈奴之间,但在总体上是倾汉的。所以当班超要归汉时,西域各国是一再挽留;当汉朝要罢西域都护时,西域各国纷纷主动要求"遣子入侍,献其珍宝",甚至"流涕稽首,愿得都护"(《后汉书》·卷88·《西域列传》)。这说明西域各国对汉朝控制西域地区,既有矛盾和斗争,又有心理的依赖;而这种心理的依赖,正是维系统一多民族国家的重要因素。

其次,促进汉文化对西域各族的影响。西域与汉政权的交往,最初是出于对汉政权强大而富庶的仰慕。对此,《史记·大宛列传》有具体描述:"乌孙使既见汉人众富厚,归报其国,其国乃益重汉。其后岁余,骞所遣使通大夏之属者皆颇与其人俱来,于是西北国始通于汉矣。"汉武帝"令外国客遍观仓库府藏之积,见汉之广大,倾骇之"。而汉与西域的和亲,则对西域接受汉文化起到了重要作用。如汉武帝时期先后遣江都王之女细君和楚王之女解忧嫁与乌孙王,这不但加强了汉与乌孙的结盟,而且为乌孙国带去了先进的汉文化。这种文化影响还有辐射作用。如龟兹王绛宾本来与汉有隙，可是娶了受汉文化熏陶的乌孙公主女儿后，改变了对汉的态度："愿与公主女俱入朝。元康元年，遂来朝贺。王及夫人皆赐印绶。夫人号称公主，赐以车旗骑鼓，歌吹数十人，绮绣杂缯琦珍凡数千万。留且一年，厚赠送之。后数来朝贺，乐汉衣服制度，归其国，治宫室，作徼道周卫，出入传呼，撞钟鼓，如汉家仪。……绛宾死，其子丞德自谓汉家外孙，成、哀时往来尤数，汉遇之亦甚亲密。"这是接受汉礼仪文化改造而密切与中央朝廷联系的典型例证。原楼兰王死，汉"乃立尉屠耆为王，更名其国为鄯善，为刻印章，赐以宫女为夫人，备车骑辎重，丞相将军率百官送至横门外，祖而遣之。王自请天子曰：'身在汉久，今归，单弱，而前王有子在，恐为所杀。国中有伊循城，其地肥美，愿汉遣一将屯田积谷，令臣得依其威重。'于是汉遣司马一人、吏士四十人，田伊循以填抚之。"（《汉书》·卷96·《西域传》）我们从这个倚重大汉威德而求得自立的事例中，可见当时西域各国"思汉威德，咸乐内属"之一斑。

最后，促进了中西文化的交流。汉通西域，其中的一个重要成果是开通了"丝绸之路"，这是一条经过河西走廊、新疆至葱岭以西的南亚、中亚、西亚以及欧洲的经济文化通道，它加强了汉朝与西域各国以及与南亚地区的经济文化联系。一方面，这条通道的开通，便利了汉朝对西域地区的控制。自张骞通西域以后至东汉，汉朝不断派遣使者出使西域各国，加强与西域各国的往来；同时通过设置行政机构，加强对西域各国的控制。从文献记载来看，当时汉朝的使者可以说是遍及西域各地，包括葱岭以西的大月氏、大夏、身毒诸国，都能看到汉朝使者的身影；而汉朝的军事力量和行政统治区，包括自河西走廊、天山南北直到葱岭的地区，影响范围很广。另一方面，这条通道的开通，促进了汉朝与西域各国、南亚以及中亚细亚地区的经济文化交流。如这一时期从汉地向西域地区传去了铸铁、"穿井"等技术，汉朝的礼乐制度也为西域各国所仰慕，西域各国仿效汉家礼乐制度"治宫室，作徼道周卫，出入传呼，撞钟鼓"（《汉书》·卷96·《西域传》）。这些汉文化经过西域再西传到南亚、中亚和西亚等地，扩大了汉文化的影响。当然，西域各地也有经济文化传入内地，如葡萄和苜蓿就是汉武帝时从大宛传入中国的，特别是作为世界三大宗教之一的佛教，正是在汉代由这条通道从南亚地区传入中国的。

三、西羌的内迁与民族融合

羌是中国一个古老的民族。甲骨卜辞中已有"羌"字指称族群，在商周时代它的一些支系属于中原王朝的"要服""荒服"之列。先秦文献通常以氐羌连称，有时又以氐、羌混称。对于氐、羌为一个民族，还是分属两个不同的民族，学者说法不一。不过，秦汉以后氐、羌已有明确区分，氐族主要在蜀北，汉武帝时置为武都郡；而且氐族"其俗语不与中国及羌相同"（杜佑：《通典》·卷189·《边防》）。羌族传说中的祖先名无弋爰剑，为秦厉公时人。据《后汉书·西羌列传》记载，无弋爰剑曾经为秦厉公的奴隶，逃跑后与一劓女结为夫妇，"女耻其状，被发覆面，羌人因以为俗"。无弋爰剑夫妇最终逃到今青海、甘肃境内的黄河及其支流湟水一带，河湟一带由此成为羌人的主要发迹地之一，汉代称以河湟为中心的诸羌为西羌（或称河湟羌）。东汉时，无弋爰剑的子孙分支已多达150种（其他羌族小的支系还有20余种），主要有烧当、先零、烧何、卑湳、当煎、当阗、勒姐、零吾、乌吾等部族；分布的地区很广，北自秦陇，南自蜀西，包括今甘肃、青海、西藏、四川西部和新疆昆仑山地区等。从社会发展和生产关系来看，汉代西羌处于原始社会向奴隶社会过渡时期，诸羌"不立君臣，无相长一"，始终没有形成强大的政权组织，社会的管理者主要是各支的酋豪；生产上"地少五谷，以产牧为主"，说明西羌是一个以传统的畜牧业为主，也有农耕经济的游牧民族（《后汉书》·卷87·《西羌列传》）。

西羌最初与汉朝发生关系，也与匈奴有关。西汉初年，匈奴一方面联结西羌共同骚扰西汉边境，一方面又奴役羌人，致使羌人有附汉之心。汉景帝时，留何率羌人向汉朝求守陇西边塞，于是汉朝徙留何等于陇西郡狄道（今甘肃临洮）、安故（今临洮县南）、临洮（今甘肃岷县）、氐道（今甘肃礼县）、羌道（今甘肃舟曲）。内迁甘南后的羌人，与当地人民友好相处。汉武帝时，置河西四郡，一方面"隔绝羌胡"（《后汉书》·卷87·《西羌列传》），切断羌人与匈奴的联系，一方面汉与羌人的联系更加密切；又设置护羌校尉统领诸羌，同时向河西大规模移民屯田，旨在进一步割断诸羌与匈奴的联系。汉宣帝时，因对诸羌措置不当，激起羌人反汉。镇压羌人反抗后，汉宣帝接受赵充国屯田的建议，后来诸羌纷纷来降。两汉之际，大批羌人向甘肃、陕西西南迁徙，与各民族杂居。东汉初年，羌人时有反抗。光武帝时，先零羌数万人战败后被徙置陇西、天水和扶风等郡。明帝时，败烧当羌，迁于三辅。于是，羌人进一步内迁。东汉中晚期，内迁羌人与塞外羌人不断起兵反汉，声势愈演愈烈，最终一次次的起义都被镇压下去，战败的塞外羌人也一次次不断地被强迫内迁。

纵观两汉的汉羌交往，西汉特别是汉武帝时期对西羌政策的出发点是"隔绝羌胡"，河西四郡和护羌校尉的设置、向河西大规模移民实边等，其主要目的就是隔绝羌人与匈奴的联系。当然，这些举措，以及内迁羌人于甘南，在羌人区屯田等，也是为了更有效地控制羌人。而东汉与西羌的关系，可以用"和战无常"四个字来概括。随着东汉初期对羌人一系列战争的胜利，汉朝为更好地控制羌人，不断地将羌人迁于内地。然而东汉政府对于内迁的羌人实行民族压迫政策，向他们征收赋税、征发兵役，羌人因此"积以愁怨"（《后汉书》·卷87·《西羌列传》），激起民变，起义不断。不过，在东汉起义的羌人中，既有内迁的，也有仍居于塞外的。后者每每骚扰东汉边境而引起的与东汉的战争，显然不应该被认为是民族压迫的产物，对此要做具体分辨。

在中国历史上，两汉既是羌民族的发展壮大时期，同时也是羌民族与汉族等不断进行融合的重要时期。两汉加强与西羌的交往（包括友好往来与军事战争）和西羌不断内迁的过程，促进了这种民族融合。一方面，汉代对西羌的建置开发，汉民的大规模实边，羌人的大批内迁杂居，这些举措在客观上都促进了两汉时期羌人（主要是内迁羌人）的汉化。经过两汉数百年的汉羌杂居，内迁的羌人都逐渐汉化了。另一方面，汉羌之间的战争虽然多数情况下是因汉朝为加强对羌人的控制和推行民族压迫政策而引起的，不过，中国古代民族间的斗争或战争，往往也是一种重要的民族交往和融合方式，尽管这种方式有血腥味。对于羌族的汉化及其对中华民族的形成所做出的贡献，费孝通先生给予了充分肯定。他说："羌人在中华民族形成过程中起的作用似乎和汉人刚相反。汉族是以接纳为主而日益壮大的，羌族却以供应为主，壮大了别的民族。很多民族包括汉族在内从羌人中得到血液"[1]。

---

[1] 费孝通：《中华民族的多元一体格局》，《北京大学学报》1998年第4期。

四、汉与东北各族的交往及其文化影响

两汉时期，东北地区居住的少数民族主要有夫余、朝鲜、沃沮、高句丽、涉貊（亦作秽貊）、乌桓、鲜卑、挹娄等。按照文献记载，东北各族大致可以分为三个民族集团或三个系统，分别是：涉貊族系，包括夫余、朝鲜、沃沮、高句丽、涉貊等族；东胡族系，包括乌桓、鲜卑等；肃慎族系，有挹娄各部。《后汉书·东夷列传》记载，在汉代，这三个族系的活动区域、社会经济和社会发展水平都是不一样的。其中涉貊族系各族主要活动在今天的北至松花江、南至朝鲜汉江、西至辽宁、东临大海的广大地区，经济上以农业为主，处于奴隶社会发展阶段，在三个族系中社会发展水平最高。东胡族系的乌桓与鲜卑等族，最初活动区域在今天内蒙古东部及其与黑龙江、吉林、辽宁交界地带，鲜卑在北，乌桓在南。东汉击破北匈奴后，鲜卑据有北匈奴故地，乌桓南移至汉朝北部幽州和并州边境，属于从原始社会向阶级社会过渡的以畜牧业为主的游牧民族。挹娄各部为"古肃慎之国也"，是一个独立的民族系统，活动区域大致在今天黑龙江省东部及俄罗斯远东地区。两汉时期的挹娄各部经济上兼事农业、畜牧业和狩猎业，是一个"无君长"的部落社会。

东北诸族与汉朝之间基本上是一种藩邦关系。汉朝对东北诸族所实行的民族政策，总体来说是以通好为主，不过也时有战争发生。在东北三个族系中，关于挹娄各部的文献记载很少，而涉貊和东胡两大族系与汉朝交往比较频繁。

涉貊族系很早就与中原民族或政权发生了关系。周武王灭商后，曾封箕子于朝鲜，开创了朝鲜箕氏王朝。西汉初年，燕人卫满聚众进入朝鲜，击败朝鲜王准而自立为王，建立朝鲜卫氏政权。汉惠帝时，汉与朝鲜国王卫满相约："满为外臣，保塞外蛮夷，无使盗边。"（《史记》·卷115·《朝鲜列传》）元封二年（前109），汉武帝因朝鲜王右渠不肯奉诏而兵征朝鲜，次年灭掉卫氏政权，其辖地被分置为乐浪、临屯、玄菟和真番四郡，史称"汉四郡"，汉朝在朝鲜开始了郡县统治。汉昭帝始元五年（前82），罢临屯、真番二郡，并入乐浪、玄菟二郡。乐浪郡治所在今朝鲜平壤，管辖涉貊、沃沮等族；玄菟郡治所初在夫租（今朝鲜咸兴），后受涉貊所侵而迁往高句丽西北（今辽宁东部新宾地区），辖高句丽、夫余等族。东汉

建武六年（30），罢管辖秽貊、沃沮的乐浪东部都尉，悉封其渠帅为县侯，岁时朝贡；建武八年（32），高句丽遣使朝贡，汉恢复其王号[1]；夫余则先属玄菟郡管辖，后求属辽东郡，对汉朝遣使称臣。由此看来，西汉时期汉朝对东北秽貊族系秽貊、沃沮、高句丽、夫余等族实行的是置郡统治。而东汉以后，汉朝与这些族国实际上形成了一种藩属关系，一方面秽貊族系各族国保有相当的独立性，另一方面他们又要向汉朝称臣贡献。

东胡族系的乌桓和鲜卑，也是古老的民族，春秋时期属于山戎，战国时称为"东胡"，汉初为匈奴冒顿单于所破，退保乌桓山与鲜卑山，遂有"二族"之称。汉朝与乌桓的接触，始于汉武帝时期。元狩四年（前119），汉朝在幽州设置护乌桓校尉，监领乌桓各部。从两汉与乌桓的关系来看，在西汉，二者是一种松散的从属关系，乌桓处在汉与匈奴的夹缝中生存，受到汉与匈奴的双重奴役，有时为汉藩邦保塞，有时又联合匈奴犯边；而汉朝对乌桓采取的政策，则是既加强控制，又利用乌桓与匈奴的矛盾坐收渔人之利。东汉时期对乌桓采取招抚政策。光武帝建武二十五年（49）以后，杂居塞内的乌桓各部实际上已经成为汉朝统治下的少数民族，乌桓与汉朝基本上是友好相处的。而东汉对鲜卑推行的民族政策及其双边关系，大致与乌桓同。值得注意的是，汉朝与乌桓、鲜卑的关系中有一个重要现象，这就是乌桓与鲜卑经常犯边的问题。这大概与这两个民族还处在原始社会向奴隶社会过渡时期所具有的游牧民族特点有关。

在汉朝与东北各族总体上以通好为主的民族交往中，东北各族受到的汉文化的影响非常显著。如属于秽貊族系的夫余，很早就受到中原文化的影响，它们的饮食器具——俎豆如同中原，会同、拜爵、揖让之礼如同中原，甚至他们还使用汉文，尽管并不普遍，如此等等。汉武帝设郡统治后，夫余隶属玄菟郡，担负起为汉守边的任务。汉朝与夫余的臣属关系很密切，像夫余王用的印绶，由汉朝发给；甚至夫余王死后随葬所用的玉匣，也事先由汉朝存放在玄菟郡，夫余王死后到玄菟郡"迎娶以葬"。如高句丽，建国前已属汉朝治下居民，建国后成为汉朝藩国，向汉朝遣使纳贡，由汉朝颁发印绶。在长期的与汉朝友好往来与战争中，高句丽民族从礼仪制度到风俗习惯，都深受汉文化的影响。它们虽然有自己的语言，却使用的是汉字。而汉

---

[1] 高句丽作为族称始于西汉前期，汉武帝时以县隶属玄菟郡；作为国号则始于公元前37年朱蒙建国，王莽时改高句丽王为下句骊侯，东汉光武帝时复其王号。

朝在朝鲜半岛北部地区的直接设郡统治，有助于汉朝先进文化在朝鲜汉朝郡县地区的传播。当时不仅有汉人官吏到四郡去任职，还有很多富商大贾与农民前往经商、垦荒，朝鲜"汉四郡"已是一派汉文化景象。近年来，在"汉四郡"地区的考古发掘中，出土了大量汉朝的官印和各种质地不同、形状各异的器皿，考古学家将这种文化现象称作"乐浪文化"，其实也就是汉文化。又如属于东胡族系的乌桓，与汉地的经济交流早已进行，东汉乌桓校尉所在地上谷宁城，便是一个重要的胡市，乌桓人常常以他们的牛马等牲畜来换取汉人的粮食、布、帛等货物。随着乌桓的不断内迁，汉朝还经常利用乌桓的兵力进行征伐活动。同时，乌桓迁居塞内后，在与汉民的长期杂居和交往过程中，不仅完全成为东汉境内的一个少数民族，而且也不断地汉化，逐渐地融入汉民族的行列之中。

五、"和集百越"与百越地区的汉化

百越，是对众多的越族系统的国家和部落的统称，其区域分布在今天北至浙江、南至岭南、西至云贵的广大地区。两汉时期，百越逐渐形成了南越、西瓯骆越[1]、闽越（东越）和东瓯等几个政治中心。其中南越国地处岭南，西瓯骆越在今广西南部和越南北部地区，闽越国在今福建地区，东瓯地处今浙江。西瓯骆越在西汉惠、文之际被南越王赵佗征服，而成为南越的一部分；与闽越同为越王勾践之后所建的东瓯则国力弱小，在汉武帝建元三年（前138）受到闽越侵犯后主动向汉朝请求内迁；百越政治中心主要是南越和闽越。

两汉与南越、闽越等地区的交往，在它们被并入中央政权郡县统治之前，长期以来一直是奉行"和集百越"（《史记》·卷113·《南越列传》）的民族怀柔政策。其基本做法是：以百越各民族地方政权为汉王朝的外诸侯国，任用原越人首领为王，除国王为汉朝天子封爵和按时朝贡外，国王之下的一切臣僚都由国王任命，与汉朝辖区设有边关。这种外诸侯国与汉王朝之间是一种藩属关系，本身具有很大的独立性。

南越国为秦朝南海郡龙川令赵佗于公元前207年秦亡之时所建。汉高

---

[1] 西瓯与骆越有时连称，有时分称，它们是否为同一族属，至今尚无定论。但从它们所处的地域来看，应该属同一族体。

祖十一年(前196)，考虑到南越国势力的壮大，汉朝决定遣使南越，加以笼络。赵佗遂"稽首称臣"(《汉书》·卷1·《高帝纪下》)，接受汉朝所封"南越王"称号和所授玺绶，汉与南越之间的君臣关系由此建立。吕后专权时采取制约南越的政策，南越与汉朝绝交，一度还兵戎相见。汉文帝即位后，重新推行对南越的怀柔政策，他罢兵岭南，为赵佗在真定的亲家置守邑以岁时奉祀，给赵佗在中原的宗室兄弟以官职，并再度遣使南越，使赵佗答应"去帝制黄屋左纛"。终文、景两朝，南越"朝命如诸侯"(《史记》·卷113·《南越列传》)。汉武帝时，南越相吕嘉不愿内属，起兵反叛，汉朝发大兵击灭南越，在南越旧地设置儋耳、南海等九郡，后又置交趾刺史总领，岭南越族从此完全成为汉朝统治下的民族。

闽越国为战国后期越王勾践之后无诸所建。秦并六国，废闽越王无诸为君长，以其地为闽中郡。秦末大乱，闽越先是"从诸侯灭秦"，后又佐汉击楚，因此西汉建立后，汉高祖刘邦便下诏令无诸"世奉越祀"，"为闽越王，王闽中地"(《汉书》·卷1·《高帝纪下》)。闽越国由此臣属汉朝，成为其外诸侯国。汉武帝时期，因闽越先后发兵攻打东瓯、南越，遭到汉军征讨，闽越也因此出现了二王并立现象。汉武帝先后以无诸的孙子繇君丑为越繇王，闽越王邹郢的弟弟余善为东越王，闽越的实权则实际掌握在余善手里。元鼎六年(前111)，东越王余善反汉，汉朝发兵征讨，于次年击灭东越，汉武帝"将其民徙江、淮间，东越地遂虚"(《史记》·卷114·《东越列传》)。

汉朝推行"和集百越"的民族政策。一方面，百越作为汉朝的外诸侯国，其国王需由汉朝天子封爵，按时朝贡。汉朝与百越维持这样一种宗藩关系，有助于维护汉朝南部边地的稳定乃至汉朝整个统治的稳定。另一方面，在这种政治上的藩属关系之下，还有一种经济利益关系。百越各国国王朝贡，进献一方宝物，而汉朝政府当然要给予他们大量的赏赐；同时，汉朝与他们通关，在双方边关上互通贸易。这种经济关系的加强，有助于政治关系的维系。此外，百越与内地的交往逐渐频繁，促进了越人地区的社会进步与发展，为后来汉朝在这些地区设立郡县制度进行直接统治打下了基础。

汉武帝灭掉百越政权以后，加速了越人地区的汉化。在百越政权中，西瓯骆越为南越所灭，东瓯、闽越之民众或请求内迁，或被灭国内迁，已经成为内地汉民。作为百越的主要政治中心，南越被灭国后由汉朝设郡统治，也迅速得以汉化。其实南越政权本来汉化程度就很高。南越建立者赵佗本人就是河北真定汉人,第四代王赵兴的母亲也是汉人;而南越人民也主要是由越人和秦朝时期戍南越的50万"中县之民"(即中原之人)构成。汉武帝设置郡县统治后,郡县官吏多为汉人,南越统治集团更是成为汉人官吏与越人贵族的联合体。与此同时,汉朝也仿效秦朝,对南越地区大规模迁徙汉人,还将很多犯人充军到岭南。《汉书·地理志》记载,汉时南越的南海、苍梧、郁林、交趾、合浦、九真、日南等9郡共有编户20.5万户、137.2万人,这些郡县编户绝大部分为汉人,只有少数为汉化越人。毫无疑问,大量汉人迁入南越,不仅带来了汉地先进的文化和生产技术,以及开发南越所必需的劳动力,而且也因此大大促进了南越民族的汉化和社会的发展。在开发南越的过程中,汉人郡县官吏起到了重要作用。如东汉光武帝时,九真郡的越人以射猎为业,不懂牛耕,任延担任九真太守后,"乃令铸作田器,教之垦辟。……又骆越之民无嫁娶礼法,各因淫好,无识对匹,不识父子之性、夫妇之道。延乃移书属县,各使男年二十至五十,女年十五至四十,皆以年齿相配"。又如东汉平帝时,"汉中锡光为交趾太守,教导民夷,渐以礼义,化声侔于延"(《后汉书》·卷76·《循吏列传》)。经过两汉政权的郡县统治,南越地区已经基本上完成了汉化。

六、开发西南夷与对西南经济文化往来的加强

西南夷,顾名思义,是指中国古代西南各少数民族,其分布大致在今云南、贵州西部以及四川西部和南部地区。"西南夷"一名最早见于《史记·西南夷列传》,此后《汉书》《后汉书》和《华阳国志》均辟有专篇记载。从《史记·西南夷列传》记载来看,西南夷族群较多、分布广泛,生产方式与社会发展状况不尽相同,其中夜郎、滇为农业经济族群,已经进入阶级社会;嶲、昆明是以畜牧业为主的游牧族群,尚属"无君长"的原始社会;徙、筰都、冉駹、白马"其俗或土著或迁徙",即有的以农耕为主,有的以畜牧为主,或是处于从畜牧业到农业过渡时期。从民族渊源而言,它们大致分属氐羌(藏缅语族)和百越(壮侗语族)两个系统。东汉后,随着永昌郡的设立,汉朝辖区达到澜沧江以西,又有哀牢、濮、鸠僚、儋耳、僬侥等族称,它们除了分属以上二系统外,又增加了百濮族系(南亚语系孟高棉语族)。

内地政权对西南夷的开发，最早始于战国时期。战国的秦国和统一的秦朝，就已经开始了对西南夷的开发。汉朝正式开发西南夷始于汉武帝时期。建元六年（前135），汉武帝派唐蒙出使南越，招降夜郎，其地并入犍为郡。元光五年（前130），应蜀郡西部邛、筰君长请求归附，汉武帝派司马相如出使西夷，在西夷邛、筰地区设一都尉，归蜀郡管辖。从元鼎六年（前111）开始，汉武帝连年对西南夷用兵，西南各夷或被灭或惧兵威请降，先后归入牂牁、越巂、沉犁、汶山、武都、益州等郡，汉朝基本上将西南夷纳入其统治版图。东汉建立后，试图将统治势力深入益州郡西部的哀牢和掸人地区。建武二十七年（51），哀牢部落首领贤粟请求内归，光武帝封其为君长；永平十年（67），东汉在哀牢和洱海地区置"益州西部属国"；永平十二年（69），另一哀牢首领请求内属，汉明帝置哀牢、博南二县，与益州西部都尉所辖六县合置永昌郡。至此，东汉将滇西纳入其统治范围，两汉对西南夷的开发也大致完成。

汉朝虽然通过开发西南夷，建立起了郡县制度，但是，汉朝对西南各郡县的统治，与内地是有很大区别的，其主要表现便是"以其故俗治"，具体办法有：其一，各夷君长世其官、长其民。汉王朝通过赐封西南各夷君长为王，让他们"复长其民""主其种类"。西南各夷王、侯名义上受汉朝郡县官吏调度，实际上是世袭其官。不过，尽管汉王朝对西南夷实行的是一种羁縻统治，却依然重视被选派到西南夷任职的官员的素质，其目的是取信于西南夷。如越巂太守张翕"政化清平，得夷人和"；益州太守文齐与夷汉人民相处"甚得其和"（《后汉书》·卷86·《西南夷列传》），他们都是深受当地夷汉人民拥护的郡县官员。这一做法对稳定西南夷社会秩序是有积极意义的。其二，"无赋税"。经济上与内地郡县编户之民不同，西南各夷百姓无须向汉朝政府交纳赋税。为了减轻西南夷的经济负担，汉王朝规定在西南夷各郡县的官吏费用及粮食也均由内地供给。后来考虑到粮食运输困难，汉王朝又采取移民屯垦的办法。这一做法既解决了西南夷郡县官兵的物质需要，又有利于汉族先进农业技术的输入，从而有助于加快西南夷社会经济的发展。

伴随着西南郡县制度的逐渐建立，汉朝与西南夷的经济文化往来日益频繁。这种频繁的经济文化往来的表现形式有：一是以"厚赐缯帛"作为吸引西南夷内附的一个重要手段。如武帝建元六年（前135），唐蒙将兵入西南夷，"蒙厚赐，喻以威德……夜郎旁小邑，皆贪汉缯帛……乃且听蒙约"（《史记》·卷116·《西南夷列传》）。二是通过免征赋税和移民屯垦。这种办法既安抚了西南夷，又有利于民族融合和汉族先进农业技术的输入，从而有助于加快西南夷社会经济的发展。三是通过郡县官吏传播生产知识和文化教育。汉朝派往西南夷的郡县官吏，都重视将传播生产知识和文化教育作为重要的施政内容，如东汉文齐在犍为属国"穿龙池，溉稻田，为民兴利"，益州太守王追"始兴起学校，渐迁其俗"（《后汉书》·卷86·《西南夷列传》）。应该说，汉朝郡县官吏以其特殊的身份，为西南夷地区的经济文化发展做出了特殊的贡献。这些多样化的经济文化的频繁往来，自然加速了西南地区的民族融合，促进了西南地区的内附与归化。《后汉书·西南夷列传》就记录了归化的白狼王曾作诗三首，分别为《远夷乐德歌》《远夷慕德歌》和《远夷怀德歌》，以表达仰慕汉德，愿永远归依的心曲。这些诗作宣达了愿意加入中华民族大家庭的少数民族的共同心声。

综上所述，汉代的民族交往，对中国统一多民族国家的巩固和发展起到了非常重要的作用。汉朝通过对匈奴的长期战争，促使了匈奴的衰落和分裂，解除了匈奴对汉政权的威胁。同时，汉朝对匈奴长期推行和亲政策，以及不断加强的经济文化往来，也包括军事战争，最终促使了南匈奴的内附和逐渐汉化。汉通西域的结果是，广大的西域地区从此纳入了中国统一多民族国家的版图，西域各族人民加入了中华民族的大家庭之中。汉与西羌的交往，虽然和战无常，但是大量羌人的内迁及其汉化，为汉民族增添了新的血液。汉与东北各族的交往，一方面促进了汉文化在东北各族中的传播，一方面也加强了东北各族的汉化。汉朝"和集百越"，促进了百越地区的社会进步和民族融合；汉朝在被灭之后的百越地区实行郡县统治，最终使广大的百越地区实现了汉化。汉朝开发西南夷、设置郡县统治，则促进了西南夷地区经济文化的发展，加强了西南夷因仰慕汉德而内附和归化的愿望。毫无疑问，汉朝的民族交往，促进了民族间的融合，形成了中国以汉族为主体民族的多民族的基本格局，奠定了中国统一多民族国家的疆域基础，是中国统一多民族国家发展史上的重要一环。

原文刊载于《学习与探索》2013年第1期

从世俗到宗教：汉魏南北朝大象图像的转型

戴卫红

中国社会科学院古代史研究所

章泽玮

中国社会科学院大学历史学院

从远古时期开始，大象逐渐为人们所驯服，并开始广泛参与人们的生产生活，如狩猎、祭祀、战争、进贡等，之后进入图像世界，被赋予一定的文化内涵[1]。当前，人们对大象图像的研究主要集中于汉画。学者们不仅关注到了独立的驯象图，还关注到了大象图像常与其他图像组合出现，如"西王母+驯象图""胡人+象""骆驼+象""鹦鹉+象"等。其中，大象题材汉画所反映的思想观念是学者们争论的焦点：有学者认为大象图像属于佛教题材[2]；有学者则认为大象图像具有祥瑞寓意，与升仙信仰有关[3]；另有学者对二者的观点有所调和，认为其时佛教初传，汉人对佛教缺乏了解，因而具有早期佛、道美术杂糅的特点[4]。此外，学者们也关注到了石窟、壁画等佛教艺术中的大象，并集中于对六牙象王[5]、乘象入胎[6]等图像的考察。还

---

[1] 关于中国古代大象的文化寓意，参见徐世康：《论先秦时期的大象族属及其文化含义演变》，《商丘师范学院学报》2019年第11期；李安竹：《中国古代大象的文化寓意》，《重庆交通大学学报（社会科学版）》2021年第1期。

[2] Lao Kan: Six-Tusked Elephants on a Han Bas-Relief. Harvard Journal of Asiatic Studies. vol. 17, no. 3/4, 1954, pp.366-369. 俞伟超：《东汉佛教图像考》，《文物》1980年第5期；郑红莉：《汉画像石"驯象图"试考》，《考古与文物》2010年第5期。

[3] 黄剑华：《汉代画像中的骑象图探讨》，《长江文明》2015年第2期；王煜：《汉代大象与骆驼画像研究》，《考古》2020年第3期；王煜、陈姝伊：《敦煌佛爷庙湾魏晋壁画墓鹦鹉图像初探》，《敦煌研究》2022年第3期。

[4] 阮荣春：《"东汉佛教图像"质疑——与俞伟超先生商榷》，《东南文化》1986年第2期；朱浒：《大象有形垂鼻辚辚——汉代中外交流视野中的大象图像研究》，《故宫博物院院刊》2016年第6期。

[5] 范勇：《西域石窟、中原寺观传统壁画中"大象"造型比较研究》，硕士学位论文，中国美术学院，2021年。尹璐瑶：《敦煌石窟动物图像研究》，硕士学位论文，兰州大学，2021年。

[6] 孙晓峰：《关于北朝时期"乘象入胎"图像的辨析——以麦积山第133窟10号造像碑为例》，载《丝路文化研究》第6辑，商务印书馆，2021年，第174—192页；李晔：《中国早期乘象入胎图像考》，《西北美术》2021年第1期。

有部分学者对中古时期的象舆图有所留意[1]。唐、宋、元、明、清各代，也均有学者对大象展开研究[2]。关于亚洲象的总结性论著和研究综述亦有不少[3]。

但魏晋南北朝时期的大象研究，尤其是大象图像研究，鲜有人涉足[4]，或许是此时期大象图像分布分散、类型复杂之故。比较两汉与魏晋南北朝的大象图像，我们发现二者的类型有明显的不同：汉代以驯象图为主要题材；而魏晋南北朝的大象图像多富有宗教色彩，佛教色彩尤为浓重，驯象图反而并不多见，故本文首先拟对两汉魏晋南北朝时期大象图像进行分类考察，进而分析大象图像转型的原因。

一、世俗社会中的大象图像

两汉时期的大象图像以驯象图为主，包括胡人钩象、牵象、骑象等多种具体形态，反映了大象在当时的现实生活中具有娱乐表演、礼仪出行、军事作战等功能。魏晋南北朝时期驯象图虽然仍能见到，但数量大幅减少，这或许与自然环境变迁、大象南迁、驯象活动减少有关。

文献所见最早的驯象朝贡记录是汉武帝时期的"南越献驯象"[5]，此后驯象朝贡常见于史书记载。霍去病墓出土的单体卧象石刻（图1）也反映了这一背景，大象既是"殊方异物"，又是祥瑞的一种，于是被制作成石刻，置于陵墓中，纪念霍去病抗击匈奴的卓越贡献[6]。

此外驯象还可由驯象师指挥进行娱乐表演。汉武帝时在长安西面修筑建章宫，其西有"数十里虎圈"[7]，汉元帝曾"幸虎圈斗兽，后宫皆坐"[8]。可见汉朝皇室不仅饲养百兽，还设置有专门观赏斗兽的场地。虽然这里只提

---

[1] 扬之水：《象舆——兼论青州傅家北齐画像石中的"象戏图"》，《中国文化》2011年第1期；钟妍：《莫高窟壁画中的象舆图像研究》，《中国美术研究》2020年第1期。
[2] 许晶：《以唐代社会为背景的大象研究》，硕士学位论文，暨南大学，2011年；程民生：《宋代大象的自然与社会生态》，《中原文化研究》2021年第3期；张博：《"乘舆象驾"：元代蒙古统治者对驯象的认知与利用》，《形象史学》2021年3期；刘祥学：《明代驯象卫考论》，《历史研究》2011年第1期；陈连营、谢豆菲：《清代仪仗使用驯象考》，载《故宫学刊》第20辑，故宫出版社，2019年，第169—181页。
[3] 刘祥学、宋豪：《亚洲象研究的百年历史回顾》，《中国史研究动态》2022年第6期；张洁：《历史时期中国境内亚洲象相关问题研究》，硕士学位论文，陕西师范大学，2008年；刘天伏：《历史时期中国境内犀象资源流动空间研究》，硕士学位论文，西南大学，2018年。
[4] 潘莉：《先秦至魏晋南北朝大象艺术形象的流变》，硕士学位论文，陕西师范大学，2019年。
[5] 〔汉〕班固：《汉书》·卷6·《武帝纪》，中华书局，1962年，第176页。
[6] 陕西省博物馆编：《霍去病墓石刻》，陕西人民美术出版社，1984年，第3页。
[7] 〔汉〕司马迁：《史记》·卷12·《孝武本纪》，中华书局，1959年，第482页。
[8] 〔汉〕班固：《汉书》·卷97·《孝元冯昭仪传》，中华书局，1962年，第4005页。

到了驯虎，但其时未尝没有驯象，大量出土的驯象图便可证明这一点[1]。如河南南阳英庄出土的东汉画像石（图2）[2]，画面右侧有一戴尖顶帽的胡人执钩驯象，左侧有一猛虎，反映出当时兼有驯象、驯虎的娱乐表演。

图1 霍去病墓出土 单体卧象石刻

驯象还可用于礼仪出行。河南唐河出土的新莽天凤五年（18）骑象图，画面中大象长鼻卷曲，背上乘坐二人，一人结跏趺坐，一人悠然仰卧（图3）[3]。山东徽山两城出土的东汉中晚期牵象图，上部绘有大象、骆驼、龙，下部为车马出行图（图4）[4]。这两幅图都反映出大象可作为骑乘工具。传世文献中也可见"象舆"一词，"它通常指象背之上设舆（车床）"[5]。传说黄帝在战胜炎帝之后便"合鬼神于西泰山之上，驾象车而六蛟龙"[6]。又如晋武帝平吴后，"南越献驯象，诏作大车驾之，以载黄门鼓吹数十人，使越人骑之。元正大会，驾象入庭"[7]。而且，象舆在舆制等级序列中似乎处于较高位置，通常为帝王的骑象工具，不仅有黄帝、晋武帝为证，在域外亦复如是，"自林邑、扶南以南诸国皆然也。其王著法服，加璎珞，如佛像之饰。出则乘象，吹螺击鼓，罩吉贝伞，以吉贝为幡旗"[8]。

军事作战中也常出现大象的身影。王莽时期就已驱使大象等猛兽用于

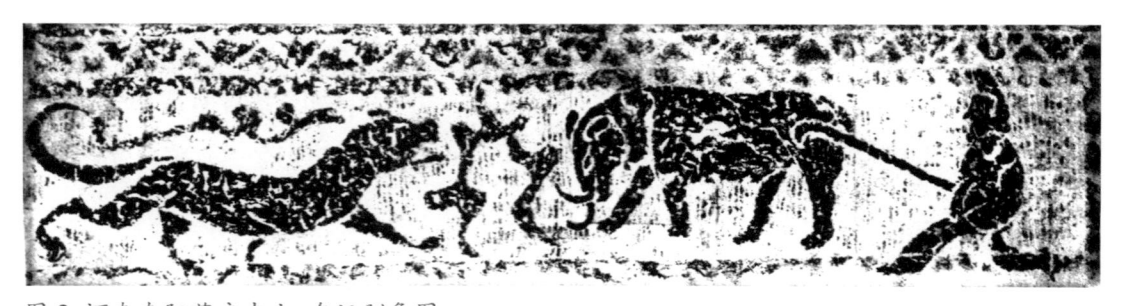

图2 河南南阳英庄出土 东汉驯象图

[1] 黄剑华：《汉代画像中的骑象图探讨》，《长江文明》2015年第2期，第70—78页。
[2] 王建中、闪修山：《南阳两汉画像石》，文物出版社，1990年，图91。
[3] 中国画像石全集编辑委员会编：《中国画像石全集》第6册，河南美术出版社、山东美术出版社，2000年，图42。
[4] 中国画像石全集编辑委员会编：《中国画像石全集》第2册，河南美术出版社、山东美术出版社，2000年，图50。
[5] 扬之水：《象舆——兼论青州傅家北齐画像石中的"象戏图"》，《中国文化》2011年第1期，第35页。
[6] 〔清〕王先慎注，钟哲点校：《韩非子集解》，中华书局，1998年，第65页。
[7] 〔唐〕房玄龄等：《晋书》·卷25·《舆服志》，中华书局，1974年，第756页。
[8] 〔唐〕姚思廉：《梁书》·卷54·《诸夷传》，中华书局，2020年，第870页。

图3 河南唐河出土
新莽天凤五年 骑象图

图4 山东徽山两城出土 东汉中晚期 牵象图

图5 山东孝堂山石祠东壁画像

军事助威。《后汉书·光武帝纪》载："初，王莽征天下能为兵法者六十三家数百人，并以为军吏；选练武卫，招募猛士，旌旗辎重，千里不绝……又驱诸猛兽虎豹犀象之属，以助威武"[1]。约东汉章帝时期的山东孝堂山石祠东壁画像（图5）[2]，下部表现激烈的胡汉战争，上部表现宏大的出行场景，居中位置有并排行进的大象和骆驼，象背上乘坐三人，该图可能表现的是战时出征或得胜班师的情景[3]。视线后移，萧梁在与北周的江陵之战中，也将两头大象投入战场，"梁人束刃于象鼻以战，忠射之，二象反走"[4]。

令人惊奇的是，及至魏晋南北朝，驯象图的数量大幅减少，管见所及，仅发现五件驯象图和一件象奴俑。新疆尼雅遗址出土的晋代木雕门板上画有一头大象，象腹凸出，身上遍布圆圈形图案，背上铺有一件华丽的毛毡，象首侍立一光头人物，右手似乎正牵着象鼻（图6）[5]。有学者认为该图像兼

---

[1]〔南朝宋〕范晔：《后汉书》·卷1·《光武帝纪》，中华书局，1965年，第5页。
[2] 中国画像石全集编辑委员会编：《中国画像石全集》第1册，河南美术出版社、山东美术出版社，2000年，图42。
[3] 学界对该画像有多种解读。罗哲文认为"行列中有骆驼与象，似是当时外国来朝者，或征战得胜而回者"（《孝堂山郭氏墓石祠》，《文物》1961年第4、5期合刊，第48页）。巫鸿认为该场景表现的是蛮夷向汉朝纳贡的场景，"他们骑着大象和骆驼前来朝拜中国的皇帝"（巫鸿：《武梁祠：中国古代画像艺术的思想性》，柳扬、岑河译，生活·读书·新知三联书店，2006年，第215页）。王煜则认为与升仙信仰有关，"将西方之兽组合于车马出行的前端，其目的地应该就是西方的神仙场景"（《汉代大象与骆驼画像研究》，第93页）。
[4]〔唐〕令狐德棻等：《周书》·卷19·《杨忠传》，中华书局，1971年，第317页。
[5] 中国历史博物馆、新疆维吾尔自治区文物局编：《天山·古道·东西风：新疆丝绸之路文物特辑》，中国社会科学出版社，2002年，第177页。

有来自西北印度、西亚等地的造型因素，牵象者可能是印度驯象人[1]。新疆阿斯塔纳出土的北朝方格纹兽锦中白象四足站立，象背上装饰有华盖，并有象奴持钩驯象，图像呈经向式重复排列[2]。该图案亦具有鲜明的中亚、西亚风格[3]。相似的织锦图案在比利时私人收藏中也可看到，该件北朝时期的狮象莲花纹锦存有两件残片：一件保留了象首部分图案，可以清楚地看到象背上亦有象奴钩象，莲台下织有"右""白"两字；另一件则保留了象尾部分图案，狮纹附近织有"王""宜""大吉"字样，陈百超据此进行了图案复原[4]。江苏徐州内华出土了一件象奴俑（图7）[5]，其时代大致为东晋刘宋时期[6]，"象作停立状，四腿为圆柱形，大耳圆眼，长鼻直垂，短尾……象的背部较平坦，上面骑坐一人。骑象人头戴尖顶帽，深目高鼻，双臂残缺，左腿弯曲，右腿前伸"[7]，可见骑象人也具有典型的"胡人"特征。美国洛杉矶私人收藏的一张北魏造像碑拓片，其上也绘有驯象图：大象体形壮硕，剑齿锋利，象鼻前伸，背上铺有莲花纹毛毡，象首有一个散发的胡人，手持长钩，作驯象状[8]。山西沁县南涅水发现了多座北魏四面多级组合式造像塔，编号QN七三-1的东魏龛下刻有一头丰腴的大象，长鼻垂地，前方有一人，似作牵象状（图8）[9]，其表现的是《贤愚经·象护品》中象护与金象的故事[10]。六件大象形象中，后二者明显具有佛教色彩。

　　汉晋时期驯象图的减少，或许与自然环境变化有关。葛全胜指出，秦汉时

图6 新疆尼雅遗址出土晋代木雕门板

---

[1] 李静杰：《鄯善古国木雕家具图像外来文化因素分析》，《敦煌学辑刊》2019年第3期，第136—137页。
[2] 图片见赵丰：《中国丝绸通史》，苏州大学出版社，2005年，第168页。
[3] 苗亚婻：《唐慕容智墓出土大象纹荒帷考论》，《形象史学》2022年第4期，第116页。
[4] 图片见赵丰、齐东方主编：《锦上胡风：丝绸之路纺织品上的西方影响（4—8世纪）》，上海古籍出版社，2011年，第85页。
[5] 李银德主编：《古彭遗珍：徐州博物馆馆藏文物精选》，国家图书馆出版社，2011年，第115页。
[6] 韦正、乔苏婷指出："简报将内华墓文化属性主要归之于南方是有见地的，但在墓葬时间上留下了豁口……需指出的是，刘宋时期完全可能，北魏平城时代不太可能，北魏洛阳时代几乎不可能。"《论江苏徐州地区南北朝墓葬中的陶俑》，《东南文化》2019年第6期，第66—67页。
[7] 张道一、李星明：《中国陵墓雕塑全集》第4卷《两晋南北朝》，陕西人民美术出版社，2007年，第63页。
[8] 图片见郑红莉：《汉画像石"驯象图"试考》，第63页。
[9] 刘永生、郭海林主编：《南涅水石刻艺术》，文物出版社，2022年，第71页。
[10] 同上书，第70页。

图 7　江苏徐州内华出土　象奴俑　　　　　　　图 8　山西沁县　东魏造像塔 QN 七三 -1

期东中部地区气候温暖，冬半年平均气温较今高约0.24℃；而魏晋南北朝时期，东中部地区气候寒冷，冬半年平均气温较今低0.4℃以上，并呈现出"稍冷（220—350）—稍暖（360—440）—较冷（440—530）—稍暖（540—580）"四个变化阶段。其中481—510年可谓是"最冷30年"，冬半年平均气温较今低1.2℃左右[1]。大象畏寒，不喜阳光直晒，性喜水，多以嫩叶瓜果为食，故对栖息地的食物、水源、温度、海拔等要求都非常严格。在中原气候转寒之际，它们逐渐南迁到了淮河以南的长江流域甚至更远的地区，文焕然就指出："大致在晋代以前，野象可以在长江以北长期栖息；以后则限于江南"[2]。

诚然如此，"最冷30年"间几乎没有驯象朝贡的记载，尽管永平二年（509）有嚈哒、薄知国向北魏献白象[3]，但此时即将摆脱"最冷30年"。正是汉魏南北朝自然环境的变化致使大象的活动范围逐渐南退，驯象活动随之减少，大象之于中原王朝成稀罕物，驯象图自然逐渐衰落。不仅在秦汉至南北朝有这样的变化，隋初至唐末也是如此：隋唐初期，气候回暖，战乱减少，国家呈现出开放包容的盛世景象，于是驯象图重新增多，各类大象图像均有发展，唐末气候再次转寒，不仅驯象表演逐渐减少，驯象朝贡也大不如

---

[1] 葛全胜：《中国历朝气候变化》，科学出版社，2010年，第138—235页。
[2] 文焕然、何业恒、江应樑、高耀亭：《历史时期中国野象的初步研究》，《思想战线》1979年第6期，第47页。还可参见〔英〕伊懋可：《大象的退却：一部中国环境史》，梅雪芹、毛利霞、王玉山译，江苏人民出版社，2014年，第10—20页。
[3] 〔北齐〕魏收：《魏书》·卷8·《世宗纪》，中华书局，2018年，第247页。

前[1]。可见气候对大象分布和大象图像的影响颇为深刻。

此外，地处丝绸之路核心地带的新疆、青海出土了多件北朝时期的织锦，其上装饰有象纹图案。阿斯塔纳出土的织锦上装饰有一对水平对称的大象，象鼻垂地，象背上铺有鞍鞯[2]。都兰热水出土的织锦除有对狮对象纹外还有牵驼纹[3]。图9亦为对狮对象牵驼纹锦[4]，这件织锦中间为建筑与神像，表现的可能是一佛二弟子的造型，两侧各有走象、卧狮、牵驼三组图案，驼下还织有铭文"胡"字，表现的是丝绸之路上的胡商形象[5]。图10为套环对象鹿孔雀纹锦[6]，每组套环内最上方均有两只背向而立的大象。图11为团窠联珠动物乐舞锦[7]。该件由四片锦缝接而成，每片锦片上均残留一组图案相同经向连续的卷云圈。圈内纹饰自上而下依次为胡人骑象弹琵琶、骑马射鹿、对人对兽、对人。该件

图9 北朝 对狮对象牵驼人物纹锦

图10 北朝 套环对象鹿孔雀纹锦

---

[1] 肖琰：《唐代社会中的犀牛与大象》，载《陕西历史博物馆馆刊》第24辑，三秦出版社，2017年，第39—45页。
[2] 图片见赵丰、齐东方主编：《锦上胡风：丝绸之路纺织品上的西方影响（4—8世纪）》，上海古籍出版社，2011年，第84页。
[3] 图片见赵丰：《中国丝绸通史》，苏州大学出版社，2005年，第169页。
[4] 赵丰、齐东方主编：《锦上胡风：丝绸之路纺织品上的西方影响（4—8世纪）》，上海古籍出版社，2011年，第77页。
[5] 赵丰、齐东方主编：《锦上胡风：丝绸之路纺织品上的西方影响（4—8世纪）》，上海古籍出版社，2011年，第78页。
[6] 同上书，第92页。
[7] 同上书，第88页。

图 11 北朝 团窠联珠动物乐舞锦

图 12 北朝至隋
太阳神纹织锦图案复原

织锦的图案多是中国文化系统中常见的纹样，但簇四骨架的构图样式则具有萨珊波斯的风格。图12是彩绮缘双面织锦正面图案的复原图[1]，太阳神纹外的另一团窠内纹饰自上而下依次为胡人骑象弹琵琶、梅花鹿凤鸟与胡人骑马反弹琵琶、骑驼与胡人弹琵琶、奔豹。太阳神崇拜盛行于罗马帝国，大约于亚历山大东征时东传，北朝隋代之际出现在中国织锦上[2]。

这些织锦中大象与狮子、骆驼、孔雀、琵琶、胡人等图案相组合，具有鲜明的异域风格。同时织锦中又富有大量的中国传统纹样，汉字及平纹经锦制造方法，无不彰显中国特色。这些织锦深刻印证了民族文化、中外文化在北朝时期相互交融的盛况，故魏晋南北朝时期驯象图的大量减少还应从文化传播与交融的视角进行考察。

二、神仙世界中的大象图像

汉代早期的画像石多反映世俗生活场景，但随着丧葬观念和升仙信仰的变化，神仙世界成为汉画像的主流题材，大象图像在这一过程中也出现了转型。汉画中的驯象除了表现世俗生活场景之外，还经常被描绘成瑞兽出现在

---

[1] 赵丰、齐东方主编：《锦上胡风：丝绸之路纺织品上的西方影响（4—8世纪）》，上海古籍出版社，2011年，第101页。
[2] 赵丰主编：《丝绸之路：起源、传播与交流》，浙江大学出版社，2017，第106页。

神仙世界中。汉末魏晋时期出现的翼象图更深受升仙信仰的影响。由此，正史中也出现了白象与野象两种意象，前者被视为祥瑞，后者被视为凶兆。

分辨汉画中的驯象是反映世俗社会还是神仙世界，需要联系驯象所在的整体图像。图2至图5反映的便是世俗社会中的驯象表演和骑象出行。神仙世界中的驯象则多与各类异兽或西王母等仙界人物同时出现。如山东济宁出土的东汉骑象图（图13）[1]，上层为羽人拜谒凤凰，下层为骑象图，象背上有七人，结合上下两层图像，则此处的骑象图应与仙界有关。陕西神木大保当东汉墓门楣上的驯象图也明显与仙界有关，盖因驯象之外，还有天马、狩猎、日中金乌、月中蟾蜍、祥云等内容（图14）[2]。

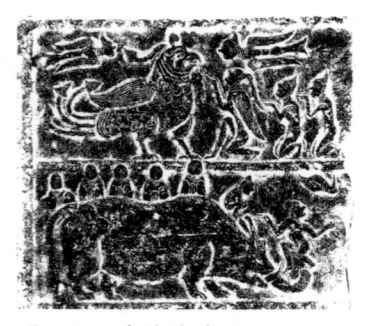

图13 山东济宁出土东汉骑象图

驯象图之外，汉代还出土了少量翼象图。所谓翼象图，即身上有翼的大象图像。如山东安丘董家庄汉墓后室西间西壁发现的翼象图（图15）[3]，以

图14 陕西神木大保当 东汉墓门楣画像石

图15 山东安丘董家庄汉墓出土 翼象图

---

[1] 中国画像石全集编辑委员会编：《中国画像石全集》第2册，河南美术出版社、山东美术出版社，2000年，图11。
[2] 中国画像石全集编辑委员会编：《中国画像石全集》第5册，河南美术出版社、山东美术出版社，2000年，图224。
[3] 安丘县文化局、安丘县博物馆：《安丘董家庄汉画像石墓》，济南出版社，1992年，第27页。

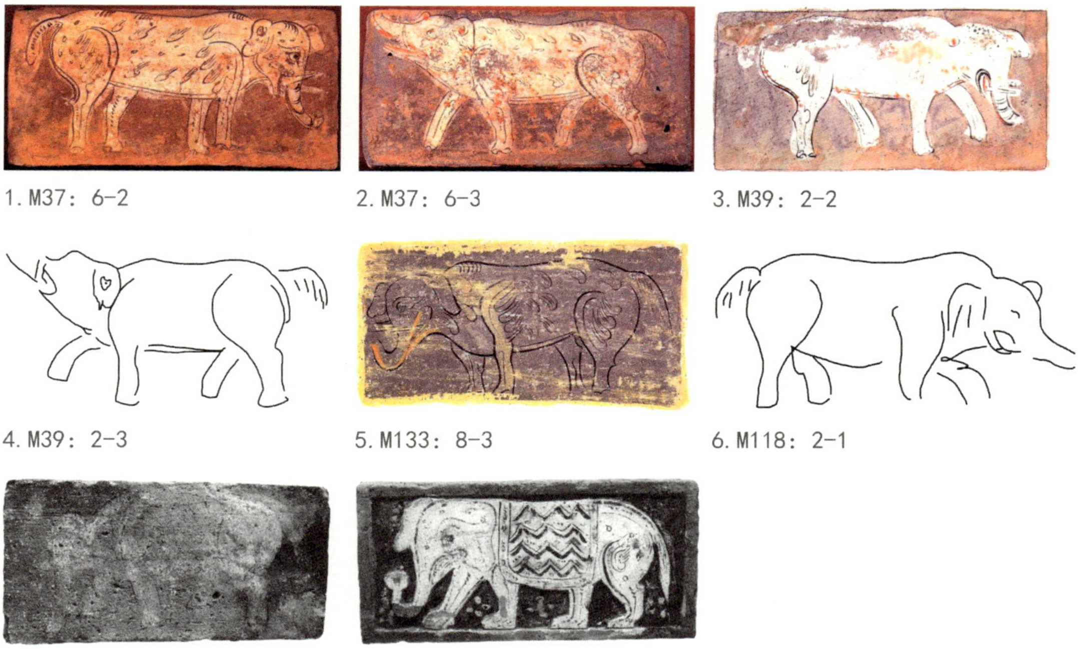

1. M37∶6-2　　　　　2. M37∶6-3　　　　　3. M39∶2-2

4. M39∶2-3　　　　　5. M133∶8-3　　　　　6. M118∶2-1

7. M118∶2-3　　　　8. DH5　　029[2219]

图16　敦煌佛爷庙湾西晋画像砖墓出土　翼象图

及酒泉下河清小淌沟汉墓群出土冥树灯座上的翼象[1]，两幅图中大象的肩部都出现了双翼。这些图像的出现时间已是东汉，甚至接近于东汉晚期。

魏晋南北朝时期也出土有翼象图，集中见于敦煌佛爷庙湾西晋画像砖墓，目前共发现有8件（图16）[2]，大部分象身均涂以白彩，少数仅用墨线勾勒轮廓。其中，有5件可以确定为翼象，它们大耳剑齿，前肩与后胯处起翼，身上遍布垂羽状毛饰。

戴春阳将白象与佛教联系在了一起，指出"白象，系佛教中的重要瑞兽"[3]。但郑岩指出，汉代以来，象是不难见到的艺术题材，"因此，这些图像在河西墓葬中再次出现时，只是沿袭了传统的题材，并不一定具有特别鲜明的时代和地域特色"[4]。两位先生的结论均有所据，但我们应该回归到画像出土地及其具体位置来探讨这一问题。观察照墙上的图像（图17）[5]，除

---

[1] 图片见酒泉市博物馆编：《酒泉文物精粹》，中国青年出版社，1998年，第41页。
[2] 图16-1至图16-6见戴春阳主编：《敦煌佛爷庙湾西晋画像砖墓》，文物出版社，1998年，第27、32页，图版四43、44；图16-7、图16-8见俄军、郑炳林、高国祥主编：《甘肃出土魏晋唐墓壁画》，兰州大学出版社，2009年，第503、519页。
[3] 戴春阳主编：《敦煌佛爷庙湾西晋画像砖墓》，文物出版社，1998年，第77页。
[4] 郑岩：《魏晋南北朝壁画墓研究》（增订本），文物出版社，2016年，第153页。
[5] 戴春阳主编：《敦煌佛爷庙湾西晋画像砖墓》，文物出版社，2016年，第19、37页。

翼象图之外，我们还能看到翼马图、翼羊图、翼鹿图、翼兔图等，这些动物的形象与翼象十分相似，几乎都是肩部和胯部起翼，身上也遍布垂羽状毛饰。尽管白象能与佛教产生联系，但若说这些动物均与佛教有关未免过于牵强。郑岩曾指出："照墙的功用有两层：1.它是墓葬豪华的门楼，走进去是死者在地下的'家'；2.它象征着死者升仙的通道"[1]。故墓葬中包括翼象在内的翼兽均应归类为祥瑞神兽，其形象是在原有瑞兽基础上进行神化的表现形式，是来迎接墓主人前往仙界的。

上述这些证据似乎表明在汉末魏晋时期，大象图像出现了一次转型，即由驯象转变为翼象[2]。汉画中无论是世俗社会中的驯象，还是神仙世界中的驯象，其形象与真实的大象基本无异，而翼象则为主观想象的形象，其祥瑞寓意更加浓重。

大象转型可能与丧葬观念和升仙信仰的变化有关。西汉中期，汉画像刚出现时，图像内容较为简单，反映现实生活场景，其所表达的愿望仅是希望墓主在死后的世界仍能享受生前的生活。随着丧葬观、生死观以及汉画艺术的发展，图像内容逐渐复杂，仙界场景开始出现，且愈来愈丰富，其所表达的愿望转变为希望墓主死后的生活更加美好，去往一个衣食无忧、精神富足的仙界。刘茜通过梳理西汉中晚期、东汉早中期、东汉中晚期汉画中"祠堂建筑图"和"仙界图"的发展演变轨迹，阐述了汉代生死观的这一变化过程[3]。

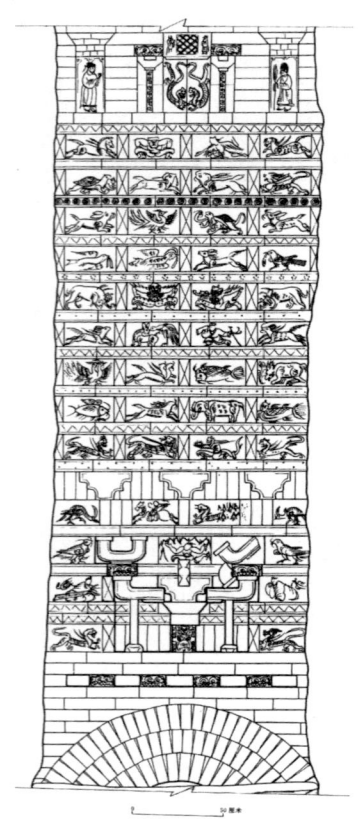

图 17 敦煌佛爷庙湾M133 画像砖分布图

其实，汉代驯象图中就有一种罕见的有翼驯象。如山东费县刘家疃东汉墓中室东壁横梁上的画像，发掘简报指出该图表现的情景依次是戏蛇、髡发、服象[4]。引人注目的是，这幅画中的驯象与大部分汉画中的驯象不同，其肩部有翼（图18）[5]，这或许是绘图者杂糅了真实场景和主观想象的结果。这类有翼驯象是驯象图向翼象图转型的有力证明。由于该墓葬的年代处

---

[1] 郑岩：《魏晋南北朝壁画墓研究》（增订本），文物出版社，2016年，第141页。
[2] 由于难以明晰汉画中世俗驯象和仙界驯象出现的时间，尚难以断言驯象图本身是否也发生过一次转型，即由世俗驯象转向仙界驯象，但考虑到汉画艺术的发展过程，这一转型存在的可能性较大。
[3] 刘茜：《汉画像石图像艺术与汉代生死观》，中国社会科学出版社，2015年，第132—180页。
[4] 山东博物馆、费县博物馆：《山东费县刘家疃汉画像石墓发掘简报》，《文物》2018年第9期，第92页。
[5] 同上书，第87页。

图18 山东费县刘家疃东汉墓出土 有翼驯象图

于东汉晚期，故这一过渡阶段很可能就发生在这一时期。

或许正是受到这些观念的影响，白象在正史《符瑞志》《祥瑞志》《灵征志》等篇中也被视为祥瑞。如《宋书·符瑞志》载："白象者，人君自养有节则至。宋文帝元嘉元年十二月丙辰，白象见零陵洮阳。元嘉六年三月丁亥，白象见安成安复，江州刺史南谯王义宣以闻"[1]。《南齐书·祥瑞志》亦载："（永明）十一年，白象九头见武昌"[2]。东魏孝静帝更以白象见而改元"元象"[3]。《唐六典》还将祥瑞分为大瑞、上瑞、中瑞、下瑞四等，而白象就与龙、凤、麟等并列为"大瑞"，"若大瑞，随即表奏，文武百僚诣阙奉贺。其他并年终员外郎具表以闻，有司告庙，百僚诣阙奉贺"[4]。北宋还将大象的祥瑞意象与宋太祖平定岭南联系在一起，南宋时大象更成为彰显祖宗之法、表明皇权正统的象征[5]。

但并非所有的大象都是祥瑞。正史中存在着与白象相对的野象，其因经常毁坏庄稼和民居，常被视为凶兆。如《宋书·五行志》载："宋顺帝升明元年，象三头度蔡洲，暴稻谷及园野"[6]。此处的象应是野象。同年，"有象三头至江陵城北数里，（沈）攸之自出格杀之"[7]，当是也发生了野象毁坏庄稼、房舍等事。又《梁书·武帝纪》载："（天监六年）三月庚申朔，陨霜杀草。是月，有三象入京师"[8]。前述三象造成危害，故而也应是野象。《南

---

[1] 〔梁〕沈约：《宋书》·卷28·《符瑞志》，中华书局，2018年，第878页。
[2] 〔梁〕萧子显：《南齐书》·卷18·《祥瑞志》，中华书局，2017年，第395页。
[3] 〔北齐〕魏收：《魏书》·卷112·《灵征志》："天平四年八月，有巨象至于南兖州，砀郡民陈天爱以告，送京师，大赦改年。王者自养有节则至。"（第3188页）但《魏书·孝静帝纪》《北史》《资治通鉴》均将此事系于元象元年春正月。
[4] 〔唐〕李林甫等：《唐六典》·卷4·《尚书礼部》，陈仲夫点校，中华书局，1992年，第110页。
[5] 参见李凯：《祥瑞与害兽：象在宋代礼仪中的内涵之争》，《西南大学学报（社会科学版）》2020年第2期，第189页。
[6] 〔梁〕沈约：《宋书》·卷31·《五行志》，中华书局，2018年，第1005页。
[7] 〔梁〕沈约：《宋书》·卷74·《沈攸之传》，中华书局，2018年，第2113页。
[8] 〔唐〕姚思廉：《梁书》·卷2·《武帝纪》，中华书局，1973年，第51页。

史·梁本纪》也载："（承圣元年十二月）淮南有野象数百，坏人室庐"[1]。今广东东莞还存有南汉大宝五年（962）的石制经幢，俗称镇象塔，为禹余宫使邵廷琄所建，其上有铭文云："盖□□至秋，群象踏食百姓田禾，累奉敕下，差人采捕，驱括入栏，烹宰应赡军需。况其带甲披毛，俱是负耒之命；然虑遗骸滞魄，难超舍去之魂"[2]。可见当时岭南地区野象数量之多，且有害于人们的生产生活，所以朝廷才不得不"累奉敕下，差人采捕"。

受丧葬观念和升仙信仰的影响，大象图像在汉末魏晋时期被添上羽翼，奉为瑞兽，装饰在墓葬中。正史中的符瑞书写或许正承其余绪，并区分出象征祥瑞的白象和象征凶兆的野象两种意象。

三、佛教艺术中的大象图像

魏晋南北朝时期，与佛教有关的大象图像大量出现，原因昭然若揭，即佛教的传播和发展。佛教虽然在汉代已由丝绸之路传入中国，但魏晋南北朝才是其逐渐兴盛的时期。目前发现的具有佛教色彩的大象图像，绝大部分出现于北朝。

北朝虽然经历了太武帝和周武帝两次灭佛，但其持续时间较短，北朝其他诸帝几乎无不大力扶持佛教。如文成帝开凿云冈石窟，宣武帝兴建龙门石窟，灵太后派惠生、宋云西行求法。自鸠摩罗什以后，敦煌、姑臧、长安、洛阳、邺城等地都逐渐发展成为译经的中心城市。据《魏书·释老志》记载，太和元年（477）时京城有寺百所，僧尼2000余人，四方诸寺6478所，僧尼77258人；延昌年间（512—515），天下有寺13727所，数量增加了一倍；到东魏末年（550），魏境"僧尼大众二百万矣，其寺三万有余"[3]。这些数据虽然并不一定准确，但仍能反映出佛教在北朝迅猛发展的态势。正是佛教得到了上层统治集团和下层民众百姓的合力支持，石窟、摩崖、造像碑、金铜佛、壁画等各种形式的佛教艺术作品才得以大量涌现。于是大象图像在此时就集中出现于这些佛教艺术中，在本缘图、坐骑图和装饰图中均可见到。即使是驯象图，也多出现在佛教造像上，如前述图8。

---

[1] 〔唐〕李延寿：《南史》·卷8·《梁本纪》，中华书局，1975年，第234页。
[2] 温建明：《东莞南汉大宝五年经幢（镇象塔）历史与文字考》，《百色学院学报》2011年第5期，第118—119页。
[3] 〔北齐〕魏收：《魏书》·卷114·《释老志》，中华书局，1974年，第3048页。

（一）本生图中的象

本生是佛经中宣说佛与弟子前生行为和德业的故事。孙吴时康僧会译有《六度集经》，这是汉译佛典中年代最早的本生故事集，此后支谦、竺法护、圣坚、昙无谶等人陆续译有相关佛典。正是这些佛经的翻译推动了本生故事图像的产生和发展。涉及大象图像的本生图主要有象王本生、狮象本生、象猴鹦鸟本生、大光明王本生等。魏晋南北朝时期这些图像集中分布于新疆地区，以克孜尔石窟壁画为主，库木吐喇石窟壁画也有少量图像。

象王本生图在克孜尔石窟壁画中有7幅，分布在第8、14、17、38、179、206六个窟内[1]。最为人熟知的象王本生是《六度集经》等佛典中记载的猎师伪装成沙门射杀象王的故事，第14、17、38、206窟均绘有这一情景。此外，克孜尔石窟中还有3幅稀见的象王本生图：第8窟主室券顶右侧和第17窟主室券顶右侧绘有象王舍身救人的故事，第179窟主室券顶右侧绘有象王守护鹌鹑的故事。

狮象本生见于《杂宝藏经》等佛典，克孜尔石窟中有3幅狮象本生图。第114窟主室券顶右侧和第38窟主室券顶左侧（图19-1）的图像结构相似，均为一双头巨蟒紧缠商人，蟒口中咬一人头，情状可怖，蟒侧一勇猛雄狮扑向蟒身，狮后足踏于白象头部，表现狮象合力除蟒的情节。第17窟主室券顶右侧表现的也是这一情节，只是受壁画菱形格式局限而少绘了狮和象（图19-2）[2]。

象猴鹦鸟本生是三兽自分长幼以定尊卑的故事。克孜尔石窟第114窟主室券顶右侧、第80窟主室券顶左侧（图20）[3]以及库木吐喇第63窟主室券顶右侧（图21）[4]均绘有这一图像，只是图21较图20稍有不同，前者猕猴右腋还夹有一只白兔。敦煌文书第2187页中有一篇题为《四兽因缘》的变文[5]，所载内容与图21表现的情景一致。从内容来看，四兽只是在三兽的基础上插入了白兔，

---

[1] 本文所述克孜尔石窟的年代均据霍旭初：《克孜尔石窟年代研究和碳十四测定数据的应用》，《西域研究》2006年第4期。

[2] 图19-1见赵莉主编：《海外克孜尔石窟壁画复原影像集》，上海书画出版社，2018年，第42页；图19-2见中国新疆壁画艺术编委会编：《中国新疆壁画艺术》·第2卷·《克孜尔石窟壁画》，新疆美术摄影出版社，2015年，第38页。

[3] 中国新疆壁画艺术编辑委员会：《中国新疆壁画艺术》·第2卷·《克孜尔石窟壁画》，新疆美术摄影出版社，2015年，第267页。

[4] 周龙勤主编：《中国新疆壁画艺术》·第4卷·《库木吐喇石窟》，新疆美术摄影出版社，2015年，第80页。

[5] 图版见上海古籍出版社、法国国家图书馆编：《法藏敦煌西域文献》第8册，上海古籍出版社，1998年，第180—181页。录文见项楚：《敦煌变文选注》（增订本），中华书局，2006年，第2005—2010页。

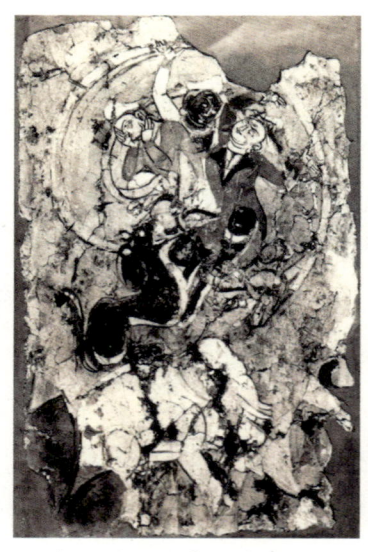

1. 第38窟主室券顶左侧 　　2. 第17窟主室券顶右侧

图 19 克孜尔石窟壁画狮象本生

图 20 克孜尔石窟第80窟象猴 　　图 21 库木吐喇第63窟四兽因缘

按照长幼次序将其排定为第二,其他内容整体未变。据学者研究,库木吐喇第63窟的年代约为8世纪末至9世纪初,而第2187页的抄写年代则在10世纪,二者均本于藏文佛典,其根源则是从印度佛教根本说一切有部的律典翻译而来,二者的出现都受到了吐蕃佛教文化在当地传播的影响[1]。

---

[1] 参见马世长:《〈四兽因缘〉考》,《敦煌研究》1989年第2期。巫新华:《论"四兽图"和"四兽因缘"故事的来源及流传》,《原学》第五辑,中国广播电视出版社,1996年,第160—186页。王树平、包得义:《敦煌变文〈四兽因缘〉考论》,《中华文化论坛》2020年第3期。

大光明王本生主要出自《贤愚经》等佛典[1]。云冈第10窟，克孜尔石窟第14、17、38、178、186、198等窟，以及库木吐喇第34窟等均绘有大光明王本生图，且构图模式大同小异，基本都是大光明王骑乘于白象之上，王手中紧握树枝，以示象奔驰速度之快（图22）[2]。唯云冈第10窟稍有不同，在白象象首处还绘有象师散阇[3]。

图22 克孜尔石窟第17窟大光明王本生

（二）佛传图中的象

早期佛典中并不存在佛陀的传记，但在佛灭度后，一方面，佛的遗骨（舍利）以及有关佛的生平圣迹、佛塔等，日益受到信众的尊崇，另一方面，人们对释尊的记忆也开始淡薄，于是就产生了要把佛的传记整理出来、传之久远的需求。魏晋南北朝时期，佛传图开始在各种形式的佛教艺术作品中出现。

佛传图中与大象有关的内容主要有乘象入胎、乘象还宫、掷象成坑、太子施象、八王分舍利等。佛传故事之所以对大象情有独钟，是因为大象蕴含着独特的古代印度文化，它不仅是古代战争中的重要军事物资，而且被许多宗教奉为神灵[4]。据《普曜经》记载，释迦牟尼之所以选择白象的形象入胎，不仅因为"六牙白象头首微妙，威神巍巍，形像姝好"，更为重要的是，白象是释迦普度众生的身份象征[5]。

由于乘象入胎和乘象还宫的构图模式十分相似，以致二者容易混淆，许多对图像的说明性文字都存在这种失误，因此需要对这两类图像稍加辨析。乘象入胎是表现释迦化乘白象投胎的场景，乘象还宫则是表现净饭王与出生的太子骑象回宫的场景。目前所见，乘象入胎的构图模式可分为两种：一种是摩耶夫人卧躺于床上，一菩萨乘象飞向摩耶夫人（模式Ⅰ）；另一种仅作菩萨骑象，有的图像绘有童子或婴儿形象（模式Ⅱ）。乘象还宫图主要与模

---

[1]〔北魏〕慧觉等译：《贤愚经》·卷3·《大正藏》第4册，大藏出版株式会社，1933年，第372页。
[2] 中国新疆壁画艺术编辑委员会：《中国新疆壁画艺术》·第2卷·《克孜尔石窟壁画》，新疆美术摄影出版社，2015年，第55页。
[3] 胡文和、胡文成：《巴蜀佛教雕刻艺术史》，巴蜀书社，2015年，第316页。
[4] 赵艳：《佛传与图像：释迦牟尼神话》，社会科学文献出版社，2019年，第143—144页。
[5]〔西晋〕竺法护译：《普曜经》·卷1·《大正藏》第3册，第488页。

式II较难分辨。孙晓峰指出了区别二者的关键:"前者在图像表达上更强调'入胎'这一关键情景的表述,相关衬托或铺垫性情节、人物等并不多……后者则明显不同,重点在于强调释迦太子降生世间这一令人兴奋的事实,需要有更多的场景和人物来衬托和印证佛陀的伟大和神圣,因此在图像内容安排上表现得更丰富一些"[1]。

关于模式I,试举三例,时代分别相当于北魏前期、中期、晚期。陕西兴平出土的北魏皇兴五年(471)石交脚弥勒像背面浮雕(图23-1),是现存有纪年造像碑中发现最早的乘象入胎图,画面左侧为摩耶夫人躺卧于宫殿,腹部隆起,右上方圆盘内一菩萨正乘象飞往宫殿。约建于北魏宣武、孝明时期的古阳洞南壁中层第2龛释迦多宝像[2],龛楣浮雕有乘象入胎图[3],表现形式与图23-1基本相同,只是圆盘内的大象做奔驰状。云冈第37窟东壁上也有乘象入胎图(图23-2)[4],相较于前二者,此处不仅将摩耶夫人身盖被衾、侧卧于榻的整体情态都雕刻出来,而且去掉了象征"梦境"的圆盘,骑象菩萨手中还抱有一个婴儿,似乎是为了表现释迦是真的从兜率天宫降下来的。不仅如此,榻下还有诸伎乐天演奏琵琶、腰鼓等乐器,与佛典记载相

1. 陕西兴平出土石交脚弥勒像背面

2. 云冈第37窟东壁

图23 乘象入胎模式 I

[1] 孙晓峰:《关于北朝时期"乘象入胎"图像的辨析——以麦积山第133窟10号造像碑为例》,第192页。
[2] 关于古阳洞造像年代的研究,参见阎文儒、常青:《龙门石窟研究》,书目文献出版社,1995年,第11—12页;张雯:《古阳洞雕凿次第初探》,载《石窟寺研究》第3辑,文物出版社,2012年,第99—159页。
[3] 图片见龙门文物保管所编:《龙门石窟》,文物出版社,1980年,图34。
[4] 图23-1见松原三郎:《中国佛教雕刻史论》,吉川弘文馆,1995年,图版43;图23-2见冯骥才主编:《中国大同雕塑全集·云冈石窟雕刻卷》,中华书局,2010年,第658页。

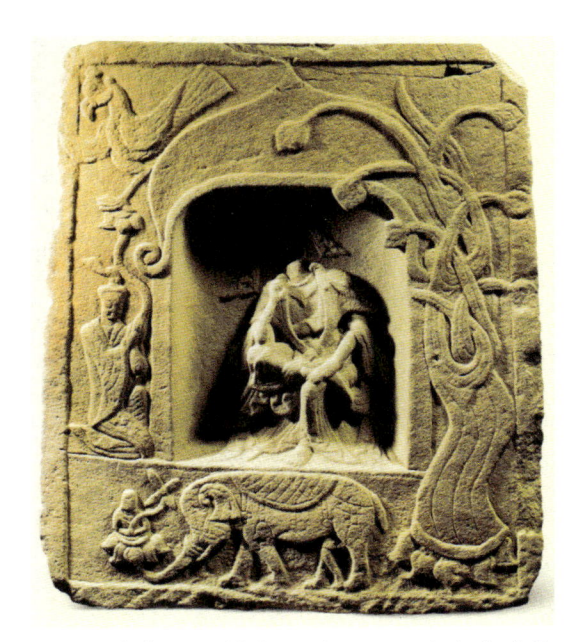

图24 乘象入胎模式Ⅱ（山西沁县北魏造像QN一六三-2）

合。从上述三幅图像中可以明显看到，北朝时期模式Ⅰ得到了不断的丰富，时代愈后，图像愈生动，细节愈完善。

模式Ⅱ是乘象入胎图的主要成分，且广泛分布在甘肃、山西等地区。甘肃华亭出土的北魏四面浮雕造像塔，方拱形浅龛内一菩萨束发高髻，身穿交领大袖袍服，骑坐在象背上，左手抚膝，右手前扬上举，掌中托一包裹于襁褓中的婴儿，前侧侍立一菩萨[1]。大部分模式Ⅱ的构图模式均与此相似。例如，云冈第31窟明窗东壁上的部分图像虽然已经剥泐，但从象背上菩萨托举的手势可以推断其掌中原应有一婴儿[2]。

此外，还有一些稀见的构图模式。山西沁县南涅水出土的北魏造像QN九七-3将两则故事合刻于一龛，左侧为阿育王施土因缘，右侧为乘象入胎，象背上造立像三尊，象鼻上举一莲花童子[3]。北魏造像QN一六三-2龛下一只大象缓步前行，象鼻托举起一座莲台，其上结跏坐一童子；龛内一思惟菩萨半跏坐于方形座上。象背上有毛毯，但未见坐姿菩萨，可能是受空间位置限制，于是创作者将其与思惟菩萨龛像巧妙结合，以示乘象入胎（图24）[4]。

另外，敦煌莫高窟发现有12例乘象入胎图[5]，大多位于隋代或初唐时期的石窟，其中仅有一例属于北魏，即431窟（图25）[6]。不过，近来有学者指出该图并非乘象入胎，乘象者是十二梦王之一的"乾基罗"[7]。《大方等陀罗尼经》载："若有善男子、善女人，于其梦中若见乘象渡于大江，见如是

---

[1] 图片见孙晓峰：《关于北朝时期"乘象入胎"图像的辨析——以麦积山第133窟10号造像碑为例》，《丝路文化研究》2021年，第185页。
[2] 图片见上书，第182页。
[3] 图片见刘永生、郭海林、刘同廉主编《南涅水石刻》，文物出版社，2022年，第115页。
[4] 刘永生、郭海林主编：《南涅水石刻艺术》，文物出版社，2022年，第49页。
[5] 刘永增：《莫高窟第280窟普贤菩萨来现图考释——兼谈"乘象入胎"的图像来源》，《敦煌研究》1995年第3期，第125—130页。
[6] 樊锦诗主编：《敦煌石窟全集》第4卷《佛传故事画卷》，香港商务印书馆，2004年，第28页。
[7] 马兆民：《莫高窟第431窟中的"乾基罗"和"茂持罗"——乾基罗、茂持罗与乘象入胎、夜半逾城图像的对比分析研究》，《敦煌研究》2018年第4期。

者即是乾基罗"[1]。乾基罗图像还见于山西晋城青莲寺出土的北齐石塔，象首榜题清晰可见"乾基罗"三字[2]。

乘象还宫的构图模式要比乘象入胎模式II更加丰富，除了菩萨骑象外，大多还绘有飞天等形象，以表现释迦太子出生还宫的热闹情景。例如，麦积山第133窟第10号造像碑上的乘象还宫，除了主体的象舆之外，舆后还雕有力士，象首还有一天人骑乘飞鸟，画面十分生动[3]。云冈第5、6、9等窟中均绘有乘象还宫，画面中除了菩萨骑象外，还有伎乐天奏乐、侍童举华盖等形象（图26-1）[4]。山西沁县南涅水出土的造像中有两件乘象还宫图，北魏时期的QN三一-1（图26-2）画

图25 敦煌莫高窟第431窟中心柱南向面

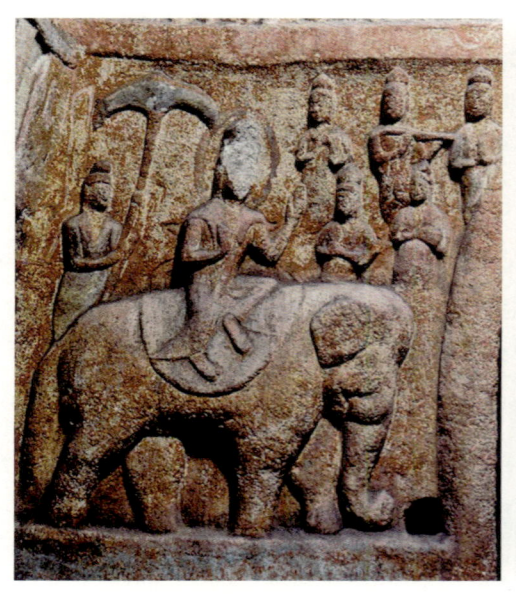

1. 云冈第5-11窟南壁　　　　2. 山西沁县 北魏造像 QN三一-1

图26 乘象还宫

[1]〔北凉〕法众译：《大方等陀罗尼经》·卷3·《大正藏》第21册，第652页。
[2] 图片见刘建军：《〈大方等陀罗尼经〉的"十二梦王"石刻图像》，《文物》2007年第10期，第90页。
[3] 图片见张宝玺主编：《甘肃石窟艺术雕塑编》，甘肃人民美术出版社，1994年，第99页。
[4] 图片见赵昆雨：《云冈石窟佛教故事雕刻艺术》，江苏美术出版社，2010年，第39页；图33-4见刘永生、郭海林、刘同廉主编：《南涅水石刻》，文物出版社，2022年，第40页。

面稍显简单，东魏时期的QN一二则十分生动[1]，除了象鼻托生童子之外，象舆之后还有旗幡和侍从。河南偃师出土的北齐崔永仙等人造像碑上也有乘象还宫图：象鼻前侧立一人物，象背上安置一方形背屏式宝舆，舆内一束发女性怀抱一婴儿，应为摩耶夫人和释迦太子，象舆周边还雕有七身飞天[2]。

图27 克孜尔石窟第8窟后室前壁 八王分舍利

掷象成坑的故事见于《佛本行集经》等佛典，用以表现少年释迦武艺超群。敦煌莫高窟北周时期的第290窟人字坡西坡绘有掷象和相扑，画面右侧所绘是白象堵着城门，左侧释迦头梳双髻，身穿大袖襦服，将象掷出城外[3]。克孜尔石窟第110窟所绘即释迦右手高举白象，正欲掷出[4]。

太子施象故事出自《六度集经》《太子须大拏经》等佛典，意在说明太子博施济众的高尚品德。据李静杰统计，中原北方须大拏太子本生图一概属于北朝遗存，均为浮雕图像，已知11例；河西走廊须大拏太子本生图集中在敦煌莫高窟，均为壁画图像，保存完整者4例；四川地区发现1例，见于南朝时期的造像碑[5]。以上16例中绘有乞象施象情节的共9例，该文已有详细描述和研究，兹不赘述。

八王分舍利是指佛在拘尸那加城涅槃后，遗体被火化，印度八国国王遣使来求舍利，发动象、马、车、步四军参与纷争，后经调停，将舍利均分为八份，由八王各携一份归国供养，才避免了战争的爆发。克孜尔石窟第8窟八王分舍利图中绘有两头大象（图27）[6]，印度巴尔胡特大塔、桑奇大塔上八

---

[1] 图片见刘永生、郭海林主编：《南涅水石刻艺术》，文物出版社，2022年，第51页。
[2] 图片见李静杰编：《石佛选粹》，中国世界语出版社，1995年，第54页。
[3] 图片见樊锦诗主编：《敦煌石窟全集》第4卷《佛传故事画卷》，商务印书馆，2004年，第59、71页。
[4] 图片见巫新华主编：《克孜尔石窟壁画》，山东美术出版社，2013年，第103页。
[5] 李静杰：《南北朝隋代萨埵太子本生与须大拏太子本生图像》，《石窟艺术研究》第1辑，文物出版社，2016年，第141页。
[6] 新疆维吾尔自治区文物管理委员会等编：《中国石窟·克孜尔石窟》第3卷，文物出版社，1997年，图179。

王分舍利场景中亦绘有象军参战及运送舍利的画面[1]，可见克孜尔石窟壁画深受印度佛教艺术的影响。

（三）因缘图中的象

学界使用的"因缘故事画"概念泛指佛陀度化众生的绘画题材，涵盖了"释迦牟尼成佛后说法教化的种种事迹"[2]。因此，大体可以认为除了本生、佛传故事之外的其他绘画故事均可归为因缘故事图。因缘图中绘有大象题材的，有醉象害佛因缘以及须摩提女因缘中的大目犍连乘五百象。

醉象害佛因缘见于《杂宝藏经》记载："佛在王舍城。尔时提婆达多，放护财醉象欲得害佛，五百罗汉皆飞虚空，唯有阿难，独在佛后。佛时举右手，护财白象。见五百师子，象时恐怖，即便调顺"[3]。克孜尔石窟第34、80、163、188窟中均可见此因缘故事图，图像结构基本一致，佛坐于金刚座上，身侧有一只白象，象鼻卷起或将要卷起利剑，欲行刺于佛（图28）[4]。山西沁县南涅水出土编号QN六七的北齐造像塔也有表现醉象害佛的情

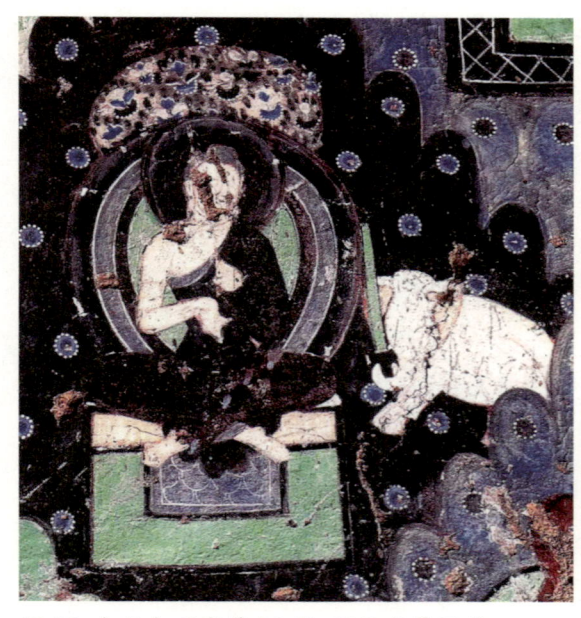

图28 克孜尔石窟第80窟 醉象害佛因缘 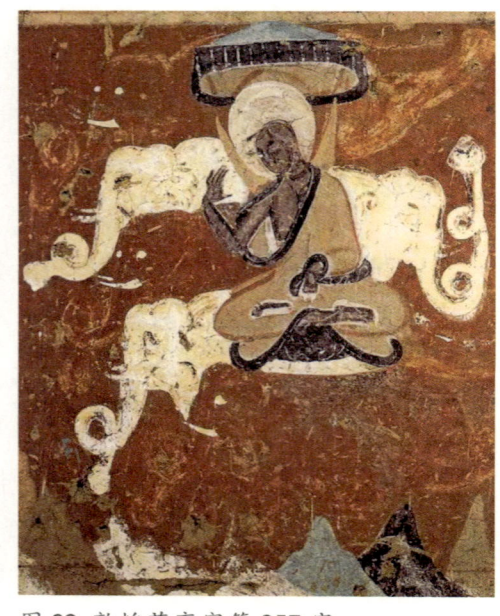　　图29 敦煌莫高窟第257窟 大目犍连乘白象

---

[1] 扬之水：《桑奇三塔：西天佛国的世俗情味》，生活·读书·新知三联书店，2012年，第126—137页。
[2] 季羡林主编：《敦煌学大辞典》，上海辞书出版社，1998年，第86页。
[3] 〔北魏〕吉迦夜、昙曜译：《杂宝藏经》·卷8·《大正藏》第4册，第488页。
[4] 中国新疆壁画艺术编委会编：《中国新疆壁画艺术》第2卷《克孜尔石窟壁画》，新疆美术摄影出版社，2015年，第263页。

景：佛双手合十站立于象背莲台上，象鼻裹卷着一人，二侍者手捧物件，侍立于侧[1]。

须摩提女因缘见于《须摩提女经》等佛典。须摩提女笃信佛教，嫁给外道家后，释迦及其弟子前来相见，外道为佛的威力所降服，纷纷皈依佛教。在众多释迦弟子中，有一人名大目犍连，他是乘五百白象飞来的，"是时，尊者大目犍连，化作五百象，皆有六牙，七处平整，金银交饰；在上坐而来放大光明悉满世界；诣城，在虚空之中，作倡伎乐，不可称计，雨种种杂华；又虚空之中，悬缯幡盖，极为奇妙"[2]。敦煌莫高窟第257窟（图29）[3]和克孜尔石窟第224窟均绘有大目犍连骑乘白象的画面。

（四）坐骑图中的象

乘象菩萨在北朝有很多，如云冈第38窟顶部就绘有骑象菩萨[4]；甘肃秦安出土的北魏石造塔，其中一面就雕有一佛坐于二象之上[5]；山西沁县南涅水多件造像上均浮雕有菩萨骑象。在南朝，四川出土了多件背屏式造像，其中有5件造像的底部两侧均雕有大象，象背上跣足站立一力士。四川博物院3号背屏式造像两侧各还有两身护法，紧贴正面力士的护法，手挂棍形物立于象背上，另一立于平座上，大象旁边还有一身象奴，作牵象状（图30）[6]。

但在《法华经》流行以后，六牙白象便逐渐成了普贤菩萨的坐骑和重要特征。

图30 四川博物院 3号背屏式造像

---

[1] 图片见刘永生、郭海林主编：《南涅水石刻艺术》，文物出版社，2022年，第61页。
[2]〔三国〕支谦译：《须摩提女经》·卷1·《大正藏》第2册，第841页。
[3] 段文杰主编：《中国敦煌壁画全集》第1卷《敦煌北凉·北魏》，天津人民美术出版社，2006年，第168页。
[4] 图片见云冈石窟文物保管所编：《中国石窟·云冈石窟》第2卷，文物出版社，1991年，图212。
[5] 图片见甘肃省文物局编：《甘肃文物菁华》，文物出版社，2006年，第256页。
[6] 四川博物院、成都文物考古研究所、四川大学博物馆编：《四川出土南朝佛教造像》，中华书局，2013年，第87页。

1. 庆阳北石窟寺第165窟　　　　　　　　2. 西魏艾殷造四面佛像碑

图 31　普贤骑象

庆阳北石窟寺第165窟西壁南侧雕有普贤骑象图（图31-1）[1]，其时代为北魏永平二年（509），菩萨高髻，上身袒，戴项圈，着帔巾，右手举于胸前，左手置于膝上，坐在一头庞大壮硕的白象之上。菩萨身前雕一手捧金刚杵的跪状象奴，身后雕一手捧如意珠的半跪弟子，三像统一组合而神情各异。西魏大统十七年（551）艾殷造四面佛像碑（图31-2），不仅可据大象这一坐骑判断骑象菩萨为普贤，还可据铭文得到更加明确的判断。铭文云：

> 大统十七年岁次辛未三月己巳朔□五月己未，佛弟子卫大将军行狩氏县（以上左侧）事安次县开国男艾殷，敬造定光、释迦、弥勒、普贤四躯，上为皇帝陛下七世父母过去见在（以上背面）眷属，一切含生，恒与善俱，咸升大寂，妻彭白妃，息男仙伯（以上右侧）[2]。

我们从中可知四面分别为释迦（正面）、弥勒（右侧）、普贤（左侧）、定光（背面）。同时代的普贤形象在石窟、石碑、石砖、青铜器等载体上均有

---

[1] 图片见张宝玺主编：《甘肃石窟艺术雕塑编》，第127页；图31-2见〔日〕松原三郎：《中国佛教雕刻史论》，图313a。
[2] 〔日〕大村西崖：《支那美术史雕塑篇》，国书刊行会，1972年，第294页。

出现[1]，数量不胜枚举，且时代愈后，形象愈生动，特征愈突出。

前述驯象图时曾提及驯象的功能之一是用作象舆，成为国家礼制建设中的重要组成部分。但在汉魏南北朝的图像中，象舆图主要见于佛教艺术作品中。除了乘象还宫图之外，象舆图还见于北周时期的敦煌莫高窟第296窟[2]。窟顶南坡有两幅象舆图，乘舆者均为善友太子。前者表现的是太子出游的情景，后者表现的是太子出海寻宝，历尽艰险回国的情景。《大方便佛报恩经》中还记载太子回国时，国王和王后乘象舆前去迎接，"父母闻太子归，欢喜无量，乘大名象，作倡伎乐，扫洒烧香，悬缯幡盖，远迎太子"[3]。可见，象舆不仅在现实生活中为皇室专属，在佛典和图像中也是如此。

（五）装饰图中的象

大象在佛教艺术中还常被用作装饰图案，最常见的地方是造像碑的基座和碑首。此类大象装饰还可细分为两类，一类具有侍从功能，一类仅是纯粹的装饰。前者如北魏神龟三年（520）锜石珍造像龛底座的一对大象，它们面向佛像站立[4]；西安东郊北周佛立像BL04-004的大象与之相似，也站立在佛侧[4]；沁县出土的大象装饰图也多具有侍从功能，大多对称分布在底座两侧，其上站立一胁侍菩萨[5]。后者如北魏延昌元年（512）朱双炽造像碑背面碑首的一对大象，象鼻拱着博山炉，象尾各有一只神兽[6]；沁县出土的QN三八一有三只大象，它们与狮子、荷花等都是纯粹的装饰图案[7]。甘肃武山县拉梢寺有一座约建于北周武成元年（559）的摩崖造像，这是我国乃至亚洲最大的摩崖雕塑。崖面石胎泥塑浮雕一佛二胁侍菩萨及佛座，佛座为三层式仰莲台，每层之间从上至下分别浮雕背向而卧的狮、鹿和象，其中象有九只，对称分布[8]。

---

[1]〔日〕大村西崖：《支那美术史雕塑篇附图》，国书刊行会，1972年，第251—254页。
[2] 图片见敦煌研究院主编：《敦煌石窟全集》第26卷《交通画卷》，上海人民出版社，2001年，第193—194页。
[3]《大方便佛报恩经》·卷4·《大正藏》第3册，第146页。
[4] 图片见张鸿修：《北朝石刻艺术》，陕西人民美术出版社，1993年，第26页。
[4] 图片见赵力光、裴建平：《西安市东郊出土北周佛立像》，《文物》2005年第9期，第80页。
[5] 图片见刘永生、郭海林、刘同廉主编：《南涅水石刻》，文物出版社，2022年，第131页。
[6] 图片见张鸿修：《北朝石刻艺术》，陕西人民美术出版社，1993年，第14页。
[7] 图片见刘永生、郭海林、刘同廉主编：《南涅水石刻》，文物出版社，2022年，第486页。
[8] 图片见甘肃省文物考古研究所、麦积山石窟艺术研究所、水帘洞石窟保护研究所编：《水帘洞石窟群》，科学出版社，2009年，第33页。

1. 龙门宾阳中洞
象神王线描图

2. 巩县第1窟
象神王线描图

3. 骆子宽造释迦像
象神王线描图

4. 大留圣石窟
象神王线描图

5. 南响堂第5窟
象神王线描图

6. 东魏弄女造弥勒
像上的象神王

图 32　象神王

　　基座装饰中还有一类特殊的大象图像，即象神王（图32）[1]。这里的"神王"概念是指佛教中的一种护法形象，有别于力士、天王、夜叉等。诸神王各有神通，守护佛法，教化众生，故信奉神王，可以得到护佑，领略佛法真谛。神王形象起源于印度，中国境内的神王形象始见于"北凉石塔"[2]，此后集中出现在北朝石窟四壁、中心塔柱底部以及造像碑的基座上。

　　象神王的形象相对容易辨认。我们首先可以从东魏武定元年（543）骆子宽造释迦像基座侧面带有榜题的象神王处得到参照（图32-3），知其形象为象首人身。其次象鼻是最显著的特征，尽管有些象神王的头部已经模糊甚至完全风化，但从卷曲的象鼻仍能分辨出其应是象神王，如图32-2。此外，各个象神王的形象也各有独特之处：骆子宽造像碑中的象神王左手持摩尼珠，

---

[1] 图32-1见〔日〕水野清一、长广敏雄：《龙门石窟研究》，座右宝刊行会，1941年，22绘制；图32-2、图32-5见李艳：《北朝邺城地区石窟中神王造像研究》，硕士学位论文，太原理工大学，2020年，第64、38页；图32-3、图32-4见常青：《北朝石窟神王雕刻述略》，《考古》1994年第12期，第1134、1127页；图32-6见中国社会科学院考古研究所、河北省文物研究所编：《邺城北吴庄出土佛教造像》，科学出版社，2019年，第55页。
[2] 殷光明：《试论北凉石塔基座像与神王》，《敦煌研究》1996年第4期。

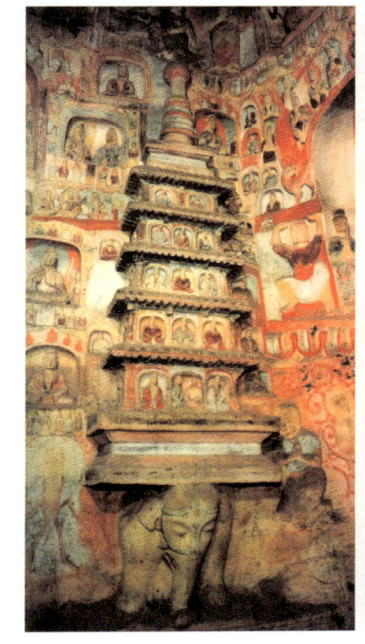

1. 北魏正光四年（523）　2. 云冈第5窟南壁明窗西、东侧
陶申仪造像

图 33　驮塔大象

右手持莲花，于佛典有据[1]；南朝时期的四川博物院1号造像底座上有一象首人身、象鼻卷曲、戴桃形项圈的象神王立像[2]，而北朝所见象神王的形象几乎均为坐姿，此立像十分罕见。

在基座和碑首之外，石窟艺术中的大象还常被用作塔柱装饰（图33）[3]，这在印度桑奇大塔上便可看到，中国的王母宫石窟和云冈石窟中亦属常见，甚至造像碑中也见有驮塔大象，如北魏正光四年（523）陶申仪造像碑（图33-1），可见中国的石窟和造像深受印度佛教艺术的影响。

四、祆教艺术中的大象图像

魏晋南北朝虽然战乱频仍，但对外交流并未因政治纷争而停滞。北朝出土的国外金银币、金银器、玻璃器以及青金石饰品等都是中外交流的印记，

---

[1] 昙无谶译：《大般涅槃经·卷1》："复有二十恒河沙大香象王、罗睺象王、金色象王、甘味象王、绀眼象王、欲香象王等，而为上首，敬重大乘，爱乐大乘，知佛不久当般涅槃，各各拔取无量无边诸妙莲花，来至佛所，头面礼佛，却住一面。"《大正藏》第12册，第369页。
[2] 图片见四川博物院、成都文物考古研究所、四川大学博物馆编：《四川出土南朝佛教造像》，中华书局，2014年，第118页。
[3] 图33-1见金申：《中国历代纪年佛像图典》，文物出版社，1994年，第164页。图33-2见云冈石窟文物保管所编：《中国石窟·云冈石窟》第1卷，文物出版社，2016年，图48—49。

在这过程中粟特商人起了重要的媒介作用[1]。他们通过丝绸之路，在中亚、西亚和中国之间转贩经商，在沿途许多地方建立了移居地，同时把袄教等宗教信仰、音乐舞蹈等文娱活动以及婚丧等生活习俗传到这些地区。

北朝诸政权对粟特商人持开放包容的态度。如北魏在洛阳设立了"四馆"和"四里"，"西夷来附者处崦嵫馆，赐宅慕义里"[2]。北齐时，粟特商人甚至形成了较大的政治势力，如鸿胪寺典客署下就设有"京邑萨甫二人，诸州萨甫一人"[3]。萨甫，即萨保（萨宝），是粟特聚落的首领，他们已经进入了北齐职官体系。武平时期，"亦有至开府仪同者"[4]。北周政府在与西域的交往中也呈现出主动姿态。周武帝娶突厥木杆可汗之女阿史那氏为后，"西域诸国来媵，于是龟兹、疏勒、安国、康国之乐，大聚长安"[5]，安伽、康业、史君等胡人墓葬的发现更证实了这一点。因此，北齐、北周时期的大象图像除了有佛教色彩之外，还增添了一部分袄教色彩，集中表现在石棺床上。

袄教既礼敬作为神兽的动物，又重视人间生活，这种浓厚的人文气息，使其留下了许多宝贵的艺术遗产。据李梅田统计，目前发现的北朝时期的石棺床共26件，其图像信息可以大致分为两类：一类以墓主坐像为中心，或穿插有孝子故事图；另一类具有明显的粟特风格，与袄教信仰有着密切的关系[6]。大象图像即多见于后者，主要有节庆图、骑象图、装饰图三类。

1971年在山东益都傅家发现的北齐石椁由9块线刻画像石组成，其中一块画像石被命名为"象戏图"[7]（图34）[8]："画面中心为一大象，象的头部有用玉璧、花束组成的笼套饰件，象背上驮一大型方座基，座栏有六根柱饰，柱头呈火焰状，方座下为覆莲饰。象前有一仆人牵引，仆人头戴巾子，穿斜领窄袖长衫，束圆圈纹腰带，带上挂短剑。画面上远方群山中有一座方形盝顶舍利塔，塔正面辟一门"[9]。姜伯勤指出，此图反映的是袄教"万灵节"

---

[1] 王小甫、范恩实、宁永娟：《古代中外文化交流史》，高等教育出版社，2006年，第85—98页。
[2]〔魏〕杨衒之：《洛阳伽蓝记校释》，周祖谟校释，中华书局，2010年，第117页。
[3]〔唐〕魏征：《隋书》·卷27·《百官志》，中华书局，2019年，第843页。
[4]〔唐〕李延寿：《北史》·卷92·《恩幸传》，中华书局，1974年，第3055页。
[5]〔后晋〕刘昫：《旧唐书》·卷29·《音乐志》，中华书局，1975年，第1069页。
[6] 李梅田：《北朝石棺床的使用场景与画像配置》，载《东亚文明》第2辑，社会科学文献出版，2021年，第63—73页。
[7] 关于此图的定名，《中国画像石全集》第8卷《石刻线画》定名为"行进"（第92页）。扬之水指出"象戏"之名不受，见其著《象舆—兼论青州傅家北齐画像石中的"象戏图"》第37页。
[8] 夏名采：《益都北齐石室墓线刻画像》，《文物》1985年第10期，第54页；郑岩：《魏晋南北朝壁画墓研究》，文物出版社，2002年，第219页。
[9] 夏名采：《益都北齐石室墓线刻画像》，《文物》1985年第10期，第53页。

图34 山东益都傅家出土 象戏图　　　　　图35 法国吉美博物馆藏 骑象出行图

（Hamaspathmaēdaya）的习俗[1]。郑岩、孙武军承袭这一观点[2]。万灵节是祆教七大圣节之一，在新年前夕举行。据说死者的灵魂在这时会返回到生前的居所，为迎接亡灵，人们要洒扫庭除，备礼祭祀，燃灯点火，诵念祷文[3]。但近年有学者持不同意见，扬之水、张小贵均认为此图与文献中万灵节礼仪的记载相距甚远[4]。故此图的内涵尚有许多讨论的空间。

法国吉美博物馆（Musée Guimet）藏有一具6世纪末期的石棺床，由10帧画像石组成石屏风，其中一帧为骑象出行图（图35）[5]。画面顶部为一顶圆形伞盖，其下为一人骑象，人物的上半身已大部残毁，但可见手持一碗。此人的身后还可隐约见到一条腿从该人右腿处伸出，似乎乘象者为二人。大象前面为一河津渡口，桥上站立二人，左边一人踮足抬腿，右手轻举一碗，伸向骑在象背上的人物，右边一人则双臂上举。关于该图所表现的场景，学界仍有争议。德凯琳（Catherine Delacour）、黎北岚（Pénélope Riboud）认为该图表现的是酒神节场景，大象上的人物是贵霜帝国广泛流传的Kubera神形象，即财富之

---

[1] 姜伯勤：《中国祆教艺术史》，生活·读书·新知三联书店，2004年，第63、70—73页。
[2] 郑岩：《魏晋南北朝壁画墓研究》，文物出版社，2002年，第237—238页；孙武军：《入华粟特人墓葬图像的丧葬与宗教文化》，中国社会科学出版社，2014年，第45页。
[3] 张小贵：《中古祆教东传及其华化研究》，上海古籍出版社，2022年，第158—165页。
[4] 扬之水：《象舆——兼论青州傅家北齐画像石中的"象戏图"》，《中国文化》2011年第1期，第37—38页；张小贵：《中古祆教东传及其华化研究》，上海古籍出版社，2022年，第173—178页。
[5] 荣新江、毕波、张志清主编：《法国汉学》第十辑《粟特人在中国：历史、考古、语言的新探索》，中华书局，2005年，图8；Catherine Delacour, Pénélope Riboud: *Lit de pierre, Sommeil Barbare*. Musée Guimet, 13 avril-24 mai, 2004, Paris, pp.18.

神、夜叉之王和北方的守护神俱吠罗[1]。万毅也认为该图表现的是节日供养娱神的场景，不过他并未指出节日和神祇的名称[2]。孙武军则认为该图表现的是墓主与仆人日常生活的饮酒图[3]。笔者倾向于认同前两者的观点，象前二人一作供养祈求状，一作鼓掌欢庆状，确有可能是供养娱神的场景。

日本美秀美术馆（Miho Museum）藏有一具双阙石棺床，是6世纪后半期的产物[4]。该石棺床的屏风由11帧画像石组成12幅画面，其中一帧绘有骑象出行（图36）[5]。图中伞盖下有两个中亚人骑象，二人均戴头冠，后有一侍者步行跟随，象的头部也有笼套饰件。马尔沙克（Boris I. Marshak）认为乘象者为嚈哒国王与其继承者[6]。荣新江也认同这一观点[7]。嚈哒国确实与白象有着不解之缘：如永平二年（509）向北魏进贡一头白象[8]；其国皇室以六牙白象为床，《洛阳伽蓝记》载："嚈哒国王妃亦着锦衣……王妃出则舆之，入坐金床，以六牙白象、四狮子为床"[9]；战争中以象为兵，《北史》载"乾陁国，在乌苌西。本名业波，为嚈哒所破，因改焉……有斗象七百头，十人乘一象，皆执兵仗，象鼻缚刀以战"[10]。

图36 日本美秀美术馆藏 骑象出行图

---

[1] 德凯琳、黎北岚著，施纯琳译：《巴黎吉美博物馆围屏石榻上刻绘的宴饮和宗教题材》，载张庆捷、李书吉、李纲主编《4—6世纪的北中国与欧亚大陆》，科学出版社，2006年，第124—125页。
[2] 万毅：《巴黎吉美博物馆展胡人石棺床试探》，《艺术史研究》，中山大学出版社，2010年，第34页。
[3] 孙武军：《入华粟特人墓葬图像的丧葬与宗教文化》，中国社会科学出版社，2014年，第78页。
[4] Annette L. Juliano: *Northern Dynasties: A Perspective*. J. J. Lally & Co., Chinese Archaic Bronzes, Sculpture and works of Arts, New York, 1992, pp. 1-15. James C. Y. Watt: *Three Panels with Relief Carving, Ancient Art from the Shumei Family Collection*. The Metropolitan Museum of Art, New York, 1996, pp. 142-145.
[5] The Miho Museum: *Catalogue of the Miho Museum (The South Wing)*. The Miho Museum, Shigaraki, 1997, pp.255；孙武军：《入华粟特人墓葬图像的丧葬与宗教文化》，中国社会科学出版社，2014年，第35页。
[6] Boris I. Marshak: "La thématiquesogdienne dans l'art de la Chine de la seconde moitié du VIe Siècle", *Comptesrendus des séances de l'Académiedes Inscriptions et Belles-Lettres,* Paris, 2001, pp.233-244.
[7] 荣新江：《Miho美术馆粟特石棺屏风的图像及其组合》，《艺术史研究》第4辑，中山大学出版社，2002年，第211—212页。
[8] 〔北齐〕魏收：《魏书》·卷8·《世宗纪》，中华书局，1974年，第247页。
[9] 〔魏〕杨衒之：《洛阳伽蓝记校释》，周祖谟校释，中华书局，2010年，第182页。
[10] 〔唐〕李延寿：《北史》·卷97·《乾陁国传》，中华书局，1974年，第3233页。

1999年，人们在山西太原发现了虞弘墓。据墓志可知，虞弘生于中亚鱼国，历仕于柔然、北齐、北周、隋，葬于开皇十二年（592），十八年（598）与妻子合葬。墓中发现的一具汉白玉石椁由9块石板组成，其中一帧为男子骑象搏杀三狮的图像（图37）[1]。该男子头戴王冠，波状长发披在肩后，深目高鼻，戴有耳饰，内穿一件窄袖衣，外套一件红色圆领半袖衫，袖口有双层花边，腰部系着革带，下穿窄腿裤，裤侧有宽肥的花边，双手各握一把长剑，与一头从后方扑来的狮子搏杀。男子所乘之象体形高大，背上铺有两条华丽的毡垫，象鼻高卷，正迎击上方袭来的一头狮子。下方还有一只狮子正狂奔着向象的前腿咬去，其后紧随一条猎犬，正扑咬狮子的后腿。张庆捷指出："乘象者的服装较为特殊，与波斯王的服饰相近，尤其是下身穿的花边裤，仅见于萨珊朝波斯诸王。类似这种宽花边裤，在波斯器皿上与波斯石刻上常可见到"[2]。对于图像所表达的含义，他认为"更像是表现虞弘逝世后进入天界成为神以后模仿波斯王的情景"[3]。虞弘是个祆教徒，信奉"灵魂不灭说"，确有可能希望在死后升入天界，但虞弘不是波斯人，为何希望自己死后能过上波斯王式的生活呢？张庆捷认为或许与虞弘早年出使波斯、目睹波斯美好生活的经历有关，于是产生了这种意愿[4]。不过，用动物表现诸神也是祆教艺术的一个特征[5]，姜伯勤就认为图中的骑象者可能是阿胡拉·玛兹达（Ahura

图37 虞弘墓出土 骑象搏狮图

---

[1] 太原市文物考古研究所编：《隋代虞弘墓》，文物出版社，2005，第34页。山西省考古研究所编：《太原隋虞弘墓》，文物出版社，2005年，第110页。
[2] 张庆捷：《胡商、胡腾舞与入华中亚人：解读虞弘墓》，北岳文艺出版社，2010年，第89页。
[3] 同上书，第116页。
[4] 张庆捷：《胡商、胡腾舞与入华中亚人：解读虞弘墓》，北岳文艺出版社，2010年，第117页。
[5] 荣新江将葛乐耐（Grenet）列举的祆教诸神与动物形象的对应关系整理成了表格，见《〈释迦降伏外道像〉中的祆神密特拉和祖尔万》，《中古中国与外来文明》（修订版），生活·读书·新知三联书店，2014年，第306页。

Mazdā）神，即祆教最高神祇[1]。

类似的骑象搏斗图在敦煌莫高窟第420窟西壁龛内北侧胁侍菩萨的裙子上也能看到（图38）[2][3]。该窟约开凿于开皇九年（589）至大业九年（613）[4]。不过此图与图37相比，在细节上仍有许多差别，如骑象者为寸头，衣领由圆领变成了翻领，双手持剑变成了仅左手持剑，搏杀的对象也从狮子变成了老虎（或豹子）。似乎骑象者的身份较前者不同，但二者的构图模式十分相似，均为骑象者转身与后方扑来的猛兽搏杀，故二者应脱胎于同一艺术母本。至于敦煌石窟中之所以能够出现这些明显具有中亚风格的图案，应是受到了传入当地的波斯等地艺术的影响。粟特商人很可能在其中发挥了重要的媒介作用，不过，这不一定说明他们直接参与了洞窟的营建，而是这些纹饰作为当时流行的图案为石窟营建者所采用[5]。

图38 敦煌莫高窟第420窟胁侍菩萨裙子上的骑象搏虎图线描图

2000年，陕西西安安伽墓出土了一具围屏床榻式石棺床，榻板正面及左、右两侧边沿装饰有33幅动物头像，其中正面17幅，左、右侧面各8幅，边框相间以贴金长方形与贴金椭圆形联珠纹。33幅图案中共有3幅大象头像，分布在榻板正面第2幅、第14幅以及榻板右侧第7幅（图39）[6]。隋李和墓石棺盖板上也有类似的32幅联珠纹动物头像，"禽兽形象大多不可识，能够肯定

---

[1] 姜伯勤：《中国祆教艺术史》，生活·读书·新知三联书店，2004年，第134—135页。
[2] 樊锦诗、关友惠、刘玉权：《莫高窟隋代石窟分期》，《中国石窟·敦煌莫高窟》第2卷，平凡社，1981年，第178页。
[3] 由于裙子上的图案已经斑驳，颜料变色严重，具体图像的辨别存在困难，对于骑士所骑的动物，研究和临摹过此图的学者说法不一，李其琼、段文杰、樊锦诗、诸葛铠等人的临摹图为象，关友惠的临摹图为马，常沙娜的临摹图似马非马，许是其已不能判断是何动物，只能尽量摹绘。据武琼芳研究，该动物与旁边联珠飞马纹上的马形象差异较大，且其身上的毡垫与虞弘墓骑象搏狮图中大象身上的毡垫十分相似，故认为该动物是大象。本文采用这一观点。参见樊锦诗主编：《敦煌图案摹本》，江苏古籍出版社，2000年，图26；段文杰：《融合中西成一家——莫高窟隋代壁画研究》，《中国敦煌壁画全集·敦煌隋代》，天津人民美术出版社，1991年，第12页；樊锦诗、关友惠、刘玉权：《莫高窟隋代石窟分期》，《中国石窟·敦煌莫高窟》第2卷，文物出版社，2011年，第178页；诸葛铠：《敦煌彩塑中的隋代丝绸备案》，《丝绸》1981年第8期，第30页；关友惠主编：《敦煌石窟全集》第13卷《图案卷（上）》，商务印书馆，2003年，第219页；常沙娜：《中国敦煌历代服饰图案》，中国轻工业出版社，2001年，第65页；武琼芳：《敦煌石窟隋代供养人服饰研究》，博士学位论文，中国美术学院，2020年，第211—213页。
[4] 樊锦诗、关友惠、刘玉权：《莫高窟隋代石窟分期》，《中国石窟·敦煌莫高窟》第2卷，平凡社，1981年，第184页。
[5] 武琼芳：《敦煌石窟隋代供养人服饰研究》，博士论文，中国美术学院，2020年，第216页。
[6] 陕西省考古研究所：《西安北周安伽墓》，文物出版社，2003年，图版87、99、109，第43、45页。

1. 正面第 2 幅线描图　　　2. 正面第 14 幅线描图　　　3. 右侧第 7 幅线描图

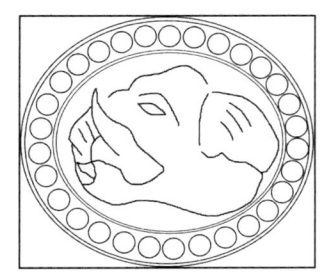

图 39　安伽墓围屏石榻榻板上的大象头像

名称的仅有象、虎、马和鸡等"[1]。这些动物纹饰盛行于波斯萨珊王朝[2]。贺西林指出："动物头像也与祆教关系密切，它们很可能就是祆教中克敌制胜之火神巴赫拉姆的化身。把上述与祆教有关的图像描绘在葬具或墓葬中，既反映了墓主人生前的宗教信仰，同时又体现出一种丧葬观念，即通过祭拜圣火的仪式，使墓主之灵魂随着熊熊的火焰升入无限光明的天国……作为胜利之神化身的各种动物则充当了辟邪神的角色"[3]。其实，包括上述图像在内的大部分北朝石棺床上的图像，都不可能发生在现实生活的中国北方，即使在中亚、西亚，也未必是写实的场景，故这些图像应是异域文化和信仰的移植，墓主及其家人在墓葬中试图通过理想化场景的展示，以求得对自身文化的认同和坚持。

结语

汉魏南北朝时期的大象图像可以大致分为驯象图、翼象图、佛教色彩的大象图像、祆教色彩的大象图像四类。综观魏晋南北朝的大象图像，与两汉的大象图像相比有一个明显的特点，即大象富有宗教色彩。经统计，管见所及的魏晋南北朝大象形象共有163例[4]，其中具有宗教性质的150例，占比92%。佛教是其中的大宗，有138例。

---

[1] 王玉清：《陕西省三原县双盛村隋李和墓清理简报》，《文物》1966年第1期，第32、37页。另外，姜伯勤对这些图案进一步进行了识别，参见其著《中国祆教艺术史》第105页。
[2] 夏鼐：《新疆新发现的古代丝织品——绮、锦和刺绣》，《考古学报》1963年第1期，第45—76页。
[3] 贺西林：《北朝画像石葬具的发现与研究》，载巫鸿主编《汉唐之间的视觉文化与物质文化》，文物出版社，2003年，第355页。
[4] 以图像的幅数、碑刻的件数、石窟浮雕的个数为单位统计，并不以大象的只数为单位统计。其中，克孜尔石窟壁画因难以确定具体年代，只要其碳十四测定数据包含魏晋南北朝（220—589），便纳入统计。

汉代早期的驯象图大多描绘世俗生活场景，反映出当时的驯象主要被用于娱乐表演、礼仪出行、军事作战等活动。汉代中晚期的驯象图则多与神仙世界有关。但二者的形象与真实的大象基本无异。两汉至魏晋南北朝时期，中原气候渐冷，大象的活动范围不断南退，驯象活动也随之减少，及至魏晋，驯象图数量已十分稀少，且大多具有佛教色彩。

翼象图集中见于汉末魏晋时期，由于人们的丧葬观念和升仙信仰发生了转变，汉画所表现的内容也开始杂糅了仙界成分，于是人们给世俗社会中真实的驯象插上双翼，使其神仙化为瑞兽，装饰在墓葬中，希冀它们将死者带往仙界。由此，正史书写中也逐渐将白象奉为祥瑞，将野象视为凶兆。

佛教色彩的大象图像主要出现于象王、狮象、象猴鹦鸟、大光明王等本生图，乘象入胎、乘象还宫、掷象成坑、太子施象、八王分舍利等佛传图，醉象害佛、须摩提女等因缘图，以及坐骑图、装饰图等，深受犍陀罗艺术的影响，反映了佛教的兴盛和佛教艺术的蓬勃发展。新疆、青海出土织锦上的象纹装饰，以及石棺床上具有祆教色彩的大象图像，则是中外文化交融的产物。

总而言之，魏晋南北朝时期的大象图像之所以呈现出这样的面貌，发生这样的转型，是因为其深刻地受到外来文化的影响，并且这些外来文化既为上层统治集团所支持，又为下层民众百姓所接受，故得以存在并不断发展。

附记：文稿撰成后，中国社会科学院古代史研究所陈爽、宋艳萍以及中国社会科学院文学研究所武君三位先生给予了宝贵的修改建议，谨致谢忱！本成果得到中国社会科学院大学研究生科研创新支持计划"汉魏南北朝大象图像转型研究"（项目编号：2023-KY-33）资助。

原文刊载于《美术大观》2023年第7期

大同地区辽金墓葬中的民族融合现象研究

刘贵斌

云冈研究院

大同地处中原农耕文明与北方游牧文明的交界地带，在华夏多民族融合史上占有十分重要的地位。春秋战国时期赵武灵王的"胡服骑射"、北魏孝文帝的"太和改制"，无一不是一次次民族融合潮流中的典范。辽金时期，大同作为西京是辽金政权西南边陲重要的政治、经济、文化中心，是防守北宋（南宋）、西夏的重要战略要地，也是加强南北文化、东西方交流的融合之所。近年来，随着辽金墓葬的不断发掘出土，有关民族融合的实例和物证也在墓葬中出现。本文以大同地区发掘的辽金墓葬为研究素材，通过墓葬形式、丧葬方式、随葬品特征以及壁画风格等，探究大同地区辽金墓葬中的民族融合现象。

一、大同地区已发掘的辽金墓葬概况

大同地区已发掘且有资料可查的辽金墓葬有50余座，多为砖砌单室墓，且墓主以官吏和中小地主为主。这些墓葬中有明确年代记载的占比较小，多数墓葬只能通过墓葬形制、出土器物或者壁画特征等确定大致年代。例如，辽代早期墓葬与晚期墓葬在出土器物及壁画特征上就有明显区别，其表现出来的民族融合现象也完全不同。本文依据考古报告将大同地区的辽代墓葬分为早期、晚期两个阶段；大同地区的金代墓葬则没有特别明显的变化，故而本文从整体上探讨其表现出来的民族融合现象。

（一）辽代墓葬

大同地区已发掘出土的辽代墓葬有30余座，主要分布于大同西南郊、南

图1 大同新添堡 辽代许从赟墓墓门、剖面图

郊、北郊、东郊等地，其中尤以西南郊与北郊分布较为集中，如西南郊的机车厂辽墓、周家店辽墓、新添堡辽墓、十里铺辽墓群等，北郊的卧虎湾辽墓群。然而有明确纪年的辽墓并不多见，目前见诸报的仅为4座，分别为新添堡许从赟夫妇墓[1]（图1）、卧虎湾3号墓[2]、卧虎湾6号墓[3]、新添堡29号墓[4]，其余均年代不详。从墓葬出土器物以及部分壁画墓绘画风格来推断，大同地区的早期辽墓与晚期辽墓有明显区别。以许从赟辽墓（早期辽墓）与东风里辽墓（晚期辽墓）为例，大同地区的早期辽墓整体呈现出陪葬器物以陶器为主、壁画风格以唐风人物画为要的特征，晚期辽墓的陪葬器物多为瓷器，另有陶器、铜器等作为辅助陪葬物，壁画内容也不再是纯粹的人物图，而是集出行图、宴饮图、劳作图等于一体且具有"程式化"分布特征。

（二）金代墓葬

大同地区已发掘出土的金代墓葬有20余座，主要分布于大同南郊、西南郊等地，如云大金墓群、和平社金墓群，其墓葬形制主要分两类。

A型：竖穴墓，如大同西南郊金墓群的十M11、M12、M13、M14[5]，均是先

---

[1] 王银田等：《山西大同市辽代军节度使许从赟夫妇壁画墓》，《考古》2005年第8期。
[2] 大同市文物陈列馆：《山西大同卧虎湾四座辽代壁画墓》，《考古》1963年第8期。
[3] 同上。
[4] 山西省文物管理委员会：《山西大同郊区五座辽壁画墓》，《考古》1960年第12期。
[5] 边成修等：《山西大同市西南郊唐、辽、金墓清理简报》，《考古通讯》1958年第6期。

在地平下凿出笔直的圆形竖穴，穴底四壁向外凸成弧形，似穹窿状。此外，墓穴中还填有两层层次分明的河卵石块，据推测可能起防盗作用。总体来看，墓室规格较低，应为一般平民之墓。

B型：砖砌单室墓，如大同南郊云大M1、M2、站东徐龟墓以及齿轮厂阎德源墓等，其墓葬均为砖砌单室墓，坐北朝南，由墓道、甬道、墓室等部分组成，墓室平面呈方形，墓顶为穹窿顶。此类墓葬多为中小官吏或佛道大师之墓，因此相较于A型墓其墓室规格要高很多，同样这也表现在器类丰富、造型精致的随葬品上，如大同南郊云大M2出土的白釉注壶、单柄洗、黄绿釉陶烛台以及极具写实风格的壁画内容，均是其墓主"大同府定霸军左一副兵马使（下级军吏）"陈庆的身份及社会地位的象征。

二、葬俗反映的民族融合现象

938年，辽太宗耶律德光从后晋石敬瑭手中获取燕云十六州，大同地区正式划归契丹辽国管辖，直到1044年辽兴宗升云州为西京大同府之前，大同地区未能引起契丹统治者的重视，因此早期辽代墓葬并未出现明显的契丹化特征，但是墓葬中也有部分表现契丹文化元素的器物，是为早期的民族融合阶段。到晚期辽墓，大同地区的契丹文化元素愈发明显，而其表现出来的民族融合现象较早期更加全面。1125年，金灭辽后，承袭辽制，大同依然为金之西京。这一时期的西京大同，延续了辽朝五京制的发展轨迹，继续民族融合前行的步伐，在葬俗方面，大同地区的辽金墓葬表现出风格各异的民族融合现象。

（一）墓葬形制

根据墓室建筑结构的不同，大同地区发掘出土的辽金墓葬形制主要分为砖砌单室墓、竖穴土坑墓、长斜坡墓道刀把形土洞墓以及土坑墓四类。

第一类砖砌单室墓，由墓道、甬道、墓室等部分组成，墓室四壁、地面及墓顶均用长方形青砖砌成，且以单室为主，墓顶则多为穹窿顶（图2）。如和平社M45、十里铺M27、新添堡M29、机车厂辽墓、五法村辽墓、周家店辽墓、许从赟墓、阎德源墓、徐龟墓（图3）、南关辽墓群、卧虎湾辽墓群、云大金墓群等。相较于土坑墓或土洞墓，砖室墓为较高等级的墓葬，是墓主社会地位及身份的具体映现。如许从赟"官至大同军节度使、检校司徒"，阎德源为

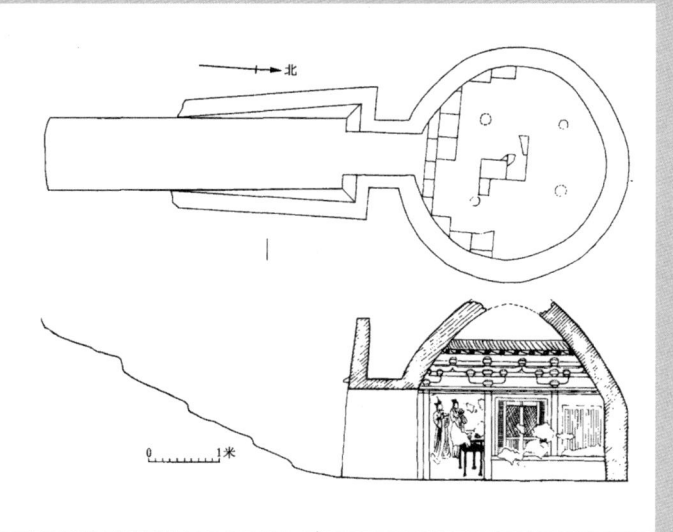

图2 大同南关 辽代2号墓平面图、剖面图

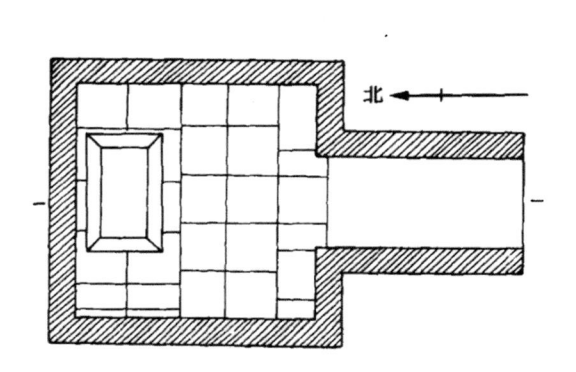

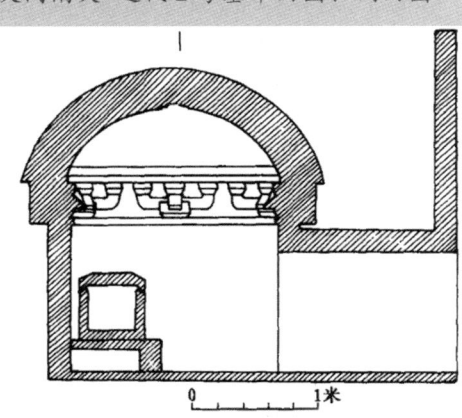

图3 大同站东 金代徐龟墓平面图、剖面图

"西京玉虚观宗主",云大M2的墓主则为"大同府定霸军左一副兵马使"。

第二类竖穴土坑墓可分为三型。A型：竖井方形墓,又为竖井并穴墓,墓室平面为方形,四壁平直,墓底正中置骨灰棺,如和平社M47、十里铺M9、南关M3等。B型：竖穴洞室墓,由一个方形竖穴和一个小洞室组成,洞室在竖穴的北壁,洞口向南,如十里铺M9、M10。C型：竖井圆形墓,墓室平面为圆形,四壁为笔直的圆柱形状,且穴底四壁向外凸呈弧形,形成穹隆状,如十里铺M11、M12、M13、M14等。

第三类长斜坡墓道刀把形土洞墓,由墓道和墓室两部分组成,墓道通常位于墓室的南端，呈长方形斜坡状，墓室平面则呈刀把形[1]。和平社M29就是此类墓葬形制，也是典型的辽晚期或金早期墓葬形制类型。

第四类土坑墓，墓室平面呈圆形，四壁为圆柱状且壁面平直，如和平社M14，墓室直径约2米，墓底距现地表深1.8米，墓室正中置瓮棺。根据墓葬性质特点分析，该墓应为大同早期辽墓。

整体来看，大同地区的辽金墓葬形制既有中原汉族风格，又具有典型的北方草原民族特色，如流行于大同地区乃至整个辽国区域的砖室墓，是盛行于西汉并逐渐风靡于后来历朝历代的主要墓葬形制之一。契丹建国以后，大力吸收汉族文化，与此相应的葬俗文化也一并传入辽国，并在辽国各地迅速发展起来，而大同地区发掘出土的众多的砖室墓就是这一融合洪流下的必然结果。同样还有这一时期流行的穹窿顶墓葬，其圆形墓室平面与穹窿式墓顶共同组成了类似于草原毡帐特点的墓葬形制。早在唐晚期，受草原游牧民族（突厥）生活起居毡帐的影响，大同地区开始出现圆形墓。到了辽金时期，草原文化影响更为明显，圆形墓成为该地区的主要墓葬形制。因此，大同地区辽金墓葬中出现的"圆形穹窿顶"形制，是草原文化长期浸润、碰撞、融合的必然结果。

（二）丧葬方式

大同地区辽金墓葬的丧葬方式主要有火葬、土葬和绢裹骨灰葬三类，其中火葬是辽金墓葬中最为常见的葬式类型。除为数不多的葬式不详的墓葬外，几乎90%以上的辽金墓葬均采用火葬之俗，这在辽代墓葬中表现得尤为明显。如十里铺辽墓群[2]、和平社辽墓群[3]、卧虎湾辽墓群、南关辽墓群以及许从赟墓、纸箱厂辽墓、东风里辽墓、马家堡辽墓等均为火葬，其时间跨度从辽早期一直延续到辽晚期。因此，大同地区发掘出土的辽墓基本上都为火葬墓。到了金代，火葬习俗依然在该地区十分流行，但与辽代葬俗不同的是，此时出现了土葬和绢裹骨灰葬两种葬式方式，当然这两类葬式方式占比较小。据目前公开发表的考古报告来看，大同地区金代土葬类墓葬仅有两座，分别是齿轮厂阎德源墓和西郊金墓，而绢裹骨灰葬仅在云大M1、M2中发现。因此金代大同地区的丧葬方式秉承了辽代的葬俗特征，火葬依然在该地

---

[1] 大同市考古研究所：《大同和平社辽金墓群发掘简报》，《文物世界》2018年第5期。
[2] 山西省文物管理委员会：《山西大同郊区五座辽壁画墓》，《考古》1960年第12期。
[3] 大同市考古研究所：《大同和平社辽金墓群发掘简报》，《文物世界》2018年第5期。

区占有重要的地位。

辽代大同地区的火葬习俗是在佛教丧葬观念以及草原民族的葬俗影响下逐渐形成的。首先，自五代到辽金时期，佛教在大同地区盛行开来。受佛教教义中的"荼毗礼"及佛教文化中的法身观念影响，火葬在僧侣阶层逐渐流行，进而佛教徒或崇信佛法的中下层人群接受"佛教终极关怀的涅槃思想和相关的法身观念"，于是火葬逐步成为辽代大同地区合乎礼法且趋于潮流的葬式方式。其次，唐贞观年间大破突厥后，大量归降的突厥部落定居于大同地区，另唐朝廷委派突厥首领担任当地都督府都督，这在一定程度上加速了该地区胡汉文化的融合，而与突厥等北方草原民族相关的葬俗也日渐融入大同地区。《北史·突厥传》记载："死者，停尸于帐，子孙及亲属男女各杀羊、马，陈于帐前祭之，绕帐走马七匝，诣帐门，以刀剺面且哭，血泪俱流，如此者七度乃止。择日，取亡者所乘马及经服用之物，并尸俱焚之，收其余灰，待时而葬。"[1]而后的契丹、女真族早期同样流行火葬。因此，辽金时期（特别是辽代）大同地区盛行的火葬之俗应是多民族不同文化融合影响的结果。

金代大同地区出现的土葬与绢裹骨灰葬主要为中原汉族之俗。1973年大同齿轮厂阎德源墓出土的墓志记载："云中故俗，人亡则聚薪而焚之，吾所弗欲也，当以遗骸瘗之于丈室之后，无扰乡人"[2]。阎德源不愿采用"云中旧俗"进行火葬，而是叮嘱弟子要用家乡汴梁的葬俗（土葬），这无疑是中原汉俗在大同地区的再次体现。绢裹骨灰葬则是先火葬，而后将骨灰用黄色丝织品包成人形，同时头部也用黄色丝织品内包骨灰而成，面部用墨线勾勒出五官，最后将其置于棺内[3]。显然这种葬式是结合了大同固有的火葬习俗与中原地区的土葬之法，是二者历经数百年后相互影响的结果。这种葬式为元明时期该地区日渐兴盛的尸骨葬（土葬）奠定了基础。

三、随葬品反映的民族融合现象

除了葬俗外，随葬器物同样保留了民族文化融合烙印。大同地区辽金墓葬出土器物丰富多样，器类上包括陶器、铁器、瓷器、木器、铜器、丝织

---

[1]〔唐〕李延寿：《北史》·卷99·《突厥传》，中华书局，1974年，第3288页。
[2] 解廷琦等：《大同金代阎德源墓发掘简报》，《文物》1978年第5期。
[3] 王银田：《大同市南郊金代壁画墓》，《考古学报》1992年第10期。

品、石雕器等。墓葬中有诸多具有鲜明草原特色与中原风格相互影响的器物，如鸡腿瓶、铁釜、三彩器等，其中尤以鸡腿瓶最为典型。

鸡腿瓶是大同地区辽金墓葬中随葬较多的瓷器类型，如新添堡M29、云大M2、阎德源墓等均出土了此类随葬物。根据形制不同，鸡腿瓶可以分为两类。第一类：小口，短颈，鼓腹，圈足（或平底），腹部多饰螺旋纹。第二类：小口，颈部略长，腹部稍鼓，圈足（或平底），腹部饰螺旋纹。与第一类鸡腿瓶相比，此类鸡腿瓶整体器形更加纤瘦、修长。鸡腿瓶是辽金时期北方地区常见的器型之一，内蒙古地区的赤峰、通辽以及辽宁的朝阳等地的辽金墓葬中出土了数量可观的鸡腿瓶。大同地区出土的大量鸡腿瓶无疑受到了北方游牧文化的影响。但与上述地区出土的鸡腿瓶相比，大同地区辽金墓葬出土的鸡腿瓶又具有明显的地域特色（图4）。

首先是器物的大小不同。内蒙古、辽宁地区出土的鸡腿瓶器型硕大，通高多数为45—55厘米。如辽宁建昌龟山一号辽墓出土的鸡腿瓶通高55厘米、口径9厘米、腹径20.4厘米、底径9.3厘米[1]，辽陈国公主驸马合葬墓出土的茶叶末釉鸡腿瓶（图5）高达54.8厘米、口径6.4厘米、底径13.3厘米[2]，法库县小房身村南沟辽墓出土的鸡腿瓶通高49.5厘米、口径8厘米、最大腹径19.6厘米、底径13.6厘米，此外法库叶茂台22号辽墓、辽金松山州遗址、辽宁朝阳木头城子辽墓、内蒙古商都县前海子村辽墓、喀左北岭辽墓等数十座辽金墓葬均出土诸如此类的鸡腿瓶。而大同地区的鸡腿瓶则与其形成鲜明对比，通高多数为30—40厘米。如新添堡M29出土的黑釉鸡腿瓶通高33厘米、口径7厘米、底径8厘米[3]，阎德源墓出土的酱釉鸡腿瓶通高35厘米、口径5厘米、底径9厘米[4]。总体来看，大同地区出土的鸡腿瓶相较于内蒙古、辽宁等地出土的鸡腿瓶要瘦小许多，这可能是鸡腿瓶在南传的过程中受当地匠人以及本地文化的影响，逐渐演变为适合本地人生活使用的器具。同时，大同地区的鸡腿瓶在一定程度上受到了北宋梅瓶造型的影响，其形制、大小与梅瓶有一定的相似之处。因此，辽金时期出土的鸡腿瓶应是南北文化交融互通且逐渐演变发展的产物。

其次是器物的功能不同。内蒙古等地的鸡腿瓶除用作储酒器外，也可能

---

[1] 靳枫毅等：《辽宁建昌一号辽墓》，《文物》1985年第4期。
[2] 孙建华等：《辽陈国公主驸马合葬墓发掘简报》，《文物》1987年第11期。
[3] 山西省文物管理委员会：《山西大同郊区五座辽壁画墓》，《考古》1960年第12期。
[4] 解廷琦等：《大同金代阎德源墓发掘简报》，《文物》1978年第5期。

图4 褐釉鸡腿瓶
大同市博物馆藏

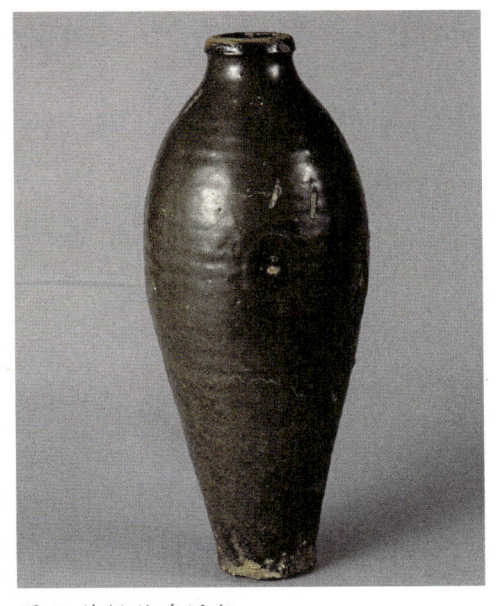

图5 茶绿釉鸡腿瓶
1986年内蒙古通辽市奈曼旗辽陈国公主墓出土 内蒙古考古研究所藏

图6 大同东风里 辽墓"侍酒散乐图"

图7 河北宣化 辽张世卿墓"温酒侍吏图"

是游牧民族用来储水之用。如1985年内蒙古昭乌达盟克什克腾旗出土的辽墓壁画，描绘了畜牧用的车帐和两个妇女备负鸡腿瓶运送饮水的生活场景，这是鸡腿瓶用作储水之用的重要佐证，同时这可能也说明了内蒙古等地鸡腿瓶形制硕大的一个重要原因。与其不同的是，辽金西京大同生产的鸡腿瓶应该主要为储酒之用。如东风里辽墓中的"侍酒散乐图"[1]（图6），人物前方的长

---

[1] 大同市考古研究所：《山西大同东风里辽代壁画墓发掘简报》，《文物》2013年第10期。

条矮脚桌上置两个黄色酒瓶，其形制与鸡腿瓶类似。参考宣化辽墓鸡腿瓶的放置方法(图7)，我们可推断东风里辽墓壁画中出现的酒瓶就是鸡腿瓶。鸡腿瓶与南方宋地区流行的梅瓶共同组成了辽金大同地区的储酒器具，是南北文化生活融合的一个重要体现。

四、墓葬壁画反映的民族融合现象

　　大同地区已发掘清理的辽金壁画墓20余座，其中辽代17座，金代3座，主要分布于大同北郊、西南郊及南郊等地。从壁画内容及布局分析，早期辽墓壁画承袭唐文化风格，内容以无明确寓意的人物侍奉图为主，且人物形象具有鲜明唐风特征，如许从赟墓、机车厂辽墓中的"侍女图""侍官图"等；而中晚期壁画墓四壁绘画内容固定，并逐渐走向"程式化"，通常南壁(墓门两侧)绘守门侍女(侍官)图，东壁绘宴饮图，西壁绘出行图，北壁绘人物侍奉图。到了金代，受宋代"开芳宴"题材影响，大同地区的壁画墓隐去了出行游牧场景，代之以盛大的宴饮场面(图8)。总体来看，大同地区辽金壁画墓既受北方草原文化影响，又吸收中原唐宋文化元素，进而形成具有鲜明地域特色的墓葬壁画风格。

　　与契丹、女真故地及中原地区的宋代墓葬相比，大同辽金墓葬壁画既融合了二者当时主流的壁画题材，又融入了本地生活文化习俗。如五法村辽墓西壁的画面中除了牵马等待主人出行的侍从外，还有正在低头吃草的马群、绵羊群等，表现出一幅浓郁的"草原游牧生活"场景。再如东风里辽墓西壁的"出行图"，画面由人物、马、驼及驼车构成了盛大的出行场面。出行图左侧是一幅由劳作的农民、耕牛、农具以及田地等组成的农耕画面。像这类既有表现墓主人盛大的出行场景，又有展示农耕劳作的画面，其他地方是较为少见的。当然，这类题材的出现与大同地区独特的地理位置及长期形成的生活习俗有关。大同地处中原农耕文明与北方游牧文明的交界地带，自春秋战国以来农业与畜牧业长期并存。到辽升云州(大同)为西京后，来自草原地区的畜牧文化在这里有增无减，而作为辽统治中心重要的粮食供应地，西京大同依然是重要的农作物产区。因此，大同地区辽墓壁画中便出现了出行、放牧及农耕等场景。

　　此外，具有鲜明特征的契丹人、女真人与汉人一同出现在了墓葬壁画中。如东风里辽墓北壁的"起居图"，画面左右两侧各站立3名男女侍从，其

图8 大同云大2号金墓"宴饮图"

中右侧两位侍从皆梳髡发。髡发是北方少数民族(东胡族系,如乌桓、契丹等)常见的发式之一。北宋沈括在《熙宁使虏图抄》中记载:"其人剪发,妥其两髦"[1]。他们在剪去部分头发后,于两鬓留部分头发下垂。而东风里辽墓中契丹人"无须,前额两绺头发从鬓下流于耳后,正顶留一小辫"[2],是为典型的髡发形象。当然类似的人物画面多出现于晚期辽墓(如卧虎湾M4、东风里辽墓等),早期辽墓中像许从赟墓、机车厂辽墓未见此类人物形象。到了金代,南北文化融合仍然呈现出不断深入的趋势,墓葬壁画中头梳髡发形象的女真人较辽代明显增加。大同地区发掘出土的三座壁画墓均有头梳髡发的女真人形象。云大M1、M2北壁东西两侧侍从皆梳髡发,但两侧造型各异:西侧人物两鬓及前额留发分两股由耳后垂于双肩,颅顶正中留一小撮头发,扎成"朝天髻",其余剃光;东侧人物头上留三撮头发,然后用白布包裹,下边再以线扎紧梳成[3](图9)。同样徐龟墓北壁西侧也有一头梳髡发的男童。其前额及两鬓留短发,耳后垂长发,头顶正中蓄发且用发带系住,周围一圈均剃光[4](图10)。其形象与云大金墓群北壁西侧人物造型较为接近。同时墓葬中还有表现中原文化因素的仿木建筑结构图、星宿图、宴饮图等,展现了一幅多元文化影响下丰富而精彩的融合画面。

---

[1] 贾敬颜:《五代宋金元人边疆行记十三种疏证稿》,中华书局,2004年,第119页。
[2] 大同市考古研究所:《山西大同东风里辽代壁画墓发掘简报》,《文物》2013年第10期。
[3] 王银田:《大同市南郊金代壁画墓》,《考古学报》1992年第10期。
[4] 焦强等:《山西大同市金代徐龟墓》,《考古》2004年第9期。

图9 云大1号金墓北壁"侍者图"　　　　　　　图10 徐龟墓"侍者图"

小结

　　综上所述，大同地区的辽金墓葬不论是墓葬形制、随葬器物还是壁画风格，均表现出了不同程度的民族文化融合现象，这也在一定程度上说明辽金时期大同地区的民族文化融合是较为全面且影响深远的。从思想教育到日常生活，从现实社会到丧葬习俗，草原文化与农耕文化交融汇聚并逐渐浸润到人们生活的方方面面。同样，这些在墓葬文化中均有深刻体现，仿木结构的建筑构件、壁画人物的衣着服饰、种类繁多的随葬器皿等无一不保留着南北文化交流融合、共存共荣的历史烙印。

原文刊载于《文物天地》2023年第5期

草原丝绸之路视域下北方民族交往交流交融的历史书写

张景明

北方民族大学民族学学院

草原丝绸之路在公元前2世纪匈奴统一北方草原地区以后正式开通，是古代丝绸之路中最北的一条。草原丝绸之路以各时期北方民族的单于庭、可汗牙帐和都城及重要的城市作为东端的起点，向西与沙漠丝绸之路天山北道汇合进入中亚、西亚、欧洲等地，向北衔接东北亚走廊抵达俄罗斯远东、贝加尔等地区，向东延伸至朝鲜半岛、日本列岛与海上丝绸之路相接，向南通向我国的中原地区。这一区域在北纬40°—50°之间，由高山草原和荒漠草原组成，呈现出草原生态环境，形成狭长的自然地带，便于东西向的交通。在历代北方民族的经营下，草原丝绸之路成为北方民族政治相融、商贸往来、文化交流和族群交融的重要线性网状线路，以文献资料和考古实物共同书写了北方民族交往交流交融的发展历史，为中华民族共同体的形成奠定了历史基础。

一、秦汉草原丝绸之路开通的初始与北方民族交往交流交融

在草原丝绸之路正式开通以前，这一区域随着族群迁移已经存在南北方和东西方的文化传播交流现象，学术界提出"现代人扩散的北方线路""石器之路""玉石之路""彩陶之路""青铜之路"等说法。目前发现的考古资料印证了北方人群在旧石器时代晚期的石叶加工，已经运用了具有欧洲和西亚文化特征的"勒瓦娄哇技术"，从现代人化石遗传成分看，已经广布于中国北方、西伯利亚、蒙古高原乃至北美大陆，证明史前人群具有横跨亚欧大陆和美洲的较强流动性。在新石器时代，早期陶器的出现、玉器制作和礼

制化、彩陶艺术的形成以及三足器的使用等与中原地区仰韶文化、大汶口文化、龙山文化、西伯利亚文化互动和交流，尤其是黑龙江流域使用珍珠纹陶器的人群有向西越过贝加尔湖到达中西伯利亚南部、东欧和中亚及新疆等地的西传文化线路，还有西辽河流域的轮轴机械制玉技术向东北南部（辽宁建平县牛河梁遗址）、黄河中下游（河北保定市北福地遗址）、长江中下游（安徽含山县凌家滩遗址）、珠江流域（广东珠海市宝镜湾遗址）、东南亚地区（越南、泰国、印度尼西亚、菲律宾等国境内遗址）传播的南传线路，极大地融入中华文明多元一体的主要构成之中。

先秦时期，北方地区先后出现以朱开沟文化、西岔文化、夏家店下层文化、西麻青墓地、魏营子类型、新店子文化、毛庆沟墓地、西园类型、夏家店上层文化、燕国墓地等为代表的族群，形成了多族群交错杂居、相互交融的历史格局。战国晚期正值草原丝绸之路正式开通之时，匈奴与中原和西域建立了更加广泛的联系，促进了南北方和东西方的民族交融、文化交流的发展。秦汉时期结束了春秋战国时期政权分裂的局面，实现了全国的"大一统"，建立了统一的多民族国家，这为各民族的友好往来和文化交流创造了前提条件。"大一统"概念来自战国时期的儒家经典《春秋公羊传》，初为口承流传，西汉时期被整理成竹帛书，著名思想家董仲舒为了适应汉武帝加强中央集权制的需要而发展了这一观念，这与汉初提倡的"天人合一""贯通一切"的思想相符，从而在此基础上得到完善和发展，表现形式不仅指疆域或版图上的统一，还指民族观念上的"天下一家"，为维护君权为核心的中央集权制提供理论依据，并且在客观上增强了民族凝聚力，对秦汉王朝加强与北方民族的团结和统一提供了重要的思想基础。西汉司马迁在《史记》中创造性地将北方民族的文献资料按照民族系统和地域分布整理，并以"传记"的形式记录下来。这种撰史的框架体系为后世的史学家所继承，他们按照《史记》的体例为各代最有影响力的北方民族立传，还专门为建立政权的北方民族修撰史书，为草原丝绸之路沿线上的北方民族交往交流交融提供了文献书写资料。同时，大量的考古发现弥补了文献记载中的错误、不实和不足之处。

虽然北方草原地区的匈奴、丁零、乌孙、乌桓、鲜卑等民族并不完全受汉朝的约束，但是随着汉朝对北方民族实行政治联姻、委派官员管理等政策，北方各民族与汉朝之间的联系得到加强，北方各民族的活动范围进一步扩大。并且在"大一统"的背景下，北方各民族通过草原通道与中原、西域之间的经济交往、文化交流和民族交融更加显现。这是一个不断减少差异性、增强共同性的主观选择和客观限定的过程，贯穿于中华民族共同体形成的进程中。

中原王朝这一时期的对外政策主要体现在防御匈奴、鲜卑、乌桓等北方民族南下扰边的军事行动，虽兵戎相见，但双方并未中断经济文化交流，只是在交流深度上有所降低，战争结束之后反而联系更为密切。以匈奴与汉朝之间的互动为例，战争与和亲交替出现，每次战争都使双方遭受巨大损失，之后便会出现和亲局面，"昭君出塞"等历史事件就是最好的例证。内蒙古包头市召湾47号汉墓[1]出土的"单于和亲""单于天降""四夷尽服"有铭瓦当，为汉匈友好关系提供了实物佐证。汉朝在边地设关市，加强了双方的贸易往来和文化交流。匈奴以通贡的形式促成政治上的相融，并且学习汉朝的"穿井筑城，治楼以藏谷"[2]技术。在大漠南北的匈奴墓葬和城址[3]中发现的汉朝的陶罐、铜镜、漆耳杯、玉饰件、汉字铭文丝织品等，在陕西、河北、江苏、广州等地的汉墓中出土的匈奴风格的动物纹金属饰牌，这些都是汉匈交往交流交融的见证。人们在俄罗斯境内漠北匈奴地发现的汉式宫殿[4]和出土的汉代陶器、青铜器、丝织品等，充分反映了匈奴与汉朝存在着不可分割的关系，这种民族间的交往交流交融为秦汉统一的多民族国家的巩固奠定了基础。匈奴自战国以来就与周边民族和西域民族进行商贸往来及文化交流。甘肃省天水市马家塬西戎墓葬[5]出土的金属器，其动物纹的装饰风格和布局与匈奴的同类器接近，说明匈奴与西戎存在着文化交流的事实。匈奴西迁后引发亚欧民族的大迁移，也使草原丝绸之路东西方文化交流和民族交融加深。匈奴金属器的动物纹造型与黑海沿岸和南俄草原的斯基泰文化"野兽纹"有着内在的联系。尤其是怪兽造型和纹样在中国北方草原地区找不到母题，完全来自斯基泰和阿尔泰艺术，俄罗斯境内及斯基泰地区发现有中国式的金壶[6]、龙纹金带扣等，充分证实草原丝绸之路开通以后，匈奴与中原、周边及西域地区存在广泛的商贸和文化往来。

---

[1] 包头市文物管理所：《包头郊区召湾汉墓清理简报（二）》，《包头文物资料》1982年第1辑，第61—73页。
[2] 〔汉〕班固：《汉书》，中华书局，1962年，第3782页。
[3] 潘玲：《伊沃尔加城址和墓地及相关匈奴考古问题研究》，科学出版社，2007年，第24—40页。
[4] 张景明，马宏滨：《俄罗斯境内漠北匈奴地发现的汉式宫殿主人考释》，《北方民族大学学报（哲学社会科学版）》2021年第5期。
[5] 谢焱，刘兵兵：《张家川马家塬战国墓地2010-2011年发掘简报》，《文物》2012年第8期。
[6] 齐东芳：《苏联埃尔米塔日博物馆藏鸟纹金壶》，《文物天地》1991年第2期。

二、魏晋至隋唐五代草原丝绸之路的发展与北方民族交往交流交融

东汉时期,鲜卑在北方草原东部崛起,从大兴安岭北端迁徙到呼伦贝尔草原,再沿着草原通道向南迁移。他们在南迁路线上留下许多遗迹,南迁路线上出土的各类器物具有匈奴文化、汉文化和西域文化因素。东汉末年,匈奴不断向南推进,逐渐打破传统的"内诸夏外夷狄"观念。西晋时期,关中等地"华戎共处",出现"关中之人百余万口,率其少多,戎狄居半"[1]的局面。魏晋南北朝时期,随着"五胡"内迁和割据政权的更迭,以匈奴、鲜卑、羯、氐、羌为代表的北方民族纷纷南下,促进了各民族交往交流交融。历史文献记载,入主中原的北方民族上层人士具有较高的汉文化修养,他们从神话再造、族群认同、同源共祖等多个方面表现出对"自在"的中华民族共同体的认同。北魏统一北方后,从政权建设、民族迁徙、文化思想等很多层面展现出对华夏文化的认同,而北方民族的饮食、服饰等物质文化和风俗习惯也深刻影响着当时的中原汉族。北魏孝文帝改制加深了北方民族与中原汉族在衣食住行和精神观念上的交融。

从历史学和民族学的角度来看,开展对历史时期民族交往交流交融的研究需要注重历史认同、民族认同和文化认同三个方面。历史认同主要是指在历史演进中关注对血缘、地缘和"治统"的接受与联系;民族认同指民族成员归属问题,如拓跋鲜卑自认是黄帝的后裔[2],宇文鲜卑自认是炎帝神农氏的后裔[3],慕容鲜卑"其先有熊氏之苗裔"[4];文化认同主要关注物质、制度、心理和"道统"的分析和阐释。历史认同中的"治统"特指政治统治的继承性,文化认同中的"道统"是思想方面传承的连续性。"我们必须在历史进程中,把国家认同置之文化认同之上。我们需要的是更多的'我们'和共同性,而不是彼此的'他性'和差异。共同性是可以在历史空间中形成和增加的"[5]。魏晋南北朝时期北方民族的交往交流交融

---

[1] 〔唐〕房玄龄等:《晋书》,中华书局,1974年,第1533页。
[2] 〔北齐〕魏收:《魏书》·卷1·《序纪》载:"昔黄帝有子二十五人,或内列诸华,或外分荒服,昌意少子,受封北土,国有大鲜卑山,因以为号。"
[3] 《周书》·卷1·《文帝纪上》载:"太祖文皇帝姓宇文氏,讳泰,字黑獭,代武川人也。其先出自炎帝神农氏,为黄帝所灭,子孙遁居朔野。"
[4] 〔唐〕房玄龄等:《晋书》,中华书局,1974年,第2803页。
[5] 韩震:《论国家认同、民族认同及文化认同——一种基于历史哲学的分析与思考》,《北京师范大学学报(社会科学版)》2010年第1期。

既传递出激烈互争正统、强调"夷夏之辨"的历史现状，又表现为相互融合、共同书写历史的深层次认同因素。例如，我国历史上的第一部北方民族正史《魏书》所传递的历史思想、民族观念都以王朝正统和"大一统"的背景为根基，促进了北方民族对统一的多民族国家的认同。成书于唐代的《晋书》，"载记"部分裁取北魏崔鸿编撰的《十六国春秋》，展示北方民族主动学习汉文化、自觉以华夏自居的历史现状。这些史学叙事不仅属于历史的部分，也以记忆的方式体现在正史书写中，增进了北方民族交往和文化交流以及中华民族共同体意识的建构。

从考古发现来看，魏晋南北朝的北方民族对延续和深化中华文明多元一体格局、构建统一的多民族国家做出了重要贡献。中国古代都城是国家的缩影和政治中枢，都城及其宫殿、宗庙等实际上属于国家的政治文化。鲜卑人修筑的北魏都城洛阳城、东魏和北齐的邺南城，在形制布局上继承了汉朝都城，这是对汉朝统一的多民族国家政治文化认同的具体表现。目前已公开刊布的南北朝墓志有1468种[1]，其中北朝墓志有1363种，它们对挖掘北方各民族融合的内涵和南北方文化交流以及梳理中华民族共同体形成的历史脉络具有重要意义。这一时期草原丝绸之路继续发展，特别是北魏早期的都城平城成为草原通道重要的起点，向东通往辽西、辽东，向南直达中原，向北经"白道"进入漠北，向西走"居延道"抵达西域及以西地区，构成了南北向和东西向的网状线路。西域诸国、波斯、粟特、嚈哒等地商人、使者不断在这条通道上往来，将金银器、玻璃器、琥珀器、丝织物等带入北方草原地区，同时也把中原的陶瓷器、丝织品等传入中西亚及欧洲地区。辽宁朝阳，内蒙古和林格尔、包头、正镶白旗，以及山西大同等地的"三燕"和北魏遗迹中常见的胡人俑、胡人牵驮囊骆驼俑、波斯银器、波斯织锦、粟特银器、罗马玻璃器等，充分说明草原丝绸之路在东西方民族交融和文化交流中的重要性。

隋唐五代时期活跃于北方地区的民族，从传统族属看，主要有突厥、回纥、西域各族，吐蕃、吐谷浑和东北诸族。从同一时期对亚欧草原东部整体历史进程的影响力看，该时期可谓突厥系人群主导的时代。从中原王朝发展史的角度而言，汉地人群走向强盛的"大一统"的巅峰时期；以突厥系人群

---

[1] 王连龙：《南北朝墓志集成》，上海人民出版社，2021年。

为主的北方民族也于北朝末期完成统一并强势崛起,这本身就是北方民族与周邻诸族交往交流交融的结果。北方民族在与中原汉族互动的过程中形成竞争与共生的关系,也与周邻乃至更远地域的民族频繁互动。《新唐书·地理志七下》记载了唐朝到周边少数民族地区的七条道路。其中,安东道、云中道、回鹘道和西域道是草原丝绸之路的重要组成,而回鹘道最为有名,是连接唐朝的长安城、夏州和北方草原的单于大都护府、漠北及西域地区的重要通道,被称为"参天至尊道"。

在考古学资料中,发现于北方草原南部地区的唐朝城址和墓葬,如和林格尔县土城子古城(单于大都护府)、托克托县古城(东受降城)、包头市南郊敖陶窑子古城(中受降城)等,拓宽了唐朝北部边疆的发展空间。人们在内蒙古和林格尔县土城子周围、鄂尔多斯等地发现大批唐代墓葬[1],其形制和随葬品与中原唐墓相近,说明继汉朝以后,中原地区的汉族又一次进入北方草原南部地区,促进了南北方民族交融,也反映了唐朝对北部边疆的有效控制。人们在内蒙古阴山以北和新疆天山以北地区,发现突厥族属的石板墓和石人遗迹,在蒙古国境内还发现突厥卢尼文"毗伽可汗碑""阙特勤碑""暾欲谷碑""阙利啜碑"等碑刻以及回鹘的遗迹。新疆温宿县包孜东突厥墓[2]出土的陶器,蒙古国境内回鹘陵园[3]建筑上的莲花纹、兽面纹等都受到唐朝文化的影响,反映了南北方文化的交流。内蒙古、新疆等地的遗迹中常出现的具有西方风格的器物及装饰和制作工艺,如贴花堆塑陶器、胡人陶俑、骆驼陶俑、胡人骑骆驼陶俑、罗马金币、银高足杯、萨珊银币、银执壶、银盘、银长杯、虎柄金杯、织锦、联珠纹、摩羯纹、金珠细工等,都是从罗马、波斯、粟特、嚈哒、天竺等国传入的。

唐朝与突厥、回鹘通过联姻、贸易等途径,不断地将唐文化传播到草原地区,再通过草原丝绸之路与西域及以西地区联系,使中国与地中海、中西亚、印度文明交流空前繁盛。五代时期,草原东部的契丹势力逐渐强盛,我们从早期契丹墓葬形制和随葬品中可以看出契丹深受唐、五代以来文化的影响。

---

[1] 宋国栋,曹鹏:《内蒙古隋唐考古综述》,《草原文物》2019年第1期。
[2] 新疆维吾尔自治区博物馆等:《温宿县包孜东墓葬群的调查和发掘》,《新疆文物》1986年第2期。
[3] 山西大学历史文化学院等:《蒙古国后杭爱省赫列克斯浩莱山谷6号回鹘墓园发掘简报》,《文物》2016年第4期。

三、宋辽夏金元草原丝绸之路的兴盛与北方民族交往交流交融

宋辽夏金元是我国历史上又一次民族大融合时期，也是草原丝绸之路的兴盛阶段。北宋的建立结束了五代十国的封建割据局面，又一次维护了"大一统"的政治、经济、文化秩序格局。但北方草原地区呈现出各民族逐鹿的态势，契丹、党项、女真、蒙古等民族陆续建立辽、西夏、金、元等政权，并且在"大一统"的背景下与两宋争夺中国的正统地位和对汉族"同源共祖"的认同。例如，《辽史·太祖纪下》记载契丹先祖出自炎帝[1]，辽代耶律俨编修《皇朝实录》认为契丹祖先来自轩辕之后[2]，《辽史·刘辉传》记载宋代欧阳修编撰《五代史》将契丹历史放在《四夷附录》中引起辽朝统治者不满之事[3]，学术界也有考证耶律氏的郡望漆水郡（县）在渭水支流的说法[4]。金世宗与臣僚商议配享之礼时说："我国家绌辽、宋主，据天下之正，郊祀之礼岂可不行"[5]。因此，虽然两宋与北方民族建立的政权对峙，但是在民族大迁徙、大融合的历史背景下，无论是文献记载还是考古学资料佐证，南北方的民族交往交流交融都从未中断，反而联系更加频繁和密切。北方民族政权几乎每年都与两宋政府互派使臣，或者政治联姻，或者设置榷场，甚至在战事期间沿边地区的民间贸易也没有停歇，这表明南北方在经济上相互支撑、政治上相互依存而融为一体。罗炳良认为："无论是少数民族皇朝为汉族皇朝撰修史书，还是汉族皇朝为少数民族皇朝撰修史书，都有助于突破传统的夷夏之防和民族隔阂的观念，形成混一华夷和天下一家的新观念，在历史文化认同的历程中具有极其重要的意义"[6]。另外，在唐朝"安史之乱"以后，吐蕃占据河西地区，西夏建立后又控制了河西走廊，致使沙漠丝绸之路或续或断，促使宋朝与辽、金、元和西域等国家通过草原丝绸之路加强联系，保证了南北方和东西方的商贸往来、文化交流和民族交融的正常进行。

辽代的都城实行五京制，以辽上京"日"字形和辽中京"回"字形结构

---

[1] 〔元〕脱脱等：《辽史》，中华书局，1974年，第24页。
[2] 同上书，第949页。
[3] 同上书，第1455页。
[4] 都兴智：《辽代契丹人姓氏及其相关问题考探》，《社会科学辑刊》2000年第5期。
[5] 〔元〕脱脱等：《金史》，中华书局，1975年，第694页。
[6] 罗炳良：《炎黄文化传统与辽夏金元历史认同观念》，《史学史研究》2012年第3期。

布局为代表，分别继承了唐长安城、洛阳城和北宋东京城的规制，同时保留了契丹"分俗而治""东向拜日"的设计理念和习俗，使辽代"处在一边草原游牧国家的传统，一边适当引入中原汉地的国家形式，摸索草原和中原汉地相结合的国家形式和理想方式的最高潮阶段"[1]。辽代两种京城形制对金上京"日"字形和金中都、元大都"回"字形的形制和布局影响甚大。西夏的都城兴庆府及其他城市融合了唐宋都城和城市的形制和布局，这是北方民族和中原王朝在政治上相融的具体反映，也是文化交流和民族交融的极好例证。在墓葬方面，辽代早期墓葬的形制、空间分布、壁面装饰、随葬品组合显示出浓厚的唐、五代文化因素，辽代中期后表现出更多的宋文化因素，西夏和金代的墓葬仍然受到唐宋文化的影响，还包含佛教文化和西域文化因素。从出土器物看，虽然辽、西夏、金有本土瓷窑，但是常见五代、宋代瓷窑产品，釉陶器上仍遗留中亚银器的贴花堆塑工艺。辽代金银器和丝织物在保留契丹民族特点的基础上，早期多受唐代和中西亚影响，中期以后宋代的制作和装饰工艺开始融入，直至晚期完全接受宋文化[2]；西夏和金代的金银器和丝织物虽有唐代遗风，但更多受宋代影响。玻璃器、琥珀器及部分玉器、玛瑙器，从质地、造型、工艺看却来自阿拉伯、古罗马等国家。这些物质层面的载体显示出南北方和东西方的商贸往来、文化交流和民族交融，推动草原丝绸之路兴盛阶段的发展。

元朝结束了宋辽夏金时期南北对峙的局面，实现了全国的"大一统"。元朝通过西征将势力跨越到中西亚和欧洲地区，建立钦察、察合台、窝阔台、伊利四大汗国，这为草原丝绸之路各民族的友好往来创造了有利条件。自此以后，北方草原地区的契丹、党项、女真等民族和西域及以西地区诸民族都处在元朝的有效管辖之下，各民族的活动范围空前扩大，经济文化交流日益发展，再未出现过大的分裂局面。元朝以哈拉和林、上都和大都为政治、经济和文化中心，开设通往全国各地的驿路，尤其是帖里干、木怜、纳怜三条驿路，既把三个中心有机连接起来，又构成南下中原及东南亚、北至西伯利亚、东抵东北亚、西达中西亚及欧洲的交通网络，使蒙古草原的腹地与中国内陆和沿海地区、伊斯兰国家、地中海

---

[1]〔日〕杉山正明：《疾驰的草原征服者》，乌兰、乌日娜译，广西师范大学出版社，2014年，第149页。
[2] 张景明：《辽代金银器研究》，文物出版社，2011年，第186页。

国家、蒙古各汗国连为一体，为商贸往来、文化交流和民族交融提供了更为广阔的发展空间。元中都地处北方游牧区和中原农耕区的交界处，是两种文化碰撞和交流的汇集地。内蒙古察右前旗集宁路遗址[1]和包头市燕家梁遗址[2]出土的瓷器，包括本地窑和定窑、磁州窑、钧窑、耀州窑、景德镇窑、龙泉窑、吉州窑、建窑、霍窑等窑口的产品，反映了这两地是当时重要的商贸市镇或商业集散地。达茂旗敖伦苏木古城的景教教堂遗迹[3]、景教徒墓顶石、北京市铁可与其父斡脱赤墓[4]，以及各遗迹出土的金银器、玻璃器、丝织品等，体现出西方文化元素和造型装饰风格。这些都是北方民族与其他民族交往交流交融的显性层面，更多的是隐性层面，如思想观念、行为习惯、民族特性等。明清以后，草原丝绸之路逐渐衰落，我们在考古资料中很难看到"西方"的特征。

综上所述，从对北方民族的记述看，"二十四史"都是基于"大一统"的思想背景下形成的历史文本书写，贯穿于北方民族与中原、周边、西域民族交往交流交融和中华民族共同体形成"自在"的历史纵线。具体表现在三个方面：一是对北方民族的族源记述，体现出"华夷同祖"的民族共同体思想；二是对北方民族空间分布的记述，表现了对以"大一统"思想为主线的多民族国家认同；三是对北方民族生态环境、生计方式、军事行动、和亲友好、经济往来、文化特点等的记述，反映出民族交往交流交融的历史脉络。正史对北方民族的撰述往往以空间分布和方位标示书写，包括古称东夷、北狄、西戎族系，并且在"大一统"背景下将北方民族纳入多民族国家体系之中，即使五代以来所修正史把北方民族归为"外国传"或"外夷传"，但这并非将其排除在王朝之外，而是继续沿用中原纪年为纲，或为建立政权民族之外的其他民族之泛称，并不影响北方民族对整个国家的认同。中华人民共和国成立以后，我国北方草原地区发现旧石器时代至明清时期的大量遗迹和遗物，形成众多的考古发掘简报、报告和研究成果，丰富了历史内涵，增强了历史信度，活化了历史场景，增强了中华民族自豪感和凝聚力，阐释了各民族交往交流交融和多元一体格局，以此表明北方民族文化是开放和包

---

[1] 陈永志：《内蒙古集宁路古城遗址出土瓷器》，文物出版社，2004年，第9—14页。
[2] 内蒙古自治区文物考古研究所等：《包头燕家梁遗址发掘报告（中）》，科学出版社，2010年，第345—512页。
[3] 李逸友：《内蒙古元代城址概说》，《内蒙古文物考古》1986年第4期。
[4] 北京市文物研究所：《元铁可父子墓和张弘纲墓》，《考古学报》1986年第1期。

容的，为中华文化注入了新的血液。由此可见，北方民族历来是中国统一的多民族国家的重要成员，在不同时期通过族群迁移、政治相融、商贸往来、军事行动、文化交流等渠道，与中原、周边和西域民族进行物质、制度、情感、精神等层面的交融，谱写了一部民族交往交流交融的"交响乐史"，推动了中华民族共同体由"自在"走向"自觉"的进程。如今，在"一带一路"倡议下，古代草原丝绸之路被赋予了全新的时代内涵，在铸牢中华民族共同体意识伟业中继续发挥民族交往交流交融的重要纽带作用。

原文刊载于《北方民族大学学报》2022年第5期

古代敦煌多元文化交融中的中华民族共同体意识

杨燕
兰州城市学院音乐学院

杨富学
敦煌研究院

    敦煌自古以来就是多民族聚居区和中外文化的交汇之地。先后活动于这里的主要民族就有羌、塞种、月氏、乌孙、匈奴、鲜卑、退浑、粟特、吐蕃、回鹘、党项、蒙古及裕固族等。在敦煌地区现存的700余个洞窟中，约有三分之一的洞窟与少数民族政权或宗教信徒存在着联系。在敦煌发现的7万件古代文献中，除汉文外，尚有丰富的吐蕃文写卷，另有突厥文、回鹘文、于阗文、粟特文、西夏文、回鹘式蒙古文、八思巴文等多种文献，为我们认识历史上敦煌及河西地区的历史文化，尤其是各民族之间的交流与交融提供了弥足珍贵的资料。敦煌地区多民族聚居，多元文化交融，中外文明交会，超越种族而形成不同民族间的文化认同，在这一融合过程中，汉文化起到了核心的凝聚作用，这一现象对阐释中华民族共同体意识的形成、发展与演变具有典范意义。

一、敦煌不同民族间的文化认同

    自安史之乱后，河西地区尽归吐蕃统治长达70余年，在这期间有大量藏族迁居至敦煌等地，又因敦煌地区自唐时佛教香火鼎盛，故许多藏传佛教僧侣也移居至此传教。莫高窟北区出土的许多用藏文书写的佛经也说明这一时期藏传佛教在敦煌地区的活动是十分活跃的。后来，敦煌地区又经历了回鹘、西夏、蒙古的统治，藏传佛教的影响非但没有随朝代的更迭而衰弱，反倒在历代统治者的支持下愈加昌盛。

    成立于851年的沙州归义军政权是在推翻吐蕃政权的基础上建立的，但这种敌对关系并未能彻底阻断敦煌各族在文化上的认同。在归义军时期，河西走廊和新疆原本归吐蕃统治的地区，并未因吐蕃政权灭亡而完全放弃吐蕃文，而是长期使用。如敦煌本藏文写卷P.T.1188为《天福七年登里可汗诏书》，系回鹘登里可汗于天福七年（942）阴金兔年（辛卯）春季正月十五日所颁授予悉董那旺论军功告身的诏令[1]。P.T.1082《登里可汗诏书》系甘州回鹘登里可汗颁给野（猫川）切巴坡属民之藏文诏书，记录了回鹘使者下凉州等消息。其中有用藏文书写的bka，相当于汉文的"敕"字[2]。该文献应为10世纪之物。另有P.T.1189《肃州司徒致天大王书》，出自甘州回鹘地方官府，反映了沙州归义军政权与甘州回鹘所属肃州的关系。学者们经过长期的研究甄别，从敦煌出土文献中搜检出的属于后吐蕃时代的古藏文写本多达57种[3]。这些研究可以表明，在吐蕃王朝崩溃并结束对西域、敦煌的统治之后，藏语和藏文继续为当地的非藏族人所使用。

更有甚者，西夏并未受到吐蕃政权的统治，但勒立于夏仁宗乾祐七年（1176）的张掖黑水桥上使用了以藏汉两种文字对照书写的圣旨——《告黑水河诸神敕》[4]。这体现了西夏政权对汉文化、吐蕃文化的认同。藏传佛教各个教派在西夏、元代统治时期的敦煌得到极大发展，黄颢认为莫高窟北区出土的B159:23为解说《金刚经》或《金刚心释》一类的佛经片段，且此段抄经有浓厚的藏密特色[5]。这说明当时敦煌应该存在着一定数量的藏传佛教僧侣。

随着藏传佛教在蒙古民族地区中的盛传，蒙古贵族对藏文与藏文化也越来越推重。如莫高窟北区出土的元代文献B137:2记载译者在翻译佛经时即曾参考藏文佛经内容；464:58回鹘式蒙古文写本《般若心经》中有"我向［薄伽梵母］智慧到彼岸顶礼"之语，可推测该文书译自藏文[6]。另，B138:2、464:14为用藏文字母拼写的梵文文书。

---

[1] 王尧，陈践：《敦煌吐蕃文书论文集》，四川民族出版社，1988年，第179—185页；G.Uray: *New Contributions to Tibetan Documents from the post-Tibetan Tun-huang*. Tibetan Studies. München, 1988, pp. 515-528.

[2] 武内紹人：《敦煌・トルキスタン出土チベット語手紙文書の研究序説》，山口瑞鳳監修：《チベットの佛教と社會》，春秋社，1986年，第589—590頁。

[3] Tsuguhito Takeuchi: *Sociolinguistic Implications of the Use of Tibetan in East Turkestan from the End of Tibetan Domination through the Tangut Period（9th—12thc.）*, Turfan Revisited-The First Century of Research into the Arts and Cultures of the Silk Road. Dietrich Reimer Verlag, 2004.

[4] 王尧：《西夏黑水桥碑考补》，《西藏文史考信集》，中国藏学出版社，1994年，第100—117页；佐藤貴保，赤木崇敏，阪尻彰宏，吴正科：《漢藏合璧西夏『黒水橋碑』再考》，《内陸アジア言語の研究》第22巻，中央ユーラシア學研究會，2007年，第1—39頁。

[5] 彭金章，王建军：《敦煌莫高窟北区石窟：第二卷》，文物出版社，2004年，第388页。

[6] 敖特根：《敦煌莫高窟北区出土蒙古文献研究》，民族出版社，2010年，第259页。

元代的敦煌艺术呈现出典型的藏传佛教特色，但很多藏传佛教风格的作品仍然显示出的是对唐宋汉风艺术的继承。如敦煌莫高窟第3窟南北壁有两位千手千眼观音以对称的方式出现。南壁主尊11头自下而上排列为3·7·1，北壁主尊11头自下而上排列为5·5·1，均呈宝冠式，来自汉传密教，最早例证可追溯至榆林窟唐代第23窟[1]，与藏传佛教十一面观音的尖塔式排列（自下而上呈3·3·3·1·1式）[2]形成鲜明的对比。其中，南壁千手观音图东西下角的莲座上分别结跏趺坐着婆薮仙和功德天[3]。婆薮仙和功德天原本皆为印度婆罗门形象，此时的穿戴却为五代宋以后的贵族礼服形制，面部形象特征更是具有中原特色。不唯如此，莫高窟第3窟南壁站立着的两位天人，男相头戴官帽，内穿白衫，外搭方形曲领大袍，女相高发髻，佩璎珞环钏耳珰，天衣宝冠的形象也极具汉式特征。而五个庙石窟第3窟主尊两则站着的婆薮仙和功德天，不仅装束上以汉式为主，两位的发髻及面目特征与莫高窟第3窟相比，显得更加世俗化了。5个庙石窟第1窟千手观音下方虽漫漶不清，但主尊右侧能够依稀看到一位头有圆光的圣者，双手合十礼拜，身穿深色青缘阔袖长袍，也带有明显的汉式特征[4]。瓜州东千佛洞第2窟的元代藏传佛教绘画中赫然出现了汉地布袋和尚的化身——哈香尊者[5]。

敦煌石窟出土的西夏文活字印本与回鹘文木活字实物，可为中华文化在敦煌各民族中的传承提供有力证据。

活字印刷始于宋代，发明者是北宋庆历年间（1041—1048）的毕昇，采用的是胶泥活字。现已确认的早期西夏文活字印刷品中有十余件即出自泥活字，其中比较重要的有西夏文《吉祥遍至口和本续》《维摩诘所说经》《大方广佛华严经》等[6]。20世纪90年代以来，敦煌也发现有多件西夏文活字印本，有莫高窟第464窟及B59、B159等窟出土的《地藏菩萨本愿经》，B121窟出土《诸密咒要语》和莫高窟北区B159、464等窟发现的其他活字版佛经残

---

[1] 贾子葶，杨富学：《元代敦煌密教千手观音图像组合之"主密眷汉"与"主密眷密"》，《美术大观》2023年第12期，第22—27页。
[2] 李翎：《十一面观音像式研究——以汉藏造像对比研究为中心》，《敦煌学辑刊》2004年第2期。
[3] 段文杰：《中国敦煌壁画全集：10敦煌西夏元》，天津人民美术出版社，1996年。
[4] 贾子葶，杨富学：《元代敦煌密教千手观音图像组合之"主密眷汉"与"主密眷密"》，《美术大观》2023年第12期，第24页。
[5] 杨富学，魏平：《瓜州东千佛洞第2窟营建时代考论》，载赖永海主编《丝路文化研究：第8辑》，商务印书馆，2023年，第42—43页。
[6] 牛达生：《西夏活字印刷研究》，宁夏人民出版社，2004年，第85—87页；史金波：《西夏社会》，上海人民出版社，2007年，第509—511页。

叶[1]。人们通过对敦煌、黑城、武威等地发现的西夏文活字印本进行研究发现，其实在毕昇发明活字印刷100年前后，西夏地区就已经在熟练地应用活字印刷了。

自1908年以来，人们在敦煌莫高窟第464窟等地发现了相当数量的回鹘文木活字，计有1152枚，它们堪称世所仅存的古代活字实物样品[2]。敦煌的回鹘人在接受了中原活字印刷技术之后，推陈出新，进一步发展了木活字印刷技术。不仅如此，他们还把自己所掌握的印刷技术进一步传向西方。在今天的波斯语中，与印刷术有关的词语，大多都借自维吾尔语的basma。如bāsme表示名词"印刷"，bāsmekardan表示动词"印刷"，bāsme-che表示"印刷者"，bāsme-kari表示活字印刷[3]。

活字印刷由北宋毕昇发明，经由西夏与回鹘等民族的传承与改造，推陈出新，在汉文之外用于各民族文献的印制，使中华民族文化得以赓续与更广泛传播，后经由回鹘而传播至西亚地区，进而传入欧洲，对世界文化的发展做出了重要贡献[4]。

借由敦煌莫高窟北区出土的文献、众多的洞窟壁题，以及《莫高窟六字真言碣》等碑刻可以看出，元代的敦煌虽然民族成分极为复杂，文化多元，但是不同民族与不同文化间呈现出明显的文化认同现象[5]。

二、儒学与不同宗教文化在敦煌的互动

敦煌古来流行多种宗教，最能反映敦煌宗教多样性和相互认同的的实物资料当首推元顺帝至正八年（1348）西宁王速来蛮等于敦煌勒立的《莫高窟六字真言碣》。碑上方及左右两侧刻汉、梵、回鹘、藏、西夏、八思巴等六种文字的六字真言。此外，速来蛮等还在莫高窟第61窟前勒立有《重修皇庆寺记》，乃为纪念重修皇庆寺之事，于元至正十一年（1351）由功德主西宁

---

[1] 史金波:《敦煌莫高窟北区出土西夏文文献初探》，《敦煌研究》2000年第3期，第1—16、186页。
[2] Yang Fuxue: *Uighur Wooden Movable-Types from Dun-huang and Related Problems*. 段文杰, 茂木雅博:《敦煌学与中国史研究论集——纪念孙修身先生逝世一周年》，甘肃人民出版社，2001年，第346—350页。
[3] 北京大学东方语言文学系波斯语教研室:《波斯语汉语词典》，商务印书馆，1981年，第227页；赵相如:《中国印刷术西传刍议——维吾尔语"bas"（印刷）一词源流考》，《民族研究》1987年第2期，第70—82页。
[4] 杨富学，张海娟，胡蓉，王东:《敦煌民族史》，社会科学文献出版社，2021年，第49页。
[5] 杨富学，丁小珊:《语言文字视阈下的元代敦煌民族文化认同》，《民族学论丛》2023年第4期，第87—94页。

王速来蛮之子养阿沙命寺僧守朗所立。该碑阴阳两面均为汉文，但其上所记载的姓名分别属于蒙古、回鹘、党项、藏、汉等众多民族，甚至还有穆斯林及景教信徒的名字，其状与《莫高窟六字真言碣》颇类[1]。

有意思的是，蒙古统治者速来蛮的名字明显来自阿拉伯语Sulaimān，意为"美满"，乃穆斯林常用名。速来蛮之子养阿沙、速丹沙的名称中都有"沙"字，乃波斯语Shāh（王）的音译，同样为穆斯林常用名[2]。此外，碑中可见的回回还有哈只、答失蛮和迭立迷失等。《明史·西域传》称"元时回回遍天下，及是居甘肃者尚多"[3]。具有伊斯兰风格的龙纹在莫高窟第61窟的出现及具有伊斯兰特点的网格纹在莫高窟第465窟的出现，似可证明元代敦煌穆斯林团体的存在[4]。二碑所记施主中另有"义束"和"费教士"之名号，前者当为"耶稣"的音译，后者在元代文献中一般专指基督教传教士。《重修皇庆寺记》是由"敕授沙州路儒学教授刘奇撰并书丹"的[5]。由上可以看出，元代莫高窟的兴建，当有来自丝绸之路沿线不同民族和有着不同文化背景（佛教、伊斯兰教、景教/基督教）的多民族人士的共同参与[6]。

以忠孝节义为核心内容的中原儒家文化对我国古代少数民族影响深远，吐蕃、回鹘、西夏亦概莫能外。在莫高窟藏经洞出土的古藏文文献中，译自汉文的儒学典籍和含有浓厚儒学精神的著作不少，如P.t.986《尚书》残本，以及P.t.986《春秋后语》（或译《战国策》）残本、P.t.992、P.t.1284、S.t.724《孔子项橐相问书》，另有古藏文音译本《千字文》（P.t.1046、ch.86.Ⅱ）、《杂抄》（P.t.1238）、《寒食诗》（P.t.1230）等[7]。

太平兴国六年（981），宋朝使者王延德出使高昌，见当地寺院中除藏有《大藏经》外，尚有来自中原的《唐韵》《玉篇》《经音》等儒家著作[8]。从吐鲁番出土的回鹘文宗教文献残片中，我们同样也可以找到回鹘人崇奉儒家经典的证据。高昌回鹘时期的翻译家们把儒家经典《易经》及与儒学相关的作品如《千字文》《管子》等译成回鹘文，一些具有明显

---

[1] 李永宁：《敦煌莫高窟碑文录及有关问题（二）》，《敦煌研究》1982年第2期，第114页。
[2] 杨富学：《元代敦煌伊斯兰文化觅踪》，《敦煌研究》2018年第2期，第13页。
[3] 〔清〕张廷玉等：《明史》·卷332·《西域传》，中华书局，1974年，第8598页。
[4] 杨富学：《莫高窟第61窟甬道由元末西夏遗民重修新证》，《敦煌研究》2023年第4期，第187—199页。
[5] 李永宁：《敦煌莫高窟碑文录及有关问题（二）》，《敦煌研究》1982年第2期，第112页。
[6] 杨燕，杨富学：《论敦煌多元文化的共生与交融》，《世界宗教文化》2019年第6期，第6—15页。
[7] 陈炳应：《从敦煌资料看儒学对吐蕃的深刻影响》，《敦煌研究》2004年第4期，第88—89页。
[8] 王明清：《挥麈录·前录》，上海书店出版社，2001年，第30页。

忠孝思想的《佛说父母恩重经》《佛说天地八阳神咒经》和《妙法莲华经玄赞》等，在吐鲁番出土回鹘文写本中多有发现[1]。敦煌出土回鹘文写本《慈悲道场忏法》系葬礼上为死去的亲属而使用的，希冀亲属消除罪孽，得获解脱，早登极乐[2]。除此之外，包含"供养父母，常念孝顺父母"思想的《增壹阿含经》在回鹘人中亦颇受欢迎，此经于敦煌莫高窟北区B125窟出土，为宋元遗墨[3]。

忽必烈"行汉法"，儒学迅速发展起来。伴随着汉民族的迁入，汉文化在河西地区也甚为普及，敦煌地区设有州学供各民族上层人士学习。忽必烈重视儒家经典的翻译，下令用蒙古文翻译了汉文典籍中很多儒学、史学著作以及不少蒙书，供蒙古子弟学习。今故宫博物院珍藏的汉文、蒙古文合璧《孝经》刻本即为其典型例证[4]。前述在至正十一年（1351）勒立的《重修皇庆寺记》碑中有"敕授沙州路儒学教授"[5]一职，乃该碑撰写并书丹者刘奇的官衔，与元政府要求诸路各设儒学教授一员的规定相吻合[6]。

作为本土宗教，道教对敦煌古代民族的影响也有蛛丝马迹可循。20世纪初，德国探险家勒柯克在吐鲁番交河故城发现回鹘文道教符箓1件。其符箓之画法与中原所见几无二致，其不同仅在于咒符之间多出了许多回鹘文文字。上有卦象以断人休咎祸福，无疑是《易经》在回鹘的推演[7]。圣彼得堡收藏的吐鲁番出土物中亦有两件占卜文书[8]。近期，日本学者松井太研究了敦煌出土于元代的回鹘文道教历占书残片5件，其中2件收藏于敦煌研究院，另外3件庋藏于美国普林斯顿大学东亚图书馆。5件残片经过缀合，可归为4个文献，其中text A and B在内容上显然与汉文道书《玉匣记》一致，而text C and D则和《玉匣记》密切相关。普林斯顿大学收藏的3件残片书写于同一西

---

[1] P. Zieme: *Chinese Classical Works in Uighur Tradition*. 新疆吐鲁番学研究院：《吐鲁番学研究——第三届吐鲁番学暨欧亚游牧民族的起源与迁徙国际学术研讨会论文集》，上海古籍出版社，2010年，第459—471页。
[2] 张铁山：《莫高窟北区B128窟出土回鹘文〈慈悲道场忏法〉残页研究》。郑炳林，樊锦诗，杨富学：《丝绸之路民族古文字与文化学术讨论会文集》，三秦出版社，2007年，第37—47页。
[3] 张铁山：《莫高窟北区B125窟出土回鹘文〈增壹阿含经〉残卷研究》，《敦煌学辑刊》2005年第3期，第6—21页。
[4] 道布：《回鹘式蒙古文》，《中国民族古文字图录》，中国社会科学出版社，1990年，第259页。
[5] 李永宁：《敦煌莫高窟碑文录及有关问题（二）》，《敦煌研究》1982年第2期，第112页。
[6] 〔明〕宋濂：《元史》·卷91·《百官志七》，中华书局，1976年，第2316页。
[7] W. Bang, A. von Gabain: *Türkische Turfan-Texte I*. Berlin, 1929.
[8] Lilia Tugusheva: *Fragments of the Early Medieval Turkic Books of Omens from St. Petersburg Branch of the Institute of Oriental Studies, RAS*. Written Monuments of the Orien, 2007, (2). pp. 37-46.

夏文佛典的背面[1]。另外，与道教密切相关的《六十甲子纳音》之汉—回鹘文合璧本残片在敦煌莫高窟第464窟也有出土[2]。作为历史资料，敦煌、吐鲁番出土的回鹘文残片尽管非常残破，但吉光片羽，弥足珍贵。借由这些残片，我们可以考察元代回鹘、西夏和中原的宗教文化交流，可重建古回鹘人宗教和精神生活的重要资料。

三、敦煌诸族的"归义"与"华心"

秦汉之际，生活于敦煌、河西地区的主要为羌人。在汉朝统有河西四郡后，这些羌人都成为汉朝的属民。从悬泉出土的汉简看，其部落繁多，不少都被冠以"归义"二字，如《归义羌人名籍》载有"归义垒渠蹳种羌男子奴葛"（Ⅱ90DXT0114②:180）、"归义垒甬种羌男子潘朐"（Ⅱ90DXT0114③:423）、"归义垒卜苴种羌男子狼颠"（Ⅱ90DXT0114③:459）、"酒泉归义垒羌龙耶种男子韩芒自言今年九月中□"（Ⅱ90DXT0214②:195）等[3]。这批简册系西汉晚期之物，或为宣帝、元帝诸朝招抚羌人归顺后所记[4]。汉代对于国境之内及边区少数民族的管理通常纳入郡县体制，以属国管辖，设为藩属及行"归义""义从"制度[5]。1953年，考古工作者从新疆沙雅县玉奇喀特故城遗址发掘出一枚卧羊纽铜制方印，印面五个阴刻篆书"汉归义羌长"分三列竖排，第一列为"汉"，第二列为"归义"，第三列为"羌长"，印文端庄[6]，乃东汉政府管辖西域的历史见证。其中的"羌长"，大体相当于敦煌悬泉汉简Ⅰ90DXT0210③:6中所见的"羌侯"："敦煌大守快使守属充国送牢羌、斥候羌侯，人十二"[7]。有时又作"羌王"，见于简Ⅴ92DXT1210④:3："归义聊羌王使者男子初元

---

[1] Dai Matsui: *Uighur Almanac Divination Fragments from Dunhuang*. I. Popova / Liu Yi (eds.): *Dunhuang Studies: Prospects and Problems for the Coming Second Century of Research*, St. Petersburg, 2012. pp. 154-166.
[2] 张铁山：《汉—回鹘文合璧〈六十甲子纳音〉残片考释》，《敦煌学辑刊》2014年第4期，第13—16页。
[3] 胡平生，张德芳：《敦煌悬泉汉简释粹》，上海古籍出版社，2001年，第166页；黎明钊：《悬泉置汉简的羌人问题——以〈归义羌人名籍〉为中心》，载中共金塔县委等编《金塔居延遗址与丝绸之路历史文化研究》，甘肃教育出版社，2014年，第43—46页。
[4] 张德芳：《悬泉汉简羌族资料辑考》，《简帛研究二〇〇一》，广西师范大学出版社，2001年，第364页。
[5] 初世宾：《悬泉汉简羌人资料补述》，《出土文献研究：第6辑》，上海古籍出版社，2004年，第171页。
[6] 肖之兴：《试释"汉归义羌长"印》，《文物》1976年第7期，第86页。
[7] 胡平生，张德芳：《敦煌悬泉汉简释粹》，上海古籍出版社，2001年，第162页。

五年七月"[1]。《后汉书·西羌传》载羌人"不立君臣，无相长一，强则分种为酋豪，弱则为人附落"[2]。酋豪，应为羌人诸分散部落的头目，虽有"王""侯"之称，但均接受汉廷的统辖[3]。

这一情形，同样可于悬泉汉简所见之"归义大月氏"。简ⅠDXT0309③:98有言："归义大月氏贵人一人，贵人羹一人，男一人。"简ⅠDXT0405④A:22记载："府移玉门书曰：降归义大月氏闻潰勒等□。"该简下部残断，仅存上部16字。同层所出有纪年简一枚，乃建平三年（公元前4）之物，故而可推此简的年代可能亦在西汉末年公元前后[4]。二简之中，与前简伴出的简牍多集中在西汉宣帝至元帝之际，后简的时间相对较晚，可到西汉末年，前后延续约半个世纪，是见归义大月氏与汉交往的时间较长。月氏原为河西走廊古族，于公元前2世纪因受到匈奴胁迫而西迁至中亚地区。人们在悬泉汉简中发现的大月氏入汉朝贡的文书有17件[5]。"归义"是汉朝授予边疆少数民族首领的一种封号。《后汉书·百官》记载："四夷国王，率众王，归义侯，邑君，邑长，皆有丞，比郡、县。"[6]简文中的"归义"二字，体现了西汉时期大月氏民族对中原汉文化的向往，也反映出大月氏国与汉王朝的密切关系。如同其他地区发现的《魏归义氐侯》金印、《晋归义氐王》金印、《晋归义羌王》金印等一样，"归义"二字反映出两汉至魏晋时代西北与中原王朝的关系。周边诸族的慕义而归，体现和印证了少数民族对中华文化的认同，对中国境内以汉人为主体的多元一体社会格局的形成意义非凡。

入华大月氏人在西汉时期尚未形成"以国为氏"的习俗，及至东汉中后期，在华月氏（贵霜）人为融入汉文化而主动采取"以国为氏"和取单名的习俗。魏晋时期，随着贵霜帝国的衰落，有"支"姓者改姓"竺"[7]。这种"以国为氏"的情况，后来在归化中国的昭武九姓（粟特）中体现得更为明显。中古时代，中原地区所见安姓、康姓、米姓几乎为昭武九姓所专有，而

---

[1] 张俊民：《敦煌悬泉出土汉简所见人名综述（二）——以少数民族人名为中心的考察》，《西域研究》2006年第4期，第2页；郝树声、张德芳：《悬泉汉简研究》，甘肃文化出版社，2009年。
[2] 〔刘宋〕范晔：《后汉书》·卷87·《西羌传》，中华书局，1965年，第2869页。
[3] 杨富学，刘源：《出土简牍所见汉代敦煌民族及其活动》，《敦煌研究》2019年第3期，第32—45页。
[4] 张德芳：《河西汉简中的大月氏》，《粟特人在中国：考古发现与出土文献的新印证》，科学出版社，2016年，第637页。
[5] 小谷仲男：《敦煌悬泉漢簡に記録された大月氏の使者》，《史窗》第72号，2015年，第15—37页。
[6] 〔刘宋〕范晔：《后汉书》·卷87·《西羌传》，中华书局，1965年，第3632页。
[7] 杨富学，袁炜：《在华月氏人"以国为氏"考》，《青海师范大学学报（哲学社会科学版）》2023年第2期，第18—24页。

安氏与米氏尤为独特，因为这两个姓氏此前均不见于华夏，是最明显的粟特胡人姓氏。胡人取汉姓，有助于展现中华民族共同的历史记忆，可以说是中华民族区别于他族的情感体验，借由此途而形塑出中华民族的共同体意识，堪称胡人华化的重要文化路径之一。

唐宣宗大中二年（848），敦煌土豪张议潮乘吐蕃帝国内乱之机，联合当地各族人民发动起义，驱逐吐蕃守将，收复了沙、瓜二州，接着又从吐蕃治下收复肃州、甘州、伊州等地。大中五年（851），张议潮派遣其兄议谭入朝，将沙、瓜、甘、肃、伊、西、鄯、河、兰、岷、廓十一州天宝旧图进献天子，表示归附。唐宣宗有感于"张议潮□知顺逆忠义之道"[1]，遂于同年十一月在沙州设立归义军，授张议潮为节度使、十一州观察使。

从上举史实看，但凡归顺中原者，不论是汉人，还是少数民族，都被称作"归义"，换言之，他们都是心向中原王朝的。唐人陈黯曾为大食国人李彦升之入仕唐廷撰写《华心》一文，其中言："大中初年，大梁连帅范阳公得大食国人李彦升，荐于阙下。天子诏春司考其才。二年以进士第……生于夷域而行合乎礼义，是形夷而心华也"[2]。唐人程晏撰《内夷檄》也称："四夷之民长有重译而至，慕中华之仁义忠信。虽身出异域，能驰心于华，吾不谓之夷矣……四夷内向，乐我仁义忠信，愿为人伦齿者，岂不为四夷之华乎？"[3]

二者都反映了唐代周边四夷诸族心向中华的历史真实，不管大食国人李彦升还是四夷之民，"慕中华之仁义忠信"者大有人在，皆可以称之为"夷形而华心"。夷人只要遵"中国"之"礼"，便可视为华夏，如是一来，夷夏就可以互相转化，关键在于文化而非形貌与血统。诚如顾颉刚先生所言："自古以来的中国人本只有文化的观念而没有种族的观念"[4]。敦煌文书《敕河西节度兵部尚书张公德政之碑》对这种夷夏转化之状有生动反映。内记："河西创复，犹杂蕃、浑，言音不同，羌、龙、嗢末，雷威慑伏，训以华风，咸会驯良，轨俗一变"[5]。再如沙州回鹘，本非崇龙民族，但在其立国

---

[1] 方广锠：《宣宗关于归义军的诏敕》，《敦煌研究》，2000年第3期，第114页。
[2] 〔清〕董诰：《全唐文》卷767，中华书局，1983年，第7986页。
[3] 〔清〕董诰：《全唐文》卷821，中华书局，1983年，第8650页。
[4] 顾颉刚：《中华民族是一个》，《中国现代学术名典·顾颉刚卷》，河北教育出版社，1996年，第774页。
[5] 唐耕耦，陆宏基：《敦煌社会经济文献真迹释录：第5辑》，全国图书馆文献缩微复制中心，1990年，第204页。

期间（1036—1067），统治者一改高昌回鹘可汗服饰上特有的团花图案，而改用团龙图案。龙在沙州回鹘国时期洞窟的藻井中充任主流图案。沙州回鹘可汗以团龙装饰以彰显其真龙天子身份，显然是受到汉文化的影响，既是模仿，也是对汉文化的皈依[1]。

四、敦煌多元文化与中华民族共同体意识

敦煌多民族独特文化的形成，要因之一就在于东西方多种文化的共同促进。自西汉始，汉文化即作为强势文化和主流文化，在敦煌占据主导地位和领导作用，主导和构建了敦煌政治、社会、经济和文化的内在结构和发展趋势，敦煌诸族的思想与文化在不同时期无不受到这种强势与主流文化的熏陶和影响，为各族普遍认同、共享，从而创造并积淀了敦煌文化的共性。唐宋时期丝绸之路上的各民族各宗教，都采取尊重、包容、发展中华各族文化的态度和政策，各民族的统治者一致奉行"依俗而治"的政策，对聚居和散居的各民族，不强求用统治民族的语言文字，不强求用统治阶层民族的宗教、习俗、生活方式统一其他民族，从而在政治上保证了宗教、语言、风俗及生活方式的多样性，形成了各民族在保持自己文化传统的同时能够和平共存、交融互鉴。纵观中国历史，自上古到现代，经过多次不同种族与文化的融合，胡人在不断汉化，汉人亦常常胡化，以至于近现代的中华文化，比起原有的华夏民族文化，内容更丰富，性格也更加多元。

敦煌民族文化的多元性，既涵盖了不同民族，如月氏、乌孙、匈奴、吐蕃、回鹘、突厥、西夏、蒙古等因素，又包含外来文化如印度、波斯、粟特、希腊及中亚和伊斯兰文化因素，充分彰显了敦煌文化独具特色的个性，只有这样才能真正体现出敦煌文化的特质[2]。敦煌文化是一种在中原传统文化主导下的多元开放文化，敦煌文化中融入了不少来自中亚、西亚和我国西域、青藏、蒙古等地的民族文化成分，呈现出开放性、多元性、包容性的特征。如中亚、西域的粟特文化即对古代敦煌文化的形成和发展有深刻影响，莫高窟壁画中多见的胡腾舞、胡旋舞，就是由粟特地区传来的。这种舞蹈在唐代特别活跃，以其节奏急促、动作变化丰富而受到人们的喜爱，成为唐代

---

[1] 杨富学：《敦煌莫高窟第409窟的营建时代与民族属性——兼评西夏说与西州回鹘说》，《美术大观》2022年第2期，第46页。
[2] 杨燕，杨富学：《论敦煌多元文化的共生与交融》，《世界宗教文化》2019年第6期，第16页。

舞蹈的重要组成部分[1]。敦煌"赛祆"活动的诸多仪式充分展现了外来宗教文化融入中国传统文化的状况，正是一幅宗教人间化的生动图景，反映了波斯式与华夏式两种异质文化在祆教礼仪中的融合[2]。佛教输入为中国带来了兼具印度与希腊风格的犍陀罗艺术，而祆教之传播则为中土带来了艺术史上的波斯风。正是不同民族间的文化碰撞和交融所产生的新文明与敦煌固有的中华文化交相辉映，使得敦煌文化进一步迈向辉煌，更具有创造力和包容性，也更富有活力，丰富而多元。

文化是一个民族的魂魄。对处于同一时代的各民族来说，文化认同堪称民族团结的根本动力；对不同时代的各民族来说，文化认同则是文化赓续的根本所系。正是这两方面的文化认同，为中华民族灿烂文化创造与发展提供了保障。敦煌各族尽管在文化上各有千秋，但相互之间的认同程度是非常之高的，可以作为中华民族关系史中的典范。在敦煌发现的两种或两种以上的合璧文字文献数量众多，如莫高窟藏经洞出土汉藏对音《千字文》、汉藏对照《大乘中宗见解》《阿弥陀经》《金刚经》《开蒙要训》等[3]，梵文于阗文双语医典《耆婆书》[4]、《粟特语—汉语双语词汇对照》[5]、敦煌研究院旧藏婆罗谜字梵语—回鹘语双语《法身经》残片[6]、莫高窟北区464窟出土汉—回鹘文合璧《六十甲子纳音》残片[7]，以及莫高窟北区石窟多处可见的多体六字真言题记，如莫高窟第464窟前室南壁有梵、藏、回鹘和汉共四种文字合璧六字真言，而见于该窟北壁者则使用了梵文、回鹘文、藏文、汉文、八思巴文五种文字[8]。敦煌发现的合璧文献，以汉文和某种少数民族文字合璧居多，有时候采用汉文与多种民族文字合璧的形式，"其中汉文往往成为合璧文字文献的主体，出现频率最高……凸显出汉文的主体地位"[9]。

---

[1] 陈海涛：《胡旋舞，胡腾舞与柘枝舞——对安伽墓与虞弘墓中舞蹈归属的浅析》，《考古与文物》2003年第3期，第56—60页。

[2] 赵洪娟：《中古人日节与波斯诺鲁孜节渊源考——基于比鲁尼〈古代民族编年史〉的探讨》，《民族文学研究》2019年第2期，第106—118页。

[3] 周季文，谢后芳：《敦煌吐蕃汉藏对音字汇·序言》，中央民族大学出版社，2006年，第i—ii页。

[4] 陈明：《敦煌出土的梵文于阗文双语医典〈耆婆书〉》，《中国科技史料》2001年第1期，第77—90页。

[5] 高田时雄：《敦煌资料による中国語史の研究——九·十世紀の河西方言》，創文社，1988年，第196—197页。

[6] 范晶晶，彭金章，王海云：《敦煌藏3叶婆罗谜字梵语-回鹘语双语〈法身经〉残片释读》，《敦煌研究》2018年第3期，第91—100页。

[7] 张铁山：《汉-回鹘文合璧〈六十甲子纳音〉残片考释》，《敦煌学辑刊》2014年第4期，第13—16页。

[8] 杨富学：《河西多体文字六字真言私臆》，《中国藏学》2012年第3期，第89—93页。

[9] 史金波：《民族交往交流交融的典型例证——中国古代合璧文字文献刍论》，《中央民族大学学报（哲学社会科学版）》2022年第3期，第20页。

敦煌文化之所以能够代代相续，发展不绝，与后代对前代的认同和不同民族间的认同息息相关，尤其是汉文化，在敦煌各民族的文化交往中，长期具有核心的地位，为不同民族共同认可。中华民族共同体意识的形成，从根本上而言，就奠基于上述文化认同的基础之上，在敦煌形成了较为独特的表达形式。

五、敦煌所见中华文化多元一体的独特性

敦煌汉文化超越种族界限，成为各族类共同心理素质的基石。以汉文化为基石，形成磁力场，如同滚雪球一样，使中华文化的外延越滚越大。设若一种文化没有强大的向心力，不能得到异质文化的认同，那么，这个滚动的雪球会发展成什么样，那是很难想象的。千百年来呈现于敦煌的这些鲜活事理，印证了中华民族共同体意识并非空洞的、虚构的，而是来源有自，并有着本身的发展、演变规律，其自身的历史事实、社会事实，在敦煌得到积淀，借由丰富的历史文献资料和石窟艺术资料，生动具体地记录了不同族类在敦煌如何凝聚成统一的中华民族的历史进程，成为我们认识中华民族共同体意识的典型案例。归纳起来，这种独特性大致体现于以下六端。

其一，敦煌古来民族成分复杂，从历史记载并结合考古资料看，早在先秦至秦汉时代，敦煌及其周边区域就居住过多种民族与部落，主要有火烧沟人（羌）、塞种、允戎、月氏、乌孙和匈奴等。汉朝据两关，列四郡，敦煌成为汉王朝经营西域的大本营。汉代以后，又有更多民族繁衍生息于此，既有来自蒙古高原的回鹘、突厥、浑部和青藏高原的吐蕃、嗢末，也有来自西域的龙家、中亚的粟特，甚至还有来自东北的鲜卑、吐谷浑、黄头鞑靼、黑车子等。敦煌既充任中国北方各族文化交流的坩埚，又是中原王朝通西域的门户，中外交流"总凑敦煌"[1]。来自西亚、印度、日本、朝鲜半岛的各民族也在敦煌经商、居住，与当地各族融于一起，胡汉文化交流频繁，自汉代以来就享有"华戎所交一都会"[2]之美誉。

其二，敦煌各族和平相处，其乐融融，很少爆发战争与冲突。纵观敦煌两千年的民族关系史，民族冲突与战争的时间相当短暂，如吐蕃占领敦煌初

---

[1]〔唐〕魏征、令狐德棻：《隋书》·卷67·《裴矩传》，中华书局，1973年，第1580页。
[2]〔刘宋〕范晔：《后汉书》·卷113·《郡国志五》，中华书局，1965年，第3521页。

期，推行吐蕃化政策，迫使汉人"拆襟袒以文身"，"解鬟钿而辫发"，收缴民间铁器则使民众"无尺铁寸兵"，以至耕乏锄犁。这一政策引起沙州三度起义，八年动荡。是后，吐蕃执政者施行安抚之术，重归和平安定的历史正道。甘州回鹘与张氏归义军政权之间的短暂战争，也通过曹议金与甘州回鹘天公主的和亲而化解。和谐时多，争斗时少，"和容共处"，可谓敦煌民族关系的历史常态。各民族和谐相处，共同创造了辉煌灿烂的敦煌文化，这种状况，在中国古代民族关系史上非常稀见。

其三，敦煌各民族在文化上互相认同，文字互相借用。如蒙古人、西夏人碑刻皆采用西北诸族共同认可的汉文、回鹘文来撰写。归义军统治时期的汉人、元代的回鹘人，皆采用古藏文来拼写自己的语言。入华胡人取汉姓，乃其华化的重要路径，在敦煌文献中多有反映。周边民族"慕义而归"，有助于中华民族以汉族为主体的多元一体格局的形成。

其四，多种文化并行不悖，如元代勒立于敦煌的《六字真言碣》《重修皇庆寺碑》，立碑的功德主、施主来自蒙古、西夏、汉、藏、回鹘等多种民族，而且他们具有佛教、景教、伊斯兰教和儒学等不同文化背景，独特性明显，颇可称述。

其五，不管是敦煌汉简还是敦煌纸文书，乃至为数丰富的石窟壁画，它们集中展现出敦煌两千多年民族关系之兴替得失、和融砥砺，使人可以从不同的视角窥见敦煌民族文化交往交流交融的历史进程，将中华民族共同体意识形成的大历史浓缩于一个仅有两万多人口的边地小城，可谓独一无二。

其六，敦煌各民族，包括那些来自印度、波斯及中亚、东亚各地的外来人口，经过长期的交往交流交融，形成了不同民族与外来人口皆以华夏文化为尊的观念，胡人以皈依汉文化为义，以拥有华心为尚，渐次形成以汉文化为中心的中华民族共同体意识。这一进程在敦煌资料中表现得最为集中，也最为典型，最具独特性。

结语

敦煌文化有悠久的历史和丰富的内涵，自古以来以汉文化为主流，同时吸纳、包容、融会周边的各种的文化因素，以不断丰富、发展、繁荣。林超民先生言："华夏文化的优势不仅在四裔广为流传，移风易俗，变夷为夏，而且使入主中原的"胡人"征服者，最终为华夏文化所征服，逐渐汉化。华夏文化突破血缘、种族的藩篱，将不同的族类化为一个整体"[1]。在这一点上，敦煌虽为一个狭小区域，却极具代表性。例如北魏、西魏、北周都是鲜卑建立的政权，在敦煌都留下了丰富的文化遗产。这一时期的石窟不仅体现出鲜卑人的文化特色，又有来自西亚、中亚、印度甚至希腊、罗马的文化因素，这些文化因素在敦煌交融，最终体现出来的却是明显的汉文化传统。不同族类能够在敦煌和谐共处，相依共存，文化上融合同化，最终文化超越种族，成为中华文化的一部分，这种文化也成为中华民族赖以凝聚的血脉。这种情况在中唐吐蕃统治敦煌时期，乃至归义军政权灭亡后存在于敦煌的沙州回鹘国、西夏政权与元政权统治时期，都体现得非常明显，即统治民族各不相同，使晚期敦煌民族文化呈现出多元的特点，但这些文化的核心与主线，无一不是传统的中原文化。在汉族统治期间，敦煌分布着许多不同的民族，如月氏、乌孙、匈奴、羌、吐谷浑、龙家、粟特及来自中亚、西亚等的众多民族，他们在文化上相互融合，相互吸纳，但凝聚于核心这始终也是中原汉文化。敦煌汉文化超越种族界限，成为各族类共同心理素质的基石。以汉文化为基石，形成磁力场，如同滚雪球一样，使中华文化的外延越来越大。此外，古往今来敦煌民族众多，留下了丰富的历史文献资料和石窟艺术资料，生动地记录了不同种族凝聚成统一的中华民族的历史进程，这对阐明中华民族共同体意识最具典型意义。

原文刊载于《郑州大学学报(哲学社会科学版)》2024年第2期

---

[1] 林超民：《中国历史整体性与中华民族共同体》，《云南师范大学学报（哲学社会科学版）》2022年第1期，第10页。

儒家民族观与十六国北朝民族融合及其历史影响

朱大渭

中国社会科学院历史研究所

一、关于儒家民族观

自先秦到明清，周边的少数民族与华夏的融合，对我国古代政治、经济、文化的发展，影响颇为深巨。因而古代先哲对此给予极大的关注，其中尤以儒家为显著。关于儒家民族思想，不少史家多强调其"夷夏之防""尊王攘夷"之说。其实，这是儒家针对华夷矛盾尖锐时，夷狄侵扰中夏的现实提出的。我们应当对儒家民族思想体系作全面的理解，尤其是要揭示其积极进步的一面，以利于借鉴弘扬优秀传统文化。康有为在《论语·八佾》注中阐述孔子的夷夏观时曾说："故夷狄而有德，则中国也；中国而无德，则夷狄也。"他在《论语·子罕》注中又说："其始夷夏之分，不过文明野蛮之别。故《春秋》之义，晋伐鲜虞则夷之，楚人入陈则中国之，不以地别，但以德别，若经圣化，则野蛮进而文明矣。"康氏对孔子夷夏关系说的诠释，深得其底蕴。《春秋公羊传》把古史分为三个发展阶段，各个阶段的夷夏关系也不同。据乱世，"内其国而外诸夏"；升平世，"内诸夏而外夷狄"；太平世，"夷狄进至于爵，天下远近大小若一"[1]。这是说，夷夏处于平等地位，其地域可以相互转化。故国学大师章太炎指出："春秋之义，无论同姓之鲁、卫，异姓之齐、宋，非种之楚、越，中国可以退为夷狄，夷狄可以进为中国，专以礼教为标准，而无有亲疏之别"[2]。其实，孔子民族

---

[1] 《春秋公羊传》隐公元年何休《解诂》。先秦儒家常把历史分为三个发展阶段，以立论其礼乐兴衰、德政兴废以及夷夏关系等见解。
[2] 章太炎：《中华民国解》，见《章太炎文集》（四），上海人民出版社，1985年。

思想是有其历史渊源的。《尚书·尧典》指出："克明俊德，以亲九族，九族既睦，平章百姓，百姓昭明，协和万邦。"这里所谓的"万邦"，乃指包含夏夷在内的各类部族城邦。所谓"协和"者，是指夏夷诸邦，应平等和睦相处。这里的始语"克明俊德"句，至关紧要。只有才德高尚的贤明之人，才能使九族亲睦，百姓昭明，从而成为"协和万邦"的首领。此处以才德"协和万邦"，与《春秋》大义以礼义别夷、夏相合。在此原则上，处理民族关系当然反对相互欺凌攻伐。所以《春秋谷梁传》说："中国与夷狄不言战"[1]。"中国不侵伐夷狄"[2]。《春秋左氏传》则言："裔不谋夏，夷不乱华"[3]。这都是指以"礼""德"为处理民族关系的准则。战国时代长期战乱纷争，人民普遍要求统一。儒家为适应时代的要求，在《春秋》大一统思维指导下，站在历史进程的制高点，对华夷关系发展变化做出了带本质性的总结。这就是孟子说的"吾闻用夏变夷者，未闻变于夷者也"[4]。孟子这个精辟的科学结论，是根据真实历史得出的。他认为，夏禹"东夷之人也"，文王"西夷之人也。地之相去也，千有余里，世之相后也，千有余岁。得志行乎中国，若合符节。先圣后圣，其揆一也"[5]。这里指出，夏禹和文王虽地处相隔很远，历史时代前后相去甚久，又都出自夷族，但他们治理中国的法度是相同的，意指用华夏文化治理国家，因而都成为华夏文化的开创者。在孟子看来，无论禹或文王，都是把东夷、西夷文化最终变为华夏文化，他们也就成为华夏族的圣人，此即"先圣后圣"之谓。孟子根据夷夏关系发展的历史实际所提出的"用夏变夷""未闻变于夷"的科学论断，实质上是指文化相对落后的民族被文化相对先进的民族"同化"，而不是相反，这是历史发展的必然。

我认为，先秦儒家思想的核心有五个支撑点：一是"仁爱""仁政""礼乐"，二是人性善及修身养性，三是"君子敬而无失，与人恭而有礼，四海之内，皆兄弟也"[6]，四是文化传承的教育思想"有教无类"，五是《春秋》大一统理论。儒家民族思想理论体系，正是从其学说思想核心出发形成的。"仁"者爱人，"仁政"爱民，夷狄也是人和民，当然在被爱

---

[1]《春秋·谷梁传》卷14，成公十二年，〔清〕阮元校刻：《十三经注疏》，第139-1页。
[2]《春秋·谷梁传》卷16，襄公三十年，〔清〕阮元校刻：《十三经注疏》，第163-1页。
[3]《春秋·左氏传》卷56，定公十年，〔清〕阮元校刻：《十三经注疏》，第976-2页。
[4]《孟子·滕文公上》卷5，〔清〕阮元校刻：《十三经注疏》，第98-2页。
[5]《孟子·离娄下》卷8，〔清〕阮元校刻：《十三经注疏》，第141-1页。
[6]《论语·颜渊》卷12，〔清〕阮元校刻：《十三经注疏》，第106-2页。

之列。夷狄既是人，性必善，可通过教育和修身提高自身的善行。他们文化虽相对落后一些，但通过德政"礼、乐"教化，完全可以提高为华夏文化。夷夏既然是兄弟，当然要平等互助，团结和睦。尤其要实现《春秋》"大一统"天下观，就必须用华夏文化影响、提高夷狄文化，使相互交融，以实现"夷夏一家，天下一统"。可以说，这是儒家民族观的最终理想。由此我们发现就儒家整体民族理论而言，其积极进步的一面是主要的，其消极落后的一面是次要的[1]。以孔孟为代表的儒家民族理论体系核心，或者说其内在联系在于，民族文化差异可以趋同，这就是通过民族平等、仁爱、仁政、修身，以及实施"礼、德"教化来实现。其结果是华夏相对先进的文化"同化"夷狄相对落后的文化，即孟子说的"用夏变夷"，以达到儒家理想的华夷文化一体、天下一统的大同世界[2]。

关于民族融合的理论，人们最熟悉马克思和恩格斯的著名论断。马克思在《不列颠在印度统治的未来结果》一文中指出："相继征服过印度的阿拉伯人、土耳其人、鞑靼人和莫卧儿人，不久就被当地居民同化了。野蛮的征服者总是为那些他们所征服的民族的较高文明所征服，这是一条永恒的历史规律"[3]。恩格斯在《反杜林论》中进一步指出："每一次由比较野蛮的民族所进行的征服……在绝大多数情况下，都不得不适应征服后存在的比较高的'经济情况'；他们为被征服者所同化，而且大部分甚至还不得不采用被征服者的语言"[4]。这里，马克思所讲的"较高文明"，恩格斯更明确地用比较高的'经济情况'来代替，因为文明或文化决定于经济发展状况。如果将孟子的民族融合观同马克思、恩格斯提升的民族斗争和融合理论相对照，我们发现，儒家"用夏变夷""未闻变于夷"，也即在民族关系中总是先进民族文化"同化"后进民族文化的观点，同马克思恩格斯关于人类民族同化的"永恒的历史规律"，内涵颇为相似。只不过前者是自发的对历史现象客观的叙述，后者是以唯物论观点自觉地对历史发展规律的升华；前者主要是从我国国内民族融合中得出的，后者则是从世界范围内外部民族入侵别的民族被同化而得出的普遍规律。

---

[1] 关于儒家民族观落后的一面，历代都有儒生坚持并发挥，而且颇有影响，此不赘述。
[2] 缪钺师在《略谈五胡十六国与北朝时期的民族关系》（载《魏晋南北朝史研究》，四川省社会科学院出版社1986年版）一文中，首先提出孔子辩证的华夏观，以后学者多从此说。
[3] 《马克思恩格斯选集》第2卷，人民出版社，1972年，第70页。
[4] 〔德〕恩格斯：《反杜林论》第2编《政治经济学·暴力论》，《马克思恩格斯选集》第3卷，人民出版社，1972年，第222页。

我们知道，儒家思想是中华文化的主干，属于政治思想的民族理论更是如此。它给以后开明的政治家和哲人以深远影响，为其实行民族平等、"用夏变夷"的民族政策，或论述有关民族问题，提供了重要的理论依据，有的甚至自觉地作为"用汉变夷"的指导思想。西汉《淮南子·时则训》继承儒家思想，提出了我国古代"五位一体"的民族关系模式，其"中央之极"为黄帝"所司"，其余四方祖先都是华夏族的创始人古帝。同书《俶真训》篇还说"四夷"与华夏族皆一家兄弟，所谓"万物一圈也"[1]。经过魏晋南北朝民族大融合后，隋、唐新的大一统王朝，实际上是"五胡"血统与文化因子渗入后的新汉族政权，其最高统治者回顾历史，面对现实，不得不弘扬儒家积极进步的民族观。如唐太宗曾说："夷狄亦人耳，其性与中夏不殊。人主患德泽不加，不必猜忌异类。盖德泽洽，则四夷可使如一家"[2]。在这里唐太宗强调了三点：夷狄同华夏族一样，都是人，其性"不殊"；夷狄同华夏族如一家，应团结平等，不分贵贱；最重要的是为政"德泽洽"，即对夷狄应实施"德政"，夷狄自然就会归依而逐渐趋向中华文化。由此可知，唐太宗深得儒家进步民族观之精髓，而且真正付诸实践，并收到显著成效。《元史》·卷1·《世祖纪》赞说："世祖度量弘广，知人善任使，信用儒术，用能以夏变夷，立经陈纪，所以为一代之制者，规模宏远矣。"元世祖"用夏变夷"的民族观，当受大儒理学家郝经的影响。郝经说："圣人有云：夷而进于中国，则中国之，苟有善者，与之可也，从之可也"[3]。又说："天之所与，不在于地，而在于人，不在于人而在于道"[4]。他有句名言："能行中国之道，则中国之主也"[5]。这里的"中国之道"，乃指以儒家思想为主体的中华文化。在郝经看来，凡能用夏变夷、推行儒家纲纪礼义的少数民族君主，都是与尧、舜、文、武齐名的圣王。如北魏孝文帝能推行汉化，即"用夏变夷之贤主"[6]。又如金源（完颜）氏"一用宋辽制度"，使国家"法制修

---

[1]《汉书·艺文志》将《淮南子》列入"杂家"。北大教授刘文典作《淮南鸿烈集解》，其《自序》说"太史公谓'因阴阳之大顺，采儒墨之善，撮名法之要'者也"。此说符合《淮南子》实际内容。
[2]〔宋〕司马光著，〔元〕胡三省注：《资治通鉴》卷197，《唐纪》贞观十八年，中华书局，1956年，第6215—6216页。
[3]〔元〕郝经：《郝文忠公陵川文集》·卷19·《时务》，山西人民出版社，2006年，第292—293页。
[4] 同上书，第293页。
[5]〔元〕郝经：《郝文忠公陵川文集》·卷37·《与宋两淮置署使书》，山西人民出版社，2006年，第515页。
[6]〔元〕郝经：《郝文忠公陵川文集》·卷32·《班师议》，山西人民出版社，2006年，第441页。

明，风俗完厚"，天下之人至今称其为"贤君"[1]。郝经为元翰林院侍读学士，曾出使南宋被囚多年。他立论虽然站在元蒙立场上，但其主旨符合儒家民族思想，即少数民族只要接受汉文化，用德政统治天下，就可以为中国之主。这就符合孟子说的"先圣后圣，其揆一也"的见解。明太祖朱元璋说："朕既为天下主，华夷之间，姓氏虽异，抚字如一"[2]。又说："蒙古色目，虽非华夏族类，然同生天地之间，有能知礼义，愿为臣民者，与中夏之人抚养无异"[3]。明成祖朱棣也说："为君奉天爱人为本。朕临御以来，视民如子，内安诸夏，外抚四夷，一视同仁，咸期坐燧"[4]。他们都以"君主华夷"的"天下主"自命，都坚持在儒家仁爱礼义纲常原则下各民族平等团结。清代前期各帝宣称："天下一统，华夷一家。"康熙帝曾说："寰中皆赤子，域外尽苍生。"[5]"中外一体，爱养无殊。"[6]"视满汉如一体，遇文武无重轻"[7]。雍正帝指出："是中国之疆土，开拓广远，乃中国臣民之大幸，何得尚有华夷中外之分论哉！[8]"他进一步分析说："中外者，地所画之境也；上下者，天所定之分也。我朝……统一诸国，君临天下，所承之统，尧、舜以来中外一家之统也；所用之人，大小文武，中外一家之人也；所行之政，礼乐征伐中外一家之政也。……孟子曰：'舜，东夷之人也，文王，西夷之人也。'舜，古之圣帝，而孟子以为夷。文王，周室受命之祖，孟子为周之臣子，亦以文王为夷。然则夷之字样，不过方域之名。自古圣贤，不以为讳也"[9]。不管清代真正实行的民族政策如何，但表面上仍以继承尧、舜正统自居，并在儒家学说"礼乐征伐""忠孝仁义"旗帜下，赞同"天下一统，上下一体，华夷一家"的儒家民族观念[10]。

综上可以看出，无论是儒家民族思想，还是马、恩关于民族融合的"永恒的历史规律"，其关键皆在于人类先进文化推进民族融合进程的不可抗拒性，

---

[1] 〔元〕郝经：《郝文忠公陵川文集》·卷32·《立政议》，山西人民出版社，2006年，第446页。
[2] 《明太祖实录》卷53，洪武三年六月，影印北平图书馆红格纱本第一册，1962年，第1048页。
[3] 《明太祖实录》卷26，吴元年十月，影印北平图书馆红格纱本第一册，1962年，第404页。
[4] 〔明〕邓士龙辑：《国朝典故》·卷18·《北征记》，北京大学出版社，1993年，第322页。
[5] 李洵，赵德贵，周毓方，薛虹校：《钦定八旗通志》卷1，《命裕亲王福全皇长子允禔师征厄鲁特锡之以诗》第一册，吉林文史出版社，2002年，第3页。
[6] 〔清〕鄂尔泰等修，李洵，赵德贵校：《八旗通志》·卷66·《艺文志二》第二册，东北师范大学出版社，1985年，第1274页。
[7] 《清世宗实录》卷25，康熙七年正月庚戌，《清实录》第四册，中华书局，1985年，第346页。
[8] 《清世宗实录》卷86，雍正七年九月癸未，《清实录》第八册，中华书局，1986年，第148—149页。
[9] 《清世宗实录》卷130，雍正十一年四月乙卯，《清实录》第八册，中华书局，1986年，第696页。
[10] 同上。

即在民族关系发展进程中,文化相对后进的民族必然为文化相对先进的民族所"同化"。一个国家之内的民族关系更是如此。这就显示了一个民族文化的至关重要性,尤其是优秀文化对该民族历史发展的巨大作用,从而文化自然成为民族区分带有普遍性的标志。基于此,章太炎在解释"中华"时说:"中华之名词,不仅非一地域之国名,亦且非一血统之种名。"又说:"故欲知中华民族为何等民族,则于其命名之顷而已含定义于其中。以西人学说拟之,实采合于文化说,而背于血统说。"他认为"中华"乃自古以来许多种族长期形成的,它重视文化之同,而无视血统之异[1]。这里实际上已指出,我国古代民族的区分,重文化而轻血统。陈寅恪先生从1940年起在其论著中先后三次强调此点。其实先秦儒家民族理论,已包含有重文化轻血统之意蕴,而且此观念为推进民族融合的积极因素。陈氏既将其揭示,又认为此点乃"治中古史之最要关键"[2],而且将此观点与儒家"有教无类"说相联系,其意义何在?陈氏本人,从文化底蕴上深受儒家民族观影响,而他多年留学国外,又受资产阶级民主思想的启示,因而陈氏所论民族区分,既抓住先进文化作为主要依据,同时又强调汉化、胡化之别。而北朝历史汉化为主流,因而陈氏所论之精要是指一个民族文化的极端重要性,尤其是先进文化在民族融合及历史发展中的主导作用。可以认为,这是对儒家民族理论与中古史结合的进一步深化。明乎此,我国中古史一系列极为纷繁复杂的民族关系问题,均可得到合乎历史实际的解释。在我国历代民族关系中,汉胡统治者比较自觉地实践儒家民族理论并收到实际成效的,当以十六国北朝至唐初最为显著[3]。

二、十六国北朝民族融合(汉化)的必然性和复杂性

儒家积极进步的民族观,乃源于对客观历史进程的准确把握和精深揭示。揆诸史实,不难发现,我国先秦至中古时期的历史进程,其总趋势同儒家关于民族融合的结论基本相吻合。在十六国北朝近三百年间,我国北方六个主要民族(汉族加五胡)前后建立起约21个政权,战乱濒仍,人民大批死亡流散,社会长期动荡不安。各类社会矛盾错综复杂,既有南北政权之间的矛盾,又有北方各族政权之间及其与广大人民群众之间的矛盾,还有汉族与

---

[1] 章太炎:《中华民国解》,见《章太炎全集》(四),上海人民出版社,1985年,第253页。
[2] 陈寅恪:《唐代政治史述论稿》,上海古籍出版社,1997年,第17页。
[3] 周伟洲:《儒家思想与中国传统民族观》,《民族研究》1995年第6期。

各个少数民族之间以及各少数民族彼此之间的矛盾。从前秦以后，各主要政权内部在实行汉化中，还存在主变派与守旧派之间的矛盾。当时民族矛盾和斗争虽异常激烈，但社会主要矛盾，应是文化水平相对较高、人口居多的汉族广大人民群众与人口较少、生产方式接近的五胡游牧民族统治者之间的矛盾；同时在文化上，则表现为相对先进的汉族农耕文化与相对落后的五胡游牧文化之间的矛盾；在社会经济形态上，则表现为封建制农业经济与氏族制末期或奴婢制初期游牧经济之间的矛盾。在这种政治、经济、文化矛盾斗争错综复杂的形势下，主要矛盾必须得到解决，其他矛盾才有可能逐步解决或者得到缓和。如何解决主要矛盾呢？只有用孟子说的"用夏变夷"的方针政策，使各少数民族汉化，在接受汉化的同时进入汉族农业封建生产方式体系中，使得以汉族文化为主的各民族在政治、经济、文化上得到共同的发展和提高，这是当时历史发展的必然趋势[1]。

十六国北朝各类政权，实际上是以一个少数民族的上层分子为主而包含汉族士人在内的多民族骨干参与组成的联合政权（前凉、西凉为汉族上层所建），其统治下的人民，也是以汉族为主包含文明程度参差不齐的各少数民族在内。也就是说，十六国北朝各个政权，乃是由多民族多元化所组成的混合体政权。以北朝为例，"北朝四史"所记当时在历史舞台上的人物共计7188人。其中汉族4941人，约占总人数的68.72%；鲜卑族1737人，约占19.10%；匈奴215人，约占3.10%；其余氐、羌、羯、蛮、柔然、吐谷浑、杂胡和西域人共计1080人，约占9.08%[2]。由此可见，北朝五个政权（北魏、东、西魏、北齐、北周），除包含六个主要民族人物外，还包含有其他国内外少数民族人物在内。根据初步考察，十六国北朝融入汉族的少数民族族别有10多个，人口总数约有11361千人（详后）。按北魏熙平元年（516）国家领民最多时为32327千人计，少数民族参加汉化的人口数约占国家领民的35%。如此众多的民族和人口要实现汉化，也即要彻底改变其原有的政治、经济、文化状况、各民族传统习惯势力的阻挠，其斗争的激烈程度和复杂局面可想而知。再加之多民族多元化所组成的政权，各族文化相异所出现的竞争和碰撞，由此而产生的民族融合和文化相互渗透的历史机

---

[1] 童超：《论十六国时期的"变夷从夏"及其历史意义》，《魏晋南北朝史研究》，湖北人民出版社，1996年。
[2] 此条资料，为孔毅同志撰写北朝历史人物词条时所提供。

遇，以强大的历史合力推动着各个民族、各个家族及其相关的政治军事集团及其代表人物，在奋力抗争或合作的对立统一中求生存、创事功。随着民族大融合在政治舞台上所表现出来的勃勃生机，相应地出现了开放融合型文化学术交流的宽松环境，促使人们思想开阔，学风自由，并激励学术创新。这些都有利于在以汉族文化为主的前提下，各民族文化兼容并蓄，取长补短，优胜劣汰，从而使各族人民共同肩负起创造新汉族文化的历史重任。

无论当时民族斗争和融合如何复杂，它必然受着马克思、恩格斯所揭示的民族融合发展进程的"永恒的历史规律"的制约。除了十六国初期后赵末石氏最高统治者的残酷压迫所引起的短期的民族仇杀外，从前秦到隋统一民族融合最后完成的长时期中，除六镇地区和北齐局部及短暂地出现过胡化逆流外，再没有大范围内或长时期内形成逆历史潮流而动的民族对抗或仇杀现象。实际上，当时我国北方各主要政权的最高统治者皆自觉不自觉地向着儒家民族观所指引的民族融合方向前进。早在十六国初期，巴賨李雄在益州建立成（汉），汉族士人阎式仿汉制定朝仪百官，以及各种封建制度。李雄又"兴学校，置史官，听览之暇，手不释卷"[1]。后赵石勒称王后，建社稷，立宗庙，起明堂、辟雍，司礼乐威仪；并署汉族士人为经学祭酒、律学祭酒、史学祭酒，以吸取汉族封建政权的礼乐法制。石勒"亲临大小学，考诸学生经义，尤高者赏帛有差"，又"典定九流，始立秀、孝试经之制"，命郡国"立学官，每郡置博士祭酒二人，弟子百五十人，三考修成，显升台府"[2]。这是用儒学为后赵培养人才。十六国中后期，各少数民族政权更是重用汉族士人，不同程度地吸取封建统治的政治、经济、文化制度，尤其重视"汉化"的指导思想儒学。如前燕鲜卑慕容氏各代君主都注重儒学教育，慕容廆"览政之暇，亲临听之（儒生讲学）。于是路有颂声，礼让兴矣"[3]。慕容皝"赐其大臣子弟为官学生者号高门生，立东庠于旧宫……皝雅好文籍，勤于讲授，学徒甚盛，至千余人"，又"亲临东庠考试学生，其通经秀异者，擢充近侍"[4]。后秦姚兴，尊崇儒学，"于是学者咸劝，儒风盛焉"[5]，又"兴律学于长安……其通明者还之郡县，论决刑狱"[6]。十六国南凉河西鲜

---

[1]〔唐〕房玄龄等：《晋书》·卷121·《李雄载记》，中华书局，1974年，第3040页。
[2]〔唐〕房玄龄等：《晋书》·卷105·《石勒载记》，中华书局，1974年，第2751页。
[3]〔唐〕房玄龄等：《晋书》·卷108·《慕容廆载记》，中华书局，1974年，第2806页。
[4]〔唐〕房玄龄等：《晋书》·卷109·《慕容皝载记》，中华书局，1974年，第2826页。
[5]〔唐〕房玄龄等：《晋书》·卷117·《姚兴载记》，中华书局，1974年，第2979页。
[6] 同上书，第2980页。

卑秃发氏乌孤、利鹿孤、傉檀三主都谙习汉文化,利鹿孤采祠部郎中史皓建议:"建学校,开庠序,选者德硕儒以训胄子"[1]。后秦尚书郎汉族士人韦宗使南凉,傉檀与宗"论六国从横之规,三家战争之略,远言天命废兴,近陈人事成败,机变无穷,辞致清辩"。韦宗出而叹曰:"命世大才,经纶名教者,不必华宗夏士……《五经》之外,冠冕之表,复自有人。车骑(指傉檀)神机秀发,信一代之伟人"[2]。在韦宗看来,像傉檀这样汉化较深的少数民族杰出人物,同汉族士人一样可以发扬汉文化精义,这在当时胡汉矛盾异常激烈的氛围下,乃是符合汉化历史潮流的振聋发聩之音。北凉匈奴卢水胡沮渠氏,继前凉、南凉在河西保存了汉文化传统,儒学和其他学术思想昌盛。北凉政权与南朝刘宋政权常有文化交往,并曾互相赠书[3]。北魏前期,崔浩、高允等曾助拓跋焘实行汉化,并卓有成效。崔浩被诛并牵连许多汉族士人,也只是汉化历史潮流中的一小股漩涡逆流而已。崔浩死后,北魏仍继续实行汉化政策,为孝文帝全面汉化打了基础。

如果我们对十六国北朝民族融合进程作深层次考察,则可以发现,它始终受相对先进民族的文化(汉文化)"同化"相对后进民族文化的历史规律制约,即先进民族文化从各方面无形中对后进民族文化有一种强大的无法抗拒的冲击力和吸引力。这是由人类在历史长河中总是不断地追求物质上和精神上高水平的生存欲望所决定的,它是不以人们的主观意志为转移的。当然,这里还包含着以先进生产力为代表的封建制生产方式代替以落后生产力为代表的奴隶制生产方式的历史必然性。实际上这种必然性,也是在人们追求高水平的生存欲望的推动下完成的。

历史上任何理论和政策,必须有人去实践,才能发挥作用。所以上述历史必然性,又从另一方面,即人才的角度表现出来。一个非常时代必然造就一批非常人才。在十六国北朝民族斗争和融合的风云际会中,一批少数民族英明君主和汉族杰出士人,以政治家敏锐的洞察力,把握时代前进的脉搏,认清历史发展的潮流,以比较自觉的行动,去实践儒家"用夏变夷"的民族融合理论。但对这种历史发展趋势,汉族一般士人和广大人民群众有一个认识过程。后赵初,张宾说:"(石勒)神骑所经……衣冠之士靡不变节,未

---

[1] 〔唐〕房玄龄等:《晋书》·卷126·《秃发利鹿孤载记》,中华书局,1974年,第3146页。
[2] 同上书,第3151页。
[3] 〔梁〕沈约:《宋书》·卷98·《大且渠蒙逊传》,中华书局,1974年,第2415—2416页。

有能以大义进退者"[1]。所谓"大义"乃就汉民族大义、气节、正统而言。张宾所说反映了一些有识之士的行为，但有所夸大。如西晋东莱太守赵彭固守臣节，拒不应石勒征召。再如晋尚书刘翰被石勒命为宁朔将军、行幽州刺史。当石勒返回襄国后，刘翰叛勒而投段匹䃅[2]。河间邢嘏，石勒"累征不至，亦聚众数百以叛"[3]。前燕高瞻"以华夷之异，有怀介然"[4]，他拒绝入仕前燕，忧惧而死。有的高门表面上虽入仕少数民族政权，但为形势所迫，并非内心所愿。如清河崔悦、颍川荀绰、河东裴宪、北地傅畅"并沦陷非所，虽俱显于石氏，恒以为辱"。范阳高门卢谌"才高行洁，为一时所推"，入仕石赵为侍中，中书监。史称"谌每谓诸子曰'吾身没之后，但称晋司空从事中郎耳'"[5]。卢谌身在后赵，而心向东晋，实际上代表了十六国北魏前期少数民族政权中一部分汉族士人的复杂心态，即为官北方政权，却仍以南方政权为正统。后赵末东宫谪卒高力督梁犊起义"自称晋征东大将军"[6]。东晋永和六年（350），石虎养孙汉人冉闵灭石氏后曾说："吾属故晋人也，今晋室犹存……奉表迎晋天子还都洛阳"[7]。闵后虽建魏国，又上书东晋说："胡逆乱中原，今已诛之，若能共讨者，可遣军来也"[8]。原晋散骑常侍辛谧"有高名，历刘、石之世，征辟皆不就"。谧遗闵书曰："宜因兹大捷，归身晋朝"[9]。同年十一月，前秦苻健起兵入长安，"以民心思晋"，遣使向东晋献捷，"于是秦、雍夷夏皆附之"。胡注云："夷夏皆附健，以其归晋也"[10]。东晋永和十年（354），桓温北伐前秦至灞上，父老持牛酒劳军，说："不图今日复见官军"[11]。再如王猛孙王镇恶随叔父王曜归晋，后为刘宋名将[12]。王仲德祖宏事石虎，父苗事苻坚，皆为二千石。仲德决意南归，为刘宋名将[13]。京兆杜坦、骥兄弟，避乱河西，苻坚平凉州，

---

[1]〔唐〕房玄龄等：《晋书》·卷104·《石勒载记》，中华书局，1974年，第2720页。
[2] 同上书，第2723页。
[3] 同上书，第2726页。
[4]〔唐〕房玄龄等：《晋书》·卷108·《慕容廆载记》附《高瞻传》，中华书局，1974年，第2813页。
[5]〔唐〕房玄龄等：《晋书》·卷44·《卢钦附谌传》，中华书局，1974年，第1259页。
[6]〔唐〕房玄龄等：《晋书》·卷107·《石季龙载记》，中华书局，1974年，第2786页。
[7]〔宋〕司马光：《资治通鉴》·卷98·《晋纪》永和六年，中华书局，1956年，第3101页。
[8]〔唐〕房玄龄等：《晋书》·卷107·《石季龙载记》附《冉闵传》，中华书局，1974年，第2793页。
[9]〔宋〕司马光：《资治通鉴》·卷98·《晋纪》永和六年，中华书局，1974年，第3108页。
[10] 同上。
[11]〔唐〕房玄龄等：《晋书》·卷98·《桓温传》，中华书局，1974年，第2571页。
[12]〔梁〕沈约：《宋书》·卷45·《王镇恶传》，中华书局，1974年。
[13]〔梁〕沈约：《宋书》·卷46·《王仲德传》，中华书局，1974年。

随父还关中。刘裕征后秦，二人随裕南归，入仕刘宋[1]。魏郡申恬，其曾祖钟为石虎司徒。刘裕灭南燕，恬随父寅等南归，"并以干用见知"[2]。河东薛安都，世为强族，同姓3000家，父广为宗豪。刘宋元嘉二十三年（446），其宗人薛永宗应盖吴起义，魏主征永宗，安都先据弘农郡，魏太平真君六年（445）弃郡归宋[3]。盖吴起义后，部众10余万，于元嘉二十二年（445）、二十三年（446）两次上表尊宋文帝为主，称："阖境颙颙，仰望皇泽"[4]。扶风鲁爽、秀兄弟，为魏主拓跋焘重用，爽为宁南将军，秀为中书郎，二人于刘宋元嘉二十八年（451）率部曲6800余人归宋。文帝委以边陲重任[5]。北魏太和十七年（493），北地民支酉起义，遣使告萧齐梁州刺史阴智伯。秦州民王广起兵响应支酉，攻执刺史刘藻。秦雍间七州民皆响震（七州指雍、岐、秦、南秦、泾、邠、华），众至10余万，各夺堡壁以待齐救[6]。上述汉族上层拒绝入仕少数民族政权或南归，主要反映了当时突出的民族矛盾。汉族人民群众欢迎东晋北伐军，或真心拥奉刘宋、萧齐政权，则反映了民族和阶级的双重矛盾，因为他们身受民族的、阶级的双重压迫。这两类情况又反映了汉化未进入中期以前，北方汉族人民仍以东晋南朝政权为正朔所归。不过，上述事例从北魏孝文帝（471—499）全面推行汉化后就比较少见了，这说明汉化深入发展后，民族矛盾和阶级矛盾都有所缓和。我们在指出汉化总趋势时，揭示其另一方面，有利于认识民族融合的复杂性和阶段性。

如果我们对十六国北朝民族融合进程的三个发展阶段综合考察，如早期的秦王苻坚与王猛，中期的北魏孝文帝与李冲、王肃，晚期的北周文（追谥）、武二帝与苏绰、卢辩等竭力推进民族融合的三个具有代表性的君臣集体，由于他们所处时代先后不同，民族类别不同，民族融合发展程度有别，政治经济形势存在着差异，因而在汉化进程中各具特色。以往学者对此研究成就卓著。但他们在各方面又存在着诸多相同点或相似之处，我们称之为趋同性。这是由马、恩所示"永恒的历史规律"、儒家"用夏变夷"理论（也即汉化），加之三个领导汉化集体自觉行为等三条所决定的。可以说，趋同性是汉化成功不可缺少的，或者说乃是其汉化成功在有关历史人物和历史事

---

[1] 〔梁〕沈约：《宋书》·卷65·《杜坦传》，中华书局，1974年。
[2] 〔梁〕沈约：《宋书》·卷65·《申恬传》，中华书局，1974年，第1723页。
[3] 〔梁〕沈约：《宋书》·卷88·《薛安都传》，中华书局，1974年，第2220页。
[4] 〔梁〕沈约：《宋书》·卷95·《索虏传》，上中华书局，1974年，第2340页。
[5] 〔梁〕沈约：《宋书》·卷74·《鲁爽传》，中华书局，1974年。
[6] 〔宋〕司马光：《资治通鉴》卷138，《齐纪》永明十一年，中华书局，1974年。

件上的合乎逻辑的反映。三帝急切谋求全国统一，乃是汉化深入发展的一种必然要求。我们认为，上述三次汉化所包容的特殊性和趋同性，既有区别又有联系，我们在研究其汉化的特殊性时，若能进一步研究分析趋同性的内容和特征，不仅可以扩展十六国北朝民族融合的研究领域，而且可以加深对中古最典型的一次民族融合规律的认识，从而受到应有的启迪。

三、十六国北朝民族融合（汉化）的趋同性

上述三个领导集体人物的文化素养、治国才能、民族观、品格，以及他们所进行的民族融合（汉化）政策和内容及其相关方面，究竟有哪些趋同性呢？

第一，秦王苻坚、魏孝文帝，北周文、武二帝，他们天资聪慧，汉文化水平颇高，因而深明汉文化优秀传统内涵及其对本民族文化素质提高的重要性，从而能准确地掌握汉化的指导思想。

苻坚8岁便主动"请师就家学"[1]，成年之后，"博学多才艺，有经济大志，要结英豪，以图纬世之宜"[2]。陈寅恪先生曾说氐人"汉文化水准之高，在五胡中，鲜能与比"[3]。苻坚乃是氐人苻氏家族中汉文化水平最高的人物。他对汉族历史典籍十分熟悉，每与群臣论对，常随口引用历史典故，并深得其意蕴。他经学造诣很深，曾巡视太学，问难五经，博士多不能对。史称其"雅量瓌姿，变夷从夏……遵明王之德教，阐先圣之儒风，抚育黎元，忧勤庶政"，"隽贤效足，杞梓呈才，文武兼施，德刑具举"，"虽五胡之盛，莫之比也"[4]。

孝文帝（元宏）在四帝中汉文化素养最高。《魏书·高祖纪》载："雅好读书，手不释卷。《五经》之义，览之便讲，学不师受，探其精奥。史传百家无不该涉。善谈《庄》《老》，尤精释义。才藻富赡，好为文章，诗赋铭颂，任兴而作。有大文笔，马上口授，及其成也，不改一字。自太和十年（486）已后诏册，皆帝之文也。自余文章，百有余篇。"史称其"雄才大略……经纬天地"，"听览政事，莫不从善如流。哀矜百姓，恒思所以济

---

[1]〔唐〕房玄龄等：《晋书》·卷113·《苻坚载记》，中华书局，1974年，第2884页。
[2] 同上。
[3] 万绳楠整理：《陈寅恪魏晋南北朝史讲演录》，黄山书社，1987年，第104页。
[4]〔唐〕房玄龄等：《晋书》·卷115·《苻登载记》后"史臣曰"，中华书局，1974年，第2956页。

益"，"爱奇好士，情如饥渴"[1]。

周文帝（宇文泰）长处戎陈之间，无缘系统学习汉文化，但"轻财好施，以交结贤士大夫"[2]。他行原州事时，"法令齐肃，赏罚严明"[3]，"抚以恩信，民皆悦服"[4]。史称其"知人善任使，从谏如流，崇尚儒术，明达政事，恩信被物，能驾驭英豪"[5]。可见周文帝汉文化根基虽不太深，但对儒家治国要旨，识见明睿。

周武帝（宇文邕）"幼而孝敬，聪敏有器质"，周文帝深异之，曰："成吾志者，必此儿也"[6]。武帝生于西魏大统八年（542），从小有条件系统学习汉文化，由于天资颇高，不但精于儒学，还通佛、道经义。他曾两次集百僚或沙门、道士等，亲讲《礼记》。他先后七次召集群臣及沙门、道士等"论难"三教先后，"以儒教为先，道教为次，佛教为后"[7]。史称其"克己励精，听览不怠"，"修富民之政，务强兵之术"，"劳谦接下，自强不息。以海内未康，锐情教习"[8]。

以上四帝，皆崇尚儒家，有较高的汉文化素养，又各自称是远古有扈氏[9]（苻坚）、黄帝（鲜卑拓跋氏）、炎帝神农氏（宇文氏）之后，皆为华夏族苗裔。他们一旦登上皇位，君临天下，必然对儒学宏义包括进步民族观心领神会，并付诸实践。

第二，四帝进步的民族平等和睦思想。苻坚提出："黎元（汉人）应抚，夷狄应和，方将混六合以一家，同有形于赤子"[10]。匈奴左贤王卫辰降，坚许其徙于内地。云中护军贾雍遣将袭之，并纵兵掠夺。苻坚怒曰："朕方修魏绛和戎之术，不可以小利而忘大信……所获资产，其悉以归之"。又"遣使（与卫辰）修和，示之信义"[11]。魏孝文帝曾言："凡为人君，患于不均，不能推诚御物，苟能均诚，胡越之人亦可亲如兄弟"[12]。周文帝曾向贺拔岳献策说：

---

[1] 〔北齐〕魏收：《魏书》·卷7·《高祖纪》（下），中华书局，1974年，第186—187页。
[2] 〔唐〕令狐德棻等：《周书》·卷1·《文帝纪》（上），中华书局，1971年，第2页。
[3] 同上书，第5页。
[4] 同上书，第3页。
[5] 〔唐〕令狐德棻等：《周书》·卷2·《文帝纪》（下），中华书局，1971年，第37页。
[6] 〔唐〕令狐德棻等：《周书》·卷5·《武帝纪》，中华书局，1971年，第63页。
[7] 〔唐〕令狐德棻等：《周书》·卷5·《武帝纪》（上），中华书局，1971年，第83页。参考汤用彤《汉魏两晋南北朝佛教史》，中华书局，1983年。
[8] 〔唐〕令狐德棻等：《周书》·卷6·《武帝纪》（下），中华书局，1971年，第107—108页。
[9] 有扈氏为夏代国名，在今陕西鄠县北。夏帝启灭之，子孙以国为姓。参阅《尚书·甘誓》。
[10] 〔唐〕房玄龄等：《晋书》·卷113·《苻坚载记》（上），中华书局，1974年，第2896页。
[11] 同上书，第2887页。
[12] 〔北齐〕魏收：《魏书》·卷7·《高祖纪》（下），中华书局，1974年，第186页。

"今若移军近陇,扼其要害,示之以威,服之以德,即可收其(指夏州、灵州、河西少数民族人民)士马,以实吾军。西辑氐羌,北抚沙塞,还军长安,匡辅魏室,此桓文举也"[1]。这是说,要以德政和协西部氐羌,安抚北面突厥等少数民族。贺拔岳死后,他自己在建立西魏政权过程中,正是这样做的。周武帝也说:"怀远以德,处邻以义",从而达到"八纮共贯,六合同风"[2]。这是指以德义怀来边远四方夷人,使得举国共贯同风,汉夷混如一家。

四位明君都主张各民族亲如兄弟,团结平等,和睦相处,消除彼此敌对和歧视,在实行"德政"的原则下,逐步推进以汉文化为主的民族融合(汉化)进程。他们既具有较高的汉文化素养,又主张各民族平等团结,这是实行汉化的首要条件。

第三,秦王、魏孝文、周武三帝在推进民族融合(汉化)过程中,都具有实行方针政策的坚定性。其中最重要的是所谓"大义灭亲"[3],严惩保守顽固势力对汉化的阻扰。如苻坚不顾宗室贵戚群起反对,坚决助王猛在数旬之间,诛杀苻氏贵戚二十余人,其中包括苻坚堂舅、苻健妻弟强德等人在内。孝文帝在迁都洛阳实行汉化的关键时刻,尚书左仆射穆泰与恒州刺史陆睿联合乐陵王思誉、安陵侯元隆、阳平侯贺头等一大批王公重臣谋反,反对迁都汉化。孝文帝当机立断,命元澄以迅雷不及掩耳之势,彻底摧毁了这个牵连宗室重臣100余人的反汉化守旧势力集团。甚至皇太子恂反对迁都汉化,孝文帝以"古人有言,大义灭亲……此小儿今日不灭,乃国家之大祸"[4],乃赐恂以死。周武帝诛除皇叔晋荡公宇文护,从表面上看,是为了亲政掌握实权,实际上是彻底推行民族融合(汉化)政策。因为宇文护"寡于学术,昵近群小",不仅废弑君主,专制朝政,"威福在己","兼诸子贪残,僚属纵逸,恃护威势,莫不蠹政害民"。这样的执政者不可能实行民族融合(汉化)的德政。所以周武帝在诛宇文护诏书中说护执政时"贿货公行,民不见德",从此"朝政维新,兆民更始"[5]。三帝实行汉化的坚定决心,以及能应付在汉化中出现的复杂局面,也是保证汉化成功的必要条件。汉化是内容丰富的政治、经济、文化革新,古代和近代这类革新由于领导者不坚定,或难以应付旧势力破坏的复杂局面而失

---

[1] 〔唐〕令狐德棻等:《周书》·卷1·《文帝纪》(上),中华书局,1971年,第4页。
[2] 〔唐〕令狐德棻等:《周书》·卷6·《武帝纪》(上),中华书局,1971年,第4页。。
[3] 〔北齐〕魏收:《魏书》·卷22·《废太子恂传》,中华书局,1974年,第588页。
[4] 同上。
[5] 参见《周书》·卷11·《晋荡公宇文护传》。

败的例子不少见。

第四，关于四帝实行汉化的辅臣，各有一个在政治上有较高水平的群体，其中以前秦王猛，北魏李冲、王肃，北周苏绰、卢辩等五位汉族士人为代表，除王猛外，其他四人皆出身高门。他们不但汉文化素养高，而且为识时务之俊杰。前秦王猛出身寒士，从其"宰宁国以礼，治乱邦以法"及文韬武略看，他深明儒、法、兵家治国安邦之术。猛"怀佐世之志，希龙颜之主，敛翼待时，候风云而后动"[1]。他"崇尚儒术"，更易于接受儒家进步民族观，以澄清天下为己任，显然具有儒家经世致用"治国平天下"的人生价值取向。

北魏李冲深通儒家礼典及治国要旨，且识鉴甚高。太和十年（486）以后，"议礼仪律令，润饰辞旨，刊定轻重，高祖虽自下笔，无不访（冲）决焉"[2]。北京平城宫殿、明堂、雍辟，以及洛都营建，冲皆据儒家典制给予规范[3]。王肃为琅邪王氏名相王导之后，"少而聪辩，涉猎经史"，长于《周礼》《易经》。其父及兄弟并为萧齐武帝所害，他于永明十一年（太和十七年，493年）奔魏。孝文帝"虚襟待之，……遂语及为国之道，肃陈说治乱，音韵雅畅，深会帝旨"[4]。正值孝文帝迁都汉化之时，礼乐朝仪，皆深仰于肃[5]。

苏绰"少好学，博览群书"，"有王佐之才"。周文帝问以"治道"，绰"指陈帝王之道，兼述申韩之要"。文帝"整衣危坐，不觉膝之前席"，即拜绰大行台左丞，"参典机密"。绰制《六条诏书》，不仅显示其汉文化水平高，而且对两汉以来德法治国之道做了全面深刻的总结和阐述，乃中古治国之宏论。周文帝甚重之，"常置诸座右。又令百司习诵之。其牧守令长，非通六条及计帐者，不得居官"[6]。卢辩家"累世儒学"。辩"少好学，博通经籍"，注《大戴礼》。文帝以辩"有儒术，甚礼之，朝廷大议，常召以顾问"。"魏太子及诸王等，皆行束脩之礼，受业于辩"[7]。五位辅臣不仅汉文

---

[1]〔唐〕房玄龄等：《晋书》·卷114·《苻坚载记》（下）附《王猛传》，中华书局，1974年，第2930页。
[2]〔北齐〕魏收：《魏书》·卷53·《李冲传》，中华书局，1974年，第1181页。
[3] 同上。
[4]〔北齐〕魏收：《魏书》·卷63·《王肃传》，中华书局，1974年，第1407页。
[5]〔宋〕司马光：《资治通鉴》卷138，《齐纪》永明十一年十月："时魏主方议兴礼乐，变华风，凡威仪文物，多肃所定。"
[6] 参见《周书》·卷23·《苏绰传》。
[7] 参见《周书》·卷24·《卢辩传》。

化水平高，而且深明德法治国之道，能掌握中央封建专制集权政体的典制，故能助君主制定出汉化的正确方针政策。

第五，王、李、王、苏、卢等五位汉化辅助大臣，均非一般儒生俗士。他们深刻认识到身处非常时代，必须从儒家进步民族观出发，站在整个中华民族和全国求统一求富强的立场，屏弃儒家"夷夏之防"，以及汉民族大义、气节、正统之类观念，故能认清十六国北朝历史发展的主流，辅佐少数民族英明君主，坚定不移地实行儒家"用夏变夷"的方针政策，以促进在以汉族文化为主的前提下各民族融为一体，使北方政局趋于稳定，社会经济恢复发展，人民生活安定，综合国力加强，最终实现全国的统一。其实，三个领导集体的明君贤宰，都能清醒地认识到，当时实行汉化乃历史发展的必然之势。《晋书》作者指出苻坚、王猛"变夷从夏"[1]。魏初崔浩说："变风易俗，化洽四海"[2]。孝文帝太和八年（公元384年）诏："故变时法，远遵古典"[3]。周文帝曰："恒以反风俗，复古始为心"[4]。周武帝反复强调的"朝政维新"，都是以不同提法，表明"用夏变夷"的思想。北魏太和十九年（495），孝文帝引群臣谓曰："卿等欲朕远追商、周，为欲不及汉、晋耶？咸阳王〔元〕禧对曰：'群臣愿陛下度越前王耳。'帝曰：'然则当变易风俗，当因循守故邪？'对曰：'愿圣政日新。'帝曰：'为止于一身，为欲传之子孙邪？'对曰：'愿传之百代。'帝曰：'然则必当改作，卿等不得违也。'对曰：'上令下行，其谁敢违。'帝曰：'夫名不正，言不顺，则礼乐不可兴。'[5]"这则"断诸北语"前的君臣对话中，帝问"为止于身，为欲传之子孙邪"，及对"愿传之百代"句，最为关键。这是孝文帝在警示群臣，汉化是决定北魏长治久安及兴亡之大事。实际上，它代表着十六国北朝少数民族英明君主的共识。北魏初，李孝伯之父李善少治郑氏《礼》、《左氏春秋》，后为州主簿，常叹曰："梁叔敬有云：'州郡之职，徒劳人耳。'道之不行，身之忧也"[6]。这里的"道"，是指以儒家思想为主的汉文化，实乃指"用夏变夷"。李善所言，典型地反映了汉族士人有识之士，希望辅助夷族君主实行"王道"，以变夷俗的一种强烈的忧

---

[1]〔唐〕房玄龄等：《晋书》·卷115·《苻登载记》"史臣曰"，中华书局，1974年，第2956页。
[2]〔北齐〕魏收：《魏书》·卷35·《崔浩传》，中华书局，1974年，第811页。
[3]〔北齐〕魏收：《魏书》·卷7·《高祖纪》（上），中华书局，1974年，第154页。
[4]〔唐〕令狐德棻等：《周书》·卷2·《文帝纪》（下），中华书局，1974年，第37页，第4386页。
[5]〔宋〕司马光：《资治通鉴》卷140，《齐纪》建明二年，中华书局，1956年，第4386页。参考《魏书》·卷21·《咸阳王禧传》，第535页。
[6]〔北齐〕魏收：《魏书》·卷53·《李孝伯传》，中华书局，1974年，第1167页。

患意识[1]。上述君臣对当时形势的清醒认识，乃是其自觉地实行汉化的前提。

第六，君臣关系的典范。苻坚，孝文帝，周文、武二帝及其主要辅臣三个实行汉化的集体，可称明君贤宰。君主文韬武略，运筹帷幄于上，宰辅尽心尽力，日夜操劳，躬行"王政"于下。君臣相知无间，他们为了一个崇高的理想"用夏变夷"，同心协力，把全部心血都献给了推进民族融合（汉化）的事业，因而保证了汉化的成功。

王猛与苻坚"一见便若平生，语及废兴大事，异符同契，若玄德之遇孔明也"[2]。猛"谨重严毅，气度雄远"，深被重用。平前燕后，入为丞相、中书监、尚书令、太子太傅、司隶校尉，加都督中外诸军事，一人兼任六个显赫要职，当时少有。猛表让久之。苻坚曰："卿昔螭蟠布衣，朕龙潜弱冠。属世事纷纭，厉士之际，颠覆厥德。朕奇卿于暂见，拟卿为卧龙（指诸葛亮），卿亦异朕于一言，回《考槃》之雅志，岂不精契神交，千载之会，虽傅岩入梦，姜公悟兆，今古一时，亦不殊也"[3]。猛乃受命。苻坚常敕其太子宏、长乐公丕曰："汝事王公，如事我也。"《资治通鉴·胡注》称："史言苻坚、王猛君臣相与之至，所以猛得展其才"[4]。王猛"寝疾，坚亲祈南北郊、宗庙、社稷，分遣侍臣祷河岳诸祀，靡不周备"。猛卒，"坚哭之恸。比敛，三临，谓太子宏曰：'天不欲使吾平一六合邪！何夺吾景略之速'"[5]。李冲历中书令、吏部尚书、尚书仆射等要职。他除为实行均田创立三长制外，"改置百司，开建五等，以冲参定典式"[6]。史称其"竭忠奉上，知无不尽，出入忧勤，形于颜色。虽旧臣戚辅，莫能逮之，无不服其明断缜密而归心焉，于是天下翕然，及殊方听望，咸宗寄之"。孝文帝"亦深相杖信，亲敬弥甚，君臣之间，情义莫二"。孝文帝在南征途中知冲卒，"发声悲泣，不能自胜"[7]。王肃归魏后，孝文帝引见，"肃陈说治乱……高祖嗟纳之，促席移景，不觉坐之疲淹也"，"器重礼遇日有加焉，亲贵旧臣莫能间也。或屏左右相对谈说，至夜分不罢。肃亦尽忠输诚，

---

[1] 孔毅：《北魏前期北方世族"以夏变夷"的历程》，《中国史研究》1998年第2期。
[2] 〔唐〕房玄龄等：《晋书》·卷114·《苻坚载记》（下）附《王猛传》，中华书局，1974年，第2930页。
[3] 同上书，第2932页。
[4] 〔宋〕司马光：《资治通鉴》·卷103·《晋纪》咸安元年，中华书局，1956年，第3253页。
[5] 〔唐〕房玄龄等：《晋书》·卷114·《苻坚载记》（下）附《王猛传》，中华书局，1974年，第2933页。
[6] 〔北齐〕魏收：《魏书》·卷·53《李冲传》，中华书局，1974年，第1181页。
[7] 同上。

无所隐避,自谓君臣之际,犹玄德之遇孔明也"[1]。肃先效力边陲。孝文帝手诏曰:"不见君子,中心如醉,一日三岁,我劳如何!"[2]寻被征入朝。孝文帝临崩,遗诏以肃为尚书令,与咸阳王禧等同辅朝政,身居六辅第二位。宰辅宗室诸王"敬而昵之,上下称为和辑"[3]。在六位辅政大臣中,又晋升宋弁为吏部尚书列第四位。宋弁"精于吏治",曾"定四海士族,弁专参铨量之任,事多称旨"。宋弁也是"勔劳王事,夙夜在公,恩遇之甚,辈流莫及,名重朝野,亚于李冲"[4]。孝文帝遗诏选辅,实含以王肃、宋弁等辅助宣武帝继续实行汉化之良苦用心。

苏绰深被周文帝重用,授大行台度支尚书、兼司农卿。绰"以四海未平,常以天下为己任"。周文帝"推心委任,而无间言。太祖或出游,常预署空纸以授绰,若须有处分,则随事施行,及还,启之而已"[5]。周文帝曾说:"(苏)尚书平生为事,妻子兄弟不知者,吾皆知之。唯尔知吾心,吾知尔意。"可见其二人情义之深笃。绰卒,文帝曰:"方欲共定天下,不幸遂舍我去,奈何!""因举声恸哭,不觉失厄于手"[6]。

上述典范的君臣关系,在汉族封建政权君臣中是比较少见的。考其原因,几位少数民族君主汉文化水平高,其本性淳朴、恪守君道,少染汉族君主权术阴谋之恶习;而汉族士人则深明臣节,以及辅佐少数民族君主复杂艰难而慎于行。《春秋公羊传》说:"君敬臣,则臣自重,君爱臣,则臣自尽"[7]。君臣相互敬爱忠诚,自然情义至深。但最根本的有两点:一是他们对当时"用夏变夷"历史潮流的共识;一是为实行"中国之道",最终实现儒家"夷汉一家,天下一统"的最高理想,把他们紧紧地连在一起。实际上,他们之间有一种家国兴亡、荣辱与共的利害关系。

第七,共同高扬民族融合(汉化)的三面旗帜,以证明自己所行的"中国之道"。

其一,大力兴办学校教育,崇尚儒学,特别尊祀孔子。因为他们深知"考九流之殿最,校四代之兴衰,正君臣,明贵贱,美教化,移风俗,莫尚于

---

[1] 〔北齐〕魏收:《魏书》·卷63·《王肃传》,中华书局,1974年,第1407页。
[2] 同上书,第1408页。
[3] 同上书,第1410页。
[4] 参见《魏书》·卷63·《宋弁传》。
[5] 〔唐〕令狐德棻等:《周书》·卷23·《苏绰传》,中华书局,1974年,第394页。
[6] 同上书,第395页。
[7] 《春秋公羊传》卷1,隐公元年,〔清〕阮元校刻:《十三经注疏》,第17-1页。

儒"[1]。当两晋南朝玄风弥漫之际,十六国北朝则儒风雄劲,各自形成鲜明的特色,这是由南北朝政治形势和文化差异所决定的。

其二,礼教为先,制礼作乐。尤其是孝文帝、周武帝考订五礼,推演雅乐。他们明白:"《六经》之道同归,而礼乐之用为急,治身者斯须忘礼,则暴入之矣。为国者一朝失礼,则荒乱及之矣"[2]。所以苻坚、孝文帝、周武帝施行礼乐教化,祀天地,祭先圣先贤,崇祖先(包括行养老礼),祀百神等礼乐活动之频繁虔诚,没有一个汉族君主能与之匹对。这是因为"礼乐"为儒家思想之核心,必然为汉化深入后之所重。

其三,德刑并举,德治为先。尤其是孝文帝重视援《经》入律,反酷刑而合《经》义。《论语·为政》篇中认为:"为政以德,譬如北辰,居其所而众星拱之"[3]。但儒家并不完全反对"法治",只不过强调以"礼、德"教化引导,使人民从思想意识上改恶从善,而不一味施以严刑峻法[4]。

四帝五臣高扬三面旗帜的内涵,在很多方面甚至超过汉族封建政权的君臣。这主要因为少数民族君主入主中国,虽在理论上行中国之道应为中国之主,而实际上一般不为"正朔"所归,故他们特别重视上述三点,意欲证明其所实行的是"中国之道",从而争取民心所向,以争夺正统的旗帜。

第八,苻坚、孝文帝、周武帝都狂热地谋求全国统一,企盼为正朔所归,作一位"后圣"。尤其是苻坚欲实现全国统一的行为,简直使人不可理解。实际上,前秦、北魏中期统一的条件,无论从北方民族融合、经济发展(均田制施行不久)、综合国力、人心向背以及南方政权的衰落等诸方面看,都不够成熟。而这些客观形势,以苻坚、孝文帝之英明,不难明白。而且苻坚灭东晋,不仅氐、汉大臣(包括王猛生前)一致反对,甚至连太子宏、少子诜和名僧道安也竭力劝阻[5]。他们反对和劝阻的理由,可谓论述充分,道理至明。苻融甚至说:"吴(指东晋)之不可伐昭然,虚劳大举,必无功而反。臣之所忧,非此而已。"他进一步指出苻坚重用鲜卑首领和羌酋后说:"臣恐(南伐)非但

---

[1] 〔唐〕令狐德棻等:《周书》·卷45·《儒林传·论》,中华书局,1974年,第805页。
[2] 〔汉〕班固:《汉书》·卷22·《礼乐志》,中华书局,1962年,第1027页。
[3] 《论语·为政策》卷2,〔清〕阮元校刻:《十三经注疏》,第16-1页。
[4] 黄烈:《中国古代民族史研究》,人民出版社,1987年,第146—154页;周伟洲:《后赵国史》,山西人民出版社,1986年;白翠琴:《魏晋南北朝民族史》第二、六章,四川民族出版社,1996年;王永平:《十六国北朝改革的启示》第二章、四章、五章,南京大学出版社,2000年。
[5] 〔唐〕房玄龄等:《晋书》·卷114·《苻坚载记》(下),中华书局,1974年,第2912页。

无成，亦大势去矣"[1]。苻坚一直从谏如流，为什么有关国家存亡的意见，反而听不进呢？他曾说："每思天下未一，未尝不临食辍"，"江东未平，寝不暇旦"[2]。可见他为了实现天下统一，已达到废寝忘食的地步。

孝文帝曾多次向群臣表达其欲统一全国的宏图远志。迁都洛阳后，紧接着从太和十八年（494）十二月到太和二十三年（499）三月约五年内，三次率大军南征，不幸卒于最后一次南征途中。他在临死遗诏中还念念不忘说："迁都嵩极，定鼎河瀍，庶南荡瓯吴（指萧齐），复礼万国，以仰光七庙，俯济苍生。困穷早灭，不永乃志"[3]。

周武帝建德六年（577）灭北齐统一北方后，紧接着宣政元年（578）五月，匆忙挥师北伐，欲平定突厥解除后顾之忧后立即南征。他不幸因暴疾卒于北伐途中。周武帝遗诏中也是以未实现统一全国为念："将欲包举六合，混同文轨。今遘疾大渐，气力稍微，有志不申，以此叹息"[4]。史臣评曰："破齐之后，遂欲穷兵极武，平突厥，定江南，一二年间，必使天下一统，此其志也"[5]。可见孝文、周武二帝，皆以统一全国壮志未酬为遗恨。

三帝如此热衷于实现全国统一，到底是什么原因和心态促使其这样做？我以为除了苻坚因统一北方、西定巴蜀，有数胜而骄的因素外，三帝都急切地期望尽快统一全国，主要为实现儒家民族观"汉夷一家，天下一统"的大同世界，以完成儒家民族理论体系所阐述的全过程，从而做孟子所褒奖的一位"后圣"。因为只有实现了大一统的君主，才能真正为"正朔"所归，成为彪炳史册的明君圣主。如苻坚一再宣称："但思混一六合，以济苍生"，"朕忝荷大业，巨责攸归，岂敢优游卒岁，不建大同之业"[6]。当苻融劝阻其南伐，举出"且国家，戎族也，正朔会不归人"[7]时，苻坚回答说："帝王历数岂有常哉？惟德之所授耳！汝所以不如吾者，正病此不达变通大运"[8]。苻坚不正面回答"正朔"问题，他从儒家"行中国之道"，即为正朔所归的大义出发进行反驳。他认为只要实行德政，完

---

[1] 〔唐〕房玄龄等：《晋书》·卷114·《苻坚载记》（下）附《苻融传》，中华书局，1974年，第2913页。
[2] 〔唐〕房玄龄等：《晋书》·卷114·《苻坚载记》，中华书局，1974年，第2911页，第2935页。
[3] 〔北齐〕魏收：《魏书》·卷7·《高祖纪》（下），中华书局，1974年，第185页。
[4] 〔唐〕令狐德棻等：《周书》·卷6·《武帝纪》（下），中华书局，1974年，第106页。
[5] 同上书，第107页。
[6] 〔唐〕房玄龄等：《晋书》·卷114·《苻坚载记》（下），中华书局，1974年，第2914—2915页。
[7] 〔唐〕房玄龄等：《晋书》·卷114·《苻坚载记》（下）附《苻融传》，中华书局，1974年，第2935页。
[8] 同上。

成统一天下大业，正朔自然所归。朱熹在回答苻坚欲灭晋，可命将提师，何故亲率举国之师南伐时说："他（苻坚）是急要做正统，恐后世以其非正统，故急欲亡晋"[1]。陈寅恪也指出："（前）秦、（北）魏俱欲以魏晋以来之汉化笼罩全部复杂民族，故不得不亟于南侵，非取得神州文化正统所在之江东而代之不可"[2]。又说：淝水战前"中原衣冠多随东晋渡江，汉人正统似在南方，如果不攻取东晋南朝，就不能自居于汉人正统的地位……苻坚所以坚持南伐，原因在此"[3]。就连后赵石勒统一北方后，也因"吴蜀未平，书轨不一，司马家犹不绝于丹杨，恐后人将以吾为不应符箓（指非正统）"，故"每一思之，神色不悦"[4]。苻坚固执的南征行为，突出地反映了孝文帝、周武帝、石勒等少数民族帝王欲实现全国统一而居于正统地位的急切心态。

第九，九位君臣为实现汉化伟业自强不息及其献身精神和人格魅力。前述君臣九人，除卢辩生卒年不详外，苻坚28岁即秦王位，卒时48岁。王猛33岁参与前秦最高决策，卒时51岁。魏孝文帝以太和九年（485）亲政计，年19，卒时33岁。李冲以37岁建议立三长制计，卒时年49岁。王肃30岁入魏，参与最高决策，卒时38岁。周文帝魏永熙三年（534）掌握贺拔岳军团时，年30，卒时52岁。周武帝18岁即位，卒时36岁。苏绰大统元年（535）以大行台左丞参与最高决策，年37，卒时49岁。四位君主掌握最高行政权时的年龄跨度在19至29岁之间，平均年龄为27岁。四位辅臣参加最高决策时的年龄跨度在30至37岁之间，平均年龄为34岁。这些数据表明，八位君臣参与重大决策或建立主要功业的年龄，基本上属于中青年时期，这是人一生中精力最旺最富朝气的时期，也是在政治上锐进创新的最佳年龄期。

苻坚虽然出于多种原因最后国破身亡，但他在即位后短短十几年内，兴办学校教育，制礼作乐，劝课农桑，兴修水利，推广区田法，减轻赋役，和睦夷汉关系，而且王猛执政，讲究实效，前秦国内经济恢复发展，出现了一派歌舞升平的景象，这在当时北方乱世是极其不易的[5]。王猛"夙夜匪懈，忧勤万

---

[1]〔宋〕黎靖德编：《朱子语类》·卷136·《历代三》，中华书局，1986年，第3243页。
[2] 陈寅恪：《唐代政治史述论稿》，三联书店，1957年，第15页。
[3] 万绳楠整理：《陈寅恪魏晋南北朝讲演录》，安徽师范大学出版社，2023年，第230页。
[4]〔唐〕房玄龄等：《晋书》·卷105·《石勒载记》（下），中华书局，1974年，第2753页。
[5] 蒋福亚：《前秦史》第三章，北京师范学院出版社，1993年。

机"，"军国内外万机之务，事无巨细，莫不归之"[1]。他实际上因政务劳累过度而卒。

孝文帝从太和九年（485）与文明冯太后一起实行均田制后，仅在14年内，改革官制，制礼作乐，德刑并举，迁都，禁止胡语、胡服，改鲜卑复姓为汉姓，三次南征，以及经常与群臣议政，不断地亲自审狱，巡察民情等。程树德曾说："魏律系孝文自下笔，此前古未有之例"[2]。他勤于王政，几乎忘记了个人的一切。他对国事的勤奋程度，以及所创造的辉煌业绩，在封建君主中是少见的。他实际上也是为实现汉化和统一，劳累过度，仅33岁便英年早逝。李冲"勤志强力，孜孜无怠，旦理文籍，兼营匠制，几案盈积，剖厥在手，终不劳厌也"。史称其"竭忠奉上，知无不尽，出入忧勤，形于颜色"[3]。他由于忧勤国事，"年未四十，而鬓发斑白"[4]。其表面上虽卒于暴怒，实际上是长期过劳所致。故孝文帝在南征途中得知冲卒，悲恸不已。王肃内则考订五礼，新作雅乐，外则"悉心抚接，远近归怀，附者如市，以诚绥纳，咸得其心"[5]。他也是内外劳于国事而英年早逝。宣武帝诏曰："肃诚义结于二世，英惠符于李（冲）、杜（预）……其令葬于冲、预两坟之间，使之神游相得也"[6]。

周文帝在执政的约20年间，建立西魏政权，继续实行均田制，创建府兵制，与东魏两雄相争，多次击败高欢军，"南清江汉，西举巴蜀"[7]，行《周礼》，建六官，使西魏与东魏相比，由弱变强。周文帝在八人中卒年最大，也只有52岁。苏绰尝谓："治国之道，当爱民如父，训民如严师。每与公卿议论，自昼达夜，事无巨细，若指诸掌。积思劳倦，遂成气疾"[8]。周武帝与孝文帝相类似，在位短短18年，继续推行均田制，制礼作乐，整顿吏治，减轻赋役，灭北齐统一北方。他先后五次下诏放免奴婢和杂户，从局部放免到全境放免，奴婢杂户成为自由民或佃户，提高了生产积极性。他下令灭佛，使北周境内100万僧尼还俗为民。上述两项措施，极大地促进了北周

---

[1] 〔唐〕房玄龄等：《晋书》·卷114·《苻坚载记》（下）附《王猛传》，中华书局，1974年，第2933页，第2932页。
[2] 程树德：《九朝律考》·卷15·《魏律考》（上），上海书店出版社，1989年，第1页。
[3] 〔北齐〕魏收：《魏书》·卷53·《李冲传》，中华书局，1974年，第1187页、第1181页。
[4] 〔唐〕李延寿：《北史》·卷88·《李冲传》，中华书局，第3332页
[5] 〔北齐〕魏收：《魏书》·卷63·《王肃传》，中华书局，1974年，第1411页。
[6] 同上。
[7] 〔唐〕令狐德棻等：《周书》·卷2·《文帝纪》（下），中华书局，1974年，第38页。
[8] 〔唐〕令狐德棻等：《周书》·卷23·《苏绰传》，中华书局，1974年，第394页。

社会经济的发展。他在位期间，勤劳国事的品格，同魏孝文帝相似。周武帝卒于平突厥征途中，年仅36岁，显然也是操劳军政，英年早逝。

秦王苻坚，魏孝文帝，北周文、武二帝，不但雄才大略，有驾驭英豪的才能和魄力，而且能克己正人，勤政爱民，任贤选能，从善如流，节俭御物，体验民情，这些作为君主最难全面做到的，他们都做到了（苻坚后期稍差）。而五位辅宰，不仅有治国才略，而且励精图治，孜孜不倦，忠于君主，忧勤王政，廉洁奉公，为国事"鞠躬尽瘁，死而后已"，这些宰臣难以全面做到的，他们都做到了。上述君臣九人身上体现了中华民族自强不息、革故鼎新、勇于奉献、洁身自好的优秀精神和品格。他们同其他有关人物一起创造了中古汉族与"五胡"民族融合最后完成的丰功伟绩，为唐代盛世的出现奠定了坚实基础，永远值得人们称颂。

四、十六国北朝民族融合的深远影响

关于民族融合对历史发展进程的影响，首先应当考察被融进汉族的各少数民族族别和总人口数。一般说来，如果族别愈杂，人口数愈多，则在与汉族融合中，所产生的新基因必然多，因而其历史影响也愈大。经考察，十六国北朝融入汉族的族别，除所谓匈奴、氐、羌、羯、鲜卑"五胡"外，还有乌桓、柔然、高车、蛮、僚、蜀、稽胡等共10多个。这10多个少数民族融入汉族的总人口数，据初步考证统计共有11361980人之多[1]。从族别和总人口数而论，十六国北朝民族大融合的规模，可能是空前绝后的。正如唐长孺所说："五胡的割据政权与拓跋氏的占领北中国造成的后果之一，是汉族与边境各族的融合……直到北魏后期，通过北镇起义，鲜卑化的各族人民才与汉族作进一步的融合，也就是说汉族的较高级文化在此期间战胜了一切"[2]。

在隋唐时期，十六国北朝各少数民族11361980人融入汉族后，其所占比重是相当大的。唐永徽三年（652，贞观后仅3年），国家领有民户380万[3]，唐代每户约6人，则为2280万人口，少数民族融入汉族人口数约占总人口数的50%。如以神龙元年（705，距唐建国已86年）全国领民户615万，人口3714万

---

[1] 参考拙文《魏晋南北朝北方少数民族融入汉族人口数考》。
[2] 唐长孺：《魏晋南北朝史论丛》，三联书店，1953年，第446页。
[3] 〔宋〕司马光：《资治通鉴》·卷199，《唐纪》永徽三年，中华书局，1956年，第6279页。

计[1]，则少数民族融入汉族的人口数接近总人口数的31%。如此众多的少数民族人口融入汉族中，无论对汉民族本身的繁衍或是汉文化的发展来说，都被输入了大量的新基因，从而汉族人民在衣、食、住、行、语言、文字及文化娱乐等各方面更加丰富多彩[2]。而且根据人类优生学原理，汉族与10余个少数民族在血缘上的混合，给自先秦以来的古老汉民族注入了大量的新鲜血液，各游牧民族质朴、强悍、大漠豪情的本性融入汉族人体中，使得雄武性与汉族温良恭俭让相结合，刚柔相济互补，从而带来了人体素质基因的提高，以及人们创新思维模式活力的加强。李唐王朝封建政治、经济、文化的高度繁荣，正是在十六国北朝民族大融合给汉民族和汉文化注入了大量新基因的基础上出现的。

第一，隋、唐两朝皇室均属于汉胡混血统。隋唐建国者杨、李二氏是鲜卑化汉人，其母妻为汉化屠各人或鲜卑人。如隋文帝杨坚独孤皇后（隋炀帝母）、唐高祖母元贞皇后、唐代宗独孤皇后皆属匈奴别部屠各人[3]。唐高祖窦皇后（太宗母）、唐太宗长孙皇后（高宗母）、唐睿宗窦皇后（玄宗母）皆鲜卑人。唐开国之君高祖及贞观、开元盛世之主太宗、玄宗三人，皆为汉族与屠各和鲜卑族婚配的混血儿。故《朱子语类》称："唐源流出于夷狄，故闺门失礼之事，不以为异"[4]。陈寅恪又说："李唐皇室者唐代（近）三百年统治之中心也，自高祖、太宗创业至高宗统御之前期，其将相文武大臣大抵承西魏北周及隋以来之世业，即宇文泰'关中本位政策'下所结集团体之后裔也"[5]。这就是说，北朝民族大融合后出现的汉胡双血统李唐皇室，及其所承袭统率的西魏、北周、隋政权最高统治层汉胡后裔集团，乃是缔造李唐帝国和开创唐初盛世的核心力量。对此应予以特别重视，因为后面所论各点，与此密切相关。

第二，李唐皇室既"源流出于夷狄"，又继承北朝民族融合之政策（详后），故有唐一代大量重用各少数民族出身的人才。同时被融入汉族的各族优秀人物在汉文化孕育下，也自觉地奋起登上历史舞台，因而在唐政权政治、军事、文化领域中少数民族出身的骨干人物为数不少。那么，唐朝立国278年中，在政治、军事、文化等各领域内少数民族出身的宰相、三公三师（以政军功业

---

[1]〔宋〕司马光：《资治通鉴》·卷208，《唐纪》神龙元年，中华书局，1956年，第6597页。
[2] 参考白翠琴《魏晋南北朝民族史》第十三章。
[3] 陈连庆：《中国古代少数民族姓氏研究》，吉林文史出版社，1993年，第52页。
[4]《朱子语类》·卷136·《历代六》，中华书局，1975年，第3245页。
[5] 陈寅恪：《隋唐政治史述论稿》，三联书店，1951年，第18页。

得此最高荣誉职）、名将、文化名人大约有多少呢？

少数民族出身的宰相共约有29人。

宇文士及相高祖，宇文节相高宗，宇文融相玄宗。宇文氏为匈奴人[1]。

窦盛相高祖，窦抗相高祖，窦德玄相高宗，窦怀贞相中宗、睿宗，窦参相德宗，窦易直相穆宗、敬宗。窦氏为鲜卑人[2]。

长孙无忌相太宗、高宗。长孙氏鲜卑拓跋部人[3]。

于志宁相太宗、高宗，于颀相宪宗，于琮相懿宗。于氏为鲜卑拓跋部人[4]。王硅相太宗，王涯相宪宗、文宗。王氏为乌桓人[5]。

阎立本相高宗。阎氏为鲜卑人[6]。欧阳通相武周。欧阳氏为俚人[7]。

房融相武周，房琯相肃宗。房氏为高车人[8]。

薛振相高宗，薛稷相中宗、睿宗，薛讷相玄宗。薛氏为蜀人[9]。豆卢钦望相武周、中宗。豆卢氏为鲜卑慕容部人[10]。

源乾曜相玄宗。源氏为鲜卑拓跋部人[11]。浑瑊相德宗。浑氏为匈奴人[12]。

元载相代宗，元稹相穆宗。元氏为鲜卑拓跋部人[13]。白敏中相宣宗。白氏为兹龟人[14]。

---

[1]〔宋〕欧阳修：《新唐书》·卷71（下）·《宰相世系一》（下），中华书局，1975年，第2403页。
[2]《新唐书》·卷71（下）·《宰相世系一》（下）与《周书》·卷30·《窦炽传》对窦氏族源二说各异，显为依托。即使属实，窦氏世为鲜卑没属回部落大人，从窦武难至孝文帝汉化约320余年，已完全鲜卑化。依陈寅恪所论当时"种族之分多系于其人之文化，而不在其所承之血统"，则窦氏也应为鲜卑人。
[3]〔宋〕欧阳修：《新唐书》·卷72（上）·《宰相世系二》（上），中华书局，1975年，第2409页。
[4]《新唐书》·卷72（下）·《宰相世系二》（下），第2818页。按《魏书》·卷31·《于栗䃅传》及《周书》·卷15·《于谨传》（此二人为志宁先祖）皆无从东海迁代事，显为依托。故《通鉴》·卷237·《唐纪》元和二年宪宗朝翰林学士李绛说："（于），虏姓。"且胡注详述其"虏姓"之由。
[5] 马长寿：《乌桓与鲜卑》，上海人民出版社，1962年，第110、169页；陈连庆：《中国古代少数民族姓氏研究》，第147页。
[6]《新唐书》·卷73（下）·《宰相世系表三》（下）称：其先世为汉人，阎昌奔代王猗卢，世为北魏诸曹大人。但《周书》·卷70·《阎庆传》（庆为立本祖父）无此条，当为依托。唐代少数民族名人比其北朝先世，好依托出身，此乃两个时代政治形势使然。
[7]《新唐书》·卷74（下）·《宰相世系表四》（下），第3159页。参考陈寅恪《魏书司马睿传江东民族条笺证及推论》，载《金明馆丛稿初编》，上海古籍出版社，1980年。按欧阳氏出自始兴，当为俚人，陈氏以为南蛮耳。
[8]《新唐书》·卷71（下）·《宰相世系一》（下）。参考马长寿：《乌桓与鲜卑》，第110页；陈连庆：《中国古代少数民族姓氏研究》，第190页。
[9]《新唐书》·卷73（下）·《宰相世系三》（下）。参考陈寅恪《魏书司马睿传江东民族条笺证及推论》。
[10]〔宋〕欧阳修：《新唐书》·卷74（下）·《宰相世系四》（下），中华书局，1975年。
[11]〔宋〕欧阳修：《新唐书》·卷75（上）·《宰相世系五》（上），中华书局，1975年。
[12]〔宋〕欧阳修：《新唐书》·卷75（下）·《宰相世系五》（下），中华书局，1975年。
[13]《新唐书》·卷75（下）·《宰相世系五》（下）。按马长寿《乌桓与鲜卑》（第111页），认为元载亦鲜卑拓跋部人。
[14]〔宋〕欧阳修：《新唐书》·卷75（下）·《宰相世系五》（下），中华书局，1975年。

刘崇望相昭宗。刘氏为匈奴人[1]。

独狐损相昭宗。独狐氏匈奴别部屠各人[2]。

三公三师出身少数民族的共有9人。

李抱真，安息人，赐姓李。检校司空、平章事、义阳王[3]。李抱玉，安息人，赐姓李。守司徒、平章事、凉国昭武王[4]。李光弼，契丹人。太尉兼侍中，临淮武穆王[5]。

李师古，高句丽人。检校司徒、兼侍中[6]。李正己，高句丽人。守司空、饶阳郡王[7]。

李光颜，河曲稽阿跃胡，赐姓李。守司空兼侍中[8]。李宝臣，北狄，奚族，赐姓李。守司空、清河郡王[9]。

王思礼，高句丽人。司空、霍国武烈公[10]。王镕，安东阿布思族。太尉、中书[11]。

李克用，沙陀部落，赐姓李。守太师、中书令、晋王[12]。

著名将领出身少数民族的共约有32人。

尉迟敬德，于阗人，兴唐名将，累军功先后授右武侯大将军、泾州道行军总管[13]。

屈突通，库莫奚人[14]。兴唐名将，以军功先后为秦王行军元帅长史，陕东道大行台，镇东都督[15]。

丘行恭，鲜卑拓跋部人。兴唐名将，以军功先后授左卫将军，左武侯将军，大将军[16]。

---

[1] 〔宋〕欧阳修：《新唐书》·卷71（上）·《宰相世系一》（上），中华书局，1975年。
[2] 陈连庆：《中国古代少数民族姓氏研究》。按《周书》·卷16·《独狐信传》无《新唐书·宰相世系五》独狐氏先世依托条。
[3] 〔宋〕欧阳修：《新唐书》·卷75（下）·《宰相世系五》（下），中华书局，1975年。
[4] 同上。
[5] 同上。
[6] 同上。
[7] 同上。
[8] 同上。
[9] 同上。
[10] 同上。
[11] 同上。
[12] 同上。
[13] 《新唐书》·卷89·《尉迟敬德传》。参考陈连庆《中国古代少数民族姓氏研究》。
[14] 陈连庆：《中国古代少数民族姓氏研究》，吉林文史出版社，1993年，第368—369页。
[15] 〔宋〕欧阳修：《新唐书》·卷89·《屈突通传》，中华书局，1975年。
[16] 〔宋〕欧阳修：《新唐书》·卷90·《丘行恭传》。按本传称河南洛阳人，后徙家鄜，中华书局，1975年。

李密，鲜卑慕容部人。隋末瓦岗起义军首领，"才兼文武"，多次指挥农民军重要战役。后降唐[1]。

窦轨，鲜卑拓跋部人。兴唐名将，累军功为秦州总管，右卫大将军[2]。

窦抗（轨从兄），鲜卑拓跋部人。兴唐名将，以军功为左武侯大将军[3]。

史大奈，西突厥特勒人。兴唐名将。以军功累迁右武卫大将军，检校丰州都督、窦国公[4]。

薛仁贵，蜀人。太宗、高宗朝名将，以军功累迁右领军中郎将，检校安东都护，右领军卫将军[5]。

阿史那社尔，西突厥人。太宗朝名将，以军功累迁崑丘道行军大总管，左卫大将军[6]。

执失思力，突厥人。太宗朝名将，先后授右领军将军，胜州都督[7]。

契苾何力，铁勒（高车）人[8]。太宗朝名将，以军功先后授辽东行军大总管，镇东大将军，行左卫大将军[9]。

泉男生，高句丽盖苏文之子。高宗朝内附，授平壤道行军大总管。以征平壤功授右卫大将军、卞国公[10]。

黑齿常之，百济人。高宗、武周朝名将，以军功先后授左武卫将军，河源道经略大使，燕然道大总管[11]。

李谨行，靺鞨人。高宗朝将领，以军功迁营州都督，积石道经营大使[12]。

李多祚，靺鞨人。武周、中宗朝名将，以军功累迁右鹰扬大将军，右羽林大将军，领北门卫兵30年。助张柬之诛二张，扶中宗复位[13]。

薛讷（仁贵子），蜀人。武周、玄宗朝名将，以军功授检校左卫大将军，左羽林大将军、凉州镇军大总管[14]。

---

[1]《新唐书》·卷84·《李密传》。参考陈连庆：《中国古代少数民族姓氏研究》，第70页。
[2]〔宋〕欧阳修：《新唐书》·卷95·《窦轨传》，中华书局，1975年。
[3] 同上。
[4]〔宋〕欧阳修：《新唐书》·卷110·《史大奈传》，中华书局，1975年。
[5]〔宋〕欧阳修：《新唐书》·卷111·《薛仁贵传》，卷73（下）·《宰相世系三》（下），中华书局，1975年。
[6]〔宋〕欧阳修：《新唐书》·卷110·《阿史那社尔传》，中华书局，1975年。
[7]〔宋〕欧阳修：《新唐书》·卷110·《执失思力传》，中华书局，1975年。
[8] 陈连庆：《中国古代少数民族姓氏研究》，中华书局，1975年，第193页。
[9]〔宋〕欧阳修：《新唐书》·卷110·《契苾何力传》，中华书局，1975年。
[10]〔宋〕欧阳修：《新唐书》·卷110·《泉男生传》，中华书局，1975年。
[11]〔宋〕欧阳修：《新唐书》·卷110·《黑齿常之传》，中华书局，1975年。
[12]〔宋〕欧阳修：《新唐书》·卷110·《李谨行传》，中华书局，1975年。
[13]〔宋〕欧阳修：《新唐书》·卷110·《李多祚传》，中华书局，1975年。
[14]〔宋〕欧阳修：《新唐书》·卷110·《薛仁贵传附薛讷传》，中华书局，1975年。

论弓仁，吐蕃人。玄宗朝名将，以军功授左骁卫大将军，朔方副大使[1]。

李光弼，契丹人。玄宗、肃宗朝名将，以平史思明之乱，先后授范阳节度使，知诸道节度行营事，天下兵马副元帅，河南副元帅，知河南、荆南等五道节度行营事。战功为中兴第一[2]。

论惟贞（弓仁孙），吐蕃人。玄宗朝名将。以军功先后授领军卫大将军，英武军使。李光弼病，表以惟贞自代[3]。

浑瑊，铁勒（高车）人。玄、肃、代、德四朝名将。从郭子仪、李光弼平安史之乱，时称"良将"。郭子仪上朝，留知邠、宁、庆兵马后务。平朱泚之乱，德宗"用汉（高祖）拜韩信故事"，三为行营副元帅[4]。

哥舒翰，突厥人。玄宗朝名将。以军功先后授右武卫将军，河西节度使，太子先锋兵马大元帅[5]。

高仙芝，高句丽人。玄宗朝名将。以军功先后授四镇都知兵马使，左金吾大将军，荣王元帅之副[6]。

白元光，突厥人。玄宗朝名将。为李光弼骑兵主将，兼朔方先锋。平安史之乱"功居多"[7]。

王思礼，高句丽人。玄宗、肃宗朝名将。先为哥舒翰骑兵主将。以军功累迁关内行营节度使，河西、陇右、伊西行营兵马使，迁兵部尚书[8]。

李抱玉，安息人。玄、肃、代三朝名将。为李光弼"爱将"，以军功累迁三节度、三副元帅，曾兼兵部尚书[9]。

张忠孝，北狄奚人。玄、肃、代三朝称"贤将"。以军功先后授左金吾卫将军，成德军节度使，定州节度使[10]。

尚可孤，匈奴宇文氏之别部。代宗、德宗朝将领。以军功先后授神策大将，京畿、渭南、商州等节度招讨使[11]。

李元谅，安息人。代、德二宗朝称"良将"。以军功授镇国军节度使，加

---

[1] 〔宋〕欧阳修：《新唐书》·卷110·《论弓仁传》，中华书局，1975年。
[2] 〔宋〕欧阳修：《新唐书》·卷136·《李光弼传》，中华书局，1975年。
[3] 〔宋〕欧阳修：《新唐书》·卷110·《论弓仁传附惟贞传》，中华书局，1975年。
[4] 〔宋〕欧阳修：《新唐书》·卷155·《浑瑊传》，中华书局，1975年。
[5] 〔宋〕欧阳修：《新唐书》·卷135·《哥舒翰传》，中华书局，1975年。
[6] 〔宋〕欧阳修：《新唐书》·卷135·《高仙芝传》，中华书局，1975年。
[7] 〔宋〕欧阳修：《新唐书》·卷136·《白元光传》，中华书局，1975年。
[8] 〔宋〕欧阳修：《新唐书》·卷147·《王思礼传》，中华书局，1975年。
[9] 〔宋〕欧阳修：《新唐书》·卷138·《李抱玉传》，中华书局，1975年。
[10] 〔宋〕欧阳修：《新唐书》·卷148·《张忠孝传》，中华书局，1975年。
[11] 〔宋〕欧阳修：《新唐书》·卷110·《尚可孤传》，中华书局，1975年。

检校尚书左仆射[1]。

李抱真（抱玉从父弟），安息人。德宗朝将领。以军功授昭义节度使，检校兵部尚书[2]。

于頔，鲜卑拓跋部人。德宗朝将领。以军功升任襄州为大都督府，累迁检校尚书右仆射、同中书门下平章事[3]。

李光颜，河曲阿跌胡人。宪、穆、敬三朝名将。以军功先后授忠武军节度使。义成、河东等节度使，同中书门下平章事[4]。

李克用，沙陀人。僖宗朝名将。屡破黄巢，收复京城。

文化名人少数民族出身的共约有22人。

窦威，鲜卑拓跋部人，礼典学家。高祖以其"多识朝廷故事"，令"裁定制度"[5]。

长孙无忌，鲜卑拓跋部人。著名律学家，主撰《唐律疏议》。

谢偃，敕勒人[6]。贞观初，偃应诏对策高第，为弘文馆直学士。偃长于赋，李百药工于诗，故时称"李诗谢赋"[7]。

欧阳询，俚人[8]。贞观初弘文馆学士，儒学书法家[9]。

欧阳通（询子），俚人，高宗朝儒学书法家，父子齐名，号"大小欧阳体"，名过褚遂良[10]。

阎立本，鲜卑人。唐初名画家，长于人物画[11]。

于志宁，鲜卑拓跋部人。太宗、高宗朝礼典学家。凡唐初"格式、律令、礼典，皆与论撰"，并监修国史[12]。

于休烈（志宁曾孙），鲜卑拓跋部人。开元初进士及第，史学家。肃宗朝迁太常少卿，"知礼仪事，兼修国史"[13]。

---

[1] 〔宋〕欧阳修：《新唐书》·卷156·《李元谅传》，中华书局，1975年。
[2] 〔宋〕欧阳修：《新唐书》·卷138·《李抱玉传附抱真传》，中华书局，1975年。
[3] 〔宋〕欧阳修：《新唐书》·卷172·《于頔传》，中华书局，1975年。
[4] 〔宋〕欧阳修：《新唐书》·卷171·《李光颜传》，中华书局，1975年。
[5] 〔宋〕欧阳修：《新唐书》·卷95·《窦威传》，中华书局，1975年，第3844页。
[6] 偃本姓"直勒氏"，其祖仕北齐改姓谢。按敕勒族有高车氏、敕勒氏、力氏。"直勒"当为"敕勒"之别译或音同异书。参考陈连庆《中国古代少数民族姓氏研究》，第188—198页。
[7] 〔宋〕欧阳修：《新唐书》·卷201·《文艺上·谢偃传》，中华书局，1975年，第5731页。
[8] 参考陈寅恪《魏书司马睿传记江东民族条笺证及推论》。
[9] 〔宋〕欧阳修：《新唐书》·卷198·《欧阳询传》，中华书局，1975年。
[10] 〔宋〕欧阳修：《新唐书》·卷198·《欧阳询传附通传》，中华书局，1975年，第5646页。
[11] 〔宋〕欧阳修：《新唐书》·卷100·《阎立本传》，中华书局，1975年。
[12] 〔宋〕欧阳修：《新唐书》·卷104·《于志宁传》，中华书局，1975年，第4006页。
[13] 〔宋〕欧阳修：《新唐书》·卷104·《于志宁传附休烈传》，中华书局，1975年，第4007页。

尉迟乙僧，于阗人。太宗、高宗朝名画家。长于人物花鸟画。吴道子深受其影响[1]。

白居易，龟兹人。德宗贞元（785—804）中擢进士，翰林学士。诗与元稹、刘禹锡齐名[2]。

刘禹锡，匈奴别部屠各人。宪宗朝进士及第，登博学宏辞科。工诗文，尤精于诗，称"诗豪"[3]。

元行冲，鲜卑拓跋部人。玄宗朝进士，儒学家，弘文馆学士。"博学，尤通故训"，作《孝经义疏》[4]。

李白，西域胡人。玄宗朝大诗人，被誉为"诗仙"[5]。

康洽，西域胡人。玄宗朝名诗人，"工乐府诗篇"。玄宗尝"叹美其诗"[6]。

元稹，鲜卑拓跋部人。宪宗朝大诗人。稹与白居易齐名，其诗号为"元和体"[7]。

綦毋潜，匈奴人。开元十四年（726）进士，诗人，与王维、孟浩然相唱和[8]。

元结，鲜卑拓跋部人。天宝进士，文学家，变"排偶绮靡"之习。有《次山集》传世[9]。

独孤及，匈奴别部屠各人。天宝末"以道举高第"，为太学博士。文学家，为文"彰明善恶，长于议论"[10]。

贺兰进明，匈奴人。诗人，选入《唐才子传》[11]。

啖助，氐族人。肃宗朝经学家，其著作录为《春秋集注总例》，"考三

---

[1] 参考张彦远：《历代名画记》；陈连庆：《中国古代少数民族姓氏研究》，第368—369页。
[2]《新唐书》卷119《白居易传》。按《北齐书》卷40《白建传》（建为居易先祖）无《新唐书》卷75下《宰相世系五》下白氏条先世依托文。参考陈寅恪《元白诗笺证稿》，上海古籍1978年版，第308页。
[3]〔宋〕欧阳修：《新唐书》·卷168·《刘禹锡传》，中华书局，1975年，第5131页。
[4]〔宋〕欧阳修：《新唐书》·卷200·《儒学下·元行冲传》，中华书局，1975年，第5690页。
[5]《新唐书》·卷202·《文艺中·李白传》。参考陈寅恪《李白氏族之疑问》，载《金明馆丛稿初编》。
[6]〔元〕辛文房：《唐才子传》·卷2·《康洽传》，景印文渊阁四库全书，第451册，第424页。参考陈寅恪《书〈唐才子传〉康洽传后》，载《金明馆丛稿初编》。
[7]《新唐书》·卷174·《元稹传》。参考陈寅恪《元白诗笺证稿》，上海古籍出版社，1978年，第308页。
[8]〔元〕辛文房：《唐才子传》·卷2·《綦毋潜传》，景印文渊阁四库全书，第451册，第415—416页。参考陈连庆《中国古代少数民族姓氏研究》，第33页。
[9]〔宋〕欧阳修：《新唐书》·卷143·《元结传》，中华书局，1975年。
[10]〔宋〕欧阳修：《新唐书》·卷162·《独孤及传》，中华书局，1975年。
[11]〔元〕辛文房：《唐才子传》·卷2·《贺兰进明传》，元刊十卷本。按贺兰氏为匈奴大姓，进明先世不知名，又无郡望，当为匈奴人。

家短长，缝绽漏阙"[1]。

鲍防，柔然人。代宗朝进士，诗人。被选入《唐才子传》[2]。

窦叔向，鲜卑人。诗人，收入《唐才子传》，被誉为"一流才子"[3]。

以上少数民族出身的宰相、三公三师、名将、文化名人共有93人，内有11人兼属两类，故实际人数为82人。他们中不少人在各自领域属于顶尖人物，为盛唐政治军事、经济、文化建树卓著。显然，这是北朝至唐初民族大融合的直接结果。不仅如此，唐初受北朝民族融合的影响，大批地重用胡人。仅贞观四年（630）五月东突厥灭亡后，除擢用可汗为都督外，其部落酋长至者"皆拜将军、中郎将，布列朝廷，五品以上百余人，殆与朝士相半"[4]。其他尚书、宿卫将领、都督、刺史为少数民族出身者，更屈指难计。故胡三省在《通鉴》注评"夷夏之分"论者说："自隋以后，名称扬于时者，代北之子孙（指少数民族后裔）十居六七矣。氏族之辨（指华夷姓氏之分），果何益哉"[5]。胡氏所论要旨，蕴含着盛唐历史是汉胡人民融合为一体后共同创造的，没有必要也不可能将其强行分开。

第三，李唐建国紧接北朝民族大融合完成后的初期，故能实行最开明的民族政策，使唐初民族融合仍在沿着北朝以来的形势发展。唐太宗在理论和实践上最彻底地实行了儒家进步的民族平等团结政策。贞观四年（630），东突厥灭亡，在处置10余万突厥人时，太宗坚决摒弃所谓"戎狄人面兽心……不可留之中国"的违时主张，而从温彦博议："圣人之道，故曰'有教无类'……收处内地，将教以礼法，职以农耕"，使其与汉族融合成为国家编户齐民[6]。贞观十八年（644），突厥10余万人内附，"请处于胜、夏之间"。群臣皆反对，认为将远征高句丽，恐突厥为患。太宗却毅然从其请，并说："夷狄亦人耳，其情与中夏不殊，人主患德泽不加，不必猜忌异类。

---

[1] 〔宋〕欧阳修：《新唐书》·卷200·《儒学下·啖助传》，中华书局，1975年，第5705页。
[2] 《新唐书》·卷159·《鲍防传》；《唐才子传校注》·卷3·《鲍防传》，第255页。按史称防襄阳人，但《鲍防碑》作"洛阳人"。鲍氏先世不知名，籍贯改洛阳为襄阳，当为柔然俟力伐氏，孝文帝汉化改姓鲍，并迁洛阳。
[3] 《新唐书》·卷71（下）·《宰相世系一》（下）；《唐才子传校注》·卷4·《窦叔向传》，第373页。陈连庆：《中国古代少数民族姓氏研究》，第192页。
[4] 〔唐〕吴兢编，王贵校注：《贞观政要》·卷9·《安边篇》，上海古籍出版社，1978年，第275页。《资治通鉴》·卷193·《唐纪》，贞观四年，第6078页。
[5] 〔宋〕司马光：《资治通鉴》·卷108·《晋纪》，太元二十一年七月胡注。
[6] 《新唐书》·卷215·《突厥传上》，第6037页。《资治通鉴》·卷197·《唐纪》，贞观四年。按，后因突利可汗弟作乱，太宗曾将这部分突厥人北徙，但其总的民族观未受影响。

盖德泽洽，则四海可使如一家"[1]。贞观二十一年（647）三月，太宗向侍臣说："朕于戎狄所以能取古人所不能取，臣古人所不能臣者，皆顺众人之所欲故也[2]。"这里所谓"顺众人之所欲"，乃指顺从胡汉人民的心愿，也即华夷一家，平等团结。贞观时期有300余万少数民族内附[3]，唐政权都给予丰厚赏赐，以利其改善生活和发展生产。这就是史家所称颂的太宗对各少数民族"施行仁义"，"绥之以德，使穷发之地尽为编户乎"[4]。贞观二十一年（647）五月，太宗在总结其一生治道时特问群臣："自古帝王虽平定中夏，不能服戎狄。朕才不逮古人而成功过之，自不谕其故，诸公各率意以实言之。"群臣皆美言称颂。太宗曰："不然。朕所以能及此者，止五事耳。"太宗所列五事中，除前四条皆为选贤任能原则外，最后一条特别强调："自古皆贵中华，贱夷狄，朕独爱之如一，故其种落皆依朕如父母……朕所以成今日之功也"[5]。正是太宗真正实行华夷平等一家的政策，并继续推进民族融合的进程，因而唐前期作为统一王朝，在民族关系上取得了前所未有的成功。

第四，我国中古历史经过一次重要的汉胡民族大融合后，汉族肌体内被输入了大量新鲜血液，从而出现了新的生机和活力，这集中体现在唐前期以汉胡混血儿君主太宗、玄宗为首包括汉胡优秀人物（即胡氏所指"名称扬于时者"）在内的两个杰出的君臣领导集团的宏伟建树之中。其中尤以贞观盛世最为重要，因为它为大唐近三百年历史打下了坚实基础。唐太宗具有鲜卑族淳朴、豪爽及大漠雄风的秉性，又深受十八学士的长期熏陶，深刻领悟儒学及其修、齐、治、平的价值取向，加之天赋资质甚高，从而形成雄才大略、满腹经纶、宽厚仁爱、谦虚谨慎、豁达率真等理智与人性高度结合的王者风范和君子作风。这些使他在施展其高超的政治军事才能时，能高瞻远瞩，总结历史经验，深刻认识历代兴亡之真谛，从而励精图治，把选才、纳谏、明法、节俭、爱民作为治国五大要务。他在位的23年内，所任用的贤相、名将、廉吏、文化巨匠足有50余人之多，皆属于第一流人才。他在虚心纳谏上，更是历代帝王所不逮。太宗曾说仅

---

[1] 〔宋〕司马光：《资治通鉴》·卷197·《唐纪》，贞观十八年，中华书局，1956年，第6216页。
[2] 〔宋〕司马光：《资治通鉴》·卷198·《唐纪》，贞观二十一年，中华书局，1956年，第6215页。
[3] 此处少数民族内附数，据《资治通鉴》逐年所载的统计，实际不止此数。
[4] 《新唐书》·卷97·《魏征传》；《资治通鉴》·卷198·《唐纪》，贞观二十二年，第6253页。
[5] 〔宋〕司马光：《资治通鉴》·卷198·《唐纪》，贞观二十一年，中华书局，1956年，第6247页。

魏征一人，"前后所谏二百余事，皆称朕意"[1]。他经常奖励"百官上封事，极言朕过"。据史载，当时群臣争谏，"面折廷争"，使太宗"不得举手"[2]。唐太宗作为具有绝对权威的封建君主，由于他深刻认识到唐政权与人民的关系像舟和水，把唐王朝长治久安与人民的安居乐业完全统一起来，从而形成了一般帝王很难具有的为国为民的宽广胸怀和容人雅量。太宗真心用贤和纳谏，保证其所施行的政治、军事、经济、文化各类政策方针的正确性。因而唐前期总的说来，政治较开明，封建专制氛围较为宽松，这有利于君臣上下一心，励精图治。唐初继承并发展北周府兵制，武功最盛，疆域扩展。史称："唐之德大矣，际天所覆，悉臣而属之。薄海内外，无不州县，遂尊天子（太宗）曰'天可汗'。三代（指夏、商、周）以来未有以过之。"[3]唐廷又将北周均田制施行于全国，轻徭薄赋，奖励农桑，从而唐建国仅十多年后（贞观四年），经济繁荣，"天下大稔，流散者咸归乡里，米斗不过三四钱，经岁断死刑才二十九人。东至于海，南极五岭，皆外户不闭，行旅不赍粮，取给于道路焉"[4]。同时，唐初的对外开放政策，带来了文化的繁荣昌盛。贞观十四年（640），太宗大征天下名儒为学官，长安国子监增筑学舍1200间，生徒3000余人。"于是四方学者云集京师，乃至高丽、百济、新罗、高昌、吐蕃诸酋长亦遣子弟请入国学，升讲筵者至八千余人。"[5]当时，京城长安成为亚洲文化的中心。

我们认为，我国中古历史发展的三要素，即汉胡民族大融合、中外（西域和印度）文化交流及儒佛道三教圆融、北人南徙及经济重心之南移（唐中期完成）。其中第一条应为核心，因为由第一条而引发其他两条，可见十六国北朝民族大融合影响之深巨。

本文蒙周伟洲先生专函指点，深表谢忱。

原文刊载于《中国史研究》2004年第2期

---

[1] 〔唐〕吴兢编，王贵校注：《贞观政要》·卷2·《任贤篇》，上海古籍出版社，1978年，第32页。
[2] 〔宋〕欧阳修：《新唐书》·卷100·《宇文士及传》，中华书局，1975年，第3936页。
[3] 〔宋〕欧阳修：《新唐书》·卷219·《北狄传·赞曰》，中华书局，1975年，第6183页。
[4] 〔宋〕司马光：《资治通鉴》·卷193·《唐纪》，贞观四年，中华书局，1956年，第6085页。
[5] 〔宋〕司马光：《资治通鉴》·卷195·《唐纪》，贞观十四年，中华书局，1956年，第6153页。

民族融合与制度革新
——十六国北魏的历史轨迹

李凭

华南师范大学历史文化学院

随着西晋政权的崩溃,民族矛盾上升,十六国纷争的局面出现了。十六国时期的前期,北方社会的民族关系经历了从冲突到共处的发展过程,其间各少数民族政权大多采取胡汉杂糅方针和胡汉分治的政策。与十六国后期并行的北魏不仅经历了民族冲突到民族共处的过程,而且通过制度革新将民族共处推进到民族融合。

一、十六国出现的历史背景

自古以来,中国就是一个多民族的国家。按照从事产业的不同来划分,活动在中华大地上的民族,既有农耕民族,又有游牧民族,还有渔猎民族。由于生活状态与社会环境相异,各民族形成了不同的文化特点。由于生产方式与社会发展阶段相异,各民族有着不同的经济基础以及不同的上层建筑和思想意识形态,从而也就各自形成了不同的经济制度、政治制度以及风俗习惯。

上古时期地广人稀,民族交往相对疏淡,民族矛盾相对缓和。秦始皇统一六国,推行中央集权的统治;西汉继承秦朝,巩固了封建专制帝国,也促使中华版图内的各民族认同已趋向中原汉族王朝。于是,东汉至三国期间,各民族之间的交往日益频繁。民族交往,有友好互利者,也有冲突侵伐者。究其原因,不仅经济利益使然,也与制度和习俗的不同相关。

降至西晋,社会诸矛盾骤然激化。由于周边的游牧民族不断地涌向中原,民族矛盾突出。牵动民族关系的外因与内因是发展变化的,因此民族矛盾呈现为错综复杂的形式,体现在社会生活中的方方面面,而在政治舞台上则表现为频繁的政权更替和此兴彼亡的割据。

西晋太熙元年（290），武帝司马炎去世，惠帝司马衷即位。晋惠帝天生弱智，控制不了局面，于是转过一年皇族就发生内讧。司马家的八王先后作乱，在洛阳和长安之间相互攻杀，彼此争权夺位。世家大族也各拥其主，参与争斗。八王之乱历时16年之久，生灵涂炭，洛阳、长安化为废墟。

汉族西晋政权的败灭，固然与少数民族不断涌入中原密切相关，但首先是由自乱引发的。八王之乱的余烬未灭，中原大地尚在喘息，为时6年的永嘉（307—312）之乱爆发。这次大乱，冲突愈加激烈复杂，不止是司马氏家皇族内部的争斗，不单是世家大族之间的厮杀，而且更是游牧民族逐鹿中原。

二、十六国北魏的历史轨迹

乘晋末永嘉之乱的机会进入中原的游牧民族主要有匈奴、鲜卑、羯、氐、羌五支，史称五胡。五胡是从不同方向进入中原的。世居蒙古草原的南匈奴族，沿山西高原南下；世居太行山以西的羯族，顺太行山坡冲出；世居甘肃的氐族，由汉中盆地东犯；世居青海的羌族，从陇西攻入中原；分布于东北、正北和西北辽阔草原上而成分复杂的鲜卑族，从三个方向内迁。在蜂拥而入的游牧民族骑兵的冲击之下，西晋皇朝的大厦摧枯拉朽般倾倒了。中华大地被割裂开来，出现了成汉、汉（前赵）、后赵、前凉、后凉、西凉、北凉（河西）、南凉、前燕、后燕、南燕、北燕、前秦、后秦、西秦、夏等十六个政权。

史家习惯上称上述五胡纷争的阶段为十六国时期。不过，在十六国以外，还曾出现过冉氏魏国、翟氏魏国、慕容西燕、徒何段国、杨氏仇池国、谯氏蜀国、鲜卑宇文国和拓跋代国等政权。这些政权也是不容忽略的。例如勃兴于北方塞外的代国，虽不明列于十六国，却是最终收拾十六国残局的北魏的前身。

从南匈奴首领刘渊建立汉国的元熙元年（304）开始，到北魏太延五年（439）灭河西王沮渠牧健为止，十六国时期共计136年。十六国政权虽然更换频繁，但是十六国时期的历史轨迹并非杂乱到无章可寻。按历史发展的趋势，十六国可以划分为前后两个时期。十六国时期的中分界线，就是有名的前秦对东晋的淝水之战，发生于前秦建元十九年（383）。

十六国前期，西晋王朝的废墟之上连续出现过三个占据主宰地位的政权，它们是南匈奴汉国（后被刘渊的族子刘曜改称为赵，史家称之为前赵）、羯族首领石勒建立的赵国（史家称之为后赵）和氐族首领苻坚建立的大秦（史家称之为前秦）。汉和后赵这两家少数民族王朝均曾占有黄河中下游的大部分区域；前秦更加恢宏，曾一统北部中国，造就与南方司马氏东晋政权对峙的局面。十六国前期出现的政权，还有成汉、前凉、前燕、冉魏、段国、仇池国、宇文国和代国，除鲜卑族慕容部建立的前燕和汉人冉氏建立的魏国一度在黄河下游称雄外，其他属于地处偏远的割据政权。可见，汉、后赵和前秦构成了十六国前期历史上三个突出而连贯的环节。抓住这三个环节，十六国前期政治发展的脉络就清楚了。

十六国后期，由于淝水之战的失败，前秦政权崩溃，北方大地四分五裂开来。东部先后出现了鲜卑慕容氏建立的前燕、后燕、南燕，汉人冯氏建立的北燕，以及丁零翟氏建立的魏国；西部则有羌族姚氏后秦、鲜卑乞伏氏西秦、匈奴赫连氏夏国、氐族吕氏后凉、鲜卑秃发氏南凉、汉人段氏北凉（后被南匈奴族卢水胡首领沮渠蒙逊改称河西）、汉人李氏西凉，以及汉人谯氏蜀国。十六国后期看似比前期混乱，但也并非没有规律可循。十六国后期最显著的特点是，与北魏前期的道武、明元、太武三朝平行地演化。十六国后期的各国均为地方割据势力，都没能主宰北方社会。

北魏的前身是代国，前秦灭亡以后在塞外复兴，并与十六国后期诸国一起发展起来。北魏开国皇帝道武帝，以位于雁北的平城（位于今山西省大同市城区）为都，主动地向东南发展，将慕容部势力驱逐回辽河流域；第二代皇帝明元帝，巩固了北魏政权，使经济与政治实力日益上升，并利用经东晋北伐之后氐羌势力严重受创的有利形势，逐渐造成对西方各族的强大压迫态势；第三代皇帝太武帝，占据了政治舞台的主导地位，挥动大军势如破竹地席卷黄河流域地区，从而统一北方，终结十六国的历史。要之，淝水之战以后的北方形势，虽然呈现此起彼伏的状态，但是始终有一条牵动全局的线索。这就是，在整个北方政局中，北魏由占据主动地位上升到建立主导地位的变化。沿此线索进行考察，十六国后期北方的发展大势也就明晰了。

对于前秦，淝水之战是它庞大帝国崩溃的前奏；但在中国古代史上，淝水之战具有重大的意义。从全国来看，它使南北对峙的形势成为定局；就北方而言，它是划分十六国前后期的分界线。以淝水之战作为十六国时期中分线的原因在于，此前与此后的历史趋势正好是相反的。在十六国前期，从汉经后赵到前秦的三个政权的更替，表面上看似乎在逐步地走向更大版图的统一，实质上却隐藏着更大的动荡与分裂；在十六国后期，林立的政权如走马灯般兴衰，表面上看似乎陷入了无休止的分裂，实质上却在趋向稳定与统一。究其原因，主要是民族矛盾的变化。

从总的趋势来看，西晋统一政权崩溃以后的民族关系先经历了从冲突到共处的过程，后经历了从共处到融合的过程。永嘉之乱揭开了民族冲突的序幕，前秦的短期统一，达到了最大范围内的民族共处。不过，那只是民族关系的暂时缓和，无法避免新的动荡与分裂的前途。北魏从道武帝之兴到太武帝统一北方，虽然再次将各民族从冲突状态汇入共处状态，但是随时可能激化的民族矛盾依然存在。只有将民族关系从共处状态发展到融合状态，民族矛盾才能真正缓和，分裂的苗头才可以遏制，真正的统一才算实现。所以，北魏太武帝统一北方，只是版图的一统；而政治、经济与文化的全面统一，则是在孝文帝推行民族融合的基础上实现的。

在民族关系不断发展的过程中，政治局势、经济状况和文化形态也都随之发生变化。民族之间的激烈冲突，必然造成战争频仍、政局动荡，其中以永嘉之乱最为典型。民族之间的相安共处，能够促使经济复苏。前秦的统一虽然短暂，但北方一度出现百姓丰乐的祥和景象，这便是历史的明证。民族之间的相互融合有利于社会的繁荣与文化的进步，所以北魏太和改制之后，汇聚于中原的各民族的语言、服饰、饮食等呈现为趋同的现象，而他们的生活则更加丰富多彩。由民族冲突引起战乱，由民族共处促进生产复苏，由民族融合推动文化繁荣，其社会意义会十分明快和实际地显现出来。

从民族共处发展到民族融合的过程中，汉族和各少数民族旧有的各类政治、经济和文化制度会被弃取或革新。因为所有的旧制度，都难以普遍地适用于不同的民族。这就需要不断地革新旧制度，使之适应新的形势。要之，民族共处会促使制度革新，制度革新则会推动民族融合。因民族融合的需要而革新成功的各类制度，其历史意义将是深刻与久远的，所以制度史研究尤其要重视民族关系[1]。

---

[1] 李凭：《制度史研究应重视民族关系——魏晋南北朝时期制度史研究之浅见》，《史学月刊》2007年第7期。

三、胡汉杂糅与胡汉分治

西晋以降的民族矛盾,既存在于汉族与各少数民族之间,也存在于少数民族相互之间。从总体上看,汉族与各少数民族之间的矛盾更加突出。从阶段上看,在南方,六朝时期的汉族与蛮越等南方民族之间的矛盾较为突出;在北方,十六国北魏时期的五胡民族与汉族之间的矛盾较为激烈。南方六朝时期的民族矛盾和北方十六国北魏时期的民族矛盾,其性质并不相同。前者,汉族居于统治地位;后者,少数民族居于统治地位。前者的关键是传统制度能否推广于新的民族与地区的问题,后者的关键则是传统制度能否被统治集团利用来统治汉族和其他民族的问题。对比而言,后者的难度更大。

十六国时期,汉国是最先在中原建立的少数民族政权。南匈奴首领刘渊乘西晋八王之乱的机会起事,被匈奴贵族共推为大单于。建立政权之后,刘渊一方面采纳汉族传统的官制与爵制,自己先称汉王,后即皇帝位;另一方面则仍旧设置北方民族传统的单于台。刘渊死后,其子刘聪继承帝位,就以刘聪之弟刘乂为皇太弟,领大单于、大司徒。大单于与大司徒分别属于匈奴制度与汉族制度,但集于刘乂一身。可见,南匈奴在建立汉国后,实行了杂糅胡汉制度的方针,一方面保留本族部分旧有的制度,另一方面将汉族现成的制度引为己用。胡汉杂糅的方针有利于少数民族统治者迅速构建政权和巩固统治。

但是,胡汉杂糅不等于胡汉混用,它只是总的方针。汉国在具体的统治政策方面,针对不同的民族,其界限是分明的。汉国置有单于左、右辅,其下设都尉,用以统领六夷,即匈奴、羯、鲜卑、氐、羌与乌桓等少数民族;又置左、右司隶,其下设内史,用以管辖汉人。这样的统治政策被王仲荦先生和陈寅恪先生称为胡汉分治[1]。陈寅恪先生将胡汉分治解释得十分清楚:"刘聪所设管领汉人编户四十余万的左右司隶和四十三个内史,都在平阳。这是汉国的一个特殊的现象。左右司隶所管四十余万户,是从各地强迫迁徙到平阳来的。在胡汉分治上,通常的情况是:六夷部落因为要用于作战,往往被集中于京邑单于台下,特别是要充当禁军的本部人,更非集中于京邑不可。汉族编户则因为要用于耕织,不能像六夷那样集中

---

[1] 王仲荦:《魏晋南北朝史》(上册),上海人民出版社,1979年,第238页。

到京邑来。即使要迁往京邑，也只能是少数，大多数只能仍旧散布在州郡中。对他们的统治，用皇帝的名义。"他又指出："胡与汉、部落与编户为两个不同的系统，二系统分开治理。一般说，胡族部落系统用于打仗，汉族编户系统用于耕织。这就叫胡汉分治。"[1]胡汉分治的政策使得各民族人民能够暂时地相安共处于同一个少数民族的统治之下。可见，胡汉杂糅的方针与胡汉分治的政策是相辅相成的，符合因事而异或因人而异地实施统治的需要。

继南匈奴之后，羯族的首领石勒建立了后赵政权。和刘氏汉国一样，后赵也采用胡汉杂糅的方针。石勒称赵王，以从子石虎为单于元辅。后来石勒称天王，行皇帝事，而以其子石宏为大单于。对于汉族传统的制度，后赵引进得比汉国多。如铨选方面，后赵采用魏晋以来的九品官人制度。又如教育方面，后赵在中央立太学，简选明经善书之吏署为文学掾，以教授将佐子弟；在郡国立学官，置博士、祭酒，从事教学。

后赵统治民众，也采取胡汉分治的政策。后赵统治者号羯胡为国人，称汉人为赵人。后赵依靠国人进行征战，对国人的统领依旧沿用部落制度。赵人则被驱使去从事农耕。对于农耕民，后赵采用中原地区传统的编户方式，向他们征收户赀和田租；还不断地派遣官员循行州郡，核定户籍，以劝课农桑。这些措施，有利于当时农业生产的恢复。

不过，值得注意的是，国人与赵人的区别，不仅在于社会分工的不同，而且在于政治地位的不平等。国人欺侮汉人的事情经常发生，他们甚至连汉族官僚的财产也公然掠夺，而汉族官僚只能忍气吞声。为了节制国人的横暴，石勒曾以中垒将军支雄、游击将军王阳并领门臣祭酒，专门受理有关国人的词讼；又以张离、张良、刘群、刘谟为门生主书，专司国人的行止，严禁国人侮辱赵人中的衣冠华族。当然，这样做只是为了保护进入后赵政权上层的汉族士人，至于普通的汉族民众是不在保护之列的。政治地位不平等，加上统治制度不划一，必然会加深民族隔阂，这正是后赵政权很快就瓦解的主要原因。所以，胡汉分治只能是权宜之计，而非长治之策。

正当中原动荡纷争之际，鲜卑族慕容部在辽河流域建立起前燕政权。前燕建国后也采取胡汉杂糅的方针和胡汉分治的政策，其中尤其值得注

---

[1] 万绳楠：《陈寅恪魏晋南北朝史讲演录》，黄山书社，1987年，第110页。

意的是侨置流民的制度。为了吸引和控制大量因躲避战乱而从中原迁徙来的汉族流民，前燕在辽河流域专门划出范围，设置所谓的侨郡，用以安置他们。前燕为来自冀州者设立冀阳郡，为来自豫州者设立成周郡，为来自青州者设立营丘郡，为来自并州者设立唐国郡。设立侨郡以安置流民的结果，必然会将新来的汉族人与旧有的慕容部人分开管辖，所以侨郡制度的实质也属于胡汉分治的政策。那些从中原迁徙来的汉族流民，其中的士人在日后被陆续地吸纳入前燕的政权中；其中的下层百姓大多是曾在中原从事农耕的劳动力，他们在新的土地上辛勤地进行农垦。前燕鼓励中原流民开垦荒地，并将原先圈占的园苑和牧地开放给他们耕种，而且还贷给流民耕牛，实行比较优惠的租赋政策。这些措施对辽河流域土地的开发起了重要的作用。

前燕的侨置流民制度是在特定的情况下推行的措施，它有利于各民族在同一政权之下共处，从而有利于政治的安定、经济的发展和社会的和谐，当然也就有利于前燕的巩固和国力的增强。不过，侨置流民制度依然属于过渡阶段的政策，并不属于制度的革新。至于重大制度的革新，则有待于汉族与胡族从共处发展到融合。

大体而言，十六国各政权面临的民族关系大多经历了从冲突到共处的过程，其间各少数民族政权的统治者主要采取胡汉杂糅方针与胡汉分治政策；继十六国时期之后的北魏则不仅经历了民族冲突到民族共处的过程，而且将民族共处推进到民族融合。而在利用与革新传统的制度方面，北魏的实践更为曲折，也更加成功。

四、民族融合与制度革新

在中国古代史上，鲜卑族拓跋部建立的北魏王朝是在民族融合方面主动地做出巨大贡献的少数民族政权之一，而其贡献都是在制度革新的基础上取得的。

拓跋部落起源于大鲜卑山的嘎仙洞（位于今内蒙古自治区呼伦贝尔市鄂伦春自治旗境），被中原视为鲜卑族的一支。嘎仙洞时期的拓跋部，是从事狩猎的民族。东汉后期，拓跋部进入黄河河套一带，转而从事游牧，逐渐发展成为强大的军事部落联盟。西晋永嘉之乱以后，拓跋部在盛乐（位于今内蒙古自治区和林格尔县境）建立起代国政权，成为北魏王朝的前身。

早在代国时期，拓跋部就学习汉制，置百官以分掌众职。而建立北魏王朝之后，拓跋部立即引进传统的汉族制度：由汉族士人邓渊典官制，立爵品，定律吕，协音乐；董谧撰郊庙、社稷、朝觐、飨宴之仪；王德定律令，申科禁；晁崇造浑仪，考天象。不过，代国时期的旧制度也部分地保留了下来，因此北魏初期的一些官号，或取之于身，或取之于物，或以民事，皆拟远古云鸟之义。比如，诸曹走使谓之凫鸭，取飞之迅疾；以伺察者为侯官，谓之白鹭，取其延颈远望。可见，北魏前期同样是汉制与胡制杂糅并用的。

对于民众的统治，北魏前期也采用胡汉分治的政策。拓跋部定都于平城，将平城周围的雁北盆地及其附近山地划定为京畿。京畿的内圈为畿内之田，北魏将原居于黄河下游地区的汉族及其他少数民族数十万人迁居其中，各给耕牛，计口授田，让他们从事农业生产。京畿的外圈称为四方四维，属于部落游牧地区，置八部帅以监领。

在基层的治理上，北魏对受它控制的中原地区采用不同于京畿的制度，那就是宗主督护制。所谓宗主督护制，就是以地方上的强宗大族统领当地的民众。这是以宗法关系为维系纽带而建立起来的，集经济、军事与政治之权于一体的社会组织。宗主督护制基本上不触及强宗大族在当地的利益，实际上是北魏政权对当时中原坞壁林立状况的认可，为拓跋部统治者羁縻汉族豪强地主政策的体现。宗主督护制属于胡汉分治的政策。

护军制也是北魏前期在地方推行胡汉分治政策的产物。陈寅恪先生认为："北魏的护军如同地方太守"，"护军与郡县似为两个系统，护军所管为地方部落军队，故谓之'诸部护军'；守令所管为地方行政。北魏地方似为军民分治，亦即胡汉分治。北魏护军与清朝驻于各省的都统相似。北朝大致是胡人与军人混合，汉人与农民混合。战斗属胡人、准胡人（冯跋、高欢为胡化汉人），农桑则属汉人。军事、经济之分，亦即民族之分"[1]。在以上论述的基础上，陈寅恪先生指出："北方胡汉杂糅，但并不是无系统可寻。胡汉分治，说明了胡汉融合之不易。一个胡族与汉族融合，须待这个胡族接受汉文化，并被视为汉人、杂汉之后"[2]。这番话阐释了胡汉杂糅方针与胡汉分治政策的内在关系，道明了从胡汉分治到胡汉融合的关键所在。

---

[1] 万绳楠：《陈寅恪魏晋南北朝史讲演录》，黄山书社，1987年，第112—113页。
[2] 同上书，第113页。

胡汉分治是权宜之计，并不利于民族隔阂的消除，但是阻挡不住胡汉融合的潮流。事实上，北魏都城附近划分的所谓畿内之田与四方四维的界限至迟在第三代皇帝太武帝朝时就已经被打破了；护军制度也在北魏第四代皇帝文成帝的太安年间归并为郡太守的系统；宗主督护制则稍后于文明太后执政期间为三长制所取代。胡汉分治被打破之际，便是胡汉融合的高潮到来之时。而胡汉融合高潮的来到，必然导致经济与政治的各项制度的重大革新。所以，北魏中期就掀起了太和改制运动。太和改制运动是文明太后与孝文帝在太和年间（477—499）掀起的包括经济、政治与文化的诸多制度在内的系列革新浪潮，经此浪潮的冲刷，北方大地实现了实质上的一统。

在太和改制运动中，与国民经济密切相关的土地制度的改革，即著名的均田制度的创设，无论对于当时的经济发展，还是对于后世的影响，都是意义最为重大的革新。

均田制虽然颁布于北魏中期，却是北魏建国初年在畿内之田上实行的计口授田措施的推广化与制度化的产物。不过，计口授田绝非拓跋部的发明，因为拓跋部原本是狩猎部落，迁到黄河河套以后则在草原上从事游牧，农业并非它的本行。拓跋部大量从事农业，是在代国被前秦大军攻灭之后。前秦为了安定北疆，将亡国之后的拓跋部人安置在汉朝的障边故地，对他们立尉监管辖，三五取丁，课以治业营生，而在租税上则给予特殊的待遇。淝水之战后前秦崩溃，拓跋部再兴，为了解决军粮问题，于是就在河套以东的盛乐附近息众课农，此后还在河套以北屯田。拓跋部能够从事农业，是因为从前秦那里获得了农耕的技术和经验[1]。盛乐课农与河套屯田的实践，又成为北魏建都平城以后在畿内之田上实行计口授田的宝贵经验。所以说，在农耕技术与管理制度上，前秦是北魏的老师。

前秦是在中原建立的政权，建立前秦的氐族是比鲜卑族拓跋部进入中原较早的民族，氐族人的农耕技术与管理制度应系学自中原的汉族人。关于均田制的来源问题，曾经引起史学界的热烈讨论，远则将之与西周的井田制联系，近则引三国的屯田制与西晋的占田制类比分析。这绝非偶然，因为均田制中确实蕴含着汉族传统农耕制度的影子。我们顺着北魏的畿内计口授田、盛乐课农、河套屯田而往上追溯到前秦对拓跋部人课以治业营生的史实，就

---

[1] 李凭：《北魏离散诸部问题考实》，《历史研究》1990年第2期。

不难看出其受中原的影响，也就不难看出北魏前期杂糅胡汉方针和胡汉分治政策的痕迹。

计口授田最初是属于胡汉分治的权宜政策，但是随着汉族与各少数民族交流的发展，畿内居民成分与土地资源情况便日趋复杂，这样的措施就显得过于简单了。延至太武帝朝，监国的太子拓跋晃虽曾下令登记畿内的人口与土地，但也难以应对不断变化的复杂状况。到太和年间，北魏面临的已非相对偏僻狭隘的雁北，而是在广阔的中原大地上生活与生产的民族成分复杂的居民，以及归属难理的土地资源状况。这种客观状况亟待北魏制定适用于广阔范围和众多民族的有关土地分配与田租户调的细则。于是，在细化与增补计口授田措施内容的基础上，均田制应时而生了。均田制无疑是民族融合运动的产物，所以才能适应当时北方社会的复杂状况，也才能留给后世，成为隋唐制度的渊源之一[1]。

在利用与革新传统的制度方面，与十六国时期的其他少数民族政权相比，北魏的实践更为曲折，但也更加成功，其原因是多方面的。拓跋部经历了嘎仙洞山岭的狩猎、河套草原的游牧、雁北盆地的亦牧亦农，最后才面临中原的农耕。因此，它能够驾驭各族、各类的社会，将民族共处推进到民族融合，而较少保守的观念。也因此，它能够不断地更新方针、政策与制度，以适应新的社会环境，从而别开生面，结束十六国的民族纷争状态。民族融合促进了政治、经济与文化制度的革新，而制度革新又推动民族融合的深化。这正是北魏取得历史成功的最重要的原因。

原文刊载于《学习与探索》2009年第5期

---

[1] 陈寅恪：《隋唐制度渊源略论稿》，生活·读书·新知三联书店，1954年，第128—132页。

佛教在北朝的弘传及中西文化的碰撞和交融

李书吉

山西大学历史文化学院

北朝首先是个朝代序列概念，但由于南北朝时形成的南、北方的对峙，又使它成了一个地域概念。北方游牧民族的入主中原，为它赋予鲜明的游牧民族特征。同时由于以游牧民族为媒介，弘传佛教，它又具有浓厚的宗教色彩。时序性、地域性、民族性、宗教性，构成了北朝的四个要素，而此四要素又相互作用，相互激荡，奠定了它在中国历史上中西文化、南北文化、胡汉文化广泛交流的不可替代的历史地位。而这种交流的直接反映就在于佛、道、儒三家的融合趋势。

一、北朝佛教的传布、学派、宗门

佛教在北朝的传布、发展势头强劲，有如下一些历史机缘。

（一）对外交通的发展

南北朝时，对外交流有三条干线：西域丝绸之路，川、缅之路，海上交通。

西域的开通始于西汉张骞。张骞出西域被史家称为交通史上的"凿空"事件。西域打通后，在汉晋时期，"自玉门、阳关出西域，有两道：从鄯善傍南山北波河西行至莎车为南道；南道西逾葱岭，则出大月氏、安息。自车师前王庭，随北波河西行至疏勒为北道；北道西逾葱岭，则出大宛、康居、奄蔡"[1]。

北朝时去西域已不止此两道，史载北魏西行求法者有惠生、宋云。《魏

---

[1]〔汉〕班固：《汉书》·卷96·《西域传》，中华书局，1962年，第3872页。

书·释老志》载:"熙平元年(516),诏遣沙门惠生使西域,采诸经律"[1]。又《魏书·西域传》载:"初,熙平(516—517)肃宗遣王伏子统宋云、沙门法力等使西域,访求佛经。时有沙门慧生者亦与俱行"[2]。

《洛阳伽蓝记》载他们西行的路线,二人由洛阳出发,越赤岭(今青海湟源县西的日月山),至吐谷浑城(今青海都兰),再至鄯善(今新疆若羌),又沿南道西行,经左末(且末)、捍糜(扜弥,今于田),西至于阗(今和田)。他们由此到朱驹波(今新疆叶城南)、汉盘陀(渴槃陀,今新疆塔什库尔干),越葱岭,然后游历了今阿富汗、巴基斯坦等国,于正光二年(521)二月,惠生回到洛阳[3]。

由上述可知,这是北朝去西城的另一条道路。当然,西域的南、北道仍是西行的主要通道。但西城河西走廊段,十六国时期战乱不息,时通时不通。而到太武帝拓跋焘大延五年(439)八月灭北凉统一黄河流域后,西域道路得以畅通。西部统属地区自长安至乌鲁木齐西南部族臣属范围,西至巴尔喀什湖和帕米尔高原以西。北魏在西部地区的甘肃、青海、宁夏、陕西等地建20余州。由于政局日益稳定,河西走廊和玉门关以西的交通得以保障。据史籍记载,自太延年间以来到北魏晚期,河西众国及部族、州郡同北魏保持了长时期的和平安定局面。鄯善、龟兹、疏勒、焉者、粟特、敦煌、于阗等国与北魏交往,关系密切,见于记载的从太武帝到世宗时,遣使朝献、朝贡的十余次。世宗景明三年(502):"是岁,疏勒、罽宾、婆罗捺、乌苌、阿喻随、罗婆、不仑、拖拔罗、弗波女提、斯罗、哒舍、伏耆奚那太、罗槃、乌稽、悉万斤、朱居槃、诃盤随、拔斤、厌昧、朱沴洛、南天竺、持沙那斯头诸国并遣使朝贡"[4]。

正始四年:"冬十月丁巳,高丽、半社、悉万斤、可流伽、疏勒、于阗等诸国遣使朝贡"[5]。

川缅之路即自四川入云南昆明,经大理、保山地区(昆明南)至腾冲(滇越)又到缅甸,向西穿越印度东部的阿萨邦(盘越)至孟加拉国,然后由孟加拉国沿恒河西行至克什米尔(罽宾)再至阿富汗(大月氏)。这条路刘宋时已有西

---

[1] 〔北齐〕魏收:《魏书》·卷114·《释老记》,中华书局,1974年,第3042页。
[2] 〔北齐〕魏收:《魏书》·卷102·《西域传》,中华书局,1974年,第2279页。
[3] 范祥雍:《洛阳伽蓝记校注》,上海古籍出版社,1987年。参见任继愈:《中国佛教史》第三卷,中国社会科学出版社,1997年,第118—121页。
[4] 〔北齐〕魏收:《魏书》·卷8·《世宗记》,中华书局,1974年,第195页。
[5] 同上书,第205页。

行僧人通过[1]，到唐代则成为赴印度的通途。

关于海上之路，《梁书·诸夷列传》载："唯吴时扶南王范旃遣亲人苏物使其国（天竺）从扶南发，投拘利口，循海大湾中正西北入，历湾边数国，可一年余，则到天竺海口，逆水行七千里乃至焉"[2]。

大致线路是自扶南出海，渡暹罗湾，从克拉地峡穿越马来半岛中部，至安达曼海，再沿泰国东海岸西北行，达恒河口，沿河上溯，即可达天竺。

随着南、北文化交流，南下北上的名僧越来越多，这是北朝佛教发展的又一个重要因素。

（二）北朝大量少数民族内迁，成为佛教传布的民族载体

十六国以来，入主中原的少数民族上层逐渐认识到崇尚佛教对他们的统治具有特殊的意义。东晋时王谧在答桓玄书中说："曩者晋人略无奉教，沙门徒众，皆是诸胡，且王者不与之接"[3]。佛图澄初至襄国，向石勒传教，石勒问："佛图有何灵验？"佛图澄回答说："至道虽远，亦可以近事为征。""澄即取钵盛水，烧香咒之，须臾生青莲花，花色耀目，勒由此信服"[4]。后赵石虎在位时，当时中书著作郎王度认为："佛，外国之神，非诸华所应祠奉。"石虎驳斥道："朕出自边戎，忝君华夏，至于飨祀，应从本俗。佛是戎神，所应兼奉。其夷赵百姓有乐事佛者，特听之"[5]。北魏建立及其后的北齐、北周，是中国佛教长足发展的一个黄金时期。也就是在这个时候佛教被正式纳入其主要统治思想中。另外，魏晋以来大量西域僧人来华，他们翻译了大量佛教经典，为北朝佛教的进一步发展奠定了基础。

从北魏开始，佛教在统治者上层广泛传布。太祖道武帝拓跋珪平并州、中山后，"见诸沙门、道士皆致精敬，禁军旅无有所犯"[6]，并派使者致书给当时佛图澄的弟子僧朗，赠以缯、素、旃、罽、银钵等礼物。天兴元年（398），北魏定都平城，正式下诏，为僧侣整修居处，并在平城作五级佛图，邀请当时大僧法果到平城来总领僧徒。《魏书》载："法果每言，太祖明睿好道，即是当今如来，沙门宜应尽礼，遂常致拜。谓人曰：'能鸿道者人主

---

[1] 吴焯：《佛教东传与中国佛教艺术》，浙江人民出版社，1991年，第142—143页。
[2] 〔唐〕姚思廉：《梁书》·卷54·《中天竺国传》，中华书局，1973年，第798页。
[3] 〔清〕严可均：《全上古三代秦汉三国六朝文》第2册《全晋文》·卷20·《王谧传》。
[4] 〔唐〕房玄龄等：《晋书》·卷95·《佛图澄传》，中华书局，1974年，第2485页。
[5] 同上书，第2487页。
[6] 〔北齐〕魏收：《魏书》·卷111·《释老志》，中华书局，1974年，第3030页。

也，我非拜天子，乃是礼佛耳'"[1]。太宗拓跋嗣即位后继续支持佛教。"遵太祖之业，亦好黄老，又崇佛法，京邑四方，建立图像，仍令沙门敷导民俗"[2]。世祖拓跋焘即位初，对佛教也极崇信。初平西夏，得僧徒惠始，备为礼敬。太延年间(435—440)惠始死后，世祖为其举行了隆重的葬礼。但是到了太平真君年间(440—451)，佛教史上第一次大规模诛杀沙门的灭佛事件发生了。当时的太子即拓跋潢采取了缓发诏书的办法，使远近沙门闻知先行逃匿，金银宝像、佛教经典易于藏匿者，全部得以保存，而土木宝塔之类不能藏匿者，全遭毁坏。六年以后文成帝拓跋濬即位，佛教得以复兴，其后献文帝、孝文帝、世宗三代对佛教的崇拜愈演愈烈。世宗至武定末年著名的僧人有惠猛、惠辨、惠深、僧遥、道钦、僧献、道晞、僧深、惠光、惠显、法荣、道长等。

凉州佛教是北魏佛教的一个重要来源。十六国时期是凉州佛教的一次大集结。凉州佛教在张轨出任凉州刺史期间有了很大的发展，张轨是在西晋惠帝时调任凉州刺史的，当时凉州治所在姑臧(今武威)，史书把张轨在凉州建立的政权称前凉。前凉立国从永宁元年(301)到太元元年(376)，后为苻秦政权所灭，历时75年。此后这里又建立了后凉、南凉、西凉、北凉四个政权，史书把它们与前凉合称为五凉。五凉之中除西凉外，大都把政治中心设在姑臧。所以，张轨在五凉之中地位很高。由于五凉政权基本上都在姑臧，所以，佛教经西域进入河西，首先在姑臧发展起来，在此形成中心，然后向四周扩展。河西五凉政权都崇尚佛教，但以沮渠氏的北凉为最。凉州译经也主要在前凉、后凉和北凉。前凉译经主要是竺法护。后凉西域高僧鸠摩罗什在此译经十余年。统一河西后，北凉在姑臧又聚集了大量的西域僧人，如昙无谶、沮渠京声、浮陀跋摩、智猛、道泰、法盛等，他们都是著名的佛教翻译家，其中影响最大的是昙无谶。

北魏建立后，佛教于平城形成了一次大聚集。太武帝于太延年间西伐姑臧，凉土崩乱，一部分西去，也有一些南逃。但绝大多数到了平城。《魏书·释老志》云："凉州自张轨后，世信佛教。敦煌地接西域，道俗交得其旧式，村坞相属，多有塔寺。太延中，凉州平，徙其国人于京邑，沙门佛事

---

[1] 〔北齐〕魏收：《魏书》·卷114·《释老志》，中华书局，1974年，第3031页。
[2] 同上书，第3030页。

皆俱东，象教弥增矣。寻以沙门众多，诏罢年五十以下者"[1]。

夏国都统万(今陕西横山境内)是北魏天赐四年(407)由匈奴族赫连勃勃建立的。泰常三年(418)十一月，赫连勃勃攻占长安，取得关中。始光四年太武帝打败当时夏主赫连昌，攻克统万城，继而取得长安。北魏平赫连氏后，收部分名僧召至平城，当时名僧惠始在长安僧徒中影响很大。"统万平，惠始到京都，多所训导，时人莫测其迹。世祖甚重之，每加礼敬。"惠始死后，"惠始冢上，立石精舍，图其形像"[2]。我们由此可知长安佛教亦移于平城。

前述北魏在统一黄河流域后，集结了长安、凉州佛教。佛教寺院、塔像建筑以及僧尼人数极为隆盛，但译经活动在都平城的近百年来无甚可记述者。北朝译经在北魏后期至东、西魏时以菩提流支、佛陀扇多、勒那摩提、瞿昙般若流支、毗目智仙等。参与笔受者先后有僧朗、道湛、僧辩、昙林、觉意、崔光、旻林、僧昉、李希义。译经主要在洛阳、邺城进行。所译经典有瑜伽行派所奉经典《入楞伽经》《深密解脱经》，无著著《顺中论》《摄大乘论》，世亲著《法华经论》《十地经论》《金刚经论》《无量寿经论》《唯实论》《转法经论》等[3]。

南北朝时佛教学派盛行，学派之起，源自佛教义学的流行。义学所探讨的主题是佛教心性学。义学在南北朝流行，北朝不及南朝，但在北朝也有广泛的流传并形成鲜明的北朝义学特征。

涅槃学派：所依据经典是大乘《涅槃经》，《涅槃经》所记载的是佛陀逝世前的最后说教。《涅槃经》最早译本是昙无谶在北凉译出的《大般涅槃经》40卷。其后在北方传播，由北方传至南方。孝文帝时义学始盛，当时最著名的大师昙延，著有《涅槃经义疏》15卷。《涅槃经》的基本教义是讲什么是佛性，佛的最高境界是什么。《涅槃经》中说："一切佛性，即是法性，是法性者即是如来，常住不变"[4]。又《大般程集经·如来品》说："一切众生悉有佛性，以佛性故众生身中即有十力三十二相，八十种好。"

《高僧传》载："释昙度，本姓蔡，江陵人，少而敬慎威仪，素以戒范致称。神情敏悟，鉴彻过人。后游学京师，备贯众典，《涅槃》《法华》《维

---

[1] 〔北齐〕魏收：《魏书》·卷114·《释老志》，中华书局，1974年，第3032页。
[2] 同上书，第3033页。
[3] 北朝译经总数据《历代三宝纪》129部514卷；《大唐内典录》127部459卷；《开元释教录》105部355卷。参见任继愈：《中国佛教史》第3卷，中国社会科学出版社，1997年。
[4] 《大般涅槃经》·卷16，《大藏经》·卷12，第401页。

摩》、《大品》，并探索微隐，思发言外。……魏主元宏闻风餐挹，遣使征请。既达平城，大开讲席，宏致敬下筵，亲管理味。于是停止魏都，法化相续，学徒自远而至，千有余人"[1]。

又如释僧宗"善《大涅槃》及《胜置》、《维摩》等，每至讲说，听者将近千余，妙辩不穷，应变无尽，而任性放荡，亟越仪法。……魏主元宏遥挹风德，屡致书并请开讲，齐太祖不许外出。宗讲《涅槃》《维摩》《胜鬘》，近盈百遍。……先是北土法师昙准、闻宗特善《涅槃》，乃南游观听，既南北情异，思不相参。宗乃别更讲说，多为北土所师"[2]。

从上述可知，《涅槃经》在北朝尤其是在孝文帝时，尤受重视，南、北学者南来北往时有阻滞，但交流的情况还是很多的。

成实学派：由《成实论》一书形成该学派。该书作者是中天竺柯犁跋摩著，由鸠摩罗什译出，在北方流行最早，之后传到南方。在北方弘传成实论者主要有僧嵩及其弟子。僧嵩的弟子有僧渊，僧渊的弟子有昙度。昙度前已叙及，曾为孝文帝讲学，以后在平城弘传，学徒有千余人，撰有《成实论大义疏》8卷。僧渊的另一个弟子道登亦为孝文帝所重视，他曾被孝文帝召到洛阳，主持过规模盛大的讲学，并随孝文帝南征。《魏书·释老志》载："顾谓诸王及侍官曰：'此寺近有名僧嵩法师，受《成实论》于罗什，在此流通。后授渊法师，渊法师授登、纪二法师。朕每玩《成实论》，可以释人染情，故至此寺焉'"[3]。承明十九年(495)，孝文帝元宏曾亲赴徐州白塔寺，追念僧嵩、僧渊，表彰他们在北方弘扬《成实论》的业绩。

《十地经论》学派：《十地经论》是印度世亲对《十地经》的解释，由此形成学派。《十地经论》学派可谓北朝显学，论师辈出，传承弥广。据北魏宣武帝时侍中崔光的《十地经论序》可知，该经是由菩提流支和那勒摩提以及传译沙门佛陀扇多并义学锱儒十余人在太极殿译出的。北朝传授《十地经论》者，北魏末年至于隋有慧光及其门下僧范、昙遵、慧顺、道凭、灵询、法上、道慎、昙衍、僧达、安禀、冯衮、道云、道晖、昙隐、洪理等。

此外，流行于北朝的学派还有《阿毗昙》学派和《三论》学派。

---

[1]〔梁〕慧皎：《高僧传》·卷8·《义解五·齐伪魏释昙度》，中华书局，1992年，第304页。
[2]〔梁〕慧皎：《高僧传》·卷8·《义解五·齐京师太昌寺释僧宗》，中华书局，1992年，第328页。
[3]〔北齐〕魏收：《魏书》·卷114·《释老志》，中华书局，1974年，第3039页。

北朝佛教除上述学派以外，另一贡献就是昙鸾净土宗的创立。据《续高僧传》和《净土圣贤录》记载，昙鸾(476—542)，雁门(今山西代县)人。雁门东接五台山，昙鸾自小受到佛教熏陶，年轻时出家，开始修习大乘佛教中观学派著作。之后他在南下途中遇到名僧菩提流支，拜受《观无量寿经》，此后便专心研习《观无量寿经》，从而开创了净土信仰，成为中国佛教净土宗的一位先驱。昙鸾在他身前已名声卓著，东魏孝静帝对他尤为崇敬，称他为"神鸾"，令居并州大寺。昙鸾先居并州灵岩寺，后移居汾州北石壁玄中寺，在那里正式创立了佛教净土宗。昙鸾在净土宗信仰所依据的"三经一论"基础上，又吸取了大、小乘佛教的禅定之法和道教的修仙方术，形成了以专习静慈、服气读字、口念弥陀的独特的修行方式。

以昙鸾净土宗创立为标志，佛教真正深入民间，同时昙鸾的净土宗反映出北朝佛教的鲜明特色，后来成为中国佛教崇拜的主流信仰，在后世得到广泛传播，并对日本的佛教信仰产生了巨大影响。

二、南北朝由佛教传播形成的三教二系统及其在礼制轨道上的归宗

佛教自东汉传来以后，给中土的经济基础和上层建筑以巨大的冲击，尤其是在伦理、道德等方面的颠覆作用，更是触目惊心。但是佛教在弘传过程中也受到中土一些士人持久不懈的抵制。即使是在北朝这样一个统治者以高压政策推行佛教的同时，仍有人在坚持排佛。如《魏书》载："李㻛上言：礼以教世，法导将来，迹用既殊，区流亦别。故三千之罪，莫大于不孝，不孝之大，无过于绝祀。然则绝祀之罪，重莫甚焉。安得轻纵背礼之情，而肆其向法之意也？正使佛道，亦不应然，假令听然，尤须裁之以礼。一生亲老，弃家绝养，既非人理，尤乖礼情，湮灭大伦，且阙王贯。交缺当世之礼，而求将来之益，孔子云'未知生，焉知死'，斯言之至，亦为备矣。安有弃堂堂之政，而从鬼教乎！"[1]。李㻛虽为佐命大臣，在朝地位隆盛，但因上述排佛言论，仍受到灵太后的处罚。又张普惠见孝明帝"不亲视朝，过崇佛法，郊庙之事，多委有司"[2]，上书谏曰："殖不思之冥业，损巨费于生

---

[1] 〔北齐〕魏收：《魏书》·卷53·《李孝伯传附㻛传》，中华书局，1974年，第1177页。
[2] 〔北齐〕魏收：《魏书》·卷78·《张普惠传》，中华书局，1974年，第1737页

民。灭禄削力，近供无事之僧，崇饰云殿，远邀未然之报。昧爽之臣，稽首于外；玄寂之众，遨游于内。愆礼忤时，人灵未穆。愚谓从朝夕之因，求祇劫之果，未若先万国之忻心，以事其亲，使天下和平，灾害不生者也"[1]。

类似言论者，北朝很多，说明当时以佛教为代表的西方文化和以儒家礼仪为代表的东方文化的直接撞击。而从上述两人的言论看，崇佛的主要症结在于悖礼、乖情、弃家、绝养，背离纲常秩序。南北朝时这种对立日趋明显，日益尖锐。这种对立迫使佛教的传播必须实行一些适应中土固有信仰和习俗的改革。毋庸置疑，佛教在南北朝时是思想界主潮。而在南北朝，南、北方佛教传布的方式和媒介又有明显的差异，走了两条完全不同的道路。南朝继两晋传统以道家和道教为媒介，而北朝则承两汉和十六国传统以儒学为媒介。而此两途最后逐渐靠近，靠近的基础是礼学。

北朝以儒学为媒介，又分两个阶段。前一阶段，即北魏孝文帝之前，佛教在北方的传布主要以儒学的谶纬之学为手段。这一点从十六国以来的佛图谶开始就是如此，史载佛图澄"善诵神咒，能役使鬼物"[2]，以佛事神怪异术博得石勒、石虎之信任。如前述钵中生莲花，腹孔发光，又能祈水降雨、喷洒灭火，听铃音以断吉凶，遥救人难。咸和三年(328)，前赵刘曜进攻洛阳，石勒亲率大军前往赴救，左右幕僚皆言不可，劝其休去。唯徐光和佛图澄认为可行。佛图澄讲了一段类似中土的谶语："相轮铃音云：'秀支替戾冈，仆谷劬秃当。'[3]"这是一段用羯语表达的谶语。意思是此番出征必能生俘刘曜。这段谶语坚定了石勒将士必胜的军心。所以，此役果如其言，活捉了刘曜。

又载佛子石虎："季龙常昼寝，梦见群羊负鱼从东北来。寤以访澄，澄曰：'不祥也，鲜卑其有中原乎？慕容氏后果都之。'[4]"又如单道开[5]、竺佛调[6]、耆域[7]等。又昙无谶曰："秘咒神验，澄公之匹"[8]。而像鸠摩罗什这样的大师，则是中西法术皆通："善学围陀舍多论，多明文辞制作问答

---

[1] 〔北齐〕魏收：《魏书》·卷78·《张普惠传》，中华书局，1974年，第1737页。
[2] 〔梁〕慧皎：《高僧传》·卷9·《神异上·晋邺中竺佛图澄》，中华书局，1992年，第345页。
[3] 〔唐〕房玄龄等：《晋书》·卷95·《艺术·佛图澄传》，中华书局，1974年，第2486页。
[4] 同上书，第2489页。
[5] 〔梁〕慧皎：《高僧传》·卷9·《晋罗浮山单道开》，中华书局，1992年，第361—362页。
[6] 〔梁〕慧皎：《高僧传》·卷9·《晋常山竺佛调》，中华书局，1992年，第363—364页。
[7] 〔梁〕慧皎：《高僧传》·卷9·《晋洛阳耆域》，中华书局，1992年，第364—366页。
[8] 〔梁〕慧皎：《高僧传》·卷2·《译经中·晋河西昙无谶》，中华书局，1992年，第78页。

等事，又博览四围陀典及五明诸论，阴阳星算莫不必尽，妙达吉凶，言若符契，……深解法相，善闲阴阳，为后学之宗"[1]。

从太平真君五年(444)太武帝下诏废佛诏中我们可以看出，图谶佛教在北魏前期情况很严重。"愚民无识，信惑妖邪，私养师巫，挟藏谶记、阴阳、图纬、方伎之书，又沙门之徒，假西戎虚诞，生致妖孽"[2]。

这里，"挟藏谶记""假西戎虚诞"很清楚地说明当时佛教在中土得以传布的手段和途径。

太平真君七年(446)，盖吴起义将北魏同图谶佛教的矛盾进一步激化。所以太武帝下令封杀"胡经"和沙门。而此时又发生了一件事：同年四月，"邺城毁五层佛图，于泥像中得玉玺二，其文皆曰：'受命于天，既寿永昌。'其一刻其旁曰：'魏所受汉传国玺'"[3]。

这篇谶纬已非"西戎虚诞"，而纯系中土谶纬的内容，大有向太武帝挑战的意思。所以太武帝更坚定了打击图谶的决心。太平真君十一年(450)六月，太武帝以国史事件诛崔浩。

我们如果联系孝文帝时的情况就更清楚了。孝文帝于太和九年(485)正月发了一诏，内容几乎同太武帝诏相同。"图谶之兴，起于三季。既非经国之典，徒为妖邪所凭。自今图谶、秘纬及名为《孔子闲房记》者，一皆焚之。留者以大辟论。又诸巫现假称神鬼，妄说吉凶，及委巷诸卜非坟典所载者，严加禁断"[4]。

这是北魏中期发出的一个强烈的学术信号，从北魏乃至整个北朝看，佛教不仅未被禁断，反而得到长足的发展。但图谶佛教确在孝文帝以后几乎绝迹了。北魏中后期以后，代之图谶佛教而起的是孝文帝时的佛教义理之学。研究者认为北朝义理之学始于孝文帝，这是有道理的。义理之学是儒学同佛教在北朝新层次上的结合，这一方面说明北魏作为少数民族统治者尽力向汉族文化靠近的势头不减，另一方面也说明其并不准备废弃佛教。所以，在这种情况下北朝佛教心性学出现了。

佛教发展为义理学（即心性学），是南北朝的南、北方共同的特点。但南、

---

[1] 〔梁〕慧皎：《高僧传》·卷2·《译经中·晋长安鸠摩罗什》，中华书局，1992年，第45、50页。
[2] 《魏书》·卷4·《世祖纪》，第97页。而唐李延寿主编的《北史》·卷2·《魏本纪第二》却将此诏令全文删去，可谓不达《魏书》旨意。
[3] 〔北齐〕魏收：《魏书》·卷4·《世祖纪》，中华书局，1974年，第101页。
[4] 〔北齐〕魏收：《魏书》·卷7·《高祖纪》，中华书局，1974年，第155页。

北方所宗仍然不同：南方的发展仍然是佛、道系统，北方的发展仍然是佛、儒系统；而表现在心性学则是南方为心识和佛理派，北方表现为众生佛性。

前述昙度精通《成实论》，孝文帝元宏把他请到平城讲学，学徒发展到千余人。《涅槃经》和《成实论》都属于众生佛性派，在北方广为流传，并且得到孝文帝的奖励和扶持。可以说孝文帝所倡导的众生佛性说与梁武帝所倡导的"心识学"形成南北朝时南、北方佛教心性说流传的特点。

北朝义理之学始于孝文帝。《魏书·高祖纪》称孝文帝"善谈庄老，尤精释义"[1]。又《魏书·韦缵传》载："高祖每于名德沙门，谈论往复，缵掌缀录，无所遗漏，颇见知赏"[2]。可惜，关于孝文帝谈释义留下的记载甚少。根据《释老志》有关记载，推测大概以研究《成实论》为多。其后的世宗元恪"雅爱经史，尤长释氏之义，每至讲论，连夜忘疲"[3]。据载，世宗于永平年间，主持过《十地经论》的翻译。

北朝佛性之学在上层广为流行，如冯亮、李同轨、崔光、杜弼等对佛教心性学有很深的研究。此特举两例可知心性学在北朝流传的盛况。《北齐书·斛律羌举传》载："代人刘世清，武平年间为侍中、开府仪同三司：情性甚整，周慎谨密，在孝卿之右。能通四夷语，为当时第一。后主命世清作突厥语翻《涅槃经》，以遣突厥可汗，敕中书侍郎李德林为其序"[4]。又《北齐书·崔暹传》载："暹一生不问家事。魏、梁通和，要贵皆遣人随聘师交易，暹惟寄求佛经。梁武帝闻之，为缮写，以幡花赞呗送至馆焉。然而好大言，调戏无节。密令沙门明藏著《佛性论》而署己名，传诸江表"[5]。

北朝佛教以儒为媒介传布，构成北朝的儒、佛系统。这也可从两次灭佛见其端倪，两次灭佛都集中反映了儒与佛之间的碰撞。第一次太武帝灭佛主要反映了以崔浩为代表的汉谶纬阴阳术同佛教神咒法术的斗争。第二次周武帝灭佛，主要在于"求兵于僧众之间"。而北朝两次灭佛的结果带来的正是儒、佛的结合。正如道安的《二教论》所称："释教为内教，儒教为外教。"他说："救形之教，教称为外，济神之典，典号为内。"又说："夫孝，德之本，教之所由生也，既云德本，道高仁义之迹。教之由生，坟典图之以弘。然则同归而

---

[1] 〔北齐〕魏收：《魏书》·卷7·《高祖纪》，中华书局，1974年，第187页。
[2] 〔北齐〕魏收：《魏书》·卷92·《韦缵传》，中华书局，1974年，第1014页。
[3] 〔北齐〕魏收：《魏书》·卷8·《世宗纪》，中华书局，1974年，第215页。
[4] 〔唐〕李百药：《北齐书》·卷20·《斛律羌举》，中华书局，1972年，第267页。
[5] 〔唐〕李百药：《北齐书》·卷30·《崔暹传》，中华书局，1972年，第405页。

殊途，一致而百虑"[1]。此论可谓北朝儒、佛斗争和交融的结论。

关于南朝心性学，是以道学为媒介，构成道、佛体系。南朝佛教传布和道教有密切关系，而道、佛的结合也大都在两者的碰撞交流中完成的。道、佛在南朝的沟通大致经历了四个阶段，即格义佛学、六家七宗、夷夏之辨、神灭神不灭。

关于格义佛学，学术界有许多解释。笔者认为它实则是用老庄旧义来释佛的一个特殊的派别[2]。六家七宗此亦不赘叙，它们是直接以玄学来论证大乘佛教的。而玄学是以道家为主体形成的学术思潮。夷夏之辨争论从东晋开始直到梁朝，主要在南朝的道、佛之间进行。这场争论最大的成果是张融在《门律》中的一个论述："道也与佛，逗极无二，寂然不动，致本则同，感而遂同，达迹成异"[3]。神灭与神不灭之争，亦是发生在道与佛之间。这场论争始于东晋的罗含、孙盛，终于梁武帝时的范缜。最大的成就是范缜关于知、虑、心三个思维层次的论证和"心为虑本"[4]的提出。有趣的是，压制、打击范缜神灭思想的梁武帝却把范缜提出的"心为虑本"改造成"心为用本"，并广为推行。梁武帝在《立神明成佛论》中说："何者，夫心为用本，本一而用殊。殊用自有兴废，一本之性不移。"这正是南朝心识心性学的典型表述。

从上述看，北朝儒、佛之间的斗争和交流同南朝道佛之间的斗争和交流可谓异曲同工。

南、北两系统的沟通主要表现在对礼的归宗。南北朝时期南方与北方有一共同之处就是对儒家礼的研习。南朝，尤其是在梁武帝时，有一大批儒士，如伏曼容、贺㻛、何佟之、严植子、卢广、沈峻等，这些儒者中习礼者最多。而在北朝，儒者更是一个大阵营，且这些儒者几乎没有不通"三礼"者。如北魏时有梁越、陈奇、刘献之、孙惠蔚、张吾贵、刘兰、徐遵明、卢景裕等[5]。北齐有冯伟、鲍季祥、鲍长暄、邢峙、刘画、马敬德、权会、孙灵晖、孙万寿、李铉、习桑等[6]。北周有沈深、樊重、熊安生、马荣伯、张买奴、窦士荣、孔笼、刘悼、刘炫、乐逊等[7]。其中成就最大者为刘献之、

---

[1]〔唐〕道宣：《广弘明集》·卷8，《大正藏》·卷52，第136页。
[2] 参见拙著：《北朝礼制法系研究》，人民出版社，2002年，第142—143页。
[3]《广弘明集》卷8，《大正藏》卷52，第39页。
[4] 范缜：《神灭论》，《全梁文》·卷45，第3210页。
[5]〔北齐〕魏收：《魏书》·卷84·《儒林传》，中华书局，1974年。
[6]〔唐〕李百药：《北齐书》·卷44·《儒林传》，中华书局，1972年。
[7]〔唐〕令狐德棻等：《周书》·卷45·《儒林传》，中华书局，1971年。

李铉、熊安生。

需要特别提出的是,南北朝对"三礼"的注疏利用的是佛教的义疏之学。义疏之学在礼学注疏上的应用,即用佛义来释礼,这是三教二系统最终合流的主要标志。

牟润孙先生在《论儒·释两家之讲经与义疏》中提出:"儒家的义疏源于释氏,释氏最早的义疏是东晋沙门竺法崇的《法华义疏》[1]。《高僧传》本传载:崇,'笃志经纪,而尤长法华一教……崇后卒于山中,著《法华义疏》四卷'"[2]。

汤用彤先生在谈到佛教的注、释、疏时说:"随文释义,谓之曰注,此即普通之所谓章句,二则明经大义,不必爱句释文。"又谓疏分文疏、义疏,"文疏只明事数,义疏,略过大义"[3]。儒家用佛教心性义来作义疏,最先出在南朝梁的前废帝,而推动义疏发展者是梁武帝。

马国翰《玉函山房辑佚书》里保存有皇侃的《礼记义疏》、何胤的《礼记隐义》、贺㻛的《礼记新义疏》等残卷,保存北朝学者最多的熊安生的《礼记义疏》,另《知不足斋丛书》里也保存了南北朝时期的一些义疏著作。对《论语·学而第一》"有子曰,其为人也,孝悌犯上者鲜矣,……孝悌者为仁之本焉"一段,皇侃疏云:"言孝悌之人必以无纬为心,以崇敬为性……"《孝经》云:"以孝为本,夫孝德之本也,教之所由生也"[4]。这里将心、性、孝作为同一层次的概念,视同一本,这是佛教心、性、义同"三礼"之学最巧妙的结合[5]。

较之南学,北朝儒者重章句,这是事实,但北儒义疏之学在北朝的发展是不容置疑的,并且有后来者居上的迹象。《北史·儒林传》说:"诸如权会、李铉、习柔、熊安生、刘贵思、马敬德之徒,多自出义疏"[6]。

如熊安生《礼记义疏》卷1《曲礼上》"教训正俗非礼不备"下,疏云:"教,谓教人师法,训谓训说义理,以此教训正其风俗,非得其礼不能备,故曰非礼不备"[7]。

---

[1] 牟润孙:《注史斋丛稿》,中华书局,1987年,第248页。
[2] 〔梁〕慧皎:《高僧传》·卷4·《义解一·竺法崇传》,中华书局,1992年,第170—171页。
[3] 汤用彤:《汉魏两晋南北朝佛教史》下册,第396—397页。
[4] 〔清〕鲍廷博:《知不足斋丛书》,第7集。
[5] 关于义疏之学及三教二系统在礼制轨道上的归宗,详见拙作:《北朝礼学与佛教心性学》,殷宪主编:《北朝史研究:中国魏晋南北朝史国际学术研讨会论文集》,商务印书馆,2004年。
[6] 〔唐〕李延寿:《北史》·卷81·《儒林传》,中华书局,1974年,第2709页。
[7] 〔清〕马国翰:《玉函山房辑佚书》卷27。

三、佛教象教在北朝的走势及儒、道、佛在佛教造像艺术中的凸现和盘结

　　早期的佛教并不主张偶像崇拜，释迦牟尼初创佛教时本身就反对祭祀，主张自我超度。但一切宗教自身都是唯心的，因而他对所谓偶像"神"的隔离是极有限的。从释迦牟尼死后，佛教神像崇拜开始兴盛。佛教崇拜逐渐形成三种形式，即自后佛教所言之三宝：释迦牟尼及一切佛为佛宝，佛所说的教义为法宝，信佛并按佛陀的教义过宗教生活的僧众为僧宝。佛教传至中国以后，在中土佛像崇拜愈演愈烈。尤其是在南北朝时，由于统治者的介入和支持，造像、凿窟、建寺达到极盛。南北朝时期的南、北方相比，又以北方为隆。因此象教可谓北朝佛教崇拜之大宗。

　　云冈石窟原名武周山石窟，武周山是北魏进入平城以后祈福、祭祀的地方。《魏书·礼志》载："太宗永兴三年三月，帝祷于武周、车轮二山。初清河王绍有宠于太祖，性凶悍，帝每以义责之，弗从。帝惧其变，乃于山上祈福于天地、神祇。及即位坛兆后，因以为常祀，岁一祭，牲用牛，帝皆亲之"[1]。

　　阎文儒先生认为武周山是皇帝祈福的神山，因而将石窟选择于此[2]。这个认识是有道理的。由此可知，北魏统治者一开始就将自然神崇拜、国家政权和佛教信仰结合在一起。《魏书·释老志》载："魏先建国于玄朔，风俗淳一，无为以自守，与西域殊绝，莫能往来，故浮屠之教，未之得闻，或闻而未信也"[3]。

　　太祖拓跋珪天兴元年，始作五级浮屠，太宗即位，在"京邑四方，建立图像"。世祖初即位，"于四月八日，舆请佛像，行于广衢，帝亲御门楼，临观散花，以致礼敬"。"太延中，凉州平，徙其国人于京邑，沙门佛事皆俱东，象教弥增矣"[4]。

　　从以上记载看，北魏造像始于拓跋珪。而象教得以弘传的是世祖拓跋焘。北魏同前代造像不同的是：第一，此前造像多出自民间，由国家组织造像者还没有；第二，此前造像仅止于礼拜，主要在于礼佛，礼佛出自敬拜者对佛之偶像的崇拜和敬仰。而北魏之象教则出自用国家力量建寺、造像，从

---

[1] 〔北齐〕魏收：《魏书》·卷108·《礼志》，中华书局，1974年，第2736页。
[2] 阎文儒：《云冈石窟研究》，广西师范大学出版社，2003年，第4页。
[3] 〔北齐〕魏收：《魏书》·卷114·《释老志》，中华书局，1974年，第3030页。
[4] 同上书，第3030、3032页。

而向民间施教，因而形成明显的"象教"特征。如延兴二年（472）四月，孝文帝下诏云："比丘不在寺舍，游涉村落，交通奸猾，经历年岁。令民间五五相保，不得容止。无籍之僧，精加隐括，有者送付州镇，其在畿郡，送付本曹。若为三宝巡民教化者，在外赍州镇维那文移，在台者赍都维那等印牒，然后听行。违者加罪"[1]。

此诏说得很明白，比丘必须在寺内受教，不能随便外出。如果是有组织的外出教化，必须持有州镇维那，或都维那开出的证明。同年还有一诏云："内外之人，兴建福业，建立图寺，高敞显博，亦足以辉隆至教矣。然无知之徒，各相高尚，贫富相竞，费竭财产，务从高广，伤杀昆虫含生之类。苟能精致，累土聚沙，福锺不朽。欲建为福之因，未知伤生之业。朕为民父母，慈养是务，自今一切断之"[2]。

从诏中可以看出建立图寺是为了弘佛隆教，但民间为祈福耗费大量资产互相攀比，图寺越建越高，必然影响到国计民生。其实，这种矛盾贯穿于北魏乃至北朝始终，是由象教本身造成的。国家建寺、造像从北魏开始完全是为了教化，这同十六国时期佛教传布的情况又有不同。十六国时如石勒、石虎他们信佛是利用一些有影响的名僧为他们的军事行动出谋划策，企图用他们的所谓神咒法术出奇制胜；而北魏开始则主要利用佛寺、图像来教化民众。所以，真正的象教始于北魏的拓跋焘。推行象教是为了他们的统治，但象教与他们的政治和军事又常发生矛盾。一是寺院太多必然导致僧尼泛滥、社会劳动力减少和兵源枯竭；二是国家用大量青铜来造像，必然同军器制造发生冲突；三是对佛教偶像的过度崇拜，必然导致王权的信仰危机。所以北朝一方面偶像崇拜泛滥，另一方面又发生了两次大的灭佛事件。

第一次灭佛事件后不久，在高祖孝文之世的太和元年，"京城寺新旧且百所，僧尼两千余人，四方诸寺六千四百七十八，僧尼七万七千二百五十八人"[3]。所以在这种情况下，北魏从建立以来一直在调整弘教的政策。一是加强对僧侣事务的管理，建立专门机构，设监福曹（后改昭玄寺），长官先为道人统，后改为沙门统，副官为都维那，其下又设州、郡、县维那。二是在弘扬象教的同时，进行佛教义理的研究，研习佛教经典。义理之学在北朝开

---

[1] 〔北齐〕魏收：《魏书》·卷114·《释老志》，中华书局，1974年，第3038页。
[2] 同上。
[3] 同上书，第3039页。

始于孝文帝，孝文帝带头研习佛典、佛义，佛在心中的，提倡心性学，这同他们弘教政策、方略的改变有直接的关系。三是改变民间佛教崇拜方式。如弥勒净土、观音佛等崇拜的出现，为民间自发的礼佛、拜佛提供了更广阔的空间和条件，相应地减轻了国家弘教的负担。四是把对佛教的偶像崇拜同对帝王的崇拜结合起来。这种倾向从孝文帝前就已开始。如太宗时名僧法果曰："每言，太祖明濬好道，即是当今如来，沙门宜应尽礼，遂常致拜。谓人曰：'能弘道者人主也，我非拜天子，乃是礼佛耳。'"如高宗时师贤为道人统，主持造像，下诏称："诏有司为石像，令如帝身"[1]。按帝王形象造佛，成为北朝造像的一个传统。五是北周灭佛以来形成的三教合一趋势。三教合一是终南北朝的南、北方以佛教传布所带动的共同发展趋势，是南北朝佛、道、儒三教斗争融合的结果。这里需要指出的是三教合一在象教中也有明显的反映。

由象教自身的特点，形成北朝造像走势的一些特点。前述北朝造像是从世祖拓跋珪平凉州开始的，因而研究者也都认为北朝的造像由凉州传来。上引一段材料："凉州自张轨后，世信佛教。敦煌地接西域，道俗交得其旧式，村坞相属，多有塔寺，太延中，凉州平，徙其国人于京邑，沙门佛事皆俱东，象教弥增矣"[2]。从大量记载看，北魏的造像艺术来自凉州。石窟造像是北朝佛教的大宗，反映了北朝以"象"弘教的明显特征。北朝大量造石窟，凿石佛，有深刻的社会原因：一方面统治者要用佛来教化民众；另一方面由于战争的需要，他们不得以广建石窟、石像来弥补所需金、铜的不足。

佛教造寺一般要求清净、闲逸，通常要建在山水胜境之中，但北朝石窟的建造则大违此意。近来王子今先生根据宿白先生关于佛教石窟分布的几个重要地区的认识，进行了地理学的分析。他认为宿白先生讲的佛教分布在四区："河西区：敦煌莫高窟，玉门昌马石窟，酒泉文殊山石窟，蓟南全塔寺石窟，武威天梯山石窟，此为河西走廊是通往西域的必由之路；甘宁黄河以东区：永靖炳灵寺石窟，天水麦积山石窟，固原须弥山石窟，庆阳平定川石窟，庆阳南北石窟寺，此为北朝和唐代时期长安通往陇右河西道。在陕西区：也是分布在由陕北北部至大同和由陕北南部通往甘肃的古道上，晋豫以

---

[1] 〔北齐〕魏收：《魏书》·卷114·《释老志》，中华书局，1974年，第3031页。
[2] 同上书，第3032页。

及其以东地区：包括云冈、龙门、巩县（今巩义市）、天龙山等"[1]。

而在山西平城、洛阳、邺城以及其境内的石窟寺分布更是明显反映了这种走势，并且这种走势同北魏及东、西魏都城的迁移有直接的关系。云冈石窟是北魏开凿的最早石窟，是北魏定都平城时开凿的，位于大同市西郊16公里的武周山南麓、武周川北岸。武周塞位于北魏旧都盛乐与平城之间，是鲜卑拓跋部进入中原的交通要冲。云冈石窟前两朝开凿于孝文帝太和十八年迁都以前。迁都以后，洛阳龙门建有龙门石窟，而平城与洛阳之间有高平羊头山石窟、高庙山石窟、武乡良侯店石窟、晋中子洪镇石窟。这些石窟分布在平城和洛阳的交通线上。

据调查研究，张庆捷等认为羊头山石窟可分为三期。第一期大致推定为北魏孝文帝太和晚期至宣武帝景明初期，即499年前后。第二期为北魏晚期（约516—534）。第三期约在北齐、隋时期(550—618)[2]。北魏，羊头山属建州高都郡，地近洛阳，是当时平城、洛阳两京之间的重要通道。高庙山石窟在高平城西南七公里处，开凿大致在东魏末年(550)。

以象弘教，并在要塞通途修凿石窟，是北朝佛教一明显特征；北朝佛教的另一特征是佛、道、儒在造像艺术中的反映。

北魏一开始就把弘扬佛教作为一项重要国策。这种观念深深刻画在佛教形象中。前述北魏太宗拓跋嗣永兴年间法果就提出礼天子乃礼佛的认识。其后在世祖拓跋焘时，又在全国废佛，下诏称："自今以后，敢有事胡神及造形像泥人、铜人者，门诛"[3]。沙门师贤是"凉平赴京"者，在废佛时"假为医术还俗"，逃出一劫，文成帝拓跋濬即位后，恢复佛法。师贤复职为道人统，同年"诏有司为石像，令如帝身"[4]。接着兴光元年，又诏令在五级大寺内"为太祖已下五帝，铸释迦立像五"[5]。

太武帝废佛，文成帝又大兴佛事，这里可以看出北魏在弘扬佛教中，确实发生过动摇。但是从治国、安邦需要出发，北魏统治者还必须借助佛教。如其诏中说："夫为帝王者，必祗奉明灵，显彰仁道，其能惠著生民，济益群品者，虽在古昔，犹序其风烈。是以《春秋》嘉崇明之礼，祭典载功施之

---

[1] 王子今：《北朝石窟分布的交通地理学考察》，殷宪主编：《北朝史研究：中国魏晋南北朝史国际学术研讨会论文集》，商务印书馆，2004年。
[2] 〔北齐〕魏收：《魏书》·卷114·《释老志》，中华书局，1974年。
[3] 同上书，第3034页。
[4] 同上书，第3036页。
[5] 同上。

族。况释迦如来功济大千，惠流尘境，等生死者叹其达观，览文义者贵其妙明，助王政之禁律，益仁智之善性，排斥群邪，开演正觉。……皆足以化恶就善，布扬道教也"[1]。

也就是在这种认识下佛事重新恢复，但废、兴之间，情况已很不同。新起的佛像已变成了帝王，这大概是受了前代法果之启发。这样的象教才真正是北魏弘教的初衷，也真正使佛教变成国教。

从文成帝开始，按帝王造像的情况出现了，现存昙曜五窟为此提供了依据。关于昙曜五窟同五个皇帝的关系，现有三种认识：其一，第16窟为神元帝拓跋力微，第17窟为道武帝拓跋珪，第18窟为太武帝拓跋焘，第19窟为文成帝拓跋濬，第20窟为孝文帝拓跋宏；其二，从西面数，第20窟主尊为道武帝，第19窟主尊为明帝，第18窟主尊为太武帝，第17窟主尊为景穆帝，第16窟主尊为文成帝[2]；其三，第16窟为释迦牟尼立像尊五世高宗文成帝，第17窟为弥勒菩萨交脚像尊四世恭宗景穆帝，第18窟为卢舍那佛立像尊三世世祖太武帝，第19窟为弥勒佛像尊一世太祖道武帝，第20窟为阿弥陀佛坐像尊二世太宗明元帝[3]。那么，这五帝究竟指谁？《魏书·释老志》为我们提供了几个重要信息："诏有司为石像，令如帝身，既成，颜上足下，各有黑石，冥同帝体上、下黑字"。这说明，此"帝"应指文成帝。又"兴光元年秋，敕有司于五级大寺内，为太祖已下五帝，铸释迦立像五，各长一丈六尺，都用赤金二十五万斤"[4]。又昙曜时于京城西武州塞凿山石壁，开窟五所，镌建佛像各一，高者七十尺，次六十尺，雕饰奇伟，冠于一时。

由上记载可知，其一，此五像中有文成帝；其二，五像应是太祖以下五帝；其三，昙曜凿五窟应是此五帝。但五级大寺金像已失，人们可从昙曜五窟所塑形象中去寻找。

由此可知，第一种说法有神元帝拓跋力微塑像之说不成立。而第三种说法，日本吉村怜先生说，昙曜五窟的目的是颂扬先祖的功绩，当然会带有建国祖庙的性质。而石窟的排列如果是遵照庙制，那就可以考虑是采取所谓的昭穆制，即将太祖的窟置于中央，接着二世在其左，三世在其右，四世位于

---
[1] 〔北齐〕魏收：《魏书》·卷114·《释老志》，中华书局，1974年，第3035页。
[2] 宿白：《云冈石窟分期试论》，《考古学报》1978年第1期。张焯：《佛教东传与中国佛教艺术》，浙江人民出版社，1991年，第382页。
[3] 〔日〕吉村怜：《昙曜五窟三则》，载殷宪主编《北朝史研究：中国魏晋南北朝史国际学术研讨会论文集》，商务印书馆，2004年。
[4] 〔北齐〕魏收：《魏书》·卷114·《释老志》，中华书局，1974年，第3036页。

其外侧的左方，五世置于外侧的右方[1]。

北魏拓跋氏正式建立庙制是在太祖拓跋珪时，于天兴二年十月，建平文、昭成、献明三庙。"又立神元、思帝平文、昭成、献明五帝庙于宫中"[2]。这是北魏最早的宗庙。其后北魏在太宗之世"立太祖庙于白登山"[3]。孝文帝太和十五年(991)，北魏改营太庙，制分昭穆。孝文帝七庙为神元帝力微、平文帝郁律、太祖拓跋珪、太宗拓跋嗣、世祖拓跋焘、高宗拓跋濬、显祖拓跋弘。孝文帝改祖庙正式将拓跋珪列为太祖，"朕今奉尊道武为太祖，与显祖为二祧，余者以次而迁"[4]。由此可知，北魏庙制主要在太祖拓跋珪和孝文帝时两次奠定，而昭穆制的正式建立是在孝文帝时，在文成帝时没有关于奠定昭穆制的任何记载。所以吉村怜先生所言必按昭穆制排列的说法很难成立。

但吉村怜先生在文中谈到，第16窟是释迦牟尼佛像，"这像的头发呈波浪状，长长的面孔以及胸前垂着两条绅带的服制，都是其他四窟的本尊所没有的特殊表现"[5]。关于第16窟是释迦牟尼像的说法是有道理的。

如果第16窟确是释迦牟尼像，那么，第二种说法的排列也难以成立。因为如果第16窟是释迦牟尼，那么第16窟为太祖道武帝，第17窟为明元帝，第18窟为太武道，第19窟为景穆帝，第20窟为文成帝。吉村怜先生说第19、20窟欠缺图像学特征，推测第19窟是弥勒佛，第20窟是无量佛。按照这个顺序，释迦牟尼像象征太祖，弥勒菩萨交脚像象征明元帝，卢舍那像象征世祖，弥勒佛像象征景穆帝，无量佛像象征文成帝。这样从佛卢崇拜的逻辑次序和北魏帝王即位的顺序以及史籍记载的太祖以下五帝都是吻合的。

研究者通常将昙曜五窟认为是云冈石窟第一期工程，第一期明显反映了以帝王造像的理念和早期造像中的犍陀罗和笈多造像风格。

殷宪先生提出，云冈石窟的第二期工程中，出现了象征"二皇""二圣"的二佛同龛的双窟。这种造像仍是继承礼天子即礼佛的传统，不同之处在于着重渲染孝文帝和文明太后。"二圣"之说出在《魏书》。如《程

---

[1] 〔日〕吉村怜：《昙曜五窟三则》，载殷宪主编《北朝史研究：中国魏晋南北朝史国际学术研讨会论文集》，商务印书馆，2004年。
[2] 〔北齐〕魏收：《魏书》·卷108·《礼志四》，中华书局，1974年，第2735页。
[3] 同上书，第2736页。
[4] 同上书，第2748页。
[5] 〔日〕吉村怜：《昙曜五窟三则》，殷宪主编：《北朝史研究：中国魏晋南北朝史国际学术研讨会论文集》，商务印书馆，2004年。

骏传》载程骏曾为文明太后上《庆国颂》十六章，有"于穆二圣，仁等春生""岂唯两施，神征丰年"[1]之句。程俊此颂写在平定沙门法秀起义后和程骏去世之间，即太和五年至太和九年之间，属孝文帝和文明太后共同执政期间。该传还载，"初骏病甚，高祖、文明太后遣使者更问其疾"[2]，可知程骏在当时位望之隆。另《李林传》[3]、《高闾传》均有"二圣"之说[4]。

孝文帝和文明太后共同执政是北魏历史上特殊的皇权政治时期，也是一段颇有建树、颇为辉煌的时期，所以有了"二圣"之说。"二圣"以造像形式铭刻在石窟之中。

佛教"二佛"指释迦牟尼和多宝如来。二佛对龛这种造像题材只出在太和年间，这给云冈石窟的开凿分期提供了一种思路：凡有释迦、多宝对坐龛的石窟都是在太和十四年前开凿的[5]。

如第7窟分两层大龛，上龛有以弥勒菩萨为中心的五尊像，下龛是"释迦、多宝并坐二佛"[6]。第9窟和第10窟更具典型性，两个洞窟的前室正壁上部均为释迦、多宝二佛并坐题材，其下龛一为弥勒佛，一为释迦佛。

迁都洛阳以后，北魏这种以帝王形象造像的理念仍可寻其痕迹。如龙门石窟开凿于景明元年（500）的宾阳洞，题材主要有一佛二菩萨、一佛二弟子二菩萨，一佛二弟子四菩萨等。特别是宾阳中洞南壁，正中为释迦牟尼，左右是迦叶、阿难二罗汉和文殊、普贤二菩萨，象征封建帝王的"左辅右弼"。这种模式在河南鸿庆寺石窟[7]、天龙山石窟[8]、河北邯郸北响堂石窟[9]均有反映。山西羊头石窟第一期窟群（486—496）中，有释迦、多宝对坐像。在第二期（516—534）中，造像单铺组合一般为一佛二菩萨。在第三期（550—618）中，单铺组合以一佛二菩萨为主，一佛二弟子二菩萨较少，其中有J-1龛为一佛二弟子二菩萨二天王七身组合[10]。

---

[1] 〔北齐〕魏收：《魏书》·卷6·《程骏传》，中华书局，1974年，第1348页。
[2] 同上书，第1349页。
[3] 〔北齐〕魏收：《魏书》·卷62·《李林传》，中华书局，1974年。
[4] 《魏书》·卷54·《高闾传》。参见殷宪主编：《北朝史研究：中国魏晋南北朝史国际学术研讨会论文集》。
[5] 同上。
[6] 王建舜：《论云冈石窟双窟的概念及特征》，载殷宪主编《北朝史研究：中国魏晋南北朝史国际学术研讨会论文集》，商务印书馆，2004年。
[7] 任继愈：《中国佛教史》第3卷，中国社会科学出版社，1997年，第713页。
[8] 同上。
[9] 同上。
[10] 张庆捷、李裕群、郭一峰：《山西高平羊头山石窟调查报告》，《考古学报》2000年第1期。

以上所述，在佛教象教中，集中反映了北朝佛、儒系统的造像风格，是北朝佛、儒两学以及佛、儒结合在象教中的明显特征。

在北朝晚期，南方佛、道系统在北方造像中也有迹可寻。20世纪60年代初，人们在南京西善桥发现的东晋晚期墓，砖刻"竹林七贤"和荣启期画像[1]。60年代末，南京文博部门在江苏丹阳发掘的齐和帝萧宝融（488—502）、齐废帝萧宝卷（482—501）墓中，也发现有与西善桥宫山墓规制相近的"竹林七贤"与荣启期画像。其后，四川茂县（今茂汶羌族自治县）出土了齐永明元年（483）"无量寿、当来弥勒成佛二世尊像"。穿宽博袈裟，腹间结带，是典型的褒衣博带式的服饰。

据此有不少学者提出，南方的褒衣博带式服饰早于北魏孝文帝太和十年（486）服制改革而出现。这说明太和年间佛像的服饰变化受到南方影响[2]。

另外，南京栖霞山千佛崖石窟中保存有取材于《法华经》所雕释迦、多宝二佛并生像。1995年，南京市博物馆林蔚同志前往调查，并对此进行了研究。他提出北魏龙门诸龛像及云冈三期胁侍菩萨像下摆向外撇开的形式及身披x形交叉环穗状璎珞装饰，亦由栖霞千佛崖释迦、多宝二佛窟内壁胁侍菩萨装饰传来。

对上述看法，邵磊提出疑问。首先，他认为："20世纪60年代初的南京西善桥竹林七贤镶拼砖画墓，无论是墓室形制结构还是伴出器物的造型，皆表现出鲜明的南朝中晚期特点，绝早不到晋、宋之际，因而将此墓壁画中所见荣启期画像腹间结带的服饰，视如6世纪初叶北方全面兴起的褒衣博带式佛装的渊源所在，显然是不合适的。"又说："据此可以推知类如栖霞千佛崖二佛并坐像所着胸前结带，衣襞长垂的'褒衣博带'式僧衣，也可能是最早见诸北方，而后流布南方的"[3]。

关于"褒衣博带"式服饰，宿白先生也提出与北魏孝文帝、文明太后汉化政策有关[4]。这些认识均是有道理的，因为"褒衣博带"本为汉族传统，是汉代的典型服饰。拓跋族入主中原后，多承汉制，在服饰上向以汉朝为主

---

[1]《南京西善桥南朝墓及其砖刻壁画》，《文物》1960年8、9期合刊。
[2] 任继愈：《中国佛教史》第3卷，第737页。另见杨鸿：《试论南北朝前期佛像服饰的主要变化》，《考古》1963年第6期。
[3] 邵磊：《南京栖霞山千佛崖释迦多宝并坐像及有关问题》，载殷宪主编《北朝史研究：中国魏晋南北朝史国际学术研讨会论文集》，商务印书馆，2004年。
[4] 宿白：《中国石窟寺研究》，附录二《北朝造型艺术中人物形象的变化》，生活·读书·新知三联书店，2019年。

的汉族服饰看齐是不难理解的。然而，不容置疑，北朝佛像中渗透些南方的服饰形制也是不能排除的。从前面南北义学的交流看，南上北下都是常见的。而如上述栖霞千佛崖二佛坐像显然是受北方影响，就是说在造像上也应是交流的，而这种交流也非单向的。

从画像情况看，东晋南朝以来画师辈出，著名的有戴逵。戴逵，谯郡郅县人，是晋代出名的隐士、画师，善画佛像。又一名师顾恺之，《历代名画记》载："顾生者创维摩诘像，有清羸示病之容，隐几忘言之状"[1]。维摩诘是东晋南朝士族崇拜的偶像，他既是一位大慈大悲的菩萨，又是一位资产无量、生活奢侈的商人。又如陆探微，宋明帝时人，所画风格为"秀骨清像"，体现出了一种道家风范。以上从侧面反映了南朝佛、道系统的造像特征。所以如果说"褒衣博带"是汉民族固有的服饰风格，那么"秀骨清像"则无论如何是受南朝影响的。

张焯在《徐州高僧入主云冈石窟》一文中提出太和五年，法秀谋反以后的凉州高僧式微和徐州僧匠北上的观点是有道理的[2]。

太和四年，淮北四州民不乐属魏，由桓标之等聚众反叛，魏遣军讨之，讨灭标之，"余众得南归者尚数千家，魏人亦掠三万余口归平城"[3]。这些南人到北方，不会不对南方的文化产生影响。另外从大量史籍中可以看出，南北朝时，有不少僧人北上，如高僧昙庆、道澄、慧纪、僧逞、龙达等都是北上的义僧，他们得到孝文帝的特殊待遇，在北方位望隆盛。显然对北方佛教产生了不可估量的影响。

另外，关中地区出现了佛教和道教在造像上融合的情况。北魏始光元年（424），魏文朗"造佛道像一区"造像碑；西魏大统十四年（548），邑子七十人"造大道如来二圣"碑；北周保定二年（562），佛弟子李昙信兄弟"敬造释迦太上老君菩萨石像一区"。这些都是佛、道造像交融的实例。

余论

北朝是一个充分开放的时代，表现为东西文化、南北文化、胡汉文化的广泛交流和深度融合，而民族和佛教是北朝文化交流和融合的纽结。

---

[1]〔唐〕张彦远：《历代名画记》，辽宁教育出版社，2001年，第20页。
[2] 张焯：《徐州高僧入主云冈石窟》，《文物世界》2004年第5期。
[3]〔宋〕司马光：《资治通鉴》卷135，《齐纪》建六三年，中华书局，1956年，第4244页。

北魏拓跋焘灭北凉以来，佛教在北朝得以广泛传播，在传播和南北交流中形成一些宗派和宗门，如涅槃学派、成实论学派、十地经论学派、摄论学派以及净土宗等。

佛教是南北朝时期学术思想的主潮。由于传播媒体的不同形成两大系统：北朝以儒学为主要媒介构成佛、儒系统；南朝以道家或道教为主要媒介构成佛、道系统[1]。

北朝儒学直承汉儒，即汉代儒学。颜之推所说"谶纬之外，义疏而已"[2]，实际上指的是佛儒结合的两个阶段，即孝文帝以前佛与谶纬的结合，而在孝文帝以后，佛教同义理之学的结合。北朝佛教同中土文化的碰撞和交流主要表现在佛、儒之间。在此斗争中，道往往站在儒之一面。而在南朝，佛教同中土文化的碰撞主要表现在佛教和道教之间，在此斗争中儒家往往站在道家或道教一面。

三教二系在北朝后期出现了汇总的趋势，其基础是礼学。北朝象教和南朝佛教义理之学形成对比。佛教"象教"一词，出现在《魏书·释老志》，象教在南北朝时期的南北方都受到重视，但北朝明显超过南朝。北朝象教有两大特征：一是北方佛教造像主要分布在交通干线上；二是以帝王形象造像，礼天子即礼佛。这两大特征充分反映了北朝率先把象教纳入国教轨道。

北魏以来，三教在不断地融合，这种意识在北朝佛教造像中有极为明显的反映，南北朝时期的象教还表现在佛、道、儒三教在造像中的凸现和盘结。

原文刊于张庆捷、李书吉、李纲主编：
《4—6世纪北中国与欧亚大陆》，科学出版社，2006年

---

[1] 李书吉：《北朝礼学与佛教心性学》，载殷宪主编《北朝史研究：中国石窟寺研究》，商务印书馆，2004年。
[2] 〔北齐〕颜之推：《颜氏家训》·卷3·《勉学第八》。

墓志所见北朝的民族融合
——以司马金龙家族墓志为线索

张学锋

南京大学历史学院

一

日本学者内藤湖南博士从文化史观的视角出发,将中国古代历史划分为古代、中世纪和近世三个阶段,其中,魏晋南北朝隋唐是中国历史上的中世纪[1]。

不同的历史时期必定有不同的时代特征。根据内藤博士的学说,中国古代是中国固有的文化发生、发展并达到鼎盛的时期。进入秦汉以后,中原文化持续向外扩张,促使了周边民族的觉醒。在中世纪,长期接受中原文化熏陶的周边民族开始觉醒,逐渐成长起来,并对中原虎视眈眈,凭借着民族初兴时期强大的军事活力,长驱直入,进入中国文化的核心区域——中原,一举攻灭了西晋王朝;战乱引发了大量的人口迁徙,先秦以来蓄积起来的中国传统文化,在江南地区得到了保存和发展;而进入中原的主要民族——匈奴、鲜卑、羯、氐、羌则相互攻伐,称王称帝,先后建立了前赵(匈奴刘氏)、后赵(羯人石氏)、前凉(西晋凉州刺史、汉人张氏)、后凉(氐人吕氏)、南凉(鲜卑秃发氏)、北凉(匈奴沮渠氏)、西凉(汉人李氏)、前燕(鲜卑慕容氏)、后燕(鲜卑慕容氏)、南燕(鲜卑慕容氏)、北燕(鲜卑化汉人冯氏)、前秦(氐人苻氏)、后秦(羌人姚氏)、西秦(鲜卑乞伏氏)、夏(匈奴赫连氏)、成汉(氐人李氏)等至少十六个政权,这就是历史上所谓的"五胡乱华"。近一个世纪的混战局面结束了,重新统一华北的是鲜卑拓跋部建立的北魏王朝。

随着周边民族的不断迁入,中原地区的民族结构也变得复杂起来。在

---

[1] 〔日〕内藤湖南:《中国古代史》,《内藤湖南全集》第十卷,筑摩书房,1969年。中译本见夏应元监译《中国史通论》(上),社会科学文献出版社,2004年。

各族群的持续交往中，争战之外，民族之间的相互融合成为这一时代的主旋律。经过近三个世纪的发展，一种全新的民族认同逐渐形成，而这一民族正是日后辉煌灿烂的隋唐文化的缔造者。

十六国北朝时期的民族融合问题，在以往的研究中受到了极大的关注。然而，多数研究都将焦点放在北魏孝文帝的汉化政策上，禁止使用鲜卑语，使用汉语，禁止鲜卑服，穿着汉服，提倡与汉人通婚，模仿中原的世族制度改订鲜卑氏姓等。研究者将以上内容作为探讨这一时期民族融合问题的关键词，并站在汉文化的立场上给予了极高的评价。

在民族融合这一问题上，孝文帝颁布的汉化政策固然重要，但这只是顺应历史发展趋势的一种政策法规，而民族的融合是长时段且日常性的，因此，缺乏细节的探讨终究只会停留在观念之上。本文拟以近几十年来出土的与司马金龙家族有关的墓志为线索，通过个案分析，丰富十六国北朝时期民族融合问题研究的内涵。

二

司马金龙夫妇合葬墓位于山西省大同市东南约6.5公里的石家寨村西南方，1965年被当地村民打井时偶然发现，文物部门随即对之进行了抢救性发掘。次年，发掘工作基本结束，发掘简报见《文物》1972年第3期[1]。司马金龙卒于北魏孝文帝太和八年（484），此时，孝文帝的所谓"汉化政策"尚未颁行，但墓葬中的随葬物品已经鲜明地反映出了胡汉融合的趋势。墓葬中发现5块比较完整的漆绘屏风，每块高约80厘米，这一高度正是当时地面生活的反映。屏风两面均有绘画，遍涂朱红漆，分四层绘制帝王、忠臣、孝子、列女、高士、名贤等人物故事，每幅都有文字题记和榜题（图1）。屏风漆画所表现出来的画风，与传为东晋顾恺之所作《女史箴图》《列女仁智图卷》等传世绘画作品有着许多共通之处[2]，可以说是一件纯粹的汉文化风格的文物。另外，司马金龙墓中出土了大量陶俑。据发掘报告，除深目高鼻、黑色胡髭的胡俑外，男俑普遍戴风帽、披风，着窄袖长衣，衣带束于腰下，女俑身着斜襟窄袖长衣或长袍，这些都是典型的草原民族风格。

---

[1] 大同市博物馆、山西省文物工作委员会：《山西大同石家寨北魏司马金龙墓》，《文物》1972年第3期。
[2] 参见张丽：《北魏司马金龙墓屏风漆画研究》，《河南科技大学学报》2005年第3期。

图1 司马金龙墓出土漆绘屏风（《文物》1972年第3期图版拾贰，《中国美术全集·绘画1》第158、160页合成图）

如果说司马金龙墓出土的漆屏风画和陶俑分别反映了胡汉文化特征的话，那么，几乎与之同时的宁夏固原北魏墓出土的漆画木棺，[1]则在同一件漆棺画上显示出了多种文化因素。漆画绘制于前高宽后低窄的鲜卑式木棺上，漆棺画的中心内容是中原地区的历史故事，每个场景的侧旁有汉字题榜，这与司马金龙墓出土的漆屏风画旨趣相同。但故事人物的服饰除汉服外，大多数着典型的鲜卑服，斜领袍服，长及膝下，下着裙或裤，头戴风帽。场景之间用三角形火焰纹隔开，下方装饰连珠纹的团花图案。三角形火焰纹在图像学上通常被认为是受到了中亚祆教的影响，而连珠纹团花图案则是波斯文化的重要意象（图2）。因此，固原北魏漆棺画是中原、鲜卑、中亚等各种文化因素的结合体，已不单是胡汉交流的结果，而是胡汉、东西文化相互交融的产物。经过十六国时期的争战、交

图2 宁夏固原北魏出土木棺漆画侧板（《固原北魏墓漆棺画》）

---

[1] 宁夏固原博物馆：《固原北魏墓漆棺画》，宁夏人民出版社，1988年，第15页。本文作者推测该墓应在太和十年(486)前后。

流，到了北魏前期，胡汉、东西之间的交往已经达到了前所未有的盛况。文化交流的繁盛，必定是人物往来、相互认同、相互汲取的结果，而与司马金龙家族相关的6方墓志，正是这一时期胡汉通婚、民族融合的具体例证。

三

司马金龙夫妇墓中共出土了墓志3方，2方为司马金龙墓志，1方是司马金龙第一夫人钦文姬辰的墓铭。

（一）司空琅琊康王墓表

该墓志题为"墓表"，镶嵌在墓门券顶上部，呈碑形，通高64.2厘米，宽14.4厘米。墓表保留了早期墓志中多见的碑的形式，与北魏迁洛以后盛行的方形带盖墓志有很大差异。墓表内容如下（图3）：

> 司空琅琊康王墓表
>
> 维大代太和八年岁在甲子十一月庚午朔十六日乙酉，代故河内郡温县肥乡孝敬里，使持节、侍中、镇西大将军、吏部尚书、羽真、司空、冀州刺史、琅琊康王司马金龙之铭。

图3 司马金龙墓表
（《山西大同石家寨北魏司马金龙墓》）

（二）司马金龙墓之铭

亦为碑形，出土于后室甬道南端东侧，通高71厘米，宽56厘米，志文内容与"墓表"基本相同：

> 大代太和八年岁在甲子十一月庚午朔十六日乙酉，怀州河内郡温县肥乡孝敬里，使持节、侍中、镇西大将军、吏部尚书、羽真、司空、冀州刺史、琅琊康王司马金龙之铭。

（三）司马金龙第一夫人钦文姬辰墓铭

出土于后室甬道南端东侧，近方形，长30厘米、宽28厘米。两面刻字，志文如下：

> 维大代延兴四年岁在甲寅十一月戊辰朔二十七日甲午，河内温县

倍乡孝敬里人，使持节、侍中、镇西大将军、开府仪同三司、都督梁益究豫诸军事、护南蛮校尉、扬州刺史、羽真、琅琊贞王司马楚之子，使持节、侍中、镇西大将军、朔州刺史、羽真、琅琊王金龙妻，侍中、太尉、陇西王、直懃贺豆跋女，乞伏文照王外孙女钦文姬辰之铭。

依据墓志内容，结合历史文献的记载，司马金龙的身份十分明确。著籍于河内郡温县肥乡孝敬里的司马氏家族，从东汉时期就是"世二千石"的大家族，著名人物有东汉颍川太守司马颖、京兆尹司马防等[1]。司马氏以礼制研究作为家学，很早就走上了教养化豪族的道路，成为中国中世纪贵族的一员。3到4世纪，中原的汉人社会中已经确立了基于门第、血统的贵族身份，他们垄断了政治、社会、文化等各个领域。根据毛汉光先生的统计，全国第一流的贵族共有13姓17家，河内司马氏便是其中一家[2]。三国曹魏时期，司马懿开始参与国家政治，逐渐掌控军政大权，及其子司马昭、司马师时代，曹魏皇帝已经沦为司马氏手中的傀儡。265年，司马懿之孙司马炎接受魏帝禅让，建立了西晋政权。然而，晋王朝立国仅半个世纪，就在内乱和外患的双重打击下土崩瓦解，中原地区再次陷入战乱。宗室琅琊王司马睿在世家大族的支持下，南下建康（今南京）建立了东晋王朝。

5世纪初，东晋政权再次面临权臣的篡夺。420年，刘裕取代司马氏建立了刘宋王朝，历史进入南朝时期。就在东晋亡国前一年的419年，东晋宗室成员司马楚之从江南逃到平城（今大同），投靠了北魏王朝。据《魏书·司马楚之传》记载，投魏以后的司马楚之官拜"假节、侍中、镇西大将军、开府仪同三司、云中镇大将、朔州刺史"[3]，并受封琅琊郡王，死后陪葬金陵（金陵为北魏前期帝陵的总称，在今山西省左云县一带）。不仅如此，投靠鲜卑政权的司马楚之还与鲜卑贵族通婚，娶王女河内公主为妻，生下了汉鲜混血的幼子司马金龙。因此，司马金龙身上的汉人血统占1/2。（下列世系表中，括号内的汉字为民族成分，阿拉伯数字为汉人与鲜卑血统比例。）

司马楚之 ＋ 河内公主
（汉）｜（鲜卑）
司马金龙
（汉鲜，1/2）

---

[1]〔唐〕房玄龄等：《晋书》·卷1·《宣帝本纪》，中华书局，1974年。
[2] 参见毛汉光著：《中国中古社会史论》，上海世纪出版集团，2002年。
[3]〔北齐〕魏收：《魏书》·卷37·《司马楚之传》，中华书局，1974年，第857页。

司马金龙的第一夫人是鲜卑民族的钦文姬辰。据《魏书·司马金龙传》及出土的钦文姬辰墓志铭记载，钦文姬辰是太尉陇西王源贺的女儿，也就是鲜卑乞伏文照（昭）王（直懃贺豆跋之岳父）之外孙女。源氏是鲜卑秃发部的后代，十六国时期其先人秃发乌孤曾在河西建立了南凉国，传三代至秃发傉檀时为鲜卑乞伏部所建的西秦所灭[1]。源贺即秃发傉檀之子，后归顺北魏太武帝。钦文姬辰墓志铭中称其父"源贺"为"直懃贺豆跋"。"直懃"是鲜卑语"贵人"之意，也作"只斤"，特指王子或魏主子弟；"贺豆跋"即"源贺"，"豆跋"应当是"秃发"的异写。孝武帝推行汉化改革时，北魏皇室改"拓跋"姓为"元"，而与"拓跋"同源的"秃发"则赐姓为"源"氏[2]。志文显示，钦文姬辰墓铭镌刻于北魏延兴四年（474），尚在推行"汉化政策"之前，而《魏书》编撰于汉化以后，故而两者在氏名的书写上存在着差异。

司马金龙与钦文姬辰生下司马延宗、司马纂和司马悦三子，他们身上的汉人血统只剩下了1/4。

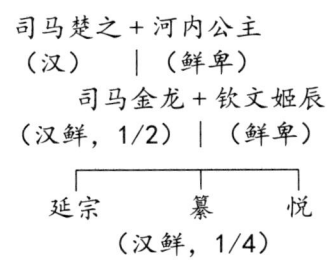

司马楚之 ＋ 河内公主
（汉）　　（鲜卑）
　　司马金龙 ＋ 钦文姬辰
（汉鲜，1/2）　（鲜卑）
┌──────┼──────┐
延宗　　纂　　悦
（汉鲜，1/4）

延兴四年（474），司马金龙的第一夫人钦文姬辰去世，不久后，司马金龙续娶沮渠牧犍的女儿为妻，生下了司马徽亮。沮渠氏属匈奴，十六国至北魏前期曾在河西建立了北凉政权，沮渠牧犍即第二代北凉国王[3]。沮渠牧犍娶北魏太武帝的妹妹武威公主，所生女就是司马金龙的第二夫人（鲜匈混血）。可见，自司马楚之投魏以后，楚之、金龙父子前后与鲜卑拓跋氏、鲜卑秃发氏、匈奴沮渠氏通婚，司马金龙诸子的汉人血统只剩下1/4。其中，司马延宗、司马纂、司马悦是汉鲜（拓跋、秃发、乞伏）混血，司马徽亮则是汉匈鲜三族混血。

---

[1]〔唐〕房玄龄等：《晋书》·卷126·《秃发乌孤载记》《秃发傉檀载记》。
[2]〔北齐〕魏收：《魏书》·卷41·《源贺传》，中华书局，1974年，第919页。
[3]〔唐〕房玄龄等：《晋书》·卷129·《沮渠蒙逊载记》，中华书局，1974年。

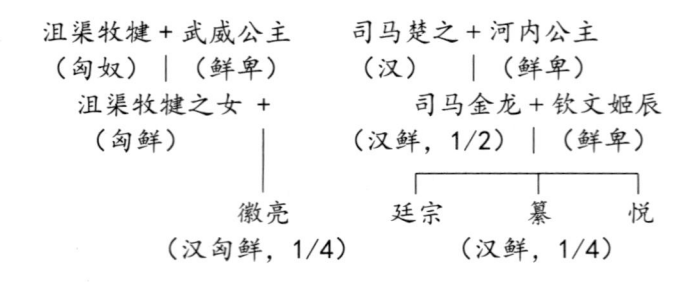

```
沮渠牧犍 + 武威公主        司马楚之 + 河内公主
（匈奴）  │ （鲜卑）        （汉）  │ （鲜卑）
   沮渠牧犍之女 +            司马金龙 + 钦文姬辰
   （匈鲜）   │              （汉鲜，1/2）│（鲜卑）
           ┌──┘                  ┌────┼────┐
          徽亮                   廷宗  纂   悦
       （汉匈鲜，1/4）          （汉鲜，1/4）
```

太和八年（484），司马金龙去世，葬北魏国都平城。民族融合的历史车轮仍在不停地前进着，司马金龙后人的墓志证明了这一点。仅目前所知，与司马金龙家族有关的墓志还有以下几种。

1. 河南孟县出土司马金龙第三子司马悦墓志[1]

墓志题为"魏故持节督豫州诸军事征虏将军渔阳县开国子豫州刺史司马悦墓志"，葬于永平四年（511）。志首称："君讳悦，字庆宗，司州河内温县都乡孝敬里人也。故侍中、征南大将军、开府仪同三司贞王之孙，故侍中、开府仪同三司、吏部尚书、司空公、康王之第三子……"（图4）可见志主即为司马金龙第三子司马悦。墓志未载司马悦的配偶，但称其"男降懿主，女徽贵嫔"，也就是说，司马悦所生子女与帝室联姻。

2. 司马悦第三女司马显姿墓志

司马显姿是司马悦第三女，为北魏世宗宣武帝元恪的第一贵嫔夫人，正光元年（520）卒，次年陪葬景陵[2]。墓志题为"魏故世宗宣武帝第一贵嫔司马氏墓志铭"。志首称："夫人讳显姿，河内温人，豫郢豫青四州刺史，烈公之第三女也。其先有晋之苗胄矣。曾祖司徒琅琊真王，垂芳迹于晋代。祖司空康王，播休誉于恒朔。父烈公，以才英俊举，流清誉于司洛……"（图5）

3. 高雅墓志

河北景县在十六国北朝时期为渤海郡蓨县，是渤海高氏的籍贯。渤海高氏虽然比不上清河崔氏、荥阳郑氏、赵郡李氏、范阳卢氏这样的一流高门，但能与崔、李、卢、郑通婚，在当时社会上仍不失为豪门望族。高氏家族墓

---

[1] 尚振明：《孟县出土北魏司马悦墓志》，《文物》1981年第12期，第45—46页，图版肆。墓志录文可参见赵超著《汉魏南北朝墓志汇编》，天津古籍出版社，1992年，第57—59页。

[2] 朱亮主编：《洛阳出土北魏墓志选编》，科学出版社，2001年。墓志录文可参见赵超著《汉魏南北朝墓志汇编》，第120—121页。

图4 司马悦墓志（《文物》1981年第12期，图版肆）

图5 司马显姿墓志（《北京图书馆藏中国历代石刻拓本汇编·北朝·第四册》）

图6 高雅墓志（《河北景县北魏高氏墓发掘简报》）

地位于今景县城南15公里的野林庄和北屯乡一带，当地称"高氏祖坟"或"皇姑坟"，20世纪70年代曾进行过抢救性发掘。其中编号为M13的为高雅墓，葬于东魏天平四年[1]。

高雅墓的葬俗比较特殊，由甬道、主室和东、北两个侧室组成。主室葬高雅及夫人司马显明，北侧室葬高雅次子高德云，东侧室葬高雅长女、北魏孝明帝嫔妃高元仪。出土墓志一方，志面刻高雅生平事迹，志侧刻"夫人河内琅琊王司马金龙之孙，豫州刺史悦之长女，字显明，年四十九。大女，孝明皇帝嫔，字元仪，年卅二。第二息镇东府骑兵参军讳德云，字仲武，年廿一"（图6）。

司马楚之、司马金龙父子的墓葬均在平城附近，而司马悦的墓葬在洛阳

---

[1] 何直刚：《河北景县北魏高氏墓发掘简报》，《文物》1979年第3期。墓志录文可参见赵超著《汉魏南北朝墓志汇编》，第322—323页。

附近的孟县，亦即司马氏的故里。这是孝文帝汉化政策的结果，按照当时的规定，"代人不得归葬平城"。而编号为景高M13是高雅夫妇合葬墓，葬于东魏天平四年。据出土墓志记载，主室葬的是墓主人高雅及其妻子司马显明。司马显明是司马悦的长女，亦即司马金龙的孙女。渤海高氏是"天下贵族"的十三姓之一，鲜卑的血脉通过这种方式，流入另一家汉人世家大族的血管之中。

四

从北魏献文帝拓跋弘（465—471年在位）开始，北魏政府进一步实行改革的基本方针政策已见端倪。文成帝拓跋濬（452—465年在位）之后冯氏（冯太后，即文明太后，北燕宗室），在其孙孝文帝即位初年临朝称制，制定和实行了"三长制""均田制"等一系列改革政策。孝文帝亲政后，太和十八年（494）将都城从平城迁到中原文化的中心区域洛阳，改制的内容更加深入。其中变革胡服，禁鲜卑语，定籍贯和度量衡，定族姓，胡汉通婚，改姓氏、官制以及礼制等，进一步促进了汉族与北方周边民族的融合。

实际上，民族的融合不仅仅存在于司马金龙等贵族身上，北魏帝室的混血现象更加明显。北魏前期所谓"子贵母死"的规定，使得多数鲜卑女子不愿因所生子嗣被列为太子而身受杀戮，因此北魏皇帝的母亲大多是汉人出身，这促使汉人血统快速进入了北魏帝室。以著名的孝文帝为例，他身上的鲜卑血液最多只有1/32，其他帝室成员身上的汉人血统也与之相近。司马悦的女儿司马显姿成为孝文帝之子宣武帝的第一贵嫔夫人，而宣武帝身上的鲜卑人血统则仅占1/64。

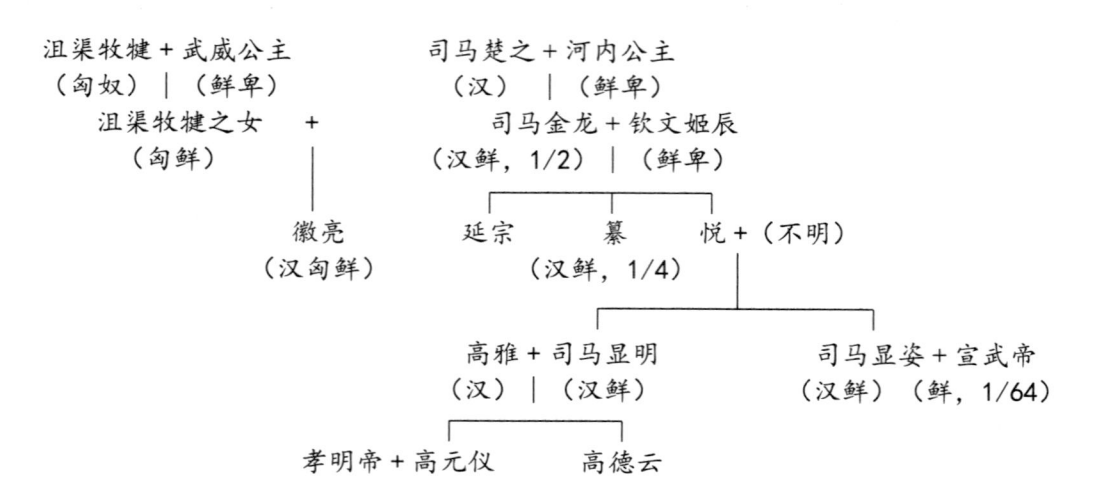

```
沮渠牧犍 + 武威公主          司马楚之 + 河内公主
（匈奴） | （鲜卑）            （汉） | （鲜卑）
沮渠牧犍之女      +           司马金龙 + 钦文姬辰
（匈鲜）          |            （汉鲜，1/2） | （鲜卑）
                  |
          徽亮         延宗    纂    悦 + （不明）
         （汉匈鲜）          （汉鲜，1/4）
                                           |
                              高雅 + 司马显明      司马显姿 + 宣武帝
                              （汉）| （汉鲜）      （汉鲜）（鲜，1/64）
                                   |
                          孝明帝 + 高元仪    高德云
```

孝文帝顺应了社会发展的要求，利用政权的力量，对社会各方面进行改革，大大促进了鲜卑民族的文明化进程。但是，这样的改革不可避免地产生了严重的副作用，这就是鲜卑民族的消亡。不久，因不满朝廷的"汉化政策"和贵族官僚的腐败，驻扎在北部边境六镇的鲜卑军民发动了叛乱。这场动乱导致北魏政权分裂成东魏和西魏，不久后又分别为北齐高氏和北周宇文氏所取代。鲜卑文化虽然在北齐和北周两个政权下一时间得以复辟，但这些都只是暂时的现象，"汉化"的历史大潮已经无法逆转。577年，北周灭北齐；四年后，杨坚取代北周建立隋朝。589年，隋文帝杨坚派晋王杨广率军南下平陈。至此，分裂了近四个世纪的魏晋南北朝重归统一，中国历史迎来了隋唐时代。

过去，我们常常对北魏孝文帝的"汉化政策"津津乐道，然而，通过对司马金龙家族墓志的分析，北朝时期族群之间的交融，绝对不是单极的"汉化"，而是族群间的相互交融，即"民族融合"。正因为北朝时期的民族大融合，进入隋唐以后，十六国以来活跃一时的鲜卑、匈奴、羯、氐、羌诸族，作为单独的族群已经淡出历史舞台。但是，他们的影响并没有因此消失，而是以另一种形式活跃着，甚至直接左右当时的政治。隋唐帝室分别自称弘农杨氏和陇西李氏之后，却有着普六茹、大野这样的鲜卑姓氏；独孤氏、长孙氏、萧氏等各种族群，都成为他们的联姻对象。他们的血管中流淌着汉人、鲜卑人，甚至其他各族群的血液。另外，当时所谓的"汉人"也不再是两汉时期的汉人，"中国文化"也不再是秦汉时期的中国文化。经过多民族混血的新一代中国人——隋唐人，成为当时最为先进的隋唐历史文化的创造者。司马金龙父子几代人的经历，正是这一历史大潮的缩影。

原文刊载于《许昌学院学报》2014年第3期

关于胡族汉化的实态

川本芳昭 著
日本九州大学

张雨怡 译
复旦大学历史学博士

引言

  本篇上文就身份制、围绕周礼接受的问题进行了讨论，如果反过来考虑，也许会产生这样的理解：对这些源自中原的制度或思想的接受，归根到底是北族"同化"过程里的路标。换言之，当时的北族汉化，归根到底可能就是他们自身或他们的文化被汉族社会同化。这是无法否定的。但它关系到一个根本性的问题：五胡十六国至北朝北族侵入中原，随之而来的汉化究竟具有何种意义？如果说汉化或胡汉融合最终是"同化"，也可能会产生这样一种理解，即从作为先进文明的中原文明一侧来看，当时北方民族流入中原所产生的种种事件最终只不过是混乱和文明的倒退。但回顾以往研究史，此理解是大部分研究者不认同的。笔者也是遵循这一历来看法，而在整理问题后提出"北方民族流入给中原文明具体带来了什么"这一疑问时，又感觉相关解答在现阶段还没有达成明确共识。这一点维持模糊不清，依然会为上述理解的存续留有余地。本文的讨论就围绕胡族汉化所具有的历史意义这一问题展开。

一、同化与汉化

  踏入中原的匈奴、鲜卑等五胡诸族在与汉民族深入接触的过程中，时而缓慢、时而急切地进行着汉化，这些情况下的汉化可能是以胡族单方面"同化"于中原文明的形式实现的。回顾过去的研究史可以见到这样的：围绕关系到隋唐均田制的北魏均田制的源流，有观点认为其产生于西晋占田、课田制等中国传统土地制度的潮流中,也有观点认为其从北魏国初的计口受田制发展而来[1]。关于北魏洛阳城的都市规划(例如坊制的起源),也能体现出汉民族式与胡族式这两种看法的对立[2]。围绕良奴制的见解也可以体现相似的对立存在。关于府兵制的起源问题也有相似的分歧[3]。这些理解上的对立在现阶段还没有得到充分解决,假设认为这些制度的形成全都受到北族文化的影响,下文就可不必再特别讨论了。而如果说这个时代产生的诸多政治、文化现象全部只是胡族在其汉化过程中单纯采用当时汉民族文化中的既有物,也可能会产生一种极端的想法,即随北方民族进入中原一道而来的,实际上只有强大的军事力量,它使东汉末期以来的分裂以隋唐帝国的形式实现再统一成为可能。

均田制等制度诞生的背景中,不能否认有北方民族强大军事力量存在的一面。简而言之,在这里作为问题的是,北方民族带到中原来的只有强大的军事力量吗?宫崎市定曾讨论北朝厉行考课制度:

> 尽管北朝不断模仿南朝,但最终没能形成像南朝一样的贵族制度,这是因为朴素的北族之中存在一种很强的正义感,或者说是尊重公平的观念,不承认不合理特权的意志有效地发挥了作用。这绝不意味着政治是公平的,但可以成为阻止贵族制度建立的原动力。[4]

他还说道:

> 对贵族群体来说,最大的威胁是北周政权排斥贵族主义,大胆地提出军阀式的官僚主义。另外,他们自己逐渐形成了军阀式贵族制。从某种意义上来说,这可以说是北方民族入侵华北地区后果的总结算。在中国社会里,很难找到与贵族制度相抗衡的强大力量的根源。他们强大的政治力量是曹操在短时间内人为地创造出的集团所无法比拟。这就必须从来自北方民族的社会观念中寻求根源。至于继北周之后的隋朝,这种

---

[1] 氣賀沢保規在《均田制研究の展開》(收入谷川道雄編《戰後日本の中国史論争》第四章,河合文化研究所,1993年)中整理了迄今的研究史。
[2] 参见朴漢済《北魏洛陽社会と胡漢体制——都城区画と住民分布を中心に》,《お茶の水史学》第34号,1990年。
[3] 参见氣賀沢保規《前期府兵制研究序説——その成果と論点をめぐって》,《法制史研究》42,1992年。
[4] 参见宫崎市定《九品官人法の研究》,同朋舎,1956年,第459页。

北族式的能量引起了破坏贵族制度的爆发，也就是隋文帝的地方制度、选举制度的改革。[1]

宫崎在北方民族朴素的社会观念中找到了他们带入中原的强大能量。也就是说，宫崎设想了某种不能归结为军事力量的东西，但这是一个难以根据具体史料加以论证的问题，因此要以具体的形式表明这种能量的存在并不容易。从当时的具体史料来看，宫崎所认为的这种能量的存在，在某种程度上也是可能的。现在我们通过北魏墓志的实际情况来观察其中的一些方面。

水野清一在关于中国墓志变迁的考证中，提到北魏的墓志：

> 北魏的墓志在迁洛（494）之后急剧增加。……于是出现了太和二十二年（498）元偃墓志，二十三年元简、元弼、元彬、韩显宗墓志这样愈发迅速地增加，最终呈现出六、七、八世纪的盛况。这些在形式、文体方面都已完备的墓志……墓志的形制是在北魏时期完善的。此后经北朝后期、东西魏、北齐、北周至隋唐，或是到辽宋，也没有发生太大的变化。[2]

若用赵万里的《汉魏南北朝墓志集释》来展现这一变化，可制成下表。关于该书收录的迁都洛阳以前的墓志，包括墓记、墓碑和墓碑形式的墓志等，我们将汉代以来的通通列入。关于迁洛后的墓志，因数量庞大，仅展示截至北魏末（除东西魏）的元氏一族墓志。东西魏以后的墓志、元氏以外的墓志以及难以视作"完备的墓志"的墓碑等，均被排除在表外。

表1　墓志

汉代： 贾武仲妻姜墓记、□通本封记（以上二例）
曹魏： 鲍捐神坐、鲍寄神坐（以上二例）

---

[1] 参见前揭宫崎市定书第543页。
[2] 参见水野清一《书道全集》第6卷，平凡社，1958年，第38页。

晋代： 冯恭石椁题字、徐夫人菅洛碑并阴、成晃碑、乐生墓记、乐生柩铭、贾充妻郭槐柩铭、魏雏柩铭并阴附石柱、左棻墓志并阴、张朗碑并阴、荀岳暨妻刘简训墓志并阴、石尠墓志并阴、石定墓志、刘韬墓志、郑舒妻刘氏墓志（以上十四例）
刘宋： 刘怀民墓志（以上一例）
南齐： 吕超墓志（以上一例）
北魏迁洛以前：（无）
北魏迁洛以后： 元龙墓志（以下省略"墓志"）、元珍、元孟辉、元天穆、元平、元昭、元诞、元德、元俥、元晖、元信、冯邕妻元氏、元悛、元憺、元引、元保洛、元弼、元广、元鉴、元馗、元倪、元暐、元继、元义、元爽、元维、元绪、元悦、元仙王夫人、元华光、元则、元均之、元宥、元弼（与上述"元弼"不是同一人）、元恩、元朗、元彧、元秀、元飏、元璨、元钦、元崇、元遥、元定、元灵耀、元斌、元液、元袭、元钻远、元偃、元始和、元寿安、穆彦妻元洛神、元固、元周安、元澄、元顺、元彝、元嵩、元瞻、邢峦妻元纯陁、元桢、元英、元熙、元晫、元诱、元略、元纂、元巚、元肃、元鸾、元徽、元显魏、元恭、元显儁、元彬、元湛、元举、元思、元彦、元珽、元诠、元焕、元简、元演、元佑、元子永、元礼之、元延明、王诵妻元贵妃、元谧、元毓、元昉、元谭、元譿、元羽、元端、元详、元颢、元项、元纚、元子直、元文、元子正、王夫人宁陵公主元宝月、元怀、元悌、元诲、元延生、元宁（以上一百一十二例）

如果使用《石刻史料新编》、气贺泽保规的《中国新出石刻關係資料目録》或者赵超的《汉魏南北朝墓志汇编》，也能够展现更为详细的变化，此处只揭示大致趋势。

迁都洛阳后墓志的激增可能还有史料不均的因素。但这一现象也能从现在陆续发表在《文物》和《考古》等上的墓志看出，不止见于《汉魏南北朝墓志集释》和《石刻史料新编》收录的墓志。换言之，迁洛前后的变化不单是因为史料的偏重。迁洛后的元氏等胡族为什么全都热衷于制作墓志呢？过往的研究对这种现象何以产生这一点并没有做出解答。简单地说，这是胡族汉化的一项表征。此处想关注的是它的彻底性[迁洛以前的北魏墓铭，据最新的成果《汉魏南北朝墓志汇编》，仅万纵□墓记、鱼玄明之铭、钦文姬辰（司马金龙妻）之铭、司马金龙之铭四例，与迁都后的数量差异极大。此外，上述四例以及汉、魏、晋的墓铭与迁洛后在形式、文体等方面已完善的墓志颇有不同]。这种彻底性意味着什么呢？

众所周知，孝文帝禁胡服、胡语等，废除了种种胡族旧习，同时在短时间内相继果断推行官制、均田制等新制度。上面围绕墓志的内容，当与孝文帝时期政治、社会体制的巨大改变有关。还值得注意的是，这些墓志的增加、定型化并不是出自最初创造其原型的汉民族政权，而是形成于作为少数民族政权的北魏，该形式又成为隋唐诸制的祖型。这两点，即彻底性与成为隋唐诸制祖型，在思考胡族汉化的意义时十分重要。

关于孝文帝在其"祖母"文明太后死后执意服三年之丧的缘由，考察他在收继婚下的出身，并论述了掌握汉文化、具有一流教养的孝文帝实行汉化政策的强烈劲头。这种接受汉文化的姿态，或多或少已在当时的胡族里普及，尤其是在上层中，有志于成为具备汉式教养的士大夫，甚至已然拥有这种士大夫面貌的人物开始出现。此时需要注意的是，尽管接受汉文化，他们当时面对汉文化、汉族几乎没有自卑和自惭，反而能让人感到他们以自身意志来选择汉文化并欲使其更为纯粹的态度。墓志的激增正是在这样的风潮下出现的。若承认这一想法，就可以说，胡族的能量对此后汉文化的形态产生了一定影响，而且可以相当清楚地看出，这种能量不仅仅是从军事力量中产生的。

另外，关于良奴制，良奴这一原本起源于汉族的风习转变为彻底的制度，来自胡族或以胡族为中心的国家的推进。良奴制正式成立的背后可以体现这种能量的作用。该事例也可支持笔者通过考察墓志而得出的见解。换言之，即这个时代的胡族汉化或胡汉融合不应视作单方面向汉族的"同化"，这从具体的史料中得到了验证。

这样的看法还有其他理由。如前述墓志的案例所示，当时的胡族，尤其是迁都洛阳以后的胡族，依靠着自身意愿来选择汉文化且欲使其更为纯粹，尽管如此，后来出现的文化还是带有浓厚的北族色彩。

二、胡族要素的残存

宿白在《北魏洛阳城和北邙陵墓》中提出，迁洛后，于洛阳北郊的邙山上，以帝陵为首，在元氏皇族、九姓帝族、勋旧八姓等次序下，进行着集中一族之墓的族葬。这是原始社会的族葬遗风。同样从大族墓葬群的内部排列状态来看，母系半部族制的残余也反映在墓葬制度上，这样的族葬形式当继承自代都时代[1]。我大体赞同宿氏的高见。《魏书》·卷1·《序纪》记成皇帝时事：

> 聪明武略，远近所推，统国三十六，大姓九十九，威震北方，莫不率服。

引文颇具传说性，提到了成帝时代有三十六国和九十九姓，据下引《隋书》·卷33·《经籍志二》所记迁都洛阳时事，迁都洛阳时也存在这样的结构：

> 后魏迁洛，有八氏十姓，咸出帝族。又有三十六族，则诸国之从魏者；九十二（九？）姓，世为部落大人者，并为河南洛阳人。

再结合孝文帝分定姓族之际以是否为上引文所见部落大人子孙作为重要判断基准（参见《魏书》·卷113·《官氏志》）等史事，这种族葬之风的延续应当表明，拓跋鲜卑一开始就认为九十九姓以拓跋王家为中心相互联结，或许已经相当形式化，但在迁都洛阳之后仍然存留。

另外，《广弘明集》·卷10·《辩惑论》"叙任道林辩周武帝除佛法诏"条记北周武帝宇文邕之语：

> 诏曰："佛生西域，寄传东夏，原其风教，殊乖中国。汉魏晋世，似有若无。五胡乱治，风化方盛。朕非五胡，心无敬事，既非正教，所以废之。"

此处表明武帝自认为不是五胡而是"华人"。这样的认识应当是继承前述孝文帝时期的风潮而出现。《隋书》·卷42·《李德林传》记武帝宇文邕

---

[1] 参见宿白《北魏洛阳城和北邙陵墓——鲜卑遗迹辑录之三》，《文物》1978年第7期。

破北齐后事云：

> 武帝尝于云阳宫作鲜卑语谓群臣云：……

据此，宇文邕说鲜卑语，他还汇集自己对军队发布的号令撰成《鲜卑号令》一书（《隋书》卷32）。他自认为非五胡（"朕非五胡"），却在灭北齐后的同一时间，既使用宇文复姓，亦说鲜卑语，似乎相互矛盾，但这在其内心并非矛盾，而是共存。这一点之所以合理，是因为当时胡汉融合之时代风潮的存在。将其与先前族葬的存在结合起来思考，我们可以认为，与北周武帝相同的情形也会存在于冲在汉化最前端的、北魏洛阳的胡族贵族身上。

也就是说，迁都后的胡族有意识地追求成为比汉人更像汉人的"华人"，但是，他们恐怕并未深刻意识到此种矛盾，依然残留着拓跋鲜卑式（即胡族式）的观念。接下来将从胡族观念的残留这一面展开论述，希望通过考察被视为府兵制源头的二十四军的事例，来揭示一项制度的诞生就缘于这种残留。

《周书》·卷2·《文帝纪下》魏恭帝元年条：

> 魏氏之初，统国三十六，大姓九十九，后多绝灭。至是，以诸将功高者为三十六国后，次功者为九十九姓后，所统军人，亦改从其姓。

过去陈寅恪根据这一史料，推断西魏二十四军的制度是鲜卑部落制时代的遗制[1]。不过，浜口重国反对这种看法：

> （笔者按：与陈寅恪）有相似观点的还有谷霁光。然而鄙意以为，即便"所统军人"指府兵，仅凭这一点就断定府兵是柱国大将军的私兵，进而视二十四军的制度为鲜卑部落时代的遗制，不得不说是一种过于随意的解释。[2]

前文提到，"彻底化"的背后还存在北族文化的影响留下深刻烙印的一面，现结合这一点来讨论二十四军的问题。

在考虑此问题时，这里首先要阐明《周书》·卷2·《文帝纪下》"魏

---

[1] 参见陈寅恪《府兵制前期史料试释》，《国立中央研究院历史语言研究所集刊》第7本3分册，1937年；陈寅恪：《隋唐制度渊源略论稿》，三联书店，1954年，"兵制"项。
[2] 浜口重国：《秦漢隋唐史の研究》上卷，东京大学出版会，1966年，第137页。

恭帝元年"条所述当时北族之"姓"的实态。众所周知，北魏道武帝实行了此前的五胡王朝时代未能进行的所谓部族解散。《新唐书》·卷71（下）·《表11下·宰相世系表一下》窦氏条载：

……勤，字羽德，穆帝（拓跋猗卢）复使领旧部落，命为纥豆陵氏。（西）晋册穆帝为代王，亦封勤忠义侯，徙居五原。……子真，字玄道，率众入（北）魏，为征西大将军。生朗，字明远，复领父众。……（子）佑，辽东公，亦领部落。……自拓（佑子）不领部落，为魏侍中、辽东宣王。岩（佑子，拓弟），安西大将军、辽东穆公，从孝武（孝文之误）徙洛阳，自是遂为河南洛阳人。

由是可窥知，此前存在的部民相互结合关系在部族解散后仍然存续。在这种结合关系中，部民以自身所属部落族长的"姓"作为自己的姓，有以下材料作为证据。《后汉书》·卷90·《乌桓传》关于乌桓云：

氏姓无常，以大人健者名字为姓。

这表明乌桓与鲜卑有同样的风俗和习惯，且乌桓存在与汉族的"姓"性质不同的"姓"。《宋书》·卷59·《张畅传》记北魏太武帝南侵之际魏宋两国间的交涉，其中一段为：

畅因问虏（指鲜卑）使姓，答云："我是鲜卑，无姓。……"

这说明魏宋对抗时期的鲜卑自认为不存在汉族式的"姓"。《魏书》·卷113·《官氏志》记北魏建国以前事：

初，安帝统国，诸部有九十九姓。至献帝时，七分国人，使诸兄弟各摄领之，乃分其氏。自后兼并他国，各有本部，部中别族，为内姓焉。

拓跋鲜卑曾把附属部族的姓作为"内姓"编入了国人部族。举一个具体的例子。《隋书》·卷61·《宇文述传》记宇文述先祖隶属鲜卑的俟豆归（宇文俟豆归），遂改姓宇文：

宇文述……代郡武川人也。本姓破野头，役属鲜卑俟豆归，后（指部落解散后）从其主为宇文氏。

[宇文述的先祖在役属于鲜卑的俟豆归（宇文俟豆归）后仍为破野头。]
《晋书》·卷97·《北狄传》"匈奴"条云：

> 北狄以部落为类，其入居塞者有屠各种、鲜支种、寇头种、乌谭种、赤勒种、捍蛭种、黑狼种、赤沙种、郁鞞种、萎莎种、秃童种、勃蔑种、羌渠种、贺赖种、钟跂种、大楼种、雍屈种、真树种、力羯种，凡十九种，皆有部落，不相杂错。屠各最豪贵，故得为单于，统领诸种。……其四姓，有呼延氏、卜氏、兰氏、乔氏。而呼延氏最贵……其国人有綦毋氏、勒氏，皆勇健，好反叛。

如上所见，种、氏分别相当于《魏书·官氏志》的氏、内姓。内田吟风氏关于此氏、种指出：

> 根据这些事例，我们可以认为"氏"是中世蒙古的一个血族团体obog-obox，"种"相当于是由一个或数个obog组成的irgen。[1]

根据以上考察可知，鲜卑的姓与汉族的姓在性质上颇有差异。鲜卑以自身所隶属大人的姓自称，在氏、种关系等的认识下，同前引《周书》·卷2·《文帝纪下》"魏恭帝元年"条所记"魏氏之初，统国三十六，大姓九十九，后多绝灭，至是，以诸将功高者为三十六国后，次功者为九十九姓后，所统军人，亦改从其姓"相比较，可以窥知，《周书》记载中的军人改姓系基于北族习俗。进一步说，旧有传统的根深蒂固，不仅可以从这次改革复活了已绝灭的三十六国、九十九姓，还可以从其细致地进行属下军人的改姓看出。这在思考西魏军制上可以说是极其重要的事项，但过往的研究不知为何没有指出这一点。

不过，浜口说"即便'所统军人'指府兵"，表现出对军人就是府兵的怀疑[2]。考虑到"所统军人"是当时西魏国军的核心组成部分，且这份史料记载的是二十四军制大局已定的大统十六年（550）的四年后魏恭帝元年的史事，笔者认为不应有此怀疑。为了补详以上论述，接下来想以拓展陈寅恪之说的形式，来阐释记载二十四军制的基本史料能够显示"鲜卑部落时代的遗制"的存在。《周书》·卷16·《侯莫陈凯传》"史臣曰"：

---

[1] 参见内田吟风《北アジア史研究 匈奴編》，同朋舎，1975年。
[2] 参见浜口重国《秦漢隋唐史の研究》上卷，第237页。

初，魏孝庄帝以尔朱荣有翊戴之功，拜荣柱国大将军，位在丞相上。荣败后，此官遂废。大统三年（537），魏文帝复以太祖（宇文泰）建中兴之业，始命为之。其后功参佐命，望实俱重者，亦居此职。自大统十六年以前，任者凡有八人。太祖位总百揆，督中外军。魏广陵王欣，元氏懿戚，从容禁闱而已。此外六人，各督二大将军，分掌禁旅，当爪牙御侮之寄。当时荣盛，莫与为比。故今之称门阀者，咸推八柱国家云。

《魏书》·卷113·《官氏志》"天兴元年（398）十二月"条云：

置八部大夫、散骑常侍、待诏等官。其八部大夫于皇城四方四维面置一人，以拟八座，谓之八国。

陈寅恪曾指出这里的"八国"或"八部"与之前的八柱国大将军、二十四军之间的关联。后一条记载的八部（八国）制本身是鲜卑部落时代的遗制，但将其进一步推演，同西魏二十四军制联系起来，这在逻辑上存在飞跃，是一种不得已的解释，而被滨口的驳论视作"随意的解释"。但到底为何八柱国大将军中的两人（宇文泰和广陵王元欣）会被作为特例区别于其他六柱国大将军？《周书》中"太祖位总百揆，督中外军，魏广陵王欣，元氏懿戚，从容禁闱而已"的描述指出，宇文泰在朝廷内地位崇重，元欣则拥有元氏懿戚的角色。这是一个有相当说服力的解释，但滨口提出了一个与此不同且本质性的问题，即二十四军制受周礼影响的问题。他就二十四军的战时统率方式论述道：

如果真是那样，就必须指出，战时对于二十四军的统率方法与周礼相比只改变了名称，其选任军将的方针则完全一致。……二十四军继承了周礼的系统，这应该视作二十四军的一大特征。[1]

众所周知，西魏是采取重视周礼路线的国家，基于此认为"六柱国大将军"的设置中有周礼六官制或六军制的影响应当无误。

那为什么从最开始"八柱国大将军"制不以"六柱国大将军"制的形式创设呢？考察该问题时需要十分注意的是，前引《周书》的记载"分掌禁

---

[1] 参见滨口重国《秦漢隋唐史の研究》上卷，第179、180页。

旅，当爪牙御侮之寄。当时荣盛，莫与为比。故今之称门阀者，咸推八柱国家云"显示，当时存在将被任命为柱国大将军的八人的家族视为国家柱石的认识（被任命为柱国大将军者除了前述八人以外，后来还有司马消难、达奚震等例）。相似的例子，是《魏书》·卷113·《官氏志》记北魏孝文帝太和十九年对北族进行姓族分定时其中一段提到的"八姓"：

> 其穆、陆、贺、刘、楼、于、嵇、尉八姓，皆太祖已降，勋著当世，位尽王公，灼然可知者。……

八姓之中，穆、陆、贺、刘、楼和于六姓同样在《官氏志》里被以相同的顺序记载改姓：

> 神元皇帝时，余部诸姓内入者，丘穆陵氏，后改为穆氏。步六孤氏，后改为陆氏。贺赖氏，后改为贺氏。独孤氏，后改为刘氏。贺楼氏，后改为楼氏。勿忸于氏，后改为于氏。

这表明，八姓中的六姓，至少在太和改姓的时间点上被视作神元皇帝拓跋力微以来北魏的柱石之家（另外，剩余的二姓中，嵇氏是北方纥奚氏，尉氏是西方尉迟氏）。

继续在北魏追索"八"的使用，由《魏书》·卷113·《官氏志》"神瑞元年（414）春"条可见"八大人""八公"等类似的例子：

> 置八大人官，大人下置三属官，总理万机，故世号八公云。

这也可以说是将"八"与国家柱石这一观念联系起来的用例。如果再追溯，就可以举出前述北魏初年于皇城四方四维各置一人的"八部大夫"，以及同为《官氏志》的以下记载（下引文中七族加上作为帝族的拓跋氏就是八族）：

> 献帝以兄为纥骨氏，后改为胡氏。次兄为普氏，后改为周氏。次兄为拓跋氏，后改为长孙氏。弟为达奚氏，后改为奚氏。次弟为伊娄氏，后改为伊氏。次弟为丘敦氏，后改为丘氏。次弟为侯氏，后改为亥氏。七族之兴，自此始也。

这样看来，不得不认为，当时人们对"八"这个数字有强烈的偏好人们。人们对"八"的拘执，也许单纯地来自对"四方四维"等八方的"八"的联想。但是，"八柱国家族"的"八"不仅仅是由八方的联想而产生，或也不是因柱国大将军有八人等而产生。理由在于，它不为"六柱国大将军"制这一因与周礼的关系而出现的制度所吸收，始终以"八柱国家"的形式保持一体性。只能认为，它受到了足以抗衡甚至凌驾周礼政治理念的理念或传统的影响（若非如此，这个制度就不是以八柱国大将军、十二大将军的形式，而是以六柱国大将军、十二大将军的形式成立）。那么这一理念、传统是什么？如前所述，《魏书》·卷113·《官氏志》"天兴元年（398）十二月"条载：

> 置八部大夫、散骑常侍、待诏等官。其八部大夫于皇城四方四维面置一人，以拟八座，谓之八国。

这里的"八座"即"尚书八座"。首先可以想到，影响来自这个"八"的观念。但是，将此视为与周礼的政治理念相抗衡或凌驾于其上的理念、传统不妥。而且，当时西魏是由胡族掌握政治实权，很难想象尚书八座的理念对军制产生了影响。那么，"八柱国家"的"八"是受别的观念影响。最自然就会想到，"八大人""八国""八部"等北魏传统影响了"八柱国家"的"八"。此处需要注意柱国大将军这一职官的性格。柱国大将军一职初见于史料是在《后汉书》·卷15·《李通传》对东汉创业期的记载中：

> 更始立，以通为柱国大将军、辅汉侯。从至长安，更拜为大将军……光武即位……

之后没有相关事例，350余年后才出现以下记载。慕容垂称燕王的燕元元年（384），丁零族出身的翟檀成为柱国大将军（《晋书》·卷123·《慕容垂载记》）。接下来的事例是北魏太武帝时期的长孙嵩（《魏书》·卷4（上）·《世祖纪上》"神䴥四年九月"条，同书卷25《长孙嵩传》）。再之后是前引文（《周书》卷16"史臣曰"）所见尔朱荣的任官。前废帝时期尔朱兆复任此职（《魏书》·卷75·《本传》。顺便一提，这表明前引《周书》卷16"史臣曰"所谓"荣败后，此官遂废"的说法并不妥当）。宇文泰担任柱国大将军是更晚出的事例，据上文已能窥知柱国大将军一职的特殊性质。即，这一官职的就任者除最开始的李通一例之外，均为非汉民族。这里想顺带提及的是，"柱国"一语作为普通名词随时都在使用，作为官名，也能在此前中国的历史中找到例子。但《通典》·卷34·《职官一六》勋官条载：

> 上柱国、柱国，皆楚之宠官。楚怀王使柱国昭阳将兵攻齐。陈轸问楚国之法，破军杀将者何以贵之，昭阳曰"其官为上柱国"是也。（原注：陈胜为王，蔡赐为上柱国。）历代无闻。至后魏孝庄，以尔朱荣有翊戴之功，拜为柱国大将军，位在丞相上。

据此，作为官名的"柱国"在汉代以前，是同为非中原国家的楚国的官职。关于北魏前期官制，当时具有独特名称且北族色彩浓厚的诸官，其中有起源于中原但存在非中原性质的官职，如殿中尚书与给事等。注意到此点，可认为柱国大将军一职在当时具备浓厚的非汉族式武官的性格，这能够支持先前的看法，即"八柱国"的"八"受到了"八大人""八部""八国"等北魏以来传统的影响。

而前文引用过的《魏书》·卷113·《官氏志》"神瑞元年（414）春"条云：

> 置八大人官，大人下置三属官，总理万机，故世号八公云。

接续此记载，《官氏志》记三年后泰常二年（417）夏时事云：

> 置六部大人官，有天部，地部，东、西、南、北部，皆以诸公为之。大人置三属官。

因北魏初年道武帝断然施行部落解散，此前的诸部族被重编为八部，后又变成六部，且至少存续到孝文帝时代，上引"神瑞元年条"所见"八大人"应该是与前述天兴元年的"八部大夫"有关的官职。而"泰常二年"条所见"六部大人"官与"八大人"的关联，也可以从两条记载在《官氏志》里的前后相连得到确认。换言之，道武帝时代的"八部大夫"与明元帝时代的"八大人""六部大人"是有关联的。那就应当注意"泰常二年条"所见"六部大人"各自拥有的名称，即"天部""地部""东部""西部""南部""北部"。原因在于，例如《汉书》·卷21（上）·《律历志一上》所示，东部相当于春，西部为秋，南部为夏，北部为冬：

> 北，伏也，阳气伏于下，于时为冬。……南，任也，阳气任养物，

于时为夏。……西，迁也，阴气迁落物，于时为秋。……东，动也，阳气动物，于时为春。

可以看出，泰常二年的"六部大人"系引入了周礼的"六官"（天官、地官、春官、夏官、秋官、冬官）理念。

我们在上述考察的基础上来检讨关于西魏二十四军制的史料可以发现，与北魏同样的从"八"到"六"的变化，即在最初八人的柱国大将军中，除去宇文泰和元欣，使其余六人各督二大将军。这样的二十四军制与八部制变迁之间的一致，也许单纯是偶然，但是，若注意到本篇第二章所见周礼在胡族国家政治上扮演的重要角色及其被接受的历史，这种一致或许并不能简单归为偶然。

另外，所谓的八部制在变为六部制后，至少持续到了孝文帝时代。这可以通过下引《魏书》·卷54·《高闾传》所载迁洛以前高闾向孝文帝建议修建长城等史料得知：

> 宜发近州武勇四万人及京师二万人，合六万人为武士，于苑内立征北大将军府……七月发六部兵六万人，各备戍作之具，敕台北诸屯仓库，随近作米，俱送北镇。

亦可推定，孝文帝朝以后，这种制度的一部分还存续于宇文泰等魏末群雄所出身的地域——六镇[1]。另外，《隋书》·卷24·《食货志》记东魏天平元年（534）事：

> 迁都于邺，出粟一百三十万石，以振贫人。是时六坊之众，从武帝而西者，不能万人，余皆北徙。

后文又记北齐文宣帝受禅时事云：

> 六坊之内徙者，更加简练，每一人必当百人，任其临阵必死，然后取之，谓之百保鲜卑。

这里的"六坊"指的应该是洛阳特定的六个坊，居住在那里的均为鲜卑

---

[1] 参见川本芳昭《魏晋南北朝时代的社会与国家》第一篇第四章第四节。

武人。因此，"六坊之众"当即下引《魏书》·卷7（下）《高祖纪下》"太和二十年（496）冬十月"条所记从平城迁来的部分鲜卑的后裔：

> 以代迁之士皆为羽林、虎贲。

虽然不清楚这与六部制具体如何接续，但应该认为的确存在某种关系。这就可以说，到了东西魏时代，六部乃至八部制已经消失，但当时北族中还有很多人对此旧制有所了解。也就是说，二十四军制的状态和八部制变迁之间的一致性，从总体上来看是存在关联的。

小结

本文探明了以下事项：

1. 从墓志和良奴制等案例可以看出，当时的胡族对此后中华文化的形态产生了一定的影响。
2. 这种创造文化的能量，不只诞生自胡族持有的强大军事力量。
3. 胡族的汉化具有非单纯同化的一面。
4. 虽然迁都洛阳后的胡族以自身意志选择汉民族文化并追求彻底汉化，在他们那里仍可看到胡族文化的留存。
5. 被认为是府兵制源头的二十四军制中，汉族要素与胡族要素混合在一起，这可以看作胡族侵入华北所带来的胡汉融合的一项成果。

作者之后以《北魏洛阳迁都与孝文帝的改革——论改革在中国历史上所占的地位》为题发表了续篇（气贺泽保规编：《隋唐洛阳与东来——洛阳学的地平线》，宝藏馆（京都），2020年所收；川本芳昭著：《世界秩序的变迁与东亚》，汲古书院（东京），2022年再收）。

本文节选自川本芳昭著《魏晋南北朝时代的社会与国家》，
黄桢、张雨怡译，复旦大学出版社，2022年

论平城时代"大一统"意识与中华民族共同体构建

张公达

安徽师范大学文学院

孙玉梅

山西大同大学云冈学院

中国共产党第十九次全国代表大会以来，中国共产党提出了"铸牢中华民族共同体意识"的重大时代命题，而关于中华民族共同体构建的研究不能缺少历史维度。自春秋战国时代起中国就孕育产生了以"大一统"思想为代表的价值理念，不少学者将中华民族共同体意识的思想渊源上溯至"大一统"理念，或有学者认为中国古代围绕"大一统"思想拥有"自在的中华民族共同体意识"[1]。关于中华民族共同体构建的理论探索与历史研究方兴未艾。

一般认为，"大一统"意识诞生于农耕文明，在中原文化中较为典型，是中华文明极具代表性的一种思想。但在魏晋南北朝时期，中原大地出现了首个由少数民族统治的稳固政权——北魏。它不仅在疆域上统一了北方，结束了五胡十六国130余年纷争的局面，进行了史无前例的民族大融合，打破了华夷之辨，减少了民族对立，同时在经历了激烈而痛苦的碰撞之后，在意识形态上融合了儒、道、释三家思想，对中华传统文化高度认同，极大地丰富发展了"大一统"意识。

可以说，拓跋鲜卑实现了魏晋南北朝时期少数民族在"大一统"实践上的最高成就。因此探究北魏平城时代的"大一统"意识对中华民族共同体构建具有相当重要的启发意义。

---

[1] 王文光：《元朝的大一统实践与中华民族共同体意识》，《贵州社会科学》2021年第10期，第70—75页；王文光：《隋唐时期民族共同体思想与中华民族共同体意识研究》，《思想战线》2022年第3期，第66—72页。

一、时代变局的召唤

西晋灭亡之后，广袤的北方大地朝代更迭频繁，十几个民族政权陆续登场，进入了五胡十六国时代。登国元年（386）正月，拓跋珪建立代国，四月改制称魏。在定都平城之初，北魏政权仍需与后梁、后秦、后燕等国相较量，同时基本以秦岭—淮河为界与东晋、南朝对立，分别统治中国的北部、南部区域。在与诸多政权争霸的过程中，少数族裔统治多数民族，自然会面临正统身份构建与正统地位的话语权争夺问题。而这既是"大一统"意识产生的原因，也是其有机组成部分。

平城时代的"大一统"实践，也是北魏统治者解决民族矛盾的需要。在入主中原之初，拓跋鲜卑成功地施行了胡汉分制，缓解了鲜卑与汉族的矛盾，使得北魏新兴王朝在北方站住了脚；同时起用汉族官员，形成了由拓跋贵族和汉族共同执政的局面；胡汉杂居的区域不断扩展，胡风汉俗相互杂糅，在北魏王朝广泛存在。然而，拓跋珪死后，民族矛盾慢慢变得尖锐起来。拓跋鲜卑作为征服者，对中原地区的欺压和掠取屡见不鲜，导致民族矛盾不断加剧，仅建国后的几十年时间内农民起义先后达80余次，北魏的统治者势必要扭转这一政治局面。

在地缘与民族的影响下，北魏王朝在东西方文化交流上也做出了无可比拟的贡献。北魏积极经营西域，使来自西方的艺术、文化、科学技术进入中原，与中华民族传统文化融合，并不断创新，成为本民族文化的一部分，为隋唐多元统一国家的形成奠定基础，也为世界文明发展画卷中增添了靓丽的一笔。

二、平城时代"大一统"的意识与实践

中国古代"大一统"意识主要涵括疆域上的"天下一统"、政治上的"王权一统"、文化上的"儒家一统"以及在族群上主张"华夷一统"等[1]。

（一）一统天下的期望

在疆域上，北魏历代君主无不崇尚"大一统"的局面，尤以"平城时

---

[1] 周洪军，才让卓玛：《"大一统"：中华民族共同体意识之"共同"的传统意蕴》，《福建省社会主义学院学报》2020年第4期，第46—54页。

代"的六位君主武功最盛。拓跋珪曾说："《春秋》之义，大一统之美，吴楚僭号，久加诛绝，君子贱其伪名，比之尘垢。"[1]在北魏进取中原、定都平城之后，继任的君主依然不减武功，渴望实现天下统一。拓跋嗣多次北伐柔然，稳定北魏北部边疆。泰常七年（422），拓跋嗣亲征东晋，夺取南燕故地青州、兖州、豫州、司州等。拓跋焘是一位既有统一之志，又有军事才能的雄主，先后击败柔然，灭亡大夏，扩地千里，并在北地设置了六座边镇，屯将驻兵，称雄漠北，使得北部边疆获得长时间的安定。从431年到439年，胡夏、西秦、北燕、北凉等政权先后被北魏灭掉，北方五胡十六国130余年政权纷争的混乱局面结束。之后北魏又将柔然、吐谷浑以外的北方少数民族统一在自己麾下，最终结束了北方分裂局面，统一了中国北方。随后，北魏又向西域用兵，设立西戎校尉府，并抵御南朝北伐，攻至长江北岸。《魏书》称拓跋焘"扫统万，平秦陇，翦辽海，荡河源，南夷荷担，北蠕削迹，廓定四表，混一戎华，其为功也大矣"[2]。《通典》云："自太武以后，渐更强盛，东征西伐，克定中原"[3]。孝文帝拓跋宏也志在"南荡吴越，复礼万国"，即使在冯太后掌朝期间，也于太和元年（477）10月收复淮北地区。北魏疆域北至沙漠、河套，南至江淮，东至海，西至流沙，并将西域诸国、东北诸国，北方的柔然纳入北魏的统治体系之中，为民族的大融合和统一国家的建立创造了有利条件。

（二）民族认同的构建

随着疆域的扩大，作为京畿的平城地区也迎来了人口的大量迁入。在建都平城前后，道武帝拓跋珪曾向平城进行大规模移民。据李凭教授统计，这次大移民时间集中，数量巨大，成分复杂，约有150万人口从四面八方被迁入雁北地区。除官方向京畿地区充实人口外，还有不少部落、部族内迁、内附。平城在定都之初就已经形成拥有百万人口的大都市了。庞大的人潮之中既有来自河北平原上的汉族百姓，也有社会发展程度尚落后的游牧民族。随后道武帝拓跋珪采取诸多措施，使得平城地区农牧业、交通、贸易、都市建设均得到了迅速发展。"在开发京畿的共同劳动中，汉族与北方各游牧部族人民通过生存经验与技术的交流而增进了民族感情，推动了民族交往，使当

---

[1]〔北齐〕魏收：《魏书》·卷2·《太祖纪》，中华书局，2017年，第37页。
[2]〔北齐〕魏收：《魏书》·卷4·《世宗纪》，中华书局，1974年，第109页。
[3]〔唐〕杜佑，王文锦等点校：《通典》，中华书局，2016年，第4451页。

时的雁北不仅是容纳大量移民劳动和生活的场所，而且成为一座民族融合的大熔炉"[1]。《魏书》卷60曾记载当时的场景："不设科禁，卖买任情，贩贵易贱，错居混杂"[2]。

在北魏政权统治了以汉族为主体的众多人口之后，统治者积极构建民族认同。首先寻求与华夏同根同源的理论依据："昔黄帝有子二十五人，或内列诸华，或外分荒服。昌意少子，受封北土，国有大鲜卑山，因以为号。其后世为君长，统幽都之北，广漠之野"[3]。拓跋鲜卑源自黄帝一系，是其论证自身统治的合法性的需要，也是在消除与占主体的汉族之间的隔阂。其次通过宽松的民族政策积极推动民族融合。面对周边诸多少数民族政权以及西域诸国，一方面武力统一，另一方面采取招抚、和亲等措施，努力实现"大一统"。前期主要以武力征伐为主，招怀为辅，而中后期主要以怀柔为主，征讨为次要手段。在北魏皇室中，皇后慕容氏、姚氏、赫连氏、郁久闾氏、冯氏，来自不同民族。拓跋珪建立北魏之初，迎娶后燕慕容宝之女，并立为皇后；拓跋嗣与后秦和亲，迎娶西平公主，是为太武帝拓跋焘之母；太武帝在攻下大夏统万城后，将赫连勃勃的两女儿纳入后宫，其中一个被封为皇后；文成帝的生母郁久闾氏，本是柔然王族人；献文帝生母文成元皇后李氏，是从南朝来到北魏。北魏的和亲政策，一方面促进了政权间的友好交往，另一方面促进了各民族的血脉交融，客观上实现了以北魏为宗主的"天下一家"的目的，以和亲的方式将各民族纳入北魏大家庭之中。来自上层的联姻势必会影响民众。孝文帝还针对鲜卑族人推行同姓不婚，迫使鲜卑与其他民族尤其是与汉族联姻，推动鲜卑族的汉化过程。

（三）文化、宗教的并蓄

北魏统治者在实行宽松的民族政策的同时，也主动接纳、认同和吸收中原文化。拓跋鲜卑复国之时，先前进入中原的各族已经走上封建化和汉化的道路，北魏政权要想发展，就必须推行汉化改革。北魏效仿魏晋以来的官僚体制，陆续吸收汉族士人进入北魏政权，任用了大批熟悉中原文化的大臣。拓跋珪时，许多制度出自汉族士大夫之手，如上谷张衮、清河崔玄伯"对总机要，草创制度"，拓跋焘曾一次征请数百名汉族士人参政，又如三朝老臣

---

[1] 李凭：《北魏平城时代》，上海古籍出版社，2014年，第283页。
[2] 〔北齐〕魏收：《魏书》·卷60·《韩麒麟》，中华书局，1974年，第1341页。
[3] 〔北齐〕魏收：《魏书》·卷1·《序纪》，中华书局，1974年，第1页。

崔浩，文成帝拓跋濬至冯太后掌朝时大臣高允，孝文帝拓跋宏时辅国将军李冲等。任用汉族士大夫参与国家治理，稳定、扩大了统治的社会基础，缓和了尖锐的社会矛盾，促进了民族间的沟通与交融。

中原的典章制度与礼乐文化也得到了北魏统治者的重视和学习。北魏立国之初，就逐步建立起各种祭祀制度，呈现出胡汉杂祀的特点。道武帝称帝后，天兴元年（398）七月，"迁都平城，始营宫室，建宗庙，立社稷"[1]，"祀天之礼用周典，以夏四月亲祀于西郊"[2]，并修建太庙，效仿中原王朝建立国家祭祀制度。孝文帝时，"确立了'同堂异室'的七庙制、宗庙禘祭、孟月时祭和皇帝亲祭等内容，促使宗庙祭祀制度不断完善"[3]。直到太和十五年（491），道武帝拓跋珪的神主被供奉在太庙正中，"这样把君临中夏的北魏第一位皇帝奉为太祖，加强了北魏君临中夏的特殊政治意义，孝文帝便为自己作为华夏文化的继承者，找到了根据"[4]。

在尊孔崇儒的思想氛围中，北魏平城时代的帝王虽然信奉佛教，但都以儒学为正统思想。道武帝拓跋珪从开国起，就于平城设立太学，把祭孔作为皇家礼仪的一种常制，由此确立儒学在国家政治当中的地位。拓跋珪在迁都平城的第二年，即"令《五经》群书各置博士，增国子太学生员三千人"[5]。后又"集博士儒生，比众经文字，义类相从，凡四万余字，号曰《众文经》"[6]。文明太后执政和孝文帝时期达到高潮，据殷宪先生《北魏平城营建孔庙本事考》："拓跋代平城百年，志在融己于中华文明之中，于孔庙建立、宣尼祭祀，自是其中之义。""孝文帝太和十三年复于太学之外另立孔子庙，这是中国古代由曲阜之外的中国国土上所建的第一座孔庙"[7]。这一系列措施都加速了鲜卑族的汉化。

平城时代民众间的融合还可以从佛教信仰中窥见一斑。在孝文帝汉化改革之前，云冈石窟供养人造像由主要穿着胡服逐渐出现了胡、汉服混杂的现象，胡汉之间民族关系逐步融洽。而在更广大的山西、河北、山东、陕西地区，"无论是改革前还是改革后，服饰上都是既有胡服供养人，也有汉服供

---

[1]〔北齐〕魏收：《魏书》·卷2·《太祖纪》，中华书局，1974年，第33页。
[2]〔北齐〕魏收：《魏书》·卷108·《礼志》，中华书局，1974年，第2734页。
[3] 王柏中，史颖，董春龙：《北魏国家宗庙祭祀制度考述》，殷宪主编《北朝史研究：中国魏晋南北朝史国际学术研讨会论文集》，商务印书馆，2004年，第303—314页。
[4] 王仲荦：《魏晋南北朝史》，上海人民出版社，2020年，第547页。
[5]〔北齐〕魏收：《魏书》·卷2·《太祖纪》，中华书局，1974年，第35页。
[6] 同上书，第39页。
[7] 殷宪：《北魏平城营建孔庙本事考》，《学习与探索》2012年第4期，第154—156页。

养人，从姓氏上看也是如此，既有汉姓供养人，也有胡姓供养人"[1]，说明胡汉各族民众没有太大的民族区隔，在生活上密切联系。"基于共同的信仰，不同姓族的信徒可以逾越民族畛域，组成社邑共同从事造像供养活动。在这种共同活动的影响下，民族界限与差异自然会逐渐弱化，逐渐走上相互融合之路"[2]。在从事佛教活动的过程中，社邑切实加强了不同民族、不同背景的人们的联系，同时构成了共同社会精神生活，增强了凝聚力。

只要有利于大一统，无论儒、道、佛哪种思想，北魏平城时代的帝王们都呈现出兼容并包的姿态。即便是太武帝灭佛，也有树立正统的因素在其中。佛教自西域传入中国，带有鲜明的外族印记，早期出家为僧者大多为胡人，信仰佛教也成为"夷狄之俗"。太武帝曾下诏："昔后汉荒君，信惑邪伪，妄假睡梦，事胡妖鬼，以乱天常，自古九州之中无此也。夸诞大言，不本人情。……由是政教不行，礼义大坏，鬼道炽盛，视王者之法，蔑如也"[3]。站在中原文化正统继承者的立场上，佛教被称为"邪伪""鬼道"之说。通过打击佛教来消弭作为外来族群的鲜卑与汉民族的隔阂，借以达到趋同华夏，树立正统的目的。

无论是疆域上的统一，还是宽容的民族政策，抑或是文化上的兼容并取，都是"大一统"的题中之义，北魏政权从而不断实现，并最终完成"脱夷入华"。经过平城时代近一百年的磨合，北方的民族融合取得了极大的发展，又与内迁各族的统一观念以及中原传统文化的继承相联系。同时，民族的不断融合又将带来新的统一，为隋唐两朝疆域的扩大、社会经济的繁荣发展与文化艺术的丰富多彩创造了前提。

三、平城时代"大一统"的历史意义与启发

平城时代的"大一统"意识及实践具有重要的历史意义。首先是北魏王朝在入主中原后结束了北方的分裂与动荡，有利于北方地区政治、经济、文化的发展，促进了各民族的交融交往。其次是民族认同的构建，使得拓跋鲜卑等少数民族不断融于中华民族大家庭，推动了中华民族共同体的发展壮大。再次北魏平城时代在文化上一系列改革举措，为传承、发展中华文明做

---

[1] 吴洪琳：《合为一家：十六国北魏时期的民族认同》，社会科学文献出版社，2020年，第241页。
[2] 侯旭东：《佛陀相佑：造像记所见北朝民众信仰》，社会科学文献出版社，2018年，第273页。
[3] 〔北齐〕魏收：《魏书》·卷114·《释老志》，中华书局，1974年，第3034页。

出了重要贡献。

"中华民族共同体意识的产生和发展基于我国统一多民族国家的历史，是在我国多民族交融的历史长河中逐渐生成并铸牢的"[1]。平城时代的民族融合是中华民族形成的重要环节，这一时期民族大融合进程中形成的"大一统"意识与实践，是中华民族共同体形成史中至关重要的部分，也具有典型示范意义。

首先，从思想传承上说，北魏平城政权继承了秦汉以来的"大一统"思想：拓跋焘提出"天下一家"的民族思想，将"四夷"作为天下这个大家庭中的重要组成部分；拓跋弘提出"天下民一也，可敕郡县，永军残废之士，听还江南；露骸草莽者，收瘗之"[2]。"天下一家""天下民一也"的思想即古代命运共同体、民族共同体的表达。孝文帝迁都洛阳后的汉化改革，也是平城时代"大一统"意识的延续。其次，从民族认同上说，拓跋鲜卑通过一系列改革，广泛吸纳各族人才，推动政治与文化转型，最终融入了中华民族的大家族中，也为中华文明注入了新的血液，再次证明文化是维系中华民族共同体的重要纽带。最后，从历史影响上说，平城时代有混乱、有分裂，但这一时期为后来的隋唐统一国家的形成奠定了基础，也使得中华民族无论历经千辛万难，都有一种民族凝聚力。这种凝聚力，在国家统一时起着维护统一、防止分裂的作用；在国家分裂时，又能促进统一，结束分裂局面。

在北魏各民族实践"大一统"的推动下，"中华"不再是"汉人"的代名词，而是各民族共有之"中华"，为民族团结与国家统一提供了宝贵的历史资源。通过考察平城时代"大一统"观念下的民族融合，可以看到，铸牢中华民族共同体意识不能忽略文化维度，只有不断加强社会主义精神文明建设，增强文化自信，推进不同文明间的交流对话、和谐共生，开放包容、交流互鉴，才能使各民族群众了解中华优秀文化的历史发展脉络，共筑精神之基，实现中华民族伟大复兴。

原文刊载于《山西大同大学学报（社会科学版）》2023年第3期

---

[1] 李艳丰，蔡燕：《中华民族共同体意识研究述论》，《社会科学动态》2023年第2期，第75—81页。
[2] 〔北齐〕魏收：《魏书》·卷6·《显祖纪》，中华书局，1974年，第129页。

北魏墓葬动物殉祭习俗的形成与影响因素

张国文

南开大学历史学院

葬俗游牧民族拓跋鲜卑所建立的北魏王朝经历了盛乐时代、平城时代和洛阳时代。北魏的历史进程见证了北方人群间的文化交流和民族融合，也为中华文明的发展和多元统一以及中华民族的形成奠定了坚实的基础。北魏墓葬出土有大量动物骨骼，基于这些动物骨骼的系统分析可以揭示北魏墓葬的动物殉祭习俗，既有助于探索北魏的丧葬习俗和文化面貌，同时也为探讨北朝时期民族融合和文化交流提供新视角。然而目前对北魏墓葬动物殉祭习俗的研究依然较少，对其演变和发展历程缺乏系统梳理。本文拟全面梳理考古发现北魏墓葬及其附属设施出土的动物骨骼（骨器除外），对其种属、组合、部位、摆放方式等进行统计分析和归纳总结，揭示北魏墓葬动物殉祭习俗的内涵及其变迁轨迹，进而探讨北魏时期的丧葬习俗、民族融合和文化交流等问题。

一、出土动物骨骼的北魏墓葬概况

伴随着北魏历史的演进过程，不同时期出土动物骨骼的墓葬在空间分布上也有不同，地域扩展趋势十分明显。

（一）盛乐时期

考古发现的北魏（代）盛乐时期（258—398）墓葬主要分布在内蒙古自治区中南部和山西省北部地区，据统计有49座。其中出土有动物骨骼的墓葬有5座，分别为内蒙古叭沟墓群中M5和M8[1]、七郎山墓群M17[2]、西沟子村墓地

---

[1] 张国文、胡耀武、宋国定等：《内蒙古三道湾和叭沟鲜卑墓人骨和动物骨骼的稳定同位素分析》，《边疆考古研究》2011年第10期。
[2] 王新宇、魏坚：《察右中旗七郎山墓地》，载魏坚主编《内蒙古地区鲜卑墓葬的发现与研究》，科学出版社，2004年。

M1[1]和山西大同南郊北魏墓群M227[2]。

（二）平城时期

北魏平城时期（398—494）墓葬主要分布在都城平城（今山西大同）地区，此外，在内蒙古、陕西、宁夏、辽宁、北京、河北和河南等地有少量分布。

大同地区出土有动物骨骼的北魏墓有616厂北魏墓[3]、湖东一号墓[4]、大同南郊墓群、金属镁厂墓群[5]、雁北师院墓群[6]、二电厂墓群[7]、迎宾大道墓群[8]、湖东墓群[9]、沙岭壁画墓M7[10]、云波里路壁画墓[11]、尉迟定州墓[12]、贾宝墓[13]、七里村北魏墓M29[14]。近年来，相关多学科研究也披露部分大同地区北魏墓葬出土有动物骨骼，如金茂府墓群[15]、金茂园墓群[16]、水泊寺墓群[17]、御昌佳园墓群[18]和御府墓群[19]等。内蒙古地区出土有动物骨骼的北魏墓葬有锡林郭勒盟伊和淖尔墓群[20]、鄂尔多斯市巴音哈达墓地[21]和包头市固阳县补

---

[1] 乌兰察布盟文物工作站、和林格尔县文物管理所：《内蒙古和林格尔西沟子村北魏墓》，《文物》1992年第8期。
[2] 山西大学历史文化学院、山西省考古研究所、大同市博物馆：《大同南郊北魏墓群》，科学出版社，2006年。
[3] 大同市博物馆：《山西大同石头村北魏墓出土的器物》，《中国国家博物馆馆刊》2019第11期。
[4] 大同市考古研究所：《大同湖东北魏一号墓》，《文物》2004年第12期。
[5] 韩生存、曹承明、胡平：《大同城南金属镁厂北魏墓群》，《北朝研究》1996年第1期。
[6] 大同市考古研究所：《大同雁北师院墓群》，文物出版社，2008年。
[7] 大同市考古研究所：《山西大同二电厂北魏墓群发掘简报》，《文物》2019年第8期。
[8] 大同市考古研究所：《山西大同迎宾大道北魏墓群》，《文物》2006年第10期。
[9] 山西省考古研究所、大同市考古研究所：《山西大同湖东北魏墓群发掘简报》，《中国国家博物馆馆刊》2018年第2期。
[10] 大同市考古研究所：《山西大同沙岭北魏壁画墓发掘简报》，《文物》2006年第10期。
[11] 大同市考古研究所：《山西大同云波里路北魏壁画墓发掘简报》，《文物》2011年第12期。
[12] 大同市考古研究所：《山西大同阳高北魏尉迟定州墓发掘简报》，《文物》2011年第12期。
[13] 大同市考古研究所：《山西大同北魏贾宝墓发掘简报》，《文物》2021年第6期。
[14] 大同市考古研究所：《山西大同七里村北魏墓群M29发掘简报》，《文物》2023年第1期。
[15] 周丽琴、吕晓晶、崔贺勋等：《北魏平城地区的农耕化：山西大同金茂府北魏墓群人和动物的C、N稳定同位素分析》，《第四纪研究》2022第6期。
[16] Zhang, G. W., Hou, X. G., Li, S. Y., Zhou, Y. W., Richards, M. P: *Agriculturalization of the Nomad-Dominated Empires of the Northern Wei Dynasty in Pingcheng City (398-494AD): A stable isotopic study on animal and human bones from the Jinmaoyuan cemetery, China*. International Journal of Osteoarchaeology, 2020(1).
[17] 侯亮亮、古顺芳、苏俊吉等：《大同水泊寺北魏墓群人和动物骨骼的稳定同位素：试析北魏女性的地位》，《边疆考古研究》2019年第2期；李鹏程：《山西省大同市水泊寺廉租房墓地人骨研究》，辽宁大学，2018年。
[18] 阮孙子凤：《山西大同御昌佳园墓地北魏时期人骨研究》，吉林大学，2022年。
[19] 李佳欣：《山西大同御府墓地北魏时期人骨研究》，吉林大学，2021年。
[20] Chen, Y. Z., Song, G. D., Ma, Y: *The Results of the Excavation of the Yihe-Nur Cemetery in Zheng xiang bai Banner 2012-2014*. The Silk Road, 2016(14)；陈永志、宋国栋、庄永兴：《内蒙古正镶白旗伊和淖尔墓群再次发现北魏贵族墓》，《中国文物报》2015年03月第13期。
[21] 鄂尔多斯市文物考古研究院、鄂托克前旗文物保护管理所：《鄂尔多斯市鄂托克前旗昂素镇巴音哈达北魏墓地发掘简报》，《草原文物》2017年第2期。

卜代墓地[1]。陕西地区发现两处北魏墓葬出土有动物骨骸，为旬邑西头遗址北魏墓M39[2]和西安小寨村北魏墓M4[3]。辽宁地区仅有一座北魏墓出土有动物骨骸，为朝阳凌河机械厂北魏墓地中的M2[4]。随着北魏政权建立及势力向南推移，随葬动物骨骸的北魏墓在平城时期呈现出明确的地域扩展趋势。

（三）洛阳时期

考古发现揭示，北魏洛阳时期墓葬主要分布在都城洛阳和旧都平城附近。另外，在河南和山西的其他区，以及内蒙古、陕西、甘肃、宁夏、河北和山东地区亦有少量分布。其中，出土有动物骨骸的墓葬有山西大同南郊北魏墓群中的M39、M77、M117和M146，还有山西侯马虒祁北魏墓地中的M1006[5]和M1007[6]、山西万荣薛怀吉夫妇合葬墓[7]、内蒙古包头姚齐姬墓[8]、宁夏固原南郊北魏墓群M1和M2[9]、陕西华阴杨舒墓[10]等。

综合考古发现可知，出土动物骨骸的北魏墓葬在地域空间上主要分布在山西大同地区，时间上主要集中于北魏平城时期。北魏平城时期尤其是北魏统一黄河流域之后，北方丝绸之路得以畅通。此外，北魏初期大量的移民活动以及掠夺战争，使得首都平城人口规模增大、文化面貌多样，社会经济和文化交流频繁。大同地区考古发现的北魏墓葬数量大，也从一个侧面反映了北魏都城的繁荣程度。以上基于墓葬出土动物骨骸的深入分析，可为探讨北魏时期的丧葬习俗、经济和文化交流等学术问题提供新视角。

二、北魏墓葬动物殉祭习俗的内涵及其变迁

学界对墓葬出土的动物骨骸有诸多称呼，常见的有牺牲、殉牲、兽牲、苞

---

[1] 张海斌、刘媛、许魁等：《包头市鲜卑墓葬》，魏坚：《内蒙古地区鲜卑墓葬的发现与研究》，科学出版社，2004年。

[2] 西北大学文化遗产学院、陕西省考古研究院、旬邑县文化和旅游局：《陕西旬邑县西头遗址上庙地点北魏墓M39的发掘》，《考古》2023年第2期。

[3] 西北大学文化遗产学院、西安市文物保护考古研究院：《西安市东郊东小寨村两座北魏墓葬发掘简报》，《文博》2018年第5期。

[4] 辽宁省考古研究所、朝阳市博物馆：《朝阳市发现的几座北魏墓》，《辽海文物学刊》1995年第1期。

[5] 山西省考古研究院：《山西侯马虒祁北魏墓发掘简报》，《文物》季刊2022年第3期。

[6] 山西省考古研究院：《山西侯马虒祁北魏墓（M1007）发掘简报》，《文物》2021年第2期。

[7] 山西省考古研究院、运城市文物保护中心、万荣县文化和旅游局：《山西万荣西思雅北魏薛怀吉墓发掘简报》，《文物》2023年第1期。

[8] 郑隆：《内蒙古包头市北魏姚齐姬墓》，《考古》1988年第9期。

[9] 宁夏文物考古研究所：《固原南郊北魏墓发掘简报》，《中原文物》2020年第5期。

[10] 崔汉林、夏振英：《陕西华阴北魏杨舒墓发掘简报》，《文博》1985年第2期。

牲、祭牲、祭肉、奠牲、用牲、殉祭动物等。虽动物遗存定名存在争议，但殉葬或祭祀的功能是基本共识。本节从殉祭率、殉祭动物种属及其组合关系、殉祭动物部位和其摆放位置等多个角度对北魏动物殉祭习俗的内涵进行探讨，进而对北魏不同时期的殉祭习俗进行对比分析，以期揭示其变迁轨迹。

（一）殉祭率

截至目前，经考古发掘出土的北魏（代）盛乐时期墓葬共计49座，出土殉祭动物的墓葬有5座，殉祭率为10.2%。

北魏平城时期的墓葬，大同地区有403座，内蒙古地区有22座，陕西地区有38座，辽宁地区有27座。以上地区发现殉祭动物的墓葬分别为93座、4座、2座和1座，殉祭率分别为23.1%、18.2%、5.3%和3.7%[1]。可见大同地区北魏墓葬的殉祭率最高。总体来说，北魏平城时期殉祭率均值为20.4%。北魏洛阳时期墓葬共计154座，出土动物骨骼的墓葬有11座，殉祭率为7.1%。

北魏不同时期墓葬的殉祭率有较明显的转变。盛乐时期的殉祭率为10.2%，到了平城时期殉祭率明显提升，达到20.4%，然而洛阳时期又明显降低，仅为7.1%。考古发现揭示，北魏洛阳时期，墓葬真牲殉祭日渐衰落，动物俑盛行，似有逐渐替代真牲入葬的趋势。真牲在不同时期北魏墓葬丧葬习俗中的地位明显不同，北魏洛阳时期墓葬流行以动物俑而非真牲入葬，是其丧葬习俗的显著转变。东汉时期也曾发生过动物俑逐渐替代真牲入葬的葬俗转变，可能归咎于西汉末年废除车马、动物殉葬政令的颁布——"乙未，有司言'乘舆车、牛、马、禽、兽皆非礼，不宜以葬'。奏可"[2]。北魏国家和各类神灵祭祀活动频繁，用牲数量巨大，"高祖延兴二年，有司奏天地五郊、社稷已下及诸神，合一千七十五所，岁用牲七万五千五百"[3]。如此庞大的祭祀体系和用牲数量，导致北魏政权不堪重负，孝文帝因此下诏："其命有司，非郊天地、宗庙、社稷之祀，皆无用牲"[4]。与西汉末年类似，北魏颁布的祭祀限牲政策或许也对平城居民的墓葬祭祀用牲活动造成了影响，从而使得北魏的墓内祭祀用牲从真牲逐渐向动物俑过渡，因此北魏洛阳时期墓

---

[1] 虽然金茂府、金茂园、御府、御昌佳园和水泊寺等北魏墓群出土有动物骨骼，然而这些墓群的墓葬总数和出土动物墓葬的数量，以及出土动物的种属、部位和数量等情况均不详，故而殉祭率和下文动物部位数据统计时暂不计入内。
[2]〔汉〕班固：《汉书》·卷10·《成帝纪》，中华书局，1962年，第302页。
[3]〔北齐〕魏收：《魏书》·卷108·《礼志》，中华书局，1971年，第2740页。
[4] 同上。

葬的动物殉祭率有了明显的降低。

和早期拓跋鲜卑相比，北魏墓葬殉祭率较低。内蒙古东北部和中南部地区拓跋鲜卑墓葬的动物殉祭率普遍较高。例如，内蒙古东北部呼伦贝尔团结墓群和蘑菇山墓群的殉祭率均为57.1%，拉布达林墓群的殉祭率为51.9%，东乌珠尔、扎赉诺尔、伊敏车站、孟根楚鲁等墓群的殉祭率高达近100%。内蒙古中南部地区拓跋鲜卑墓葬的殉祭率，三道湾墓群为14%，东大井墓地为38.9%，郝家窑墓地为50%，南杨家营子墓群为60%。该地区拓跋鲜卑墓葬动物殉祭率均值约为26.6%。综上可见，动物在拓跋鲜卑至北魏丧葬习俗中的作用有着逐渐减弱的趋势。这可能和拓跋至北魏的历史进程中游牧和农耕经济与文化发展的此消彼长有一定的关系[1]。

（二）殉祭动物种属及组合

北魏（代）盛乐时期墓葬出土殉祭动物主要为羊，马仅发现一例。

大同地区北魏平城时期墓葬出土有牛、马、羊、猪、狗、禽类等，常见的殉祭动物组合有牛-羊、羊-鸡（或其他禽类）、猪-羊、牛-羊-狗、马-牛-羊-狗等，以及羊-X、狗-X、禽类-X（X为无法鉴定种属的动物）等组合。总体来说，大同地区北魏平城时期墓葬中羊出现的频率较高，其次为牛。内蒙古地区北魏平城时期墓葬殉祭动物组合为马-羊-牛、狗-羊，可见殉祭用羊比较流行。陕西地区北魏平城时期墓葬有马-牛组合。辽宁地区北魏平城时期墓葬仅发现有马的殉祭。总体来说，北魏平城时期殉祭动物组合中牛-羊和马-羊组合较为常见，羊在动物组合中的出现频率较高。

北魏洛阳时期墓葬中出土有牛、马、羊、蚌等几类殉祭物。其中，常见的动物组合有牛-羊、牛-马、蚌-X。

总体来说，北魏平城时期殉祭动物组合关系明显、搭配多样，动物组合中，牛、马、羊等比较常见，在北魏墓内祭祀活动中为重要的殉祭载体，这与早期拓跋鲜卑较为相似。可见，早期拓跋鲜卑的动物殉祭习俗对北魏人群有鲜明的影响。

---

[1] 张国文：《拓跋鲜卑殉牲习俗探讨》，《南方文物》2017年第2期。

（三）殉祭动物个体数量

1. 盛乐时期

北魏（代）盛乐时期殉祭动物总数至少有5个，其中可鉴定种属的动物中，羊有4个，马有1个。

2. 平城时期

大同地区北魏平城时期墓葬出土殉祭动物数量多，按最小个体数计算，总数至少有124个。可鉴定种属的动物牛28个、马8个、羊35个、狗9个、禽类3个和猪1个，占比分别为22.4%、6.5%、25.8%、7.3%、2.4%和0.8%。可见，大同地区殉祭动物以羊和牛为主，狗和马次之，禽类和猪较少。

内蒙古地区殉祭动物至少有8个，可鉴定种属的动物有牛、马和狗各1个，羊4个，前三者占出土动物比重均为12.5%，羊的占比为50%。

这一时期陕西地区殉祭动物有牛、马各1个，贝壳2个。辽宁地区有牛1个。

结合殉祭动物种属、组合及个体数量等信息，上面对不同地区北魏平城时期墓葬出土动物做了统计。相比其他地区，大同地区殉祭动物出土数量和种类均较多。羊在大同和内蒙古地区北魏墓葬中均较为流行，牛、马和狗次之。二者的区别还在于大同地区北魏墓葬还有猪和禽类的殉祭。陕西和辽宁地区殉牲出土数量较少，陕西地区北魏墓葬中还出土了北魏时期较为罕见的贝类遗存。

3. 洛阳时期

北魏洛阳时期墓葬中出土的可鉴定动物数量较少，按最小个体数计算，牛、马和羊各2个、狗和蚌各1个，前三者所占比重均为25%，后二者所占比重均为12.5%。

总体来说，北魏（代）盛乐和洛阳时期墓葬出土殉祭动物的个体数量非常少。相比之下，平城时期墓葬出土数量明显较多，反映了平城时期墓葬动物祭祀活动的频繁，尤其是都城平城地区。

（四）殉祭动物部位的使用特征

北魏（代）盛乐时期墓葬出土殉祭动物部位，羊主要为牲体，具体有肩胛骨、肋骨、肢骨等。马仅发现1例，为头部。

北魏平城时期墓葬出土殉祭动物的部位，以动物肢骨、肩胛骨、脊椎骨、肋骨等牲体为多，也有少量牛、马、羊和狗的头（包括单独以下颌骨殉葬）及牛、羊的蹄部和羊距骨随葬。此外，内蒙古和陕西地区还分别出土有羊、马的整牲随葬。

北魏洛阳时期墓葬出土殉祭动物部位分三类。第一类为动物头部和蹄部，如羊头、牛头、马头和牛蹄；第二类为马、牛、羊、狗等动物的躯体，如脊椎骨、肋骨、肢骨等部位；第三类为整牲，有羊和马两类动物。

上述发现说明，随着时代的演进，北魏墓葬殉祭动物部位日益多样化。然而，从数量上来说还是以牲体（肩胛、肢体、脊椎、肋部等）为主，头/蹄以及整牲数量较少。从殉祭动物的身体部位来看，从早期拓跋鲜卑到北魏时期，丧葬习俗变迁较为明显。早期拓跋鲜卑墓葬殉祭部位以肉量极少的动物头、蹄和距骨为主，不见整牲殉葬。北魏时期墓葬则主要以脊椎、肢体、肩胛、肋部等肉量较多的牲体随葬，头、蹄和距骨发现较少，尤其是距骨仅发现两例，与早期鲜卑墓葬普遍出土羊距骨相比不可同日而语。两类截然不同的动物身体部位随葬，体现了拓跋鲜卑至北魏殉祭习俗的明显转变。

上述拓跋鲜卑至北魏殉祭习俗的变迁，可能是多重因素综合影响的结果。北魏建国后，多民族之间经济与文化交流频繁，不同文化背景的人群带来了不同的丧葬习俗，使得北魏中后期的动物殉祭习俗呈现出多元化的特征。此外，北魏畜牧业经济得到了较大的发展，也为丧葬活动中的动物殉祭提供了丰富的物质基础，故而不再流行动物头、蹄部的殉葬。此外，稳定同位素分析表明，粟作农业经济也在推动北魏动物饲喂发展方面发挥了重要的作用[1]。

（五）殉祭动物摆放位置或方式

早期拓跋鲜卑墓葬的殉祭动物均位于墓室内部不同位置，如二层台、头龛、葬具上及墓主身体附近等。北魏墓葬的墓室内部依然摆放殉祭动物，位置不一而足，考古发现有棺内人骨附近、墓室填土中、棺外前部、棺外侧部、壁龛等。从早期拓跋鲜卑到北魏时期，墓葬殉祭动物的摆放位置发生了

---

[1] Guowen Zhang, Yaowu Hu, et al.: *A Paleodietary and Subsistence Strategy Investigation of the Iron Age Tuoba Xianbei Site by Stable Isotopic Analysis: A Preliminary Study of the Role of Agriculture Played in Pastoral Nomad Societies in northern China,* Journal of Archaeological Science:Reports, 2015, (2).

明显改变。

北魏（代）盛乐时期，殉祭动物主要摆放于棺外前部石板或漆案上，或者棺内人骨附近。盛乐时期草原地区出现的棺外前部石板或漆案上摆放的殉祭动物，可能是北魏平城时期棺前设奠习俗的雏形。墓葬设奠现象可能缘起于战国洞室墓中的生土台祭祀，成型于西汉末年，流行于东汉[1]。刘尊志认为汉墓棺前或前室中部等位置若有动物骨骼发现，当与祭祀有着较大关系，动物骨骼也是判断汉墓中有无墓内祭祀的参考之一[2]。北魏棺前（侧）设奠或墓内祭祀这一行为很可能是受到汉魏以来北方农耕文化葬俗的影响[3]。

北魏平城时期，墓葬殉祭动物的摆放位置有明显的规律，主要有以下几种情况。

一是棺（房形椁）外前部或侧部。在木棺前部放置陶器、漆器等随葬品，其中以方形或者圆形漆案或漆盘等大型器物较为普遍，上面除放置小型漆器如碗、碟、盘等之外，还会放置动物，出土遗存以动物肢骨、肩胛骨、脊椎骨、肋骨居多，牲体葬特征明显，例如大同南郊墓群M135。也有动物未放置于漆案或漆盘上，直接摆放在棺外前部，也属于此类葬俗。除木棺外，如贾宝墓和二电厂墓群M31等出现了房形椁[4]等葬具代替木棺，也属于此类葬俗[5]。值得注意的是，北魏平城时期有前后双室的砖室墓，且出现在前室摆放殉祭动物的现象，如湖东北魏一号墓前室中部出土的两件形制相同的漆盘上均出土有羊肋骨和肢骨若干。此外，也有殉祭动物摆放于棺（床）或木堂侧边部位的漆器上，或直接摆放于墓室地面上。以上墓葬共计53座，占平城时期墓葬总数（100座）的53%。

二是壁龛。殉祭动物放置于壁龛或壁龛内的器物上。与放置在棺（房形椁）外前部相似，壁龛内往往也会放置陶壶、陶罐、漆盘等器物，器物附近或者部分漆器上会放置殉祭动物，出土遗存以脊椎骨、肋骨为主，例如大同南郊墓群M7。这类墓葬共计17座，占平城时期墓葬总数的17%。

相比早期拓跋和慕容鲜卑时期的头龛摆放动物，北魏平城和洛阳时期流

---

[1] 魏镇：《汉代墓内设奠现象与祭奠器再研究》，《考古》2020年第11期；李如森：《汉代墓祀新探》，《北方文物》1998年第1期。
[2] 刘尊志：《汉代墓内祭祀设施浅论》，《中原文化研究》2019年第1期。
[3] 山西大学历史文化学院、山西省考古研究所、大同市博物馆：《大同南郊北魏墓群》，科学出版社，2006年。
[4] 房形椁也称木堂、木椁，为木构件搭建的房形葬具，见于北魏中后期墓葬。
[5] 张志忠：《大同北魏墓葬中的房形椁》，《大众考古》2022年第6期。

行的是墓室近墓道处两侧的壁龛置牲，不见头龛内摆放。壁龛最早见于河南裴李岗新石器时代文化遗址，流行于周秦汉唐时期[1]。商周时期关中地区墓葬壁龛即发现有动物祭祀功能[2]。早期鲜卑的头龛和北魏墓葬的壁龛置牲应该均具有祭祀功能。至于北魏壁龛祭祀的渊源和发展轨迹，由于资料有限，暂无法开展详细对比研究，不过其应与中原农耕文化有较强的关联，和棺外前（侧）部置牲类似，均属于墓内祭祀或设奠行为。

三是棺内或墓道。除了棺外前部和壁龛内，有一定数量的殉祭动物放置于棺内，共18座墓葬，占全部墓葬的18%。棺内动物的摆放位置没有明显的规律，有在棺内前部人骨头部或下肢骨附近，也有在棺内墓室中部或前中部，如大同南郊墓群M74。此外，还有一定数量的殉祭动物发现于墓道填土内，共6座墓葬，占墓葬总数的6%。此外，出土于墓道中的动物部位多为头、蹄部，例如大同尉迟定州墓以及大同南郊北魏墓群中的M50、M57、M63、M101等。

倪润安认为，北魏平城墓葬殉葬动物头部和蹄部，是对拓跋旧俗的延续[3]，至于将其摆放于墓道，可能还有河西或北方草原游牧民族殉祭习俗的影响。例如，宁夏固原地区于家庄、马庄等战国时期竖穴土洞墓墓道出土有大量羊、马、牛头骨[4]。宁夏同心县倒墩子汉代匈奴墓地的六座偏洞室墓中，墓道出土有数量不等的牛、羊头骨和蹄骨，摆放位置均较为规律[5]。内蒙古地区战国时期偏洞室墓也有墓道殉葬动物的习俗[6]。

四是其他位置。比如将动物摆放于填土陶罐内、天井过洞填土、墓室后部墓顶处、棺外四角/多个墓室角落、围墓沟内等特殊位置，但均比较少见。

北魏时期殉祭动物较多放置于墓内随葬器物内，主要为漆器，如案、盘等。陶器较少，如大同南郊北魏墓群M53中的殉祭动物置于一件大型陶罐内，罐上盖一块石板。无论是置于近似密封的陶罐内，还是置于开放式的漆盘、漆案上，这些殉祭动物均具有"祭肉""享牲"的意味。此外，殉祭动物放置于饮食器具上或其附近，表明这些器物可能承担了祭器的功能，与殉祭动物共同构成了墓内祭祀组合。

---

[1] 杨曙明：《周秦汉唐时代墓葬壁龛考略》，《咸阳师范学院学报》2021年第5期。
[2] 李楠：《关中地区商周时期墓葬壁龛的初步研究》，陕西师范大学，2019年。
[3] 倪润安：《光宅中原——拓跋至北魏的墓葬文化与社会演进》，上海古籍出版社，2020年。
[4] 刘马爽：《甘青宁地区东周至汉墓内置牲现象研究》，《边疆考古研究》2020年第27期。
[5] 乌恩、钟侃、李进增：《宁夏同心倒墩子匈奴墓地》，《考古学报》1988年第3期。
[6] 陈全家、曹建恩、孙金松等：《凉城县小双古城墓地殉牲研究》，《内蒙古文物考古》2010年第2期。

殉祭动物置于天井过洞填土、墓室后部墓顶处以及墓道填土中等位置，且摆放较为规整的，基本未经扰动，表明该现象应该是一种有意实施的祭祀行为，暗示在墓葬掩埋或葬仪举行过程中可能存在的祭牲行为。这样的葬俗在早期拓跋鲜卑或者吐谷浑[1]墓葬中也有发现，均应属于在葬仪举行过程中进行一定的祭牲行为。

围沟墓，是指在一座或数座墓葬外围有浅沟（即围墓沟，一般口大底小，剖面呈倒梯形）相环围的墓葬，墓葬和围沟构成一个整体[2]。围墓沟主要作用是为墓葬防水，同时也起到界定墓葬范围的作用[3]，国内最早发现于山西侯马乔村墓地[4]。陕西旬邑西头遗址北魏墓M39围墓沟中出土有动物骨骼。结合围墓沟出土的建筑构件等遗物，本文推测该墓围沟除了上述的防水和界定墓葬范围作用外，可能还具有墓葬祭祀的功能，与汉代墓地祠堂[5]等墓上祭祀建筑性质或许类似。不过，北魏围墓沟墓上祭祀功能的判断尚需更多证据支撑，值得未来继续深入研究。

北魏洛阳时期，大同南郊墓群延续了平城时期在棺外前部和壁龛置牲的习俗。山西、陕西、内蒙古、宁夏等地区的北魏墓葬殉祭动物则有摆放于墓道、甬道、墓室等位置。直接摆放于墓室内的葬俗与北魏平城时期也较为相似。摆放于棺外侧边陶盘内，虽与平城时期摆放于相同位置漆器上略有区别，但内涵较为相似，只是动物殉祭用器略有差异。

考古发现，北魏墓葬殉祭动物摆放位置前后有明显承继关系。如前文所述，盛乐时期的两种摆放位置，北魏平城时期均有延续。其中的棺外前部器物上摆放动物牲体的现象为棺前设奠习俗遗留，这在北魏盛乐时期即有少量发现，真正流行还是在平城时期。

（六）殉祭习俗与墓葬形制的关系

北魏（代）盛乐时期，出土殉祭动物的墓葬形制主要为土坑侧穴墓和洞室墓，虽然形制有一定差异，但均可认定为土洞墓，共3座；砖室墓仅1座。

---

[1] 沙琛乔、陈国科、刘兵兵：《甘肃武威唐代吐谷浑王族墓葬群殉牲习俗初探》，《敦煌研究》2022年第4期。
[2] 山西省考古研究所：《侯马乔村墓地年第1959—1996期》，科学出版社，2004年。
[3] 河南省文物考古研究院、三门峡市文物考古研究所、安阳师范学院考古与文博系：《河南三门峡后川村西汉围沟墓发掘简报》，《中国国家博物馆馆刊》2021年第3期。
[4] 山西省考古研究所：《侯马乔村墓地年第1959—1996期》，科学出版社，2004年。
[5] 刘尊志：《汉代墓地祠堂研究》，《考古学报》2021年第1期。

考古发现的北魏平城时期动物殉祭墓中，石室墓有1座，竖穴土坑墓有7座，砖室墓有14座，其他可识别形制的墓葬均为土洞墓，共76座。尤其是大同南郊北魏墓群，土洞墓比重为93%，占据了绝大多数。土洞墓中又以长斜坡墓道土洞墓和长方形竖井墓道土洞墓最为普遍。

北魏洛阳时期动物殉祭墓葬形制主要为斜坡墓道砖室墓，有7座；土洞墓数量较少，仅有4座。

综上可见，出土殉祭动物墓葬的形制在北魏不同时期有明显的变化。盛乐时期以土洞墓为主，平城时期土洞墓继续占据绝大多数，洛阳时期砖室墓的比重超过土洞墓，占据绝大多数。与早期拓跋鲜卑基本为竖穴土坑墓相比，北魏出土殉祭动物的墓葬形制较为多样，土洞墓和砖室墓逐渐流行，部分设置有甬道、天井，与农耕文化的丧葬习俗影响有密切关系。

限于人骨保存状况，较多墓葬出土人骨的性别、年龄和葬式等体质信息不详，这在一定程度上制约了体质人类学视角下殉祭习俗的判断。在可识别的葬式中，出土殉祭动物的墓主绝大部分为仰身直肢葬。另据资料，北魏墓葬动物殉祭习俗与墓主性别和年龄并无明显的内在关联。

结语

北魏墓葬存在动物殉祭行为，是其丧葬习俗的重要组成部分。不同时期北魏墓葬的殉祭率有较为明显的变化，其中平城时期殉祭率最高。北魏平城时期动物组合关系明显，组合多样，动物组合中羊、牛、马等比较常见，数量也相对较多，在北魏墓内祭祀活动中为重要载体。随着时代的演进，北魏殉祭动物部位日益多样化，但从数量上来说还是以牲体为主，头、蹄以及整牲数量少。动物摆放位置以平城时期最为多样，主要以棺外前部或侧部、壁龛、棺内或墓道为主。出土殉祭动物墓葬的形制在北魏不同时期有明显的变化，盛乐和平城时期以土洞墓为主，洛阳时期以砖室墓为主。动物殉祭与墓主性别和年龄无显著的关联，但是墓主的葬式比较一致，主要为仰身直肢葬。

北魏墓葬动物殉祭习俗的形成和变迁，可能受到了多重因素的影响。经历了汉末至十六国时期的混乱，中原地区农耕文化凋零，反而在河西和东北地区得以保留和传承。以上区域的农耕文化与拓跋鲜卑游牧文化的交流与融合，对北魏墓葬动物殉祭习俗的塑造具有重要作用，这在北魏平城地区尤为明显。且北魏平城地区人口数量众多，文化面貌多样，动物殉祭习俗的影响因素较为多元。至于关陇、河西、东北及北方草原地区北魏墓葬动物殉祭习俗的形成，除了受拓跋鲜卑和农耕文化因素影响外，还可能受到了当地早期传统文化的影响。除了多元民族和文化的交流和融合，草原游牧经济和农耕经济也影响了北魏动物殉祭习俗的形成，北魏动物殉祭习俗物质基础的奠定是多种生业经济共同影响的结果。

原文刊于《郑州大学学报（哲学社会科学版）》2023年第5期。

平城实力的集聚和"云冈模式"的形成与发展

宿 白

北京大学考古文博学院

自20世纪70年代末期北京大学考古专业恢复石窟寺考古教学以来,考古系汉唐教研室同仁即在有关单位的协助下,对新疆、甘肃、宁夏和中原地区的一些重要石窟进行了一系列的考古调查;与此同时,又参考了一部分国外学者编著的葱岭以西的石窟考古报告和论著。在此基础上,我们重新观察云冈石窟和阅读有关文献之后,对过去论述云冈石窟在东方石窟群中所处的地位这一重要问题,颇有不足之感。现仅就北魏统治者长期强制向国都平城聚集人力、物力和"云冈模式"的形成与发展这两个相互关联的题目,试做一次复习性的研讨,请海内外同好不吝指正。

一

4世纪西晋覆灭,中原战乱频仍,人口流散严重,各割据政权皆以掳掠人口作为增强自己实力的重要措施。淝水战后,前秦瓦解。386年,鲜卑奴隶主拓跋珪恢复代国,此后一直到北魏孝文帝拓跋宏时期,北中国的代魏才开始向封建制转变。奴隶主统治阶段,战争更是以获取战俘、财物为目的。因此,拓跋珪复国之初的东征西讨,无不着眼于虏获。现辑有关资料如下表:

表1 相关虏获的资料

纪年	虏获记录	出处
登国二年（387）	"六月,（道武）帝亲征刘显（南部大人刘库仁子）于马邑南……尽收其部落。"	《魏书·太祖纪》

续表

纪年	虏获记录	出处
登国三年（388）	"五月癸亥，北征库莫奚。六月，大破之，获其四部杂畜十余万。" "十有二月辛卯，车驾西征，至女水，讨解如部，大破之，获男女杂畜十数万。"	《魏书·太祖纪》
登国五年（390）	"春三月甲申，帝西征，次鹿浑海，袭高车袁纥部，大破之，虏获生口、马牛羊二十余万。"	《魏书·太祖纪》
登国六年（391）	"十有一月……壬午，大破直力鞮（铁弗刘卫辰子）军于铁岐山南，获其器械辎重，牛羊二十余万。" "十有二月……自河已南，诸部悉平，簿其珍宝、畜产，名马三十余万匹，牛羊四百余万头。……山胡酋大幡颓、业易于等率三千余家降附，出居于马邑。"	《魏书·太祖纪》
登国八年（393）	"八月，帝南征薛干部帅太悉佛于三城，……获太悉佛子珍宝，徙其民而还。"	《魏书·太祖纪》
登国十年（395）	"十一月……乙酉夕，至参合陂。丙辰，大破之（慕容宝）。……生擒其陈留王绍……以下文武将吏数千人，器甲辎重、军资杂财十余万计。"	《魏书·太祖纪》
皇始元年（396）	"夏六月癸酉，遣将军王建等三军讨（慕容）宝广宁太守刘亢泥（刘显弟），斩之，徙其部落。"	《魏书·太祖纪》
皇始元年（397）	"二月……丁丑，军于巨鹿之柏肆坞，……帝设奇陈，……（慕容）宝众大败，……擒其将军高长等四千余人。戊寅，宝走中山，获其器仗辎重数十万计。……冬十月……甲戌……战于义台坞……甲申，其（宝弟贺麟）所署公卿、尚书、将吏、士卒降者二万余人。……获其所传皇帝玺绶、图书、府库、珍宝，簿列数万。"	《魏书·太祖纪》

续表

纪年	虏获记录	出处
天兴元年（398）	"春正月……辛酉，车驾发自中山，至于望都尧山徙山东六州民吏及徒河、高丽杂夷三十六署[1]百工伎巧十万余口[2]，以充京师。二月，……诏给内徙新民耕牛，计口受田。""十有二月，……徙六州二十二郡守宰、豪杰、吏民二千余于代都。"	《魏书·太祖纪》

上表所列天兴元年春正月徙太行山东六州，即后燕慕容氏的吏民、伎巧以充京师的京师，应是指同年"秋七月，迁都平城"（《魏书·太祖纪》）的新都，亦即表中末项所记之代都。此次代魏建都平城，与穆皇帝猗卢"城盛乐以为北都，修故平城以为南都"和昭成帝什翼犍"移都于云中之盛乐宫"（《魏书·序记》）不同，而是"始营宫室，建宗庙，立社稷"（《魏书·太祖纪》），建立永久性都城。此后，迄孝文帝太和十八年（494）南迁洛阳，平城作为北魏国都长达96年。在此期间，据文献所记较为明确的虏获强徙到平城及其附近的人口、财富，有下列诸项记录：

表2 相关虏获的资料

纪年	虏获记录	出处
天兴二年（399）	"二月丁亥朔，诸军同会，破高车杂种三十余部，获七万余口，马三十余万匹，牛羊百四十余万。骠骑大将军、卫王仪督三万骑别从西北绝漠千余里，破其遗迸七部，获二万余口，马五万余匹，牛羊二十余万头，高车二十余乘，并服玩诸物。……庚戌……以所获高车众起鹿苑，……又穿鸿雁池。"	《魏书·太祖纪》

---

[1] 参见《魏书》·卷2·《太祖纪》校勘记[九]。"署"是南北朝少府、太府所辖手工业作坊的机构名称，或称"曹"，北魏有三十六曹，见《魏书》·卷32·《崔逞传》和《魏书》·卷44·《罗结传》。

[2] 《魏书》·卷110·《食货志》作"十万余家"。《魏书》·卷33·《张济传》作"七万余家"。

纪年	虏获记录	出处
天兴五年（402）	"二月癸丑，征西大将军、常山王遵等至安定之高平，（姚兴高平公）木易于（没奕于）率数千骑与卫辰、屈丐弃国遁走，……获其辎重库藏，马四万余匹，骆驼、牦牛三千余头，牛羊九万余口。……徙其民于京师。""五月，姚兴遣其弟安北将军、义阳公平率众四万来侵，……秋七月戊辰朔，车驾西讨。八月乙巳，至于柴壁，平固守。进军围之，姚兴悉举其众来救。……冬十月，平赴水而死，俘其余众三万余人。……（获兴）四品将军已上四十余人。"	《魏书·太祖纪》
天兴六年（403）	"春正月辛未，朔方尉迟部别帅率万余家内属，入居云中。"	《魏书·太祖纪》
天赐元年（404）	"三月丙寅，擒姚兴宁北将军、泰平太守衡谭，获三千余口。"	《魏书·太祖纪》
永兴五年（413）	"秋七月己巳，……奚斤等破越勤倍泥部落于跋那山西，获马五万匹，牛二十万头，徙二万余家于大宁，计口受田……八月癸亥，奚斤等班师。甲寅，帝临白登，观降民，数军实。……辛未，……置新民于大宁川，给农器，计口受田。"	《魏书·太祖纪》
泰常三年（418）	"夏四月己巳，徙冀、定、幽三州徒河于京师。""五月……壬子，车驾东巡，……遣征东将军长孙道生……袭冯跋，……道生至龙城，徙其民万余家而还。"	《魏书·太宗纪》
始光三年（426）	"十有一月戊寅，帝率轻骑二万袭赫连昌。壬午，至其城下，徙万余家而还。"[1]	《魏书·世祖纪上》

[1]《魏书》·卷95·《铁弗刘虎传附赫连昌传》记此事云："世祖闻屈孑（赫连勃勃）死，……驰往击之，……分军四出，略居民，杀获数万生口、牛羊十数万，徙万余家而还。"

续表

纪年	虏获记录	出处
始光四年（427）	"六月……乙巳，车驾入（统万）城，虏（赫连）昌群弟及其诸母、姊妹、妻妾、宫人万数，府库珍宝、车旗器物不可胜计。擒昌尚书王买、薛超等及司马德宗将毛修之、秦雍人士数千人，获马三十余万匹，牛羊数千万。"	《魏书·太祖纪》
神䴥二年（429）	"夏四月……庚寅，车驾北伐，……蠕蠕震怖，焚烧庐舍，绝迹西走。……冬十月，振旅凯旋于京师，告于宗庙。列置新民于漠南，东至濡源，西暨五原、阴山，竟三千里。"	《魏书·世祖纪上》
神䴥三年（430）	"十有一月……己亥，帝幸安定，获乞伏炽磐质子及（赫连昌弟）定车旗，簿其生口、财富，……庚子，帝自安定还临平凉。……十有二月丁卯，定弟社于、度洛孤面缚出降，平凉平，收其珍宝……关中平。"	《魏书·世祖纪上》
神䴥四年（431）	"三月庚戌，冠军将军安颉献（刘）义隆俘万余人，甲兵三万。"	《魏书·世祖纪上》
延和元年（432）	"六月，上伐北燕，举燕十余郡，进围和龙，徙豪杰三万余家以归。"	《魏书·天象志三》
延和三年（434）	"六月……辛亥，抚军大将军、永昌王健……督诸军讨和龙。芟其禾稼，徙民而还。"	《魏书·世祖纪上》
太延元年（435）	"二月庚子，……诏长安及平凉民徙在京师，其孤老不能自存者，听还乡里。""六月……戊申，诏骠骑大将军、乐平王丕等五将率骑四万东伐（冯）文通。秋七月……己卯，丕等至于和龙，徙男女六千口而还。"	《魏书·世祖纪上》
太延二年（436）	"（尉眷）从征和龙，眷督万骑前驱，慰喻降二千余户。"	《魏书·尉古真传附侄眷传》

续表

纪年	虏获记录	出处
太延五年（439）	"八月……丙申，车驾至姑臧……九月丙戌……（沮渠）牧犍与左右文武五千人面缚军门，帝解其缚。待以藩臣之礼。收其城内户口二十余万，仓库珍宝不可称计……镇北将军封沓讨乐都，掠数千家而还。……冬十月辛酉，车驾东还，徙凉州民三万余家于京师。"[1]	《魏书·世祖纪上》
太平真君二年（441）	"冬十有一月庚子，镇南将军奚眷平酒泉，获沮渠天周……男女四千口。"	《魏书·世祖纪下》
太平真君七年（446）	"三月，……徙长安城工巧二千家于京师。"	《魏书·世祖纪下》
太平真君八年（447）	"三月，……徙定州丁零三千家于京师。"	《魏书·世祖纪下》
太平真君九年（448）	"二月，……徙西河离石民五千余家于京师。"	《魏书·世祖纪下》
正平元年（451）	"三月己亥，车驾至自南伐，……以（淮南）降民五万余家分置近畿。"[2]	《魏书·世祖纪下》
皇兴三年（469）	"五月，徙青齐人于京师。"[3] "显祖平青齐，徙其族望于代。" "徙青齐士望共（崔）道固守城（历城）者数百家于桑干，立平齐郡于平城西北北新城。"	《北史·魏本纪二》《魏书·高允传》《魏书·崔玄伯传附道固传》
太和五年（481）	"二月，……假梁郡王〔元〕嘉大破（萧）道成将，俘获三万余口送京师。"[4]	《魏书·高祖纪上》

以上所列资料告诉我们，从建都平城之年起，凡是被从北魏灭亡的各个

---

[1]〔宋〕司马光：《资治通鉴考异》·卷5："（《十六国春秋钞》）云三十万户，今从《后魏书》"。《魏书》·卷45·《刘昞传》记此事云："世祖平凉州，士民东迁。"
[2]〔唐〕许嵩：《建康实录》·卷12："（元嘉）二十八年（451）正月丁亥，魏太武自瓜步退归，俘广陵居人万余家。北徐、豫、青、冀、二兖州杀戮不可胜计，所过州县无遗矣。"此事不见〔梁〕沈约《宋书》·卷5·《文帝纪》，当出自〔梁〕裴子野《宋略》。
[3]〔北魏〕郦道元《水经注》·卷13·《㶟水》记此事云："魏皇兴三年，齐平，徙其民于（阴馆）县，立平齐郡。"
[4]《魏书》·卷98·《岛夷萧道成传》作"二万余口"。

政权区域内强制迁徙，或是从南北战场俘获的人口、财物，主要集中到平城及其附近。集中的数字是庞大的。就人口而言，最保守的估计，也要在百万人以上；而被强制徙出的地点，如山东六州、关中长安、河西凉州、东北和龙（即龙城）和东方的青齐，又都是当时该地区经济、文化最发达的地点。这几个地点合起来，甚至可以说是涵盖中国北部当时经济、文化发达的全部地区。迁移的同时，还特别注意对人才、伎巧的搜求。关于这个问题，除了上表所举内容之外，以下几项记录，可以做进一步的补充说明。

登国十年（395），"秋七月，慕容垂遣其子宝来寇五原，造舟收谷。……冬十月辛未，宝烧船夜遁。……十一月丙戌，大破之。……于俘虏之中擢其才识者买彝、贾闰、晁崇等与参谋议，宪章故实"（《魏书·太祖纪》）[1]。

永兴五年（413），"二月，诏分遣使者巡求俊逸，其豪门强族为州闾所推者，及有文武才干、临疑能决，或有先贤世胄、德行清美、学优义博、可为人师者，各令诣京师，当随才叙用，以赞庶政"（《魏书·太宗纪》）。

神䴥四年（431），"九月壬申，诏曰：……方将偃武修文，遵太平之化，理废职。举逸民，拔起幽穷，延登俊乂，昧旦思求，想遇师辅，虽殷宗之梦板筑，罔以加也。访诸有司，咸称范阳卢玄、博陵崔绰、赵郡李灵、河间邢颖、渤海高允、广平游雅、太原张伟等，皆贵俊之胄，冠冕州邦，有羽仪之用。……如玄之比，隐迹衡门，不耀名誉者，尽敕州郡，以礼发遣。遂征玄等及州郡所遣，至者数百人，皆差次叙用"（《魏书·世祖纪上》）。

"历城降，（慕容）白曜送（刘）休宾及宿有名望者十余人，俱入代都为客。"（《魏书·刘休宾传》）

"表曰……自太和建号，逾于一纪，典刑德政，可得而言也。……臣谓宜于河表七州[2]人中，擢其门才，引令赴阙，依中州官比，随能序之。一可以广圣朝均新旧之义，二可以怀江汉归有道之情。……高祖览而善之，寻皆施行"。（《魏书·李彪传》）

"太和中，高祖选尽物望，河南人士才学之徒咸见申擢。"（《魏书·刘休宾传附从弟法凤法武传》）

再具体些，我们可从《魏书》列传中看到道武时收罗后燕人才，明元时容

---

[1] 参见《魏书》·卷33·《贾彝传》、《魏书》·卷91·《术艺·晁崇传》。
[2] 《资治通鉴》·卷136·《齐纪二》永明六年，《胡注》："河表七州，秦、雍、岐、华、陕、河、凉也。以下文'怀江、汉归有道之情'证之，则七州当谓荆、兖、豫、洛、青、徐、齐也。河表，直谓大河之外。"

纳姚秦人才，太武时除网罗中原人士外，还征用夏、南燕、北燕、北凉人才，还有献文时内徙青齐人才，孝文时擢举河表人才，其数字都是相当巨大的。因此，这座近百年的北魏都城——平城及其附近，自道武帝以来，不仅是北中国的政治中心，而且形成了北中国的文化中心。加上这里集聚的大量劳动人手和从北中国征调来的巨大财富[1]，平城内外筑造一批批规模宏伟的建置，就不是偶然的事了。许多大规模的建置，就劳动量之大和工期之长而言，应以幸存于今的云冈石窟，即《魏书》所记的武州山石窟寺称最。

二

云冈石窟位于今山西大同旧城西15公里。"太和中为尚书主客郎"(《魏书·酷吏·郦道元传》)，正光末(524)又以持节兼黄门侍郎职务到过平城的郦道元，曾简记其盛况[2]：

> 武州川水又东南流，水侧有石祇洹舍并诸窟室，比丘尼所居也。其水又东转，径灵岩南，凿石开山，因岩结构，真容巨壮，世法所希，山堂水殿，烟寺相望，林渊锦镜，缀目新眺。(戴本《水经注·漯水》)

除了武州川水的河床后世稍作移动[3]和窟室、雕像略有崩塌、剥蚀外，今天基本上还保存着原貌。

云冈石窟，始于文成帝和平初(460)，为一般所悉知。其事见《魏书·释老志》：

> 和平初，(道人统)师贤卒。昙曜代之，更名沙门统[4]。……昙曜白帝，于京城西武州塞，凿山石壁，开窟五所，镌建佛像各一。高者七十尺，次六十尺，雕饰奇伟，冠于一世。

---

[1] 〔唐〕道宣：《大唐内典录》·卷4·《后魏元氏翻传佛经录》记："恒安郊西大谷石壁皆凿为窟……谷东石碑见在，纪其功绩不可以算也。其碑略云：自魏国所统资赋，并成石窟。故其规度宏远。
[2] 参见《魏书》·卷9·《肃宗纪》和《魏书》·卷42·《郦苑传附子道元传》。〔唐〕李延寿：《北史》·卷16·《魏诸宗室·太武五王·广阳王建传附孙深传》。
[3] 《大金西京武州山重修大石窟寺碑》碑文云："（天会）九年（1131），元帅府以河流近寺，恐致侵啮，委烟火司差夫三千人改拨河道。此则皇朝外护之大略也。"该碑录文，见宿白：《中国石窟寺研究》所收〈《大金西京武州山重修大石窟寺碑》校注〉，生活·读书·新知三联书店，2019年。
[4] "更名沙门统"之后，《释老志》接着的一段文字是："初，昙曜以复佛法之明年，自中山被命赴京，值帝出，见于路，御马前衔曜衣，时以为马识善人。帝后奉以师礼。"以"初"字开端，就说明了这是插入的另一段。复佛法之明年，即兴安二年（453），是昙曜自中山被命赴京遇帝于路之年，与下文"开窟五所"无关。过去有些研究者曾以复佛法之明年为昙曜开窟之年，显系误解。

北魏云冈石窟工程的结束，金皇统七年（1147）曹衍撰《大金西京武州山重修大石窟寺碑》（以下简称《金碑》），据当时窟内所存遗刻的最迟纪年是孝明帝正光五年（524），谓"终乎正光"[1]。自和平初迄正光五年，计64年。在这60多年间，北魏朝野在云冈开凿了大小窟龛数百座，工程浩大，形制繁缛。20世纪初以来，研究者在调查其历史年代和艺术源流之次，逐渐研讨其排年分期和窟室类型[2]。首先出现的某些有代表性特征的类型，可暂称之为模式。云冈模式先后有显著的发展变化，它的出现与发展都应与分期问题联系起来。云冈石窟一般分三期[3]，现按期试述我们对云冈模式的初步考虑。

三

云冈第一期窟室，我们认为只包括和平初昙曜主持开凿的5座窟，亦即位于云冈石窟群中部西侧的第16—20窟（图1）。五窟的共同特征极为显著，现分

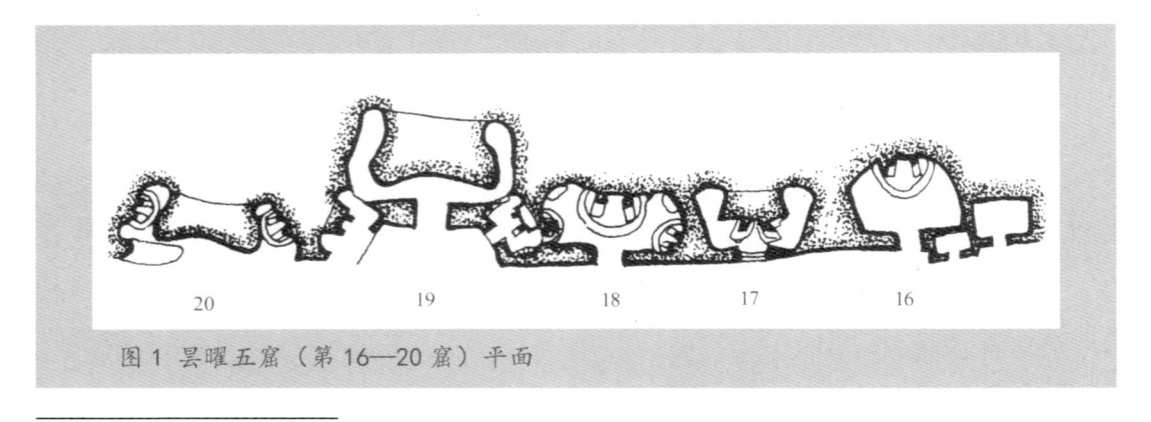

图1 昙曜五窟（第16—20窟）平面

---

[1]《大金西京武州山重修大石窟寺碑》碑文云："（天会）九年（1131），元帅府以河流近寺，恐致侵啮，委烟火司差夫三千人改拨河道。此则皇朝外护之大略也。"该碑录文，见宿白：《中国石窟寺研究》所收《〈大金西京武州山重修大石窟寺碑〉校注》，生活·读书·新知三联书店，2019年。
[2] 1902年，日人伊东忠太于《建筑杂志》第189号发表云冈旅行记，并讨论其艺术源流于《北清建筑调查报告》之后，曾掀起云冈雕像来源的研讨。法人沙畹（E.Chavannes）于其《北中国考古图录》卷2（*Mission archeolosiques dans la ChineSeptentrionale*，Tome Ⅱ）解说（1915），日人大村西崖于其《支那美术史·雕塑篇》（1915），松本文三郎于其《佛像の美術史研究》（刊《哲学研究》一卷一号，1916），小野玄妙于其《极东三大艺术》（1924），关野贞、常盘大定于其《支那佛教史迹》第二册解说（1926）中都有论述。稍后，梁思成、林徽因、刘敦桢《云冈石窟中所表现的北魏建筑》，研究了云冈建筑装饰中的西方因素（刊《中国营造学社汇刊》第四卷3、4期，1933年）。以上诸也讨论了云冈历史，但系统考证云冈史料的工作，当推1919年发表于《东方杂志》第十六卷二、三号的陈垣《记大同武州山石窟寺》1950—1956年出版水野清一、长广敏雄的十六卷本《云冈石窟》，应是迄20世纪50年代中期总结云冈研究的巨作。该书第六卷序章《雲岡石窟の系譜》（1951）、第十卷序章《雲岡様式から龍門様式へ》（1953）、第十一卷序章《雲岡以前の造像》（1954）、第十二卷序章《雲岡彫刻の西方様式》（1954）、第十五卷序章《中国におけみ石窟寺院》（1955）和第十六卷总结《云冈造窟次第》等论文，对云冈的源流、排年分期和窟室类型的研究，都达到了当时可能达到的高水平。
[3] 宿白：《中国石窟寺研究》所收《云冈石窟分期试论》，生活·读书·新知三联书店，2019年。

窟室形制、造像布局、主要造像组合、造像形制和装饰纹带五项列表如下。

表3 5座窟的共同特征

窟室形制	椭圆形平面、穹窿顶、模拟草庐形式的大型窟。原窟口上方皆凿出明窗。
造像布局	主像形体高大，占据窟内面积的绝大部分。前壁和壁面所余面积不大的左右壁，大多没有统一的设计；唯第19窟满雕千佛，并在前壁左右两隅的千佛中，各现一较大的立佛，西者为罗睺罗实子因缘像。
主要造像组合	三佛[1]。第16、18—20窟皆以释迦为主像，第17窟以未来佛弥勒菩萨为主像。
造像形制	形象为广颐、短颈、宽肩、厚胸，造型雄健。佛像流行通肩或右袒服饰。菩萨斜披络腋，胸前饰短璎珞。
装饰纹带	莲瓣、联珠、单列忍冬。

最近在大同市北郊小石寺村大沙沟北发现的鹿野苑石窟主窟，其窟室形制、布局和造像形制也具有与上述特征类似的地方（图2、图3）[2]。鹿野苑石窟，据《魏书·显祖纪》记载，"（皇兴）四年（470）十有二月甲辰，幸鹿野苑石窟寺"，知建于献文帝时期。由此可知，流行这种样式是460年至470年间平城地区开凿石窟的式样。这种式样的石窟，就已知的资料，自南亚、中亚以迄我国新疆、甘肃地区，都还没有发现相似的先例。因此，我们认为它应是5世纪中

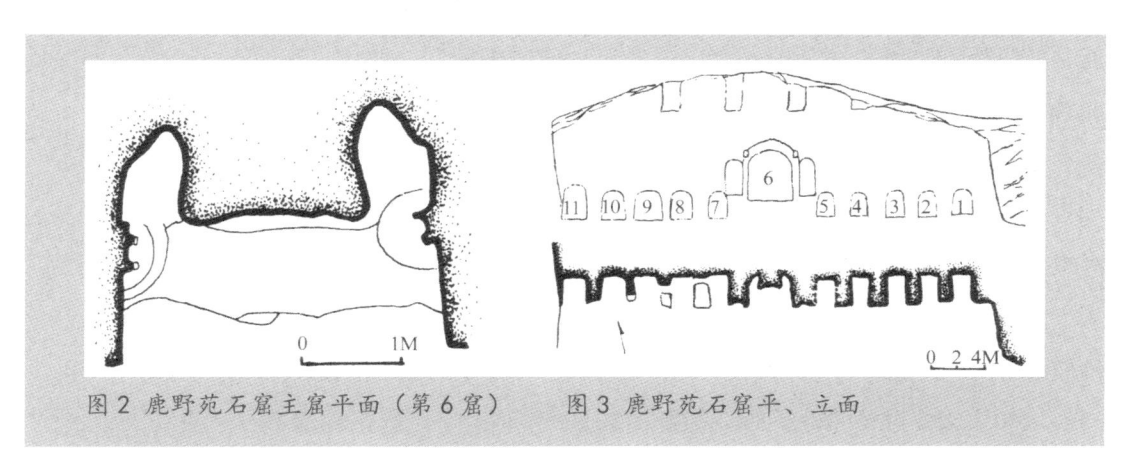

图2 鹿野苑石窟主窟平面（第6窟）　图3 鹿野苑石窟平、立面

---

[1] 刘慧达：《北魏石窟中的"三佛"》，《考古学报》1958年第4期。
[2] 刘建军：《鹿野苑石窟》，云冈石窟文物保管所编：《中国石窟·云冈石窟》（二），文物出版社，2016年。

期平城僧俗工匠在云冈创造出的新模式。我们现在需要考虑的是，470年以前的平城，有没有新创石窟模式的条件。

第一，如上文所述，从道武帝天兴元年建都起，平城已逐渐集聚了大量的物质力量，特别是集中了北中国的人才、工巧。

第二，根据记录北魏佛教事迹的重要典籍《魏书·释老志》，我们可以知道从都平城之始，迄太武帝灭法之前，包括太武在内的北魏最高统治者皆尊奉佛教，太武末年短期废佛（444—451）后，似乎更刺激了佛教的迅速发展。现按年代顺序，摘录《魏书·释老志》有关文字，并略附解释："天兴元年（398），（道武）下诏曰：'夫佛法之兴，其来远矣。济益之功，冥及存没，神踪遗轨，信可依凭。其敕有司于京城建饰容范，修整宫舍，令信向之徒，有所居止。'是岁，始作五级佛图、耆阇崛山及须弥山殿，加以缋饰。另构讲堂、禅堂及沙门座，莫不严具焉。"可见平城建都伊始，道武帝即在新都修建了各种颇具规模的佛教建筑。道武帝又礼赵郡沙门法果，诏"赴京师，后以为道人统，绾摄僧徒"。法果倡言："太祖明睿好道，即是当今如来，沙门宜应尽礼，遂常致拜。谓人曰：'能鸿道者人主也，我非拜天子，乃是礼佛耳。'"北朝播教与南方有别，在北魏新都传播的初期，即积极投靠政治势力，主张佛即天子，主动致敬人主，因而取得有力的外护。所以明元帝即位，"仍令沙门敷导民俗"，并于"京邑四方建立图像"。"世祖初即位，亦遵太祖、太宗之业，每引高德沙门与共谈论。于四月八日，舆诸佛像，行于广衢，帝亲御门楼，临观散花，以致礼敬。"始光四年（427），"统万平，惠始到京都，多所训导，……世号之曰白脚师"。太延元年（435），北魏攻陷盛行佛教的和龙，龙城人口大量西迁。当和龙陷魏之前，黄龙僧即多外出求法、驻锡，此时自应有一定数量的僧徒随迁民入平城[1]。太延五年（439），"凉州平，徙其国人于京邑，沙门佛事皆俱东，像教弥增矣"。其时聚于平城的高僧，见于著录的有景穆帝师事的玄高、尚书韩万德的门师慧崇、玄高弟子玄畅和为北凉太傅张潭所伏膺的昙曜以及"凉平赴京"的罽宾沙门师贤等[2]。由此可见，太武帝废佛之前，平城佛事已相当繁盛。

太平真君七年（446）三月，毁佛诏令被重申，由于监国景穆缓宣，"四

---

[1] 汤用彤：《汉魏两晋南北朝佛教史》第十四章《佛教之北统》，商务印书馆，2020年。
[2] 上述此时的平城高僧，俱见《高僧传》·卷11·《魏释玄高传》和《魏书》·卷114·《释老志》。

方沙门多亡匿获免，在京邑者亦蒙全济。金银宝像及诸经论大得秘藏"。故当文成帝"践极，下诏曰：……释迦如来，功济大千，惠流尘境，……助王政之禁律，益仁智之善性，排斥群邪，开演正觉。故前代已来，莫不崇尚，亦我国家常所尊事也。……朕承统绪，君临万邦，思述先志，以隆斯道"之后，"天下承风，朝不及夕，往时所毁图寺仍还修矣。佛像经论皆复得显。京师沙门师贤，本罽宾国王种人，……罢佛法时，师贤假为医术还俗，而守道不改。于修复日，即反沙门。其同辈五人，帝乃亲为下发。师贤仍为道人统。是年(452)诏有司为石像，令如帝身"。"兴光元年(454)秋，敕有司于五级大寺内，为太祖已下五帝铸释迦立像五，各长一丈六尺，都用赤金二十五万斤。"其前一年，即兴安二年(453)，昙曜"自中山被命赴京，……奉以师礼"。"太安初(455)，有师子国胡沙门邪奢遗多、浮陀难提等五人，奉佛像三，到京师，皆云备历西域诸国，见佛影迹及肉髻，外国诸王相承，咸遣工匠摹写其容，莫能及难提所造者。……又沙勒(疏勒的异译)胡沙门赴京师。致佛钵并画像迹。"后五年[即和平初(460)]，"昙曜白帝，……开窟五所"。465年，献文帝即位，根据刘宋沙门传说，建天安年号[1]。467年，孝文帝生，敕"起永宁寺，构七级佛图，高三百余尺，基驾博敞，为天下第一。又于天宫寺造释迦立像，高四十三尺，用赤金十万斤，黄金六百斤。皇兴中(467—471)，又构三级石佛图，榱栋楣槛，上下重结，大小皆石，高十丈。镇固巧密，为京华壮观"。又"建鹿野佛图于苑中之西山，……岩房禅堂，禅僧居其中焉"。上述一系列事迹，可以说明470年以前，平城佛教实力已极雄厚，佛教建置日臻壮丽。

第三，自太武帝以来，北魏即与兴建佛寺较盛的西域诸佛教国家和地区交往频繁。这些国家和地区，有的还曾一度划归北魏领域。《北史·西域传序》综述往还之盛云：

> 太延中(435—440)，魏德益以远闻，西域龟兹、疏勒、乌孙、悦般、渴槃陁、鄯善、焉耆、车师、粟特诸国王始遣使来献。……于是，始遣行人王恩生、许纲等西使。……又遣散骑侍郎董琬、高明等多赍锦帛，出鄯善，招抚九国，厚赐之。初，琬等受诏，使道之国可往赴之。琬过九国，北行至乌孙国。其王得魏赐，拜受甚悦，谓琬等曰：传闻破

---

[1] 汤用彤：《汉魏两晋南北朝佛教史》第十四章《佛教之北统》，商务印书馆，2020年。

洛那、者舌皆思魏德，欲称臣致贡。……琬于是自向破洛那，遣明使者舌[1]。……已而，琬、明东还，乌孙、破洛那之属遣使与琬俱来贡献者十有六国。自后相继而来，不间于岁，国使亦数十辈矣。

其中重要的佛教国家和地区如鄯善、焉耆、龟兹、疏勒、粟特和于阗、渴槃陀、罽宾等，又都和北魏有较密切的关系。现简录这几个国家和地区的情况如下。

鄯善："其国王奉法，可有四千余僧，悉小乘学"（《法显传》）。太平真君六年（445）四月，太武因鄯善断塞行路，"诏散骑常侍、成周公万度归乘传发凉州以西兵袭鄯善。……八月，度归以轻骑至鄯善，执其王真达以诣京师"。九年（448）"五月甲戌，以交趾公韩拔为假节、征西将军、领护西戎校尉、鄯善王，镇鄯善，赋役其民，比之郡县"（《魏书·世祖纪下》）。其后，"世祖拜（王安都）为太子庶子，出为鄯善镇将"（《魏书·王建传附安都传》）[2]。

焉耆："文字与婆罗门同。俗事天神，并崇信佛法。尤重二月八日、四月八日。是日也，其国咸依释教，斋戒行道焉"（《周书·异域传下》）。"恃地多险，颇剽劫中国使"（《北史·西域传》）。太平真君九年（448）八月，"成周公万度归讨之。……度归进屠其城，四鄙诸戎皆降服。……遂命度归镇抚其人"（《北史·西域传》），置焉耆镇。"（车师王车伊洛[3]）收集遗散一千余家，归焉耆镇"（《魏书·车伊洛传》）。十一年（450），伊洛上书要求赈救，"下诏抚慰之，开焉耆仓给之"（《北史·西域传》）。

龟兹：又译作拘夷，"拘夷国，（佛）寺甚多，修饰至丽，王宫雕镂立佛像与寺无异"（《出三藏记集》·卷11·《比丘尼戒本所出本末序》）。"城中塔庙千数"（《太平御览》卷125引崔鸿《十六国春秋·后凉录》）。太平真君九年（448）十二月，"太武诏万度归率骑一千以击之，龟兹遣乌羯目提等领兵三千距战，度归击走之，……大获驼马而还。……自后每使朝贡"（《北史·西域传》）。

于阗："俗重佛法，寺塔、僧尼甚众。王尤信尚，每设斋日，必亲自洒

---

[1] 参见《北史》·卷97·《西域传》校勘记[一]。
[2] 《魏书》多记鄯善镇事，但除此所录两事外，皆指《元和郡县志》"陇右道上鄯州"条下所记"后魏以西平郡为鄯善镇、孝昌二年（526）改镇立鄯州"的鄯州。参见唐长孺：《南北朝时期西域与南朝的陆路交通》，《魏晋南北朝史论拾遗》，中华书局，1983年。
[3] 《北史》·卷97·《西域传》作"车夷落"。

扫馈食焉。……献文末，蠕蠕寇于阗，于阗患之，遣使素目伽上表曰：……奴世奉大国，至今无异。今蠕蠕军马到城下，奴聚兵自固，故遣使奉献，遥望救援。帝诏公卿议之。……先是，朝廷遣使者韩羊皮使波斯，波斯王遣使献驯象及珍物。经于阗，于阗中于王秋仁辄留之，……羊皮言状，帝怒，又遣羊皮奉诏责让之。自后每使朝贡"（《北史·西域传》）。

渴槃陁："风俗与于阗相类"（《梁书·西北诸戎传》），"亦事佛道"（《北史·西域传》），太延、兴安、和平时皆遣使朝献，见《魏书·帝纪》。

疏勒："其国(竭叉，疏勒之异译)王作般遮越师，汉言五年大会也，会时，请四方沙门皆来云集，……其国中人为佛齿起塔。有千余僧，尽小乘学"（《法显传》）。文成帝时，"沙勒(疏勒之异译)胡沙门赴京师，致佛钵并画像迹"（《魏书·释老志》）。"文成末，其王遣使送释迦牟尼佛袈裟一，长二丈余。"（《北史·西域传》）

罽宾："罽宾国在舍卫之西，国王民人悉奉佛，道人及沙门到冬未中前饮少酒，过中不复饭"（《艺文类聚》卷76引支僧载《外国事》）。"其人工巧，雕文刻镂织罽，……每使朝献"（《北史·西域传》）。朝献的最早记录是兴安二年(453)，见《魏书·高宗纪》。

粟特：《北史·西域传》所记康国(又译悉万斤、悉居半)、石国(又译者舌)皆属粟特。《出三藏记集》《高僧传》著录自汉以来康姓译经者，皆来自康国。《北史·西域传》记康国"奉佛，为胡书"，又记"其国(粟特)商人先多诣凉土贩货，及魏克姑臧，悉见虏。文成初，粟特王遣使请赎之。诏听焉"。

以上三个条件表明，平城既具备充足的人力、物力和包括工巧在内的各种人才，又具有雄厚的佛事基础，包括建寺造像的丰富经验，还和早已流行佛教的西域诸国往还密切，包括佛像画迹的传来。在这种情况下，北魏皇室以其新兴民族的魄力，融合东西各方面的技艺，创造出新的石窟模式，应是理所当然的事。

开窟雕琢巨像，葱岭东西似以新疆拜城、库车的龟兹石窟为最早[1]，但龟兹大像窟与云冈仿草庐的形制完全不同。云冈主要造像组合——三佛和以未来佛弥勒菩萨为窟内的主要造像，也为云冈以前各地石窟所罕见。就佛像

---

[1] 参见宿白：《中国石窟寺研究》所收《新疆拜城克孜尔石窟部分洞窟的类型与年代》。阿富汗巴米扬东西两大佛窟，近年或有论其迟于云冈者；即使开凿年代较早，其整体样式亦与云冈有异，生活·读书·新知三联书店，2019年。

的形制而言，在服饰方面，许多研究者认为云冈第一期大像，既有中亚犍陀罗(Gandhāra)后期流行的衣着，如第20窟佛像刻出厚重衣纹的右袒或通肩服装，又有印度笈多(Gupta)时期秣菟罗(Mathurā)地方流行的衣着，如第19窟西南隅罗睺罗实子因缘中的立佛和第18窟主像立佛刻出贴体衣纹的通肩或右袒服装[1]。这两种服饰，与新疆、甘肃早期石窟造像和云冈石窟开凿以前北魏雕铸的铜石佛像的衣着特征相一致[2]。在造型方面，云冈第一期大像所具有的广颐、短颈、宽肩、厚胸等造型特点，虽与葱岭东西乃至甘肃及其以东早期佛像多有接近处[3]，但其雄健之姿尤为突出。所以研究者多联系《魏书·释老志》所记北魏佛教有天子即当今如来的传统和文成帝即位后所造石像"令如帝身，既成，颜上足下各有黑石，冥同帝体上下黑子"的敕令，推测昙曜五窟的主要佛像有可能仿效北魏皇帝的形象[4]。沿西方旧有佛像服饰的外观，模拟当今天子之容颜风貌，正是一种新型的佛像融合。

总之，云冈第一期石窟，就整体观察，它应是参考前规，融以新意，有自己的显著特色，从而构成了第一期的云冈模式。

四

云冈第二期窟室主要开凿在云冈石窟群中部东侧，有第7、8窟，第9、10窟，第5、6窟和第11、12、13窟；还有开凿在东部的第1、2窟和第3窟等。它们的共同特点是汉化趋势发展迅速，雕刻造型追求工丽。而融进的西方因素，虽仍有些新的内容，但似已侧重于护法形象和各种装饰。其具体情况略如下表。

---

[1] 伊东忠太于其《北清建筑调查报告》中，最早提出云冈雕像受犍陀罗影响，其后，松本文三郎于《佛像の美术史研究》中又提出云冈雕像受笈多影响。关于云冈雕像西方影响问题的研究，可参见水野清一、长广敏雄《云冈石窟》第十二卷序章《雲岡彫刻の西方樣式》和长广敏雄《仏教美術の東流》，《云冈石窟の旅》，1979年。

[2] 参见《中国石窟·克孜尔石窟》一——三（日文版，1983—1985），《中国石窟·敦煌莫高窟》一（1981），松原三郎《中国佛教雕刻史研究·绪言》（1960），宿白：《中国石窟寺研究》所收《凉州石窟遗迹与凉州模式》，生活·读书·新知三联书店，2019年。

[3] 参见本页[1] [2]。

[4] 云冈造像仿自拓跋民族形象之说，最早见于大村西崖《支那美术史·雕塑篇》。20世纪40年代后期以来，云冈早期佛像融有拓跋形象因素的论点，逐渐为大多数研究者所赞同。

表4　第二期窟室的主要特征(1)

	第7、8窟（双窟）	第9、10窟（双窟）	第1、2窟（双窟）
窟室形制	长方形平面，具前后室。后室抹角叠砌平棋顶。前壁窟口上方凿明窗。前室原依崖面架木构屋顶。前室前方，第7窟左侧和第8窟右侧各雕塔柱。两窟前室前方正中镌丰碑，碑下具龟趺。两窟前室后部凿有甬道相通。	长方形平面。具前后室。后室穹窿顶。后壁凿有礼拜道。前壁窟口上方凿明窗。前室抹角叠砌平棋顶，前室前方列楹柱，柱下镌巨象承托。上方崖面雕有设斗拱的仿木构窟檐。两窟前室后部凿有甬道相通。	长方形平面，平顶。窟内中部雕塔柱。窟口上方凿明窗。两窟似共一前庭。
造像布局	主像位于后室后壁的上下两层龛中，其他三壁分层布龛。前室，第7窟左壁和第8窟右壁分层分栏浮雕长卷式画面，中有重层楼阁，人物附有榜题。第7窟右壁和第8窟左壁雕千佛。两窟前室各壁下部皆雕供养人行列和跪式供养天行列，供养人行列上方雕出仿木构屋檐。后室入口两侧，第7窟各雕三头四臂护法像，第8窟上部各雕多头臂护法像，下部各雕头着翼冠的护法像。	主像位于后室后部中央，礼拜道壁面雕供养人行列。前室各壁皆分层布龛，其下浮雕附有榜题的分栏长卷式画面，再下为供养人行列。第9窟前室后壁正中、后室入口两侧各雕护法像，第10窟后室入口两侧各雕头着翼冠的护法像。	主像位于后壁龛中，其他三壁上布列龛，下浮雕分栏长卷式画面，再下为供养人行列。方形塔柱，第1窟为两层，第2窟为三层，各层皆四面布龛。塔上方雕饰华盖与须弥山。
主要造像及其组合	第7窟主像下龛为释迦多宝；上龛正中为弥勒菩萨，两侧为倚坐佛像。第8窟主像下盘为坐佛；上龛正中为倚坐佛像，两侧为弥勒菩萨。两窟出现交脚坐佛龛和维摩文殊龛。	第9窟主像为倚坐佛像。第10窟主像为弥勒菩萨。前室后壁正中雕须弥山。两窟皆有交脚坐佛龛、释迦多宝龛（前室后壁两侧）。	第1窟主像为弥勒菩萨。塔柱下层龛多坐佛，上层龛多弥勒菩萨。第2窟主像为坐佛。塔柱下层南面为释迦多宝，其他三面皆为坐佛；中层南、西两面为坐佛，东面为弥勒菩萨；北面为倚坐佛像；上层南北两面为弥勒菩萨，东西两面为坐佛。两窟皆有维摩文殊龛。
造像形制	面相丰满，躯体健壮。佛像着右袒大衣。菩萨斜披络腋，有的有短璎珞。造型与第一期接近。	面相渐趋方圆。佛像着右袒或通肩衣。菩萨袒上身或斜披络腋。	面相接近第9、第10窟造型。第1窟主像弥勒帔帛交叉，佛像着通肩衣，有的着褒衣博带。第2窟主像坐佛着褒衣博带，塔柱佛像右袒，弥勒斜披络腋。

平城实力的集聚和「云冈模式」的形成与发展

257

续表

	第7、8窟（双窟）	第9、10窟（双窟）	第1、2窟（双窟）
装饰	龛面有圆拱、盝形帷帐两种，后者雕饰兽面。 龛柱柱头有卷云纹和元宝形两种。供具只有摩尼宝珠。 装饰纹带有莲瓣、单列忍冬、方格莲花。	龛面除圆拱、盝形帷帐外，出现雕出斗拱的木构殿堂形式。 龛柱有卷云纹式柱头和束莲柱。 伎乐列龛和部分束莲柱下方雕饰勾片栏杆。 供具中出现博山炉。 装饰纹带除莲瓣、联珠、单列忍冬之外，出现复杂的忍冬纹[1]，如三角忍冬、环状忍冬、缠枝环状忍冬、环状套圭忍冬、龟甲忍冬等。还出现了绚纹。	龛面装饰略同第9、10窟。两窟塔柱皆雕饰出设有斗拱的仿木构形式。斗拱中部饰兽面，横拱雕作兽形。 窟口顶部雕交龙纹。 装饰纹带有莲瓣、单列忍冬、方格莲花。

表5 第二期窟室的主要特征(2)

	第11、12、13窟（组窟）	第5、6窟（双窟）	第3窟（双窟？）
窟室形制	第11窟呈方形平面，平顶。窟内中部雕塔柱。第13窟呈椭圆形平面，穹窿顶。两窟窟口上方凿明窗。 第12窟呈长方形平面，具前后室： 后室穹窿顶。前壁窟口上方凿明窗。 前室抹角叠砌平棋顶，前室前方列檐柱，上方崖面雕有设斗拱的仿木构窟檐。 第11、12、13三窟似共一前庭。	方形平面，第5窟穹窿顶，后壁凿有礼拜道。第6窟方格平棋顶，窟正中雕塔柱。两窟窟口上方凿明窗。 第5窟窟外左侧和第6窟窟外右侧各凿塔柱，两窟窟外正中镌丰碑。	横长方形平面。窟分上下两层。 上层两侧各雕一塔柱，两塔柱内侧各凿一明窗，上层中间凿一横长方形、方格平棋顶窟室。其上方依崖面原建有木构屋顶。 下层左右各开一窟口，窟口两侧各凿一明窗。左右窟口内各具一前室，两前室之后共一后室。后室后壁西则雕出较大面积的向前凸出的壁面。两前室和后室俱未完工。

---

[1] 关于忍冬纹的分类，可参见宿白：《中国石窟寺研究》所收《〈大金西京武州山重修大石窟寺碑〉的发现与研究》图3。

续表

	第11、12、13窟（组窟）	第5、6窟（双窟）	第3窟（双窟？）
造像布局	第11窟壁面皆分层布龛。塔柱方形，两层：下层四面像似为本窟主像。 第12窟主像位于后室后壁上局两层龛中，壁面皆分层布龛。 第13窟主像位于窟内正中偏后，其他壁面皆分层布龛。	第5窟主像位于窟内中部偏后。礼拜道壁面雕供养人行列。其他三壁分层布龛，但未完工。 第6窟主像位于后壁上下两层龛中。其他三壁分层布龛，下层龛下浮雕分栏长卷式画面，再下为供养人行列塔柱方形，两层，四面皆布龛，龛内外雕出画面，塔上方雕须弥山。 第5窟入口两侧各雕头着翼冠的护法像，第6窟窟口外两侧各雕天王形象的护法像。	主像原应雕在后室西侧凸出的壁面上，但未及施工而中辍，现存西大龛及龛内倚坐佛和胁侍菩萨皆系唐初开凿[1]。 上层窟室主像位于后壁龛内，其他三壁皆雕千佛。两塔柱皆方形，三层，四面布龛。 下层各壁无雕饰。
主要造像及其组合	第11窟塔柱下层皆为立佛：上层南面为弥勒菩萨，其他三面皆为倚坐佛像。 第12窟主像下龛为释迦多宝，上龛为弥勒菩萨。前室有交脚坐佛龛。 第13窟主像为弥勒菩萨。	第5窟主像为坐佛，其两侧各一立佛，尚为第一期三佛组合的延续。 第6窟主像下龛为坐佛，两侧各一立佛，上龛为三立佛。塔柱下龛南面为坐佛。西面为弥勒菩萨，北面为释迦多宝，东面为倚坐佛像；上龛四面皆立佛。前壁有维摩文殊龛。	上层窟室主像为弥勒菩萨。 两塔柱下层主龛为释迦多宝。
造像形制	主要佛像接近第9、10窟造型。	面相颊部椭圆。 第6窟佛像皆褒衣博带，菩萨披帛交叉。 第5窟窟口和明窗两侧有右袒坐佛。	上层窟室中和两塔柱上的形象已趋清秀。佛像皆着褒衣博带。

---

[1] 参见《大金西京武州山重修大石窟寺碑》碑文云："（天会）九年（1131），元帅府以河流近寺，恐致侵啮，委烟火司差夫三千人改拨河道。此则皇朝外护之大略也。"该碑录文，见宿白：《中国石窟寺研究》所收《〈大金西京武州山重修大石窟寺碑〉校注》，生活·读书·新知三联书店，2019年。

续表

	第11、12、13窟（组窟）	第5、6窟（双窟）	第3窟（双窟？）
装饰	龛面装饰略同第9、10窟。龛楣尾部有的雕饰朱雀。盘柱柱顶多作包巾式第12窟殿堂龛上雕饰的横拱作兽形。第11窟顶和第12窟后室窟口顶部雕交龙纹。第13窟伎乐列龛下方雕饰勾片栏杆。第12、13窟供具多博山炉装饰纹带有莲瓣、联珠、单列忍冬、缠枝环状忍冬、龟甲忍冬等。	龛面装饰略同第9、10窟，龛楣尾部雕出龙形。龛柱柱头装饰有包巾式。第6窟塔柱屋檐雕饰椽、瓦和莲花瓦当。供具多博山炉。装饰纹带有莲瓣、联珠单列忍冬、环状忍冬、缠枝环状忍冬、环状套圭忍冬等。	上层窟室龛面装饰有圆拱、盝形帷帐两种。上层两塔柱皆雕饰出设有斗拱的仿木构形式。

此外，第13窟西侧的第13:4（即水野清一、长广敏雄《云冈石窟》编号13A。以下括号内的编号，俱与此同）窟的开凿，大约也始于第二期。该窟方格平棋顶，横长方形平面，窟高远比上述诸窟为低。后壁前原似凿一横长形石胎，但未完工，后又被凿毁。此石胎原来计划疑是身躯横长的涅槃像。东、西壁下端原各开一龛，龛内未雕像。前壁雕出未经加工的两楹柱。东壁前端所开龛和东、西、前三壁上错落布置的小龛甚多，皆三期所补雕。显然，此窟开凿时只镌就大体窟形和主像粗胎即停工。

云冈第二期还开凿了少量的中小型窟室和在第一期窟室中补雕了龛像。开凿的中小型窟室分布在第11窟外崖面上，如第11:4(11e)、11:7(111)、11:9(11F)、11:13(11c)、11:14(11d)、11:15(11a)窟和第6窟窟顶上的第6:11(5c)。这种中小型窟室有两类，实际是第一期椭圆形窟室和本期方形窟室的缩小型（图4）。

云冈第二期窟室出现的平棋顶、方形平面、重层布局的壁面和分栏长卷式浮雕画面以及窟口崖面上的雕饰斗拱的窟檐外貌，都是汉式殿堂的形式和布局；重层楼阁式的高塔和耸立中庭下具龟跌的丰碑，也是汉式的传统建置；本期盛行的一部分重要佛像，如释迦多宝对坐、维摩文殊论辩以及下龛释迦多宝、上龛弥勒和下龛坐佛、上龛弥勒的形象组合等，或是汉

云冈石窟第二期中小型窟室

A型（椭圆开平面，穹窿顶）		B型（横长方形平面、平顶）
A（窟口敞开）	B（窟口较小）	
6:11（5c）坐佛波发，褒衣博带。	11:4（11e）坐佛右袒大衣。菩萨作跪式。窟口全崩。	11:14（11d）后壁凿龛，龛内释迦多宝褒衣博带。东壁雕上下重龛。西壁已崩毁。造型皆趋清秀。
11:13（11c）释迦多宝褒衣博带，造型清秀。	11:15（11a）释迦多宝褒衣博带，造型已趋清秀。	11:9（11f）后壁龛内坐佛褒衣博带，龛口两侧镌五层塔柱；东壁上下重龛。西壁大部崩毁。造型皆清秀。窟口全崩。
	11:7（11l）坐佛褒衣博带。左右壁凿浅龛，内弥勒、菩萨帔帛交叉，形象造型清秀。窟口全崩。	

例　一坐佛　　立菩萨　　释迦多宝　　力士　×弥勒菩萨　　像已崩毁

4　云冈石窟第二期中小型窟室

地早期窟龛所习见[1]，或是云冈本期所创新。此外，渐趋清秀的造型，褒衣博带的服装，更表现了佛像本身开始汉化。殿堂龛面，帷帐流苏，"神龙飞动（交龙纹）"，"色楯连延（勾片栏杆）"[2]，画面附榜题，龛尾饰龙、雀、博山供具、兽面装饰等，汉风事物充斥窟室。至于第二期新出现的西方因素，除礼拜道外，多属守护形象和一些龛柱装饰、边饰花纹[3]，与第

---

[1] 释迦多宝和维摩俱见于炳灵寺第169窟北壁壁画，参见甘肃省文物工作队、炳灵寺文物保管所编：《中国石窟·永靖炳灵寺》图版37，文物出版社，1989年。

[2] 用《金碑》文句，参见《大金西京武州山重修大石窟寺碑》碑文云："（天会）九年（1131），元帅府以河流近亲，恐致侵啮，委烟火司差夫三千人改拨河道。此则皇朝外护之大略也。"该碑录文，见宿白：《中国石窟寺研究》所收《〈大金西京武州山重修大石窟寺碑〉校注》，生活·读书·新知三联书店，2019年。

[3] 1902年，日人伊东忠太于《建筑杂志》第189号发表云冈旅行记，并讨论其艺术源流于《北清建筑调查报告》之后，曾掀起云冈雕像来源的研讨。法人沙畹（E.Chavannes）于其《北中国考古图录》卷2（*Mission archeolosiques dans la ChineSeptentrionale*, Tome II）解说（1915），日人大村西崖于其《支那美术史·雕塑篇》（1915），松本文三郎于其《佛像の美术史研究》（刊《哲学研究》一卷一号，1916），小野玄妙于其《极东三大艺术》（1924），关野贞、常盘大定于其《支那佛教史迹》第二册解说（1926）中都有论述。稍后，梁思成、林徽因、刘敦桢《云冈石窟中所表现的北魏建筑》，研究了云冈建筑装饰中的西方因素（刊《中国营造学社汇刊》第四卷3、4期，1933年）。以上诸者也讨论了云冈历史，但系统考证云冈史料的工作，当推1919年发表于《东方杂志》第十六卷二、三号的陈垣《记大同武州山石窟寺》1950—1956年出版水野清一、长广敏雄的十六册本《云冈石窟》，应是迄20世纪50年代中期总结云冈研究的巨作。该书第六卷序章《雲岡石窟の系譜》（1951）、第十卷序章《雲岡様式から龍門様式へ》（1953）、第十一卷序章《雲岡以前の造像》（1954）、第十二卷序章《雲岡彫刻の西方様式》（1954）、第十五卷序章《中国におけゐ石窟寺院》（1955）和第十六卷总结《云冈造像次第》等论文，对云冈的源流、排年分期和窟室类型的研究，都达到了当时能达到的高水平。引梁思成等人论文。

一期窟室满布域外格调已大不相同。看来，渊源于西方的佛教石窟的东方化，云冈第二期是一个关键时期。本期窟室另一重要特点——双窟成组问题，我们将在下面讨论。

云冈第二期的年代，我们曾根据《金碑》记载推测：第7、8双窟为孝文帝初期开凿；第9、10双窟是文明太后宠阉钳耳庆时于"太和八年(484)建，十三年(489)毕工的"；第5、6双窟的第6窟完工于太和十八年(494)迁洛之前，第5窟和云冈最大的第3窟都因迁洛而中辍[1]。从近年了解到的有明确纪年的北魏遗物观察[2]，上述推测并无差误。本期开凿的中小窟室，由于绝大多数的形象、服制和第5、6窟相同，形象造型又与第3窟上层窟室相近，可知它们的开凿时代已晚；其中开凿略早的第11:14(11d)窟有太和十三年(489)铭记，就更加明确了这些中小窟室的年代应属本期的晚期阶段。因此，可以估计云冈第二期窟室开凿时间，应在471年至494年之间，或稍后。

云冈第二期窟室面貌的改观，我们认为是与以下五项事实密切关联的。

第一，这时期北魏统治者积极推行汉化政策，开始实施一系列改革，《魏书》所记主要事迹有以下诸项。

表6 北魏统治者的改革事迹

纪年	改革事迹	出处
太和元年（477年）	九月乙酉，"诏群臣定律令于太华殿"。	《高祖纪上》
太和七年（483年）	十二月癸丑，"诏曰……同姓之娶，自今悉禁绝之，有犯，以不道论"。	《高祖纪上》
太和八年（484年）	六月丁卯，下"宪章旧典，始班俸禄"之诏。九月，"内外百官受禄有差"。	《高祖纪上》

---

[1] 参见宿白：《中国石窟寺研究》所收《云冈石窟分期试论》，生活·读书·新知三联书店，2019年。

[2] 关于忍冬纹的分类，可参见宿白：《中国石窟寺研究》所收《〈大金西京武州山重修大石窟寺碑〉的发现与研究》图3，生活·读书·新知三联书店，2019年。引文所举近年大同附近的考古发现诸例。

续表

纪年	改革事迹	出处
太和九年公（485）	八月庚申，"诏曰……买定、冀、幽、相四州饥民良口者，尽还所亲"。	《高祖纪上》
	"下诏均给天下民田。"	《食货志》
	十月丁未，"诏曰……今遣使者，循行州郡，与牧守均给天下之田，还受以生死为断。劝课农桑，兴富民之本"。	《高祖纪上》
太和十年（486）	正月癸亥朔，"帝始服衮冕。……四月辛酉朔，始制五等公服。……八月己亥，给尚书五等品爵已上朱衣、玉佩大小组绶"。 二月甲戌，"初定党、里、邻三长，定民户籍"。 九月辛卯，"诏起明堂、辟雍"。	《高祖纪下》
太和十一年（487）	"春，文明太后令曰：先王作乐，所以和风改俗，非雅曲正声不宜庭奏。可集新旧乐章，参探音律，除去新声不典之曲，裨增钟悬铿锵之韵。"	《乐志》
	十月甲戌，"乡饮礼废，则长幼之叙乱。孟冬十月，民闲岁隙，宜于此时导以德义。可下诸州，党里之内，推贤而长者，教其里人，父慈、子孝、兄友、弟顺、夫和、妻柔。不率长教者，具以名闻"。	《高祖纪下》
太和十二年（488）	九月闰月甲子，"帝观筑园丘于南郊"。	《高祖纪下》
太和十三年（489）	七月，"立孔子庙于京师"。	《高祖纪下》
太和十四年（490）	二月戊寅，"初诏定起居注制"。	《高祖纪下》
太和十六年（492）	四月丁亥朔，"班新律令"。	《高祖纪下》
太和十七年（493）	六月乙巳，"诏……作职员令二十一卷，……权可付外施行"。	《高祖纪下》

上表所列可以证明北魏汉化政策，从太和之初（477）即已积极进行，其时，孝文帝刚逾十岁[1]。承明元年（476）六月，太上皇献文帝卒，即"尊皇太后为太皇太后，临朝称制"（《魏书·高祖纪上》），此太皇太后即文成帝皇后冯氏。《北史·后妃传》上记其专政事迹云："自太后临朝

---

[1]《魏书》·卷7·《高祖纪上》："高祖孝文皇帝……皇兴元年（467）八月戊申，生于平城紫宫。"太和元年（477）九月乙酉，"诏群臣定律令"，开始积极进行改革。

专政，孝文雅性孝谨，不欲参决，事无巨细，一禀于太后。太后多智、猜忍，能行大事，杀戮赏罚决之俄顷，多有不关帝者。是以威福兼作，震动内外。"此种情况大约直迄于太和十四年(490)九月冯氏卒。冯氏卒后，孝文帝积极推行既定政策，故太和十五年（491）以后，北魏的革新，又进一步深化。

第二，这时期，北魏统治者对佛教的崇信，已与前期偏重于"教导民俗"者有别。当时北魏主要决策人如上所述是文明太后冯氏。冯氏本籍长乐信都。信都曾为冀州治所，其俗尚儒学[1]，多出才艺。太后祖父辈北迁昌黎，后入龙城，伯祖跋自立为燕王。跋卒，弟弘袭位。弘子朗于燕亡之前入魏，后任秦雍二州刺史，生太后与其兄熙于长安[2]。龙城、长安皆佛教隆盛之地，自十六国后期两地多义学善讲高僧[3]。太后一家世代奉佛，冯氏本人既"立文宣王(弘)庙于长安，又立思燕佛图于龙城，皆刊石立碑"（《北史·后妃传上》），"太和三年(479)，道人法秀谋反，事觉，……咸阳王复欲尽杀道人，太后冯氏不许"（《南齐书·魏虏传》）。又孝文初立，昙曜集西方沙门汉译新经，"《杂宝藏经》十三卷阙、《付法藏因缘经》六卷阙、《方便心论》二卷阙。右三部，凡二十一卷。宋明帝时，西域三藏吉迦夜于北国（魏）以伪延兴二年(472)共僧正昙曜译出，刘孝标笔受"（《出三藏记集》卷2）。"昙曜又与天竺沙门常那耶舍等，译出新经十四部"（《魏书·释老志》）[4]，此译经事业当出自冯氏和献文之赞同。冯氏兄熙亦"信佛法，自出家财，在诸州镇建佛图精舍，合七十二处；写十六部一切经，延致名德沙门日与讲论，精勤不倦"（《北史·外戚·冯熙传》）。熙二女皆为孝文后：幽皇后幼时病，"（文明）太后乃遣还家为尼"（《北史·后妃传上》）；废皇后"贞谨有德操，遂为练行尼，后终于瑶光佛寺"（《北史·后妃传上》）。以上事迹可以反映冯家崇佛与其前的北魏皇室不同，其来源或与龙城、长安二地佛教有关。

冯氏重释教，更重要的是影响了孝文帝。"太和元年(477)三月，

---

[1] 参见《隋书》·卷29·《地理志》"冀州"条。
[2] 参见《魏书》·卷4·《世祖纪上》，《魏书》·卷97·《海夷冯跋传》，《北史》·卷13·《后妃传上》。
[3] 参见汤用彤：《汉魏两晋南北朝佛教史》第十章《鸠摩罗什及其门下》和第十四章《佛教之北统》，商务印书馆，2015年。
[4] 〔唐〕道宣：《续高僧传·昙曜传》记昙曜译经事云："曜慨前陵废，欣今重复，故于北台石窟集诸德僧，对天竺沙门，译《付法藏传》并《净土经》。"北台石窟即今云冈石窟。其时，在北台出经者尚有沙门昙静（靖）《历代三宝纪》卷9《提谓波利经》二卷曰："……宋孝武世，元魏沙门昙静于北台撰。"云冈第9、10等窟有佛为二商主说法龛，或与昙静撰此经有关。

(帝)又幸永宁寺设会，行道听讲，命中、秘二省与僧徒讨论佛义。"(《魏书·释老志》)时孝文不满十岁[1]，可以猜测他的活动至少得到了冯氏的赞许。由于冯氏、孝文重视义行，北魏佛教讲论《成实》《涅槃》《法华》和《维摩》之风，逐渐盛行。《高僧传》·卷8·《魏释僧渊传》记孝文帝礼重僧渊等慧解高僧事云：

> 释僧渊，……专攻佛义，初游徐州，止白塔寺，从僧嵩受成实、毗昙二论，……慧解之声，驰于遐迩。渊风姿宏伟，……神气清远，含吐洒落。……昙度、慧记(纪)、道登并从渊受业。慧记(纪)兼通数论，道登善《涅槃》《法华》，并为魏主元宏(孝文)所重，驰名伪国(北魏)。渊以伪太和五年(481)卒。

僧渊弟子昙度，"神情敏悟，鉴彻过人，……备贯众典，《涅槃》《法华》《维摩》《大品》，并探索微隐，思发言外，……造徐州，从僧渊法师更受《成实论》，遂精通此部，独步当时。魏主元宏闻风餐挹，遣使征请。既达平城，大开讲席，宏致敬下筵，亲管理味。于是停止伪都(平城)。法化相续，学徒自远而至千有余人"(《高僧传》·卷8·《释昙度传》)。僧渊另一弟子慧纪亦在平城"唱谛鹿苑，作匠京缁"[《广弘明集》·卷24·《(孝文)为慧纪法师亡施帛设斋诏》]，鹿苑即平城北苑之鹿野苑。其后在平城讲经的高僧，还有"徐州道人统僧逞，风识淹道，器尚伦雅，道业明博，理味渊澄，……比唱法北京，德芬道俗，应供皇筵，美敷宸宇，仁睿之良，朕所嘉重"[《广弘明集》·卷24·《(孝文)赠徐州僧统并设斋诏》]。僧渊另一"善《涅槃》《法华》"的弟子道登，孝文更召侍左右，"太和十六年(492)十一月乙亥，高祖与沙门道登幸侍中省"(《魏书·灵征志上》)，"(齐建武)二年(太和十九年，495年)，房主元宏寇寿春，……遣道登道人进城内，施众僧绢五百匹，(崔)庆远、(朱)选之各裤褶络带"(《南齐书·宗室·遥昌传》)。故迁洛前后，孝文本人已"尤精释义"(《魏书·高祖纪下》)，孝文自己也称"朕每玩《成实论》，可以释人染情"(《魏书·释老志》)，南齐人亦谓"宏尤精信，粗涉义理"(《南齐书·魏房传》)，因可"与名德沙门谈论往复"(《魏书·韦阆传附族子缵传》)，并下《听诸法师一月三入殿

---

[1] 《魏书》·卷7·《高祖纪上》："高祖孝文皇帝……皇兴元年(467)八月戊申，生于平城紫宫。"太和元年(477)九月，"乙酉，诏群臣定律令"，开始积极进行改革。

诏》(《广弘明集》卷24)。是孝文崇法已深涉义理。而平城佛教此时又备受徐州影响，徐州为东方义学之渊薮[1]，平城佛事在此阶段，当又进入另一新时期。

第三，这时期平城及其附近广建佛寺，工程日趋精丽。"承明元年(476)八月，……诏起建明寺"(《魏书·释老志》)，太和三年(479)七月[2]，"又于方山太祖营垒之处，建思远寺。自兴光至此，京城内寺新旧且百所，僧尼二千余人。……四年(480)春，诏以鹰师(曹)为报德寺"(《魏书·释老志》)，又于"宫殿内立浮屠"(《南齐书·魏虏传》)。《水经注·㶟水》还记有皇舅寺和祇洹舍：皇舅寺"是太师昌黎王冯晋国(熙)所造，有五层浮屠，其神图像皆合青石为之，加以金银火齐，众彩之上炜炜有精光"；"东郭外，太和中阉人宕昌公钳耳庆时立祇洹舍于东皋，椽瓦梁栋，台壁棂陛，尊容圣像及床坐轩帐，悉青石也。……京邑帝里，佛法丰盛，神图妙塔，桀踌相望，法轮东转，兹为上矣"。近年大同市东郊和北郊方山都发现了佛寺遗址，出土了大批相当于太和时期的彩塑，有佛、菩萨、飞天等残体，皆设彩涂金，塑造精致。作为卫护平城的六镇之一的怀朔镇城内西北隅的佛寺遗址，也出有同样的塑像残体，还同出雕刻工细的石柱础[3]。除上述佛寺遗迹外，大同市东南郊发现于司马金龙夫妇墓中的石雕、漆画[4]和大同市南门外发现的北魏窖藏中所出的鎏金铜饰件[5]，其时代也都属太和初、中期。这些遗物皆以巧丽见称。看来，精细巧丽应是迁洛以前太和时期平城工艺流行的时代特点。

第四，这时期，青齐内属，南北出现了一个暂时的交聘安定局面。青徐多术艺，其地皇兴三年(469)入魏，不仅高僧北上，文艺亦徙平城。太和七年(483)十月所建[6]皇信堂，"堂之四周，图古圣忠臣、烈士之容，刊题其侧，是辩章郎彭城张僧达、乐安蒋少游笔"(《水经注·㶟水》)，张、蒋皆青徐营户。《北史·艺术传》下记蒋少游云：

  平城将营太庙、太极殿，遣少游乘传诣洛，量准魏晋基趾。后为散

---

[1] 参见汤用彤：《汉魏两晋南北朝佛教史》第二十章《北朝之佛学》。
[2] 据《魏书》·卷7·《高祖纪上》。
[3] 参见内蒙古文物工作队等：《内蒙古白灵淖城圐圙北魏古城遗址调查与试掘》，《考古》1984年第2期。
[4] 参见山西省大同市博物馆等：《山西大同石家寨北魏司马金龙墓》，《文物》1972年第3期。
[5] 参见大同市博物馆：《山西大同南郊出土北魏鎏金铜器》，《文物》1983年第11期。
[6] 《魏书》·卷7·《高祖纪上》："(太和七年)冬十月戊午，皇信堂成。"

骑侍郎，副李彪使江南。孝文修船乘，以其多有思力，除都水使者。迁兼将作大匠，仍领都水池湖泛戏舟楫之具，及华林殿沼修旧增新，改作金墉门楼，皆所措意，号为妍美。

又孝文时，"青州刺史侯文和亦以巧闻，为要舟，水中立射"（《北史·艺术传下》）。其时以巧思见称者，尚有陇西李冲、冯翊王遇。太和十六年（492），"诏曰：明堂、太庙已成于昔年，将以今春营改正殿，尚书（李）冲可领将作大匠。……冲机敏有巧思，北京明堂、圜丘、太庙及洛都初基，安处郊兆，新起堂寝，皆资于冲。旦理文簿，兼营匠制，几案盈积，剖斸在手，终不劳厌也"（《魏书·李冲传》）。王遇即上述之钳耳庆时，"遇性巧，强于部分[1]，北都方山灵泉道俗居宇及文明太后陵庙，……皆遇监作"（《魏书·阉官·王遇传》）。以上皆冯氏、孝文所宠，可证当时营建追求巧思。所谓巧思，很重要的内容是工艺方面加强汉化，亦即远准魏晋旧章，近效宋齐新制。青齐入魏，既获得了南朝术艺，又便利了南北交往。自太和五年（481）二月，冯熙击破南齐豫州刺史桓崇祖以来，直迄十八年（494）迁洛，其间除十二年（488）前后小有摩擦外，基本上疆场无事，魏齐使节互聘不绝[2]。这对南北交流，特别是给北魏汉化的不断深入，提供了重要条件。《南齐书·魏虏传》中记蒋少游副李彪使江南故事，颇具启发性，其文云：

> （永明）九年（即太和十五年，公元491年），（魏）遣使李道固、蒋少游报使。少游有机巧，密令观京师（建康）宫殿楷式。清河崔元祖启世祖曰：少游，臣之外甥，特有公输之思。宋世陷虏，处以大匠之官。今为副使，必欲模范宫阙。岂可令毡乡之鄙取象天宫？臣谓且留少游，令使主反命。世祖以非和通意，不许。少游，乐安人，虏宫室制度皆从其出。

可见魏据青齐和南北通聘，对冯氏、孝文时期之改革，具有重要作用。
第五，这时期，北魏与西域关系远不如过去密切。献文时，于阗王即

---

[1] "部分"，当时习用语。《北齐书》·卷7·《文宣纪》曰："帝神色不变，指麾部分自（若）。"（参见中华书局标点本校勘记[一]。）《北齐书》·卷19·《莫多娄贷文传》曰："子敬显强直勤于……部分将士，造次之间，行伍整肃。"《北史》·卷51·《齐宗室诸王·任城王湝传》曰："湝部分仓卒之际，咸得齐整。"可见"部分"有安排、布置、管理、指挥之意。

[2] 参见《魏书》·卷7·《高祖纪》，〔梁〕萧子显：《南齐书》·卷57·《魏虏传》和《资治通鉴》卷136，《齐纪二》·永明五年、六年。

上书云"西方诸国今皆已属蠕蠕"（《北史·西域传》），故孝文延兴四年（474），"尚书奏以敦煌一镇，介远西北，寇贼路冲，虑或不固，欲移就凉州。群官会议，金以为然"（《魏书·韩秀传》）。5世纪末，西域又为嚈哒所据。所以，孝文帝时，除龟兹、悉万斤、粟特有来使记录外[1]，其他西域诸国即罕见于文献[2]。包括悉万斤在内的粟特地区来使次数较多，当与其人善于经商兴贩有关。《续高僧传》·卷16·《佛陀禅师传》所记"恒安城内康家，资财百万，崇重佛法，为佛陀造别院"的康家，大约就出现在迁洛以前不久的平城。大同市南郊发现的西亚鎏金器皿[3]和在河北定县太和五年（481）冯氏、孝文诏以官财兴造五级佛图的基址所出石函中发现的波斯萨珊朝伊斯提泽德二世（YazdegerdⅡ，438—457在位）、卑路斯（Peroz，459—484在位）银币[4]，可能都由粟特商人携来。

云冈第二期石窟出现的变化，我们认为大体上可从上述几项事实中得到解释。窟室样式改观的许多情况，也反映到平城及其附近的地上寺院，这主要与北魏积极推行汉化政策有关。内部布局日益紧密，工艺风格日趋精细，造像题材上流行出自《法华》《维摩》等佛经中的各种形象以及佛像造型逐渐清秀和褒衣博带的服饰等，也都是当时南朝的时代特征[5]。魏据青齐与南北交聘局面的形成，更促进了包括佛教建置进一步汉化在内的北魏汉化政策的迅速发展。既强调了汉化，当然其他因素即将相对缩减，而当时北魏与西域关系的疏远，使西方因素削弱的情况更为突出。至于本期云冈流行开凿双窟的做法，应是当时北魏既有皇帝在位，又有太后临朝的反映。此时云冈窟室主要还是皇室工程。自太和之初，冯氏长期擅政之后，北魏亲贵多并称冯氏与孝文为"二圣"。定县所出太和五年（481）石函铭云：

　　舆驾东巡狩，次于中山，……帝、后爱发德音，……造此五级佛

---

[1] 据〔宋〕王钦若：《册府元龟》·卷969·《外臣部·朝贡三》统计，孝文时期龟兹来使共五次：延兴五年（475）闰二月，太和元年（477）九月，二年七月、九月，三年九月。悉万斤来使共八次：延兴三年（473）九月、十月，永明元年（476）九月，太和三年（479）十二月，四年七月，十一年八月，十四年三月，十五年三月。粟特来使共两次：延兴四年（474）正月，太和三年（479）十二月。
[2] 西域诸国以外，《魏书》·卷7·《高祖纪上》记太和元年（477）九月曾有"西天竺、舍卫……诸国各遣使朝贡"。印度地区与北魏的往还，在孝文时期只此一事，影响可能不大。
[3] 参见出土文物展览工作组：《"文化大革命"期间出土文物》第一辑，人民出版社，1972年，图版149—152及说明。
[4] 参见河北省文化局文物工作队：《河北定县出土北魏石函》，《考古》1966年第5期。
[5] 关系南朝佛教建筑的情况，可参见〔唐〕欧阳询：《艺文类聚》·卷76、77·《内典部》所引有关寺院诗文。形象服制的影响，可参见宿白：《中国石窟寺研究》所收《洛阳地区北朝石窟的初步考察》下《洛阳地区北朝石窟特征及窟龛造像演变》一节。

图，……二圣乃亲发至愿。……

"二圣"一词，又屡见于《魏书》：

> 淮南王他奏求依旧断禄。文明太后令召群臣议之。间表曰……大魏应期绍祚，照临万方，九服既和，八表咸谧，二圣钦明文思，道冠百代，动遵礼式，稽考旧章……置立邻党，班宣俸禄，事设令行，于今已允……利润之厚，同于天地。以斯观之，如何可改……诏从间议。(《高间传》)

> （椿）戒子孙曰……吾兄弟自相诫曰：今忝二圣近臣，母子间甚难，宜深慎之……高祖谓诸王、诸贵曰：北京之日，太后严明……和朕母子者，唯杨椿兄弟。(《杨播传附弟椿传》)

> （骏）表曰……臣不胜喜踊，谨竭老钝之思，上《庆国颂》十六章，并序巡狩、甘雨之德焉。其颂曰……于穆二圣，仁等春生。太和九年(485)正月，（骏）病笃……及卒，高祖、文明太后伤惜之。(《程骏传》)

> （彪）表曰……自太和建号，逾于一纪……今二圣躬行俭素，诏令殷勤……(《李彪传》)

亦有称之为"二皇"者，见《辩正论》卷4：

> 广阳王嘉……读一切经，凡得三遍，造爱敬寺以答二皇。

又太和十二年(488)《大代宕昌公晖福寺碑》记宕昌公王庆时造二区三级佛图事：

> 我皇文明自天，超界高悟，……太皇太后圣虑渊详，道心幽悟，……于本乡南北旧宅，上为二圣造三级佛图各一区。

此王庆时即前引《魏书·阉官传》所列之王遇，亦即《水经注》和《金碑》所录的钳耳庆时。《金碑》所记钳耳庆时"为国祈福之所建"的窟室，我们据晖福寺"为二圣造三级佛图各一区"之例，推测亦是双窟，即今云冈第9、10窟。由此可知，开凿双窟成组的窟室，是当时特定的政治形势的产物（图5）。

迁洛以前的孝文时期，是北魏最稳定、最兴盛的时期，也是积极于改革

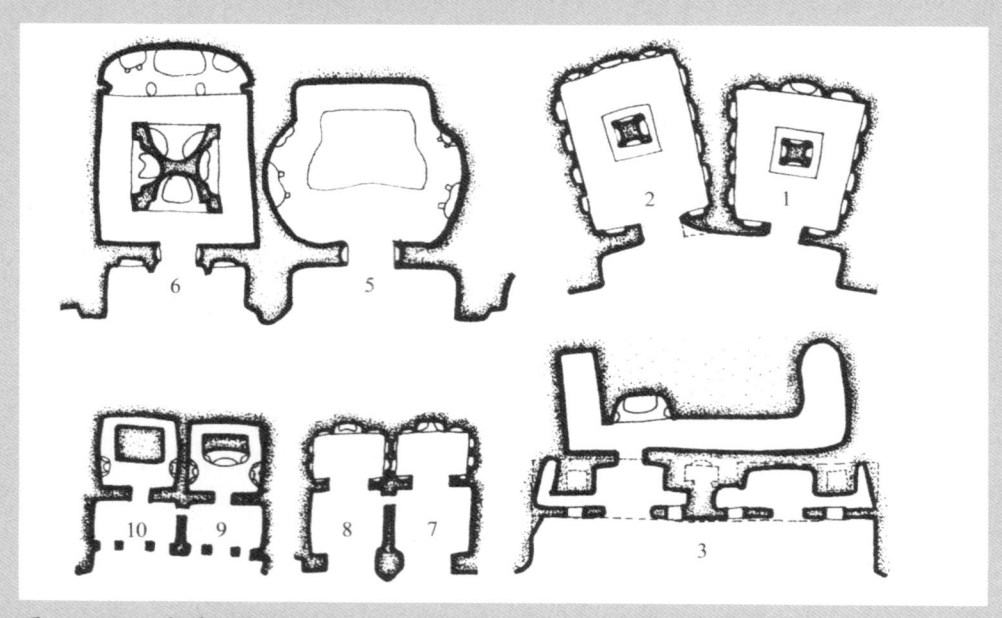

图5 云冈石窟第二期开凿的双窟平面

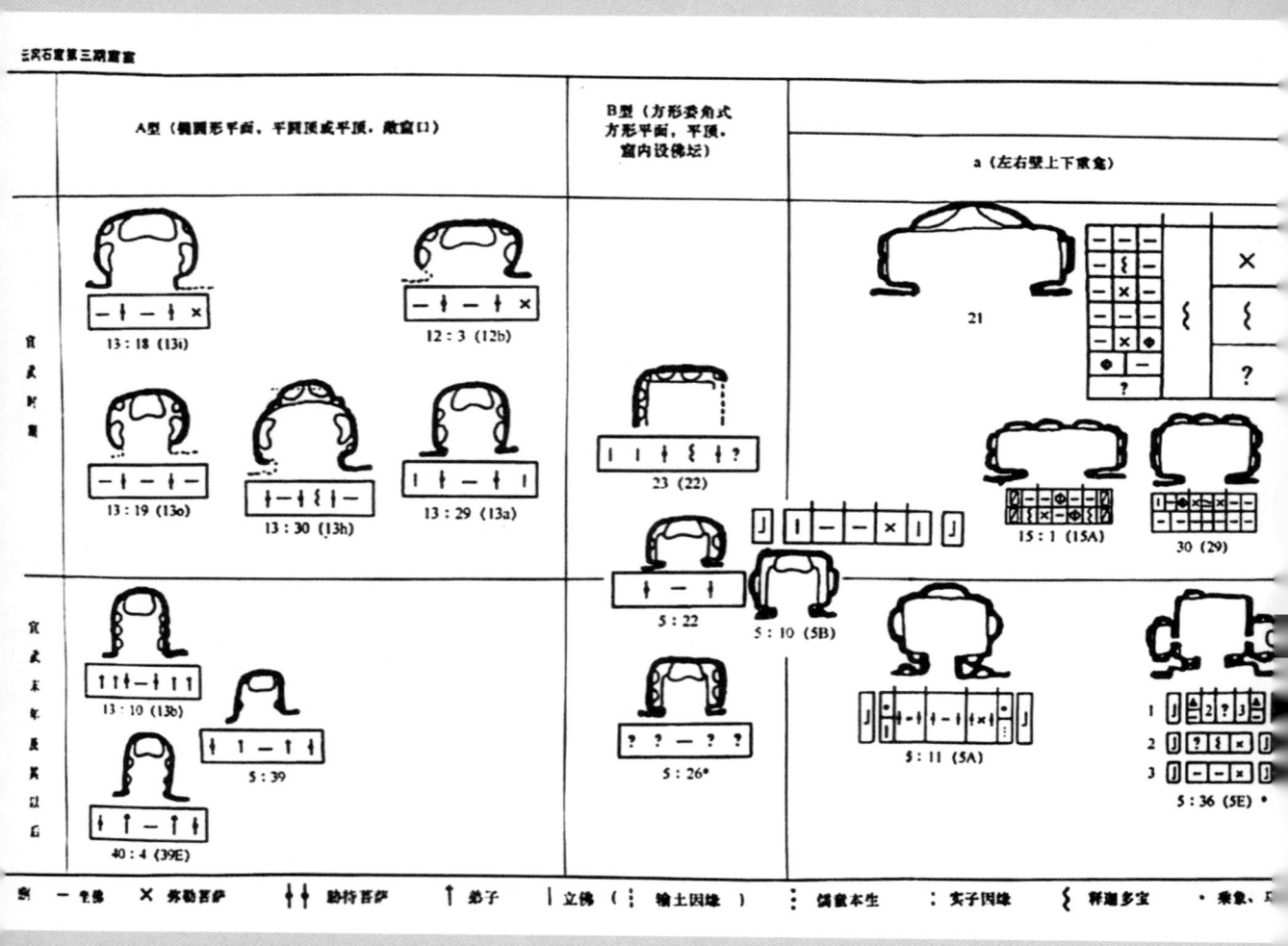

图6 云冈石窟第三期窟室

创新的时期，这个时期即云冈第二期。此期云冈开窟总的工程规模超过了第一期，它所呈现的如上所述的时代特点大异于第一期。这些时代特点综合起来即构成了云冈第二期模式。

五

云冈第三期多中小型窟室，主要集中在第20窟以西的云冈石窟西部地区。位于中部的第14、15窟和位于东部的第4窟也属于这一期。此外，第11—13窟窟外崖面及其迤西一带、第5、6窟上方与迤东一带和第1—4窟附近，也都分布有第三期开凿的中小窟室。第三期中小窟室的总数在150座以上。许多第一期、第二期开凿的窟室内、窟口两侧也多有第三期补凿的小龛，其数量不下200个。昙曜五窟外壁崖面的千佛，约也是此期雕造。云冈第三期工程并未衰落，和第一、二期相比，只是没有开凿大型窟室而已。值得注意的是此

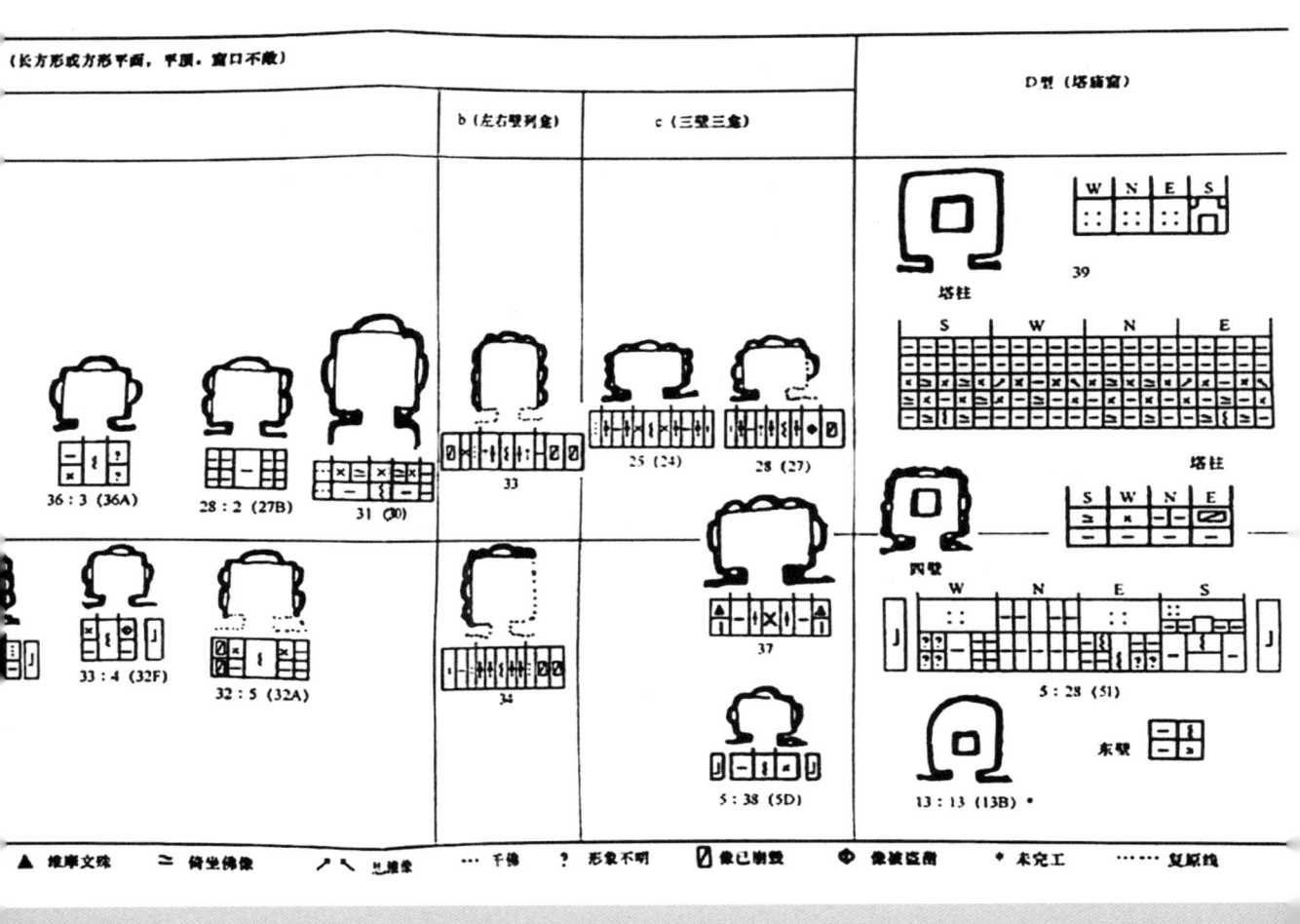

期窟室式样急剧变化，成为云冈窟室式样最繁杂的阶段。

如图6所示，第三期盛行的中小型窟室，虽上承第二期中小窟室和塔庙窟的形制，但演变显著。A、B、C型窟演变的共同规律是向平顶、方形平面或接近方形平面发展。变化较大的是壁面布局和造像组合等方面。

A、B型窟室壁面空处较少，变化不大；但渊源于第二期的第7、8、9、10等窟的C型a、b两式的壁面布局发展出多种整齐的式样；C型c式即三壁三龛窟[1]，是新出现的式样，而且数量迅速增多，接近70座，约占第三期中小窟室总数的1/2弱。

在主像和造像组合方面，各型都日益繁缛。主像除坐佛外，释迦多宝对坐佛像普遍增多。组像流行：中间坐佛，两侧各立一佛(1-1)；中间释迦多宝，两侧各一坐佛(—{—)；中间坐佛，左侧弥勒菩萨，右侧坐佛(×—)。较多的窟口内两侧各雕立佛一身(包括儒童本生如第35窟、阿输迦输土因缘如第29窟[28])；窟口外两侧流行雕琢力士各一身。此期较晚阶段主像两侧出现了弟子、菩萨并列像，如第5:39窟(图7)。

个体造像的造型更加清秀。佛像一律褒衣博带，菩萨帔帛交叉，下垂的衣襟越来越复杂。菩萨帔帛交叉处，较晚阶段流行了穿璧的做法。

装饰方面，虽然没有上期繁缛，但也出现了不少新式样：方格平棋纹饰多种多样；龛面雕饰富于变化；龛面上方两隅多雕佛传画面；窟口上方崖面流行雕饰忍冬龛面。较晚阶段圆拱龛龛楣流行雕饰折叠格。格中雕坐佛，窟口外崖面出现实帐雕饰，有些窟口上方崖面还浮雕出较大面积的画面，有的窟口左侧雕出碑形等。

云冈第三期窟龛开凿的时间，第11窟明窗东侧壁本期补雕小龛有太和十九年(495)四月铭记，可知约始于太和十八年迁洛前后。从清理第20窟前过去崩塌的窟石堆积中发现的文字工丽的景明四年(503)昙媚造像石刻(图8)[2]和第35窟窟口东侧较精致的延昌四年(515)龛(图9)，特别是和此延昌四年龛时间相近而工程较大的第35窟(图10)，以及较晚盛行的一些组像和装饰观察可以推测，宣武一代云冈雕琢尚未衰落。所以此期的下限，前引《金碑》所记"终乎正光"是可以相信的。

---

[1] 三壁三龛窟系就该式窟于后、左、右三壁各开一大龛这一特点而立名。过去或名此式窟为四壁三龛窟，但云冈此式窟有的于窟口两侧壁即该窟前壁左右侧壁亦各开一龛。因此，如云四壁，则其龛数已不仅三座，故改用今名。

[2] 参见云冈古迹保养所：《云冈新发现的一块北魏石刻》，《文物参考资料》1957年第9期。

图 7 第 5:39 窟

图 8 景明四年 昙媚造像记

图 9 第 35 窟窟口东侧 延昌四年龛

图 10 第 35 窟东壁 交脚弥勒像龛

  这一时期云冈出现的并未衰落的情况，促使我们认真考虑了以下三个问题。

  第一，迁洛以后的平城并未荒废。北魏都平城时，置司州，设代尹。迁洛后，改司州为恒州，改代尹为代郡太守。又立平城镇，置镇将。州、郡、镇俱治平城。平城地位显然与一般州镇不同。迁洛之初，孝文为了抚慰"内怀不可"（《魏书·陆俟传附孙睿传》）、"多有未悟"（《魏书·献文六王·广陵王羽传》）、"深忌河洛暑热，意每追北方"（《北史·孝文六王·废太子恂传》）、对"旧都意重"（《魏书·景穆十二王·乐陵王胡儿传附子思誉传》）的上层亲贵，"特听冬朝京师，夏归部落"（《魏书·尔朱荣传》）。到宣武时，似又有发展，《魏书·昭成子孙·常山王遵传附三世孙晖传》记其事云：

> 初，高祖迁洛，而在位旧贵皆难于移徙，时欲和合众情，遂许冬则居南，夏便居北。世宗颇惑左右之言，外人遂有还北之问，至乃贳卖田宅，不安其居。晖乃请间言事。世宗曰：先皇迁都之日，本期冬南夏北，朕欲聿遵成诏，故有外人之论。晖曰：先皇移都，为百姓恋土，故发冬夏二居之诏。权宁物意耳。乃是当时之言，实非先皇深意。且北来迁人，安居岁久，公私计立，无复还情。陛下终高祖定鼎之业，勿信邪臣不然之说。世宗从之。

另外，宣武又一再遣重臣抚劳平城，如"景明初，（杨播）兼侍中，使恒州，赡恤寒乏"（《魏书·杨播传》），景明四年（503）十一月"癸亥，诏尚书左仆射源怀抚劳代都、北镇，随方拯恤"（《魏书·世宗纪》）。由此可知，朝中旧贵，直迄宣武时期还往来于洛阳、平城间[1]，平城还保持了一定的繁盛；而其时迁来洛阳的民户困难亦多。《魏书·世宗纪》录永平二年（509）四月甲子诏曰："先朝……河洛民庶，徙旧未安，代来新宅，尚不能就。伊阙西南，群蛮慎聚……"宣武时仍未就绪，《魏书·李平传》云："车驾将幸邺，平上表谏曰：……嵩京创构，洛邑俶营，虽年跨十稔，根基未就。代民至洛，始欲向尽，资产罄于迁移，牛畜毙于辇道，陵太行之险，越长津之难，辛勤备经，得达京阙，富者尤损太半，贫者可以意知。兼历岁从戎，不遑启处。自景明已来，差得休息。事农者未积二年之储，筑室者裁有数间之屋，……实宜安静新人，勤其稼穑……"在这种情况下，继续强迁的阻力当越来越大，所以孝明初就不能不明令停止了。《魏书·肃宗纪》云：

> 熙平二年（517）冬十月乙卯，诏曰：北京根旧，帝业所基，南迁二纪，犹有留住。怀本乐故，未能自遣，若未迁者，悉可听其仍停，安堵永业。……周之子孙，汉之刘族，遍于海内，咸致蕃衍，岂拘南北千里而已哉？

以上记载，完全可以说明迁洛之后，平城没有荒废，至少到熙平年间

---

[1] 宣武以后，冬夏二居之制，据《北齐书》·卷54·《库狄干传》所记"魏正光初（520），（干）除扫逆党，授将军，宿卫于内。以家在寒乡，不宜毒暑，冬得入京师，夏归乡里"，可知亦未完全废止。

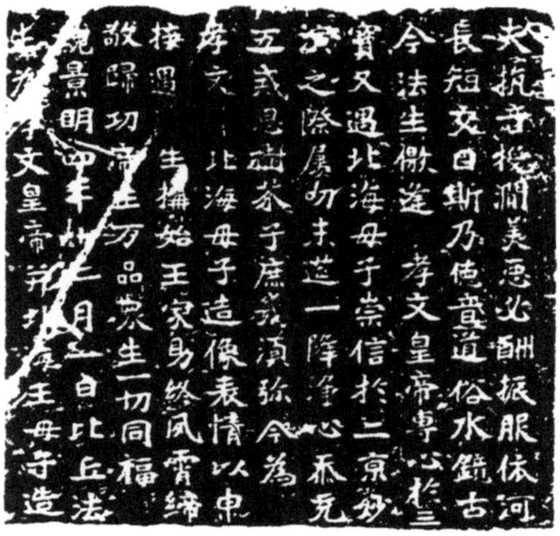

还维持着旧都风貌;平城佛事当亦不应有太大变化,所以洛阳龙门石窟古阳洞南壁景明四年(503)《比丘法生为孝文帝并北海王母子造像铭》中说:"北海母子崇信于二京,妙演之际,屡叨末筵(图11)"[1]。"二京"者,即指洛阳与平城也。

第二,迁洛以后,对云冈开窟的实力,应作如实的估计。自昙曜开窟迄孝文南迁,云冈兴建大型窟室已有35年之久。可以推测,通过长期工程的锻炼,已培育出大量技艺力量,积累了大批各种佛教形象的设计资料。这批人才和资料,在迁洛初期,新都忙于经营宫殿衙署之不暇和孝文规定"都城制云,城内唯拟一永宁寺地,郭内唯拟尼寺一所,余悉城郭之外。欲令永遵此制,无敢逾矩"(《魏书·释老志》)的情况下,估计不会大量迁运洛阳,所以洛阳附近可以肯定开凿于孝文时的窟龛造像,只有龙门古阳一洞和其北侧的弥勒一龛。"逮景明之初,微有犯禁。故世宗仰修先志,爰发明旨,(洛阳)城内不造立浮屠、僧尼寺舍,亦欲绝其希觊。"(《魏书·释老志》)。《释老志》曰:"景明初,世宗诏大长秋卿白整准代京灵岩寺石窟,于洛南伊阙山,为高祖、文昭皇太后营石窟二所。初建之始,窟顶去地三百一十尺。至正始二年(505)中,始出斩山二十三丈。至大长秋卿王质谓斩山太高,费功难就,奏求下移就平,去地一百尺,南北一百四十尺。永平中(508—512),中尹刘腾奏为世宗复造石窟一。凡为三所,从景明元年(500)至正光四年(523)六月已前,用功八十万二千三百六十六。"此时,龙门工程虽有扩展,但凿窟数量只有3座。用工多,特别是正始中以前主要是斩山工程;即使到正光四年停工时,3座窟实际仅完成了1座,即今宾阳中洞,其他两座的雕像工艺并未进行多少。因此,可以推知至少在永平之前,伊阙工程并不需要太多的雕刻术艺。所以,平城技艺这时有可能还未显著削弱,云冈石窟此后仍有兴建。《续高僧传·魏释超达传附僧明传》记"僧明道人为北台石窟寺主",其时

图11 龙门古阳洞 景明四年 造像题记

---

[1] 参见龙门文物保管所编著:《龙门石窟》,文物出版社,1981年,图版44。

约当宣武、孝明之际[1]，北台即指平城，北台石窟寺系与《魏书·肃宗纪》所记洛阳伊阙之"南石窟寺"相对而言，可见当时北魏朝野对云冈石窟犹甚重视，云冈之衰尚在其后。

第三，孝明以来洛阳佛寺工程急剧扩大与平城、云冈的衰落。《魏书·释老志》记："神龟元年（518）冬，司空公、尚书令、任城王澄奏：……比日私造（寺舍），动盈百数。……都城之中及郭邑之内检括寺舍，数乘五百，空地表刹，未立塔宇不在其数。……今之僧寺，无处不有，或比满城邑之中，或连溢屠沽之肆。"洛阳佛寺之盛，始于孝明，《洛阳伽蓝记》所记规模较大的寺院，大都兴建于此时；龙门开凿窟龛之盛，也正出现于此时。《书·肃宗纪》记熙平二年（517）冬十月乙卯所下停止北京居民南迁之诏书中，特别标出：

> 门才术艺应于时求者，自别征引，不在斯例。

这不仅说明当时洛阳兴建急需"门才术艺"，更重要的是明确表明一直到熙平末年平城还有较多可供征引的"门才术艺"。云冈工程衰微疑与此诏所记"自别征引"有关。

正光四年（523），柔然主阿那瓌"入塞寇抄"（《北史·蠕蠕传》），"南过至旧京"（《魏书·太武五王·临淮王谭传附孙孚传》），"驱掠良口"（《北史·蠕蠕传》）和"孝昌初（525），近镇扰乱，侵逼旧京"（《魏书·杨播传附弟津传》）两事，更使平城与云冈进一步衰落。孝昌二年（526）七月，"魏仆射元纂以行台镇恒州。鲜于阿胡拥朔州流民寇恒州。戊申，陷平城。纂奔冀州"（《资治通鉴》梁普通七年），平城郭邑遂遭荒废。时"北镇纷乱，所在蜂起，六镇荡然，无复蕃捍"（《魏书·神元平文诸帝子孙·高凉王孤传附六世孙天穆传》），阿那瓌称雄漠南，"统率北方，颇为强盛"（《北史·蠕蠕传》），云冈第18窟窟口西侧"大茹茹"造像铭约即刊刻

---

[1]《续高僧传·魏释超达传附僧明传》记此事的全文是："僧明道人为北台石窟寺主。魏氏之王天下也，每疑沙门为贼，收数百僧互系缚之。僧明为魁首，以绳急缠，从头至足，克明斩决。明大怖，一心念观音，至半夜觉绳小宽，私心欣幸，精祷弥切，及晓，索然都断，既因得脱，逃逸奔山。明旦，狱监来见，不见，唯有断绳在地，知为神力所加也。即以奏闻。帝信道人不反，遂一时释放。"按北魏沙门之变，据《魏书》所记孝文时三起：延兴三年（473）、太和五年（481）、太和十四年（490）。宣武时三起：永平二年（509）、三年、延昌三年（514）。孝明时两起：延昌四年（515）、熙平二年（517）。因知6世纪初，即宣武中期以后迄孝明之初这阶段次数最多，其中以延昌四年"六月，沙门法庆聚众反于冀州，杀阜城令，自称大乘"（《魏书》·卷9·《肃宗纪》），有"众五万余"（《北齐书》·卷21·《封隆之传》），影响最为广远。僧明故事，或与此有关。

于此时，此后云冈不见记载百有余年，直迄《金碑》所记"贞观十五年(641)守臣重建"前后，才又出现于唐初僧人撰述中[1]。

上述三个问题，大致说明了云冈第三期窟室出现的历史背景。迁洛后，皇室在云冈的大型窟室工程中辍，而大批留居和夏来的亲贵、中下官吏以及邑人信众充分利用平城旧有的技艺和资料，在云冈开凿了大量的中小窟室。云冈第一期无中小窟室，第二期为数也甚少，所以第三期盛行雕琢的大量中小窟室，即使起步于以前设计的基础上，也必然要有新的创造。同时，冬居洛阳的亲贵更深染华风，重视中原事物，所雕窟龛进一步汉化，亦是意中之事。因此，云冈第三期样式，自然又不同于第二期。值得注意的是，云冈第三期样式与洛阳地区北魏窟室的关系。

洛阳地区开始兴建石窟，主要参考云冈。孝文、宣武时期开凿的龙门古阳洞模拟云冈第二期窟室。宣武以来开凿的宾阳洞，有明确记录的是"准代京灵岩寺石窟"（《魏书·释老志》），即云冈石窟，这都是一般所公认的；但此后孝明时期开凿的大批中小窟室的渊源少有论及。洛阳地区孝明时期开凿的中小窟室，主要有接近方形平面或方形平面的三壁设坛和三壁三龛两种形制，亦即云冈第三期的B型窟和C型c式窟[2]。云冈这两种形制窟室的出现都比洛阳早；而且在窟室形制、布局、佛像组合、形象造型以及细部装饰等方面的发展变化，云冈不仅早于洛阳，更重要的是，其演变程序完整、清楚，与洛阳颇多突然出现或消失的情况不同，这就更有力地说明了变化的来源，主要出自云冈，而不是云冈较多地接受了洛阳影响。关于这个问题，将另文详述，现略举几项较显著之例如下：

（一）三壁设坛窟

我们在云冈既可以看到它的出现与A型窟关系密切，如第23窟(22)，又可以了解窟形向方形发展的趋势。在洛阳龙门这种窟形来源、发展俱不清楚，远离龙门的新安西沃第1窟似乎提供了它的发展趋向[3]。

（二）分层布龛的壁面布局

在云冈的演变是从第二期的第7、8窟到第三期的C型窟。C型c式窟即三壁

---

[1] 参见《〈大金西京武州山重修大石窟寺碑〉校注》，《校注》[注二七]唐代云冈。
[2] 参见宿白：《中国石窟寺研究》所收《洛阳地区北朝石窟的初步考察》上《龙门北朝洞窟开凿次第》一节。
[3] 参见温玉成：《河南新安县西沃石窟》，《考古》1986年第2期。

三龛窟，其来源虽亦有A型的因素，但主要还是属于C型。分层布龛的布局在洛阳龙门古阳洞、莲花洞之后，即不清楚，很难和洛阳地区盛行的三壁三龛窟联系起来，因而给人以洛阳的三壁三龛窟似乎是突然出现的感觉。

（三）三壁设坛窟、三壁三龛窟的佛像组合

云冈第三期以释迦多宝为主像者尚多，三壁三龛窟在云冈第三期也还有以交脚弥勒为主像的。洛阳地区除龙门弥勒洞外已皆以释迦为主像[1]。洛阳三壁三龛窟的弥勒坐姿的交脚形式也有了改变[2]。

（四）一佛二弟子二菩萨五尊像出现

云冈较早是弟子列在菩萨之次，如第13：10(13F)、33等窟；然后才出现菩萨列在弟子之次，如第5：39、35、40：4(39E)等窟[3]。洛阳没有这个发展过程。

（五）窟室前壁窟口两侧各雕一立佛

云冈渊源于阿输迦输土因缘(西)与立佛(东)并列，如第19窟之例。第三期尚多仍此制，如第5：11(5A)窟；亦有儒童本生(西)与立佛(东)并列者，如第35窟。单纯的并列立佛如第5：10(5B)者，数量甚少；此外属于A型窟室的第12：3(12F)、13：29(13a)窟东西两壁外侧各置一立佛，应是其变例。而洛阳地区三壁三龛窟前壁的立佛，都是单纯的立佛形式。

（六）造像形象

云冈石窟造像形象从雄健而丰满演变到第三期的清秀，服饰的发展变化和衣襞的日益繁杂等，先后次第脉络清晰。洛阳初则杂然并陈，继则变化骤然。

---

[1] 洛阳地区以交脚弥勒为窟室主像的只有龙门弥勒洞一例。该洞窟室形制是后壁设坛方形窟，参见宿白：《中国石窟寺研究》所收《洛阳地区北朝石窟的初步考察》上《龙门北朝洞窟开凿次第》一节。
[2] 参见吕采芷：《北魏后期的三壁三龛式窟》，云冈石窟文物保管所编：《中国石窟·云冈石窟》（二），文物出版社，2016年。
[3] 云冈一佛二菩萨的造像组合之后，曾一度出现不规则的情况，第6窟最为典型：该窟塔柱南、西两面下层龛内，两弟子位于胁侍菩萨内侧；西、东两壁上层中龛，菩萨位于龛内，弟子立于龛外（第9窟前室后壁中层西侧释迦多宝龛外两侧各立一弟子，但与其相对的中层东侧释迦多宝龛外两侧又各立一菩萨）；西壁下层南龛和南壁下层西龛外侧，弟子又与蓄发供养者相对置。可见其时造像组合尚未定型，故有此多种多样的安排，其后不久，始多见先菩萨后弟子的序列；再后该序列又逐渐为菩萨列于弟子之次的布置所代替。

（七）装饰纹样可以龛面为例

云冈的华绳、兽面和宝帐龛饰，都从第二期起逐渐发展到第三期。洛阳则缺乏早期形式。

以上情况可以表明，从窟室形制到细部装饰，凡云冈、洛阳所共同具有的，主要应源于云冈。当然也不必排除在云冈第二期窟室进一步汉化时，吸取了某些中原因素，但从窟室整体观察，应该考虑洛阳地区北魏窟室样式，无论孝明以前，抑或孝明以后，其主要来源应是云冈，而洛阳孝明以后的北魏窟室的主要特征，应属于云冈石窟的第三期样式。至于洛阳地区窟龛雕艺精湛，表现细腻，这是由于两地石质的差别。云冈砂岩是不能产生洛阳坚致的石灰岩的效果的；况且这种今天看到的雕刻的精粗，在当时绘饰敷彩的情况下，应是无关紧要的。

云冈石窟是新疆以东最早出现的大型石窟群，又是当时统治北中国的北魏皇室集中全国技艺和人力、物力所兴造的，即使从第二期开始不完全是皇室工程，但大型窟室的开凿者除皇室外，也还多出自北魏亲贵。因此，它所创造和不断发展的新模式，很自然地成为魏国领域内兴凿石窟所参考的典型。所以，东自辽宁义县万佛堂石窟，西迄陕、甘、宁各地的北魏石窟，无不有云冈模式的踪迹，甚至远处河西走廊西端、开窟历史早于云冈的敦煌莫高窟亦不例外[1]。云冈石窟影响范围之广和影响延续时间之长，是其他石窟所不能比拟的。这种情况，恰好给我们石窟研究者提供了对我国淮河以北的早期石窟（5世纪后半叶到7世纪前半叶）进行排年分期的标准尺度。因此，云冈石窟在东方早期石窟中占有极重要的地位，对它的研究在很大程度上成了研究东方早期石窟的关键；对它研究的深入与否，直接影响一大批石窟的研究工作。所以，我们应在总结过去成绩的基础上，踏踏实实地对云冈石窟进行细致的分析、综合和比较研究，这样才能使进一步探索东方石窟的工作出现一个新的开端。

原文刊于《中国石窟寺研究》，
生活·读书·新知三联书店，2019年，第131—167页

---

[1] 参见《敦煌莫高窟早期洞窟杂考》四《从新发现的绣佛估计现存最早洞窟的年代》，此文已收入宿白：《中国石窟寺研究》。

从穹庐到殿堂
——漫谈云冈石窟洞窟形制变迁和有关问题

杨泓

中国社会科学院考古研究所

一

"敕勒川,阴山下。天似穹庐,笼盖四野。天苍苍,野茫茫,风吹草低见牛羊"[1]。

据《北史·齐神武帝纪》记载,东魏武定四年(546)十一月庚子,"舆疾班师……是时,西魏言神武中弩,神武闻之,乃勉坐见诸贵。使斛律金敕勒歌,神武自和之,哀感流涕"[2]。斛律金,字阿六敦,朔州敕勒部人也,当时为齐神武时重臣,从攻玉壁。齐军失利后,"军还,高祖使金总督大众,从归晋阳"[3]。因他是敕勒部人,所唱"敕勒",当为该部流行的民歌。《北史》斛律金本传并没有记"神武使敕勒歌"事,而《神武纪》虽言斛律金敕勒歌,但未记歌词内容。从"神武自和之,哀感流涕"的记述可推知,这一定是当时众人皆知的鲜卑民歌,能够唤起听众的民族情怀。幸运的是,这首原用鲜卑语演唱的民歌,倒是由与北朝对峙的南朝人"易为齐言"而保留下来。现在看到的歌辞,录自《乐府诗集》。《乐府诗集》云:"《乐府广题》曰:'北齐神武攻周玉壁,士卒死者十四五,神武恚愤,疾发。周王下令曰:高欢鼠子,亲犯玉壁,剑弩一发,元凶自毙。神武闻之,勉坐以安士众。悉引诸贵,使斛律金唱《敕勒》,神武自和之。'其歌本鲜卑语,易为齐言,

---

[1] 〔宋〕郭茂倩:《乐府诗集》卷86,中华书局,1979年,第1213页。
[2] 〔唐〕李延寿:《北史》·卷6·《齐神武帝纪》,中华书局,1974年,第230页。另见〔唐〕李百药:《北齐书》·卷2·《神武纪下》,中华书局,1972年,第23页。《北齐书·神武纪》已佚,现行本系依《北史》补,故文字与《北史》全同。
[3] 〔唐〕李百药:《北齐书》·卷17·《斛律金传》,中华书局,1972年,第219、220页。

故其句长短不齐"[1]。虽由"鲜卑语"易为"齐言",但原诗歌的雄浑气势并未减色,也可以显现出鲜卑族对原来游牧于大草原中生活的怀念心情。诗中以平时居住的"穹庐"来比喻天穹,更显草原民族的本色。

二

鲜卑族的"穹庐"到底是什么模样?史家并未详述,一般认为是一种草原游牧中使用的穹顶帐幕。后来学者认为,它的形貌可能与后世蒙古族人住的蒙古包近似。南齐永明十年(北魏太和十六年,492),武帝派遣司徒参军萧琛、范云出使北魏,见魏帝于都城西郊天坛祀天,使用可容百人的大型穹庐宴息,其结构为"以绳相交络,纽木枝枨,覆以青缯,形制平圆,下容百人坐,谓之'繖',一云'百子帐'也。于此下宴息"[2]。这说明,拓跋鲜卑的穹庐的围墙系"纽木枝枨"而成。在能容纳百人的大穹庐中仰视,人们确易生有如置身天穹之下的感觉。但仅凭诗文,还难以认识鲜卑族"穹庐"的形貌。要想弄清它的庐山真面目,只有从考古发掘获得的标本中去探寻。在考古新发现中,最先获得的是关于"穹庐"构件的信息。

20世纪50年代,在山西太原地区发现了北齐时期的墓葬。1958年,山西省博物馆(今山西博物院)将馆藏的张肃俗墓出土遗物编成了第一本北齐墓的文物图录[3]。我曾于1959年写过该书的书评。书评刊出后,夏作铭对我说:"你在书评中校正了图录中对'碓'和'磨'的误读是对的,但没有注意陶驼背上的驮载物,那应是鲜卑族毡帐的部件,包括帐幕的圆顶、围墙的栅栏和卷起的幕布。"从那时起,我才懂得必须认真观察北朝墓随葬俑群中各种动物模型的装具和驮载物品(图1)。

图1 北齐张肃俗墓 陶骆驼

---

[1] 〔宋〕郭茂倩:《乐府诗集》卷86,中华书局,1979年,第1212页。
[2] 〔梁〕萧子显:《南齐书》·卷38·《魏虏传》,中华书局,1972年,第991页。关于"百子帐",有关迁居陇西的慕容鲜卑住所的记述中,也说"有屋宇,杂以百子帐,即穹庐也"。见〔唐〕姚思廉:《梁书》·卷48·《西北诸戎·河南传》,中华书局,1973年,第810页。
[3] 山西省博物馆:《太原圹坡北齐张肃俗墓文物图录》,中国古典艺术出版社,1958年。据墓志,墓主名张肃俗,但原书作者对墓志原文断句有误,将其误为"张肃",应予更正。

图 2 北齐娄睿墓 陶骆驼　　图 3 北齐娄睿墓 陶骆驼　　图 4 北齐娄睿墓 陶骆驼

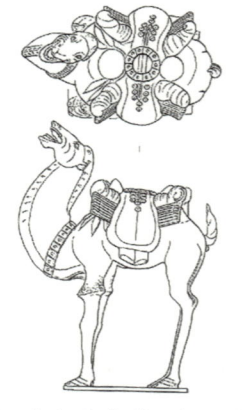

图 5 北齐娄睿墓 陶骆驼　　图 6 北齐娄睿墓 陶骆驼　　图 7 北齐娄睿墓 陶骆驼

图 8 北齐娄睿墓 陶骆驼　　图 9 北齐娄睿墓 陶骆驼　　图 10 北齐韩祖念墓 陶骆驼

据墓志记载，张肃俗葬于北齐天保十年（559），可见当时人们远行时，还携带着具有鲜卑族民族传统的毡帐。张肃俗墓陶驼毡帐的捆扎方式是将围墙栅栏放在驼体两侧，幕布卷起呈筒状，两端打结，横置于两个驼峰之间，并将圆圈形帐顶置于幕布之上中央位置。后来，人们不断在北齐时期的陶驼背上看到这种捆扎方式的毡帐部件，例如武平元年（570）娄睿墓随葬的立姿骆驼（图2—图5）和卧姿骆驼（图6—图9）驮载的毡帐部件[1]。而在天统四年（568）韩祖念墓随葬的陶驼背上，除驮载帐幕部件外，还塑有一个骑驼俑（图10）[2]。

以上墓葬皆发现于晋阳地区，但在邺城地区的东魏—北齐墓中，随葬的陶驼驮载的毡帐之上并没有圆圈形帐顶，例如东魏武定八年（550）茹茹公主闾叱地连墓（图11）[3]、北齐武平七年（576）高润墓[4]和湾漳大墓（图12、图13）[5]出土的标本。

向上追溯，东魏以前，北魏迁都洛阳以后的墓葬中已经出现背驮帐幕部件的陶骆驼模型，如建义元年（528）元邵墓随葬的陶骆驼（图14），背上就驮负着帐幕的围墙栅栏和捆扎好的幕布，上面未见圆形帐顶[6]。河北曲阳正光五年（524）韩贿妻高氏墓中随葬的陶骆驼也是如此[7]。或许这是早期的做法，到东魏—北齐时还沿用，只是在晋阳地区的北齐墓中，才兴起将圆形帐顶放在位于骆驼双峰之间的幕布上面的新风尚，亦未可知。

而在关中地区的西魏墓中，驮负帐幕部件的随葬陶驼也还是依北魏迁都洛阳以后的旧制，没有把圆形帐顶摆放在上面，例如西魏大统十年（544）侯义（侯僧伽）墓[8]出土的标本（图15）。

同样在这一时期的墓室壁画中，如北齐娄睿墓墓道两侧所绘出行和归来的队列的队尾，也都绘有背负帐幕的骆驼图像（图16）。

上述从北魏迁都洛阳以后到东魏—北齐时期的墓例清楚地表明，当时

---

[1] 山西省考古研究所等：《北齐东安王娄睿墓》，文物出版社，2006年，第121—126页，图一〇四，彩版一二八、一二九。
[2] 太原市文物考古研究所：《太原北齐韩祖念墓》，科学出版社，2020年，第27、28页，图二四，图版二六。
[3] 磁县文化馆：《河北磁县东魏茹茹公主墓发掘简报》，《文物》1984年第4期。
[4] 磁县文化馆：《河北磁县北齐高润墓》，《考古》1979年第3期。
[5] 中国社会科学院考古研究所等：《磁县湾漳北朝壁画墓》，科学出版社，2003年，第122页，图91，彩版29。
[6] 洛阳博物馆：《洛阳北魏元邵墓》，《考古》1973年第4期。
[7] 河北省博物馆等：《河北曲阳发现北魏墓》，《考古》1972年第5期。
[8] 咸阳市文管会等：《咸阳市胡家沟西魏侯义墓清理简报》，《文物》1987年第12期。

图 11　东魏茹茹公主闾叱地连墓　陶骆驼

图 12　磁县湾漳大墓　陶骆驼

图 13　磁县湾漳大墓　陶骆驼

图 14　北魏元邵墓　陶骆驼

图 15　西魏侯义墓　陶骆驼

图 16　北齐娄睿墓　出行壁画中载帐幕骆驼图像

陶骆驼模型是属于出行仪卫俑群中的驮载牲畜，背上负载的是出行时使用的帐幕部件。这些帐幕部件在旅途休息时张开、支架起来，就成为鲜卑族传统的毡帐——穹庐。这也廓清了一些人对北朝墓中这种模型明器的误解，他们一见到陶骆驼就认为与行走商路的商队有关，所驮载的都是商品。实际情况是，到隋唐时期，埋葬制度发生变化，北朝时的出行仪卫俑群不再流行，随葬的骆驼模型虽然有的仍依北朝传统——驮载帐幕部件，但更多的标本出现新的造型，或背上跨骑有各种人物，甚至载有舞乐队，或驮载各种商品，与行走商路的商队产生关联。但那是后话，按北朝时期的葬俗，墓葬随葬的骆驼模型，应属出行仪卫俑群中的驮载牲畜。

东魏—北齐时期邺城和太原地区墓葬中，普遍出现于出行仪卫俑群中的驮载帐幕部件的骆驼模型，显示出当时的风习。其时鲜卑族已经融入中华民族大家庭，特别是经北魏孝文帝时期的大力改革，从姓氏到服装乃至生活习俗，都有彻底的变革。生活在广大城乡的鲜卑族人，早已舍弃原来游牧生活时使用的传统的毡帐，与汉族和其他古代少数民族一起，居住于殿堂房舍之中，只是在远途出行时，还是携带便于随时随地张设的毡帐。但是出于对原有民族传统的怀念，民歌中用传统的毡帐——穹庐比拟天穹，在天穹下的无边草原上放牧，豪迈雄浑，激发了鲜卑族的民族情怀。正如前文所引齐神武帝因战场受挫，回军后命斛律金高歌"敕勒"，自己也因之"哀感流涕"，万分激动。

三

虽然我们已经从陶骆驼模型的驮载物认识了鲜卑族穹庐的构件，但是还难以复原其全貌。不过从圆圈形帐顶和围墙栅栏已可以看出，它的形貌与周秦以来军中使用的帐幕并不相同。

东周墓的出土遗物中有青铜的帐顶，如山西太原春秋晋国赵卿墓[1]和河北平山战国中山王[2]中所见，形制大致相同。赵卿墓出土标本，通高17.6厘米，下面是圆筒状柱銎，上面是圆顶，圆顶周围设11个用于系结帐幕牵索的扁环（图17）。圆顶直径18厘米，柱銎直径7.6厘米，说明在帐幕中央立有直径略小于7.6厘米、顶端可纳入銎内的立柱，形同当时殿堂建筑的都柱。这类帐幕张设起来后，周边没有直立的围墙，整体大致呈覆钵形，供行军作战中临时宿营之用，不宜用于长期生活居住。

直到汉魏时期，战时军队行军宿营，仍沿袭旧俗，使用这样形貌的帐幕。在甘肃嘉峪关魏晋时期的墓室壁画中[3]，人们还可以看到这类军

图17 太原春秋赵卿墓 青铜帐幕顶

---

[1] 山西省考古研究所等：《太原晋国赵卿墓》，文物出版社，1996年，第132—134页，图七一，图版九二。
[2] 河北省文物研究所：《墓——战国中山国国王之墓》，文物出版社，1995年，第281页，图一二七，图版二〇三。
[3] 甘肃省文物队等：《嘉峪关壁画墓发掘报告》，文物出版社，1985年，第69页，图版八六：1。

帐的图像（图18）。古代在草原游牧为生的鲜卑族，虽逐水草迁徙牧场，但一般按季节有相当长的居留期，所以帐幕要适于人们在一段时间内的家居生活，其结构自然与军帐有所不同。从陶驼模型所驮载的帐幕部件可知，它有栅栏结构的围墙，从栅栏横置在驼身侧的长度估计，墙高应超过1米。围墙应上接穹状帐顶，因此民歌中称之为"穹庐"。圆圈形帐顶安置于穹顶中央，周边圆孔为系结帐幕牵索之用。但是这也只是对穹庐形貌的大致推断，还是缺少真正能表述它的确切形貌的考古标本。这一缺憾终于在2000年得到

图18 嘉峪关魏晋墓 壁画中军帐图像

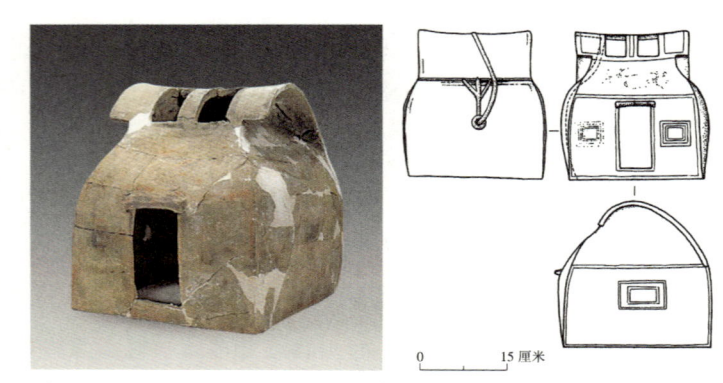

图19 大同雁北师院北魏2号墓 陶帐幕模型（M2∶73）

补足。该年，大同市考古研究所发掘大同市雁北师院北魏墓群时，获得了陶质的穹庐模型[1]，我们终于见到了"穹庐"的庐山真貌。

雁北师院北魏墓群的2号墓中出土了3件陶质的帐房模型，其中2件平面呈方形，1件平面呈圆形。标本M2∶73（图19），平面方形，面阔23.4厘米，进深25.3厘米，高26.1厘米，卷棚式顶，上设两个天窗，并浮塑出开启调节天窗的绳索垂结于后壁。前壁中开一门，门两侧各开一方窗，左右两壁也各开一方窗。天窗和门开有孔洞，门上有凸出的门楣，上设三个红色门簪。其余方窗仅在壁上刻画出窗形，并绘出红色边框。标本M2∶82形制与前一件相同，仅尺寸略小，面阔21.2厘米，进深23.1厘米，高26厘米。标本M2∶86（图20）与前两件不同，平面呈圆形，直径24.6厘米，高18.2厘米，上部是

---

[1] 大同市考古研究所：《大同雁北师院北魏墓群》，文物出版社，2008年，第66—68页，图四六、四七，彩版四一、四二。

圆形穹顶，下部是高10.4厘米的圆形围壁，围壁开有宽6.2厘米、高8厘米的门，门额浮凸，上有两个门簪。穹顶中心是外径6.9厘米的圆圈形帐顶，帐顶周圈向下连出13条弧形牵索，表明顶内侧相应有弧形帐杆，形成穹顶的支架。穹顶外表面涂黑色，牵索涂红色，其中9条下部绘有花形绾结。这件穹顶的圆形帐房模型，应是模拟当时鲜卑族的穹庐。不仅如此，出于对穹庐的喜爱，该墓群出土的一部分牛车模型的车顶还一改西晋以来流行的卷棚顶（图21），而变为穹顶（图22），使整体车棚形成穹庐的形貌（图23、图24），也可以说将牛车改成装了轮子的穹庐。2005年，人们在大同沙岭发掘了太延元年（435）破多罗氏父母

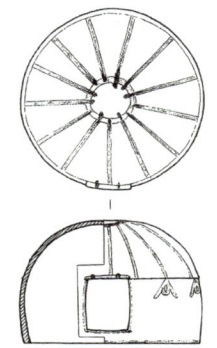

图20 大同雁北师院北魏 2 号墓 陶帐幕模型（M2：86）

图21 洛阳春都路西晋墓 陶卷棚顶牛车

图22 大同雁北师院北魏墓 陶牛车

图23 大同雁北师院北魏墓 "穹庐"状车棚

图24 大同雁北师院北魏墓 "穹庐"状车棚

图 25　大同北魏太延元年墓壁画 "穹庐" 图像

墓[1]，墓室右壁壁画以庖厨宴饮为题材，其中也绘有穹庐的图像（图25），加深了我们对穹庐形貌的认识[2]。

四

在认识了鲜卑族传统的穹庐的真实形貌后，对于存在头脑中半个多世纪的一个学术难题，我寻到了新的思路。这个难题就是山西大同云冈石窟早期洞窟的窟形问题。云冈石窟的开创，始于北魏文成帝拓跋濬和平年初。《魏书·释老志》曰："和平初（和平元年为460年），师贤卒。昙曜代之，更名沙门统……昙曜白帝，于京城西武州塞，凿山石壁，开窟五所，镌建佛像各一。高者七十尺，次六十尺，雕饰奇伟，冠于一世"[3]。

当时平城城内佛寺的重要造像，皆为皇帝而建，如文成帝复法之年（兴安元年，452），"诏有司为石像，令如帝身。既成，颜上足下，各有黑石，冥同帝体上下黑子。论者以为纯诚所感"。又："兴光元年（454）秋，敕有司于五级大寺内，为太祖已下五帝，铸释迦立像五，各长一丈六尺，都用赤

---

[1] 大同市考古研究所：《山西大同沙岭北魏壁画墓发掘简报》，《文物》2006年第10期。
[2] 古代居于大漠以游牧为生的诸民族，均以帐幕为居所，其结构大同小异，国内外常有学者将它们联系在一起研究。1979年北齐娄睿墓发掘后，《文物》1983年第10期发表简报，立即吸引了苏联学者的注意，因简报的图片不够清晰，苏联学者刘克甫委托我向山西省有关单位找到了清晰的照片，后来与世界各地游牧民族帐幕进行了比较研究。进入21世纪，也有中国学者关注骆驼模型驮载的帐幕，并与丝路商队联系，如葛承雍《丝路商队驼载"穹庐""毡帐"辨析》，原刊于《中国历史文物》，2009年第3期，后经修改，收入《胡汉中国与外来文明·胡俑卷：绿眼紫髯胡》，生活·读书·新知三联书店，2020年。
[3] 〔北齐〕魏收：《魏书》·卷114·《释老志》，中华书局，1974年，第3037页。

图 26 云冈石窟第 16—20 窟（昙曜五窟）外观

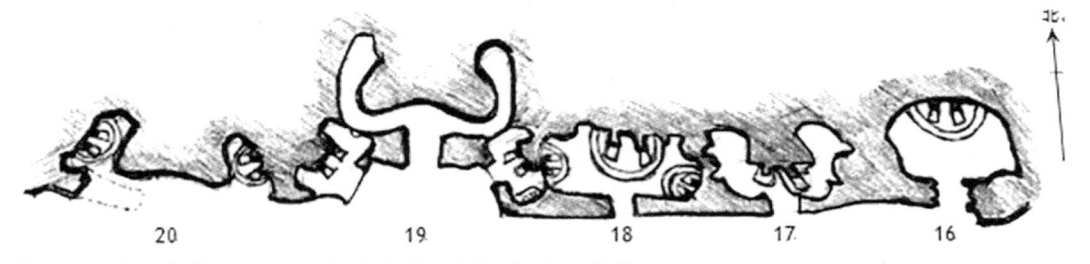

图 27 云冈石窟第 16—20 窟（昙曜五窟）平面示意图

图 28 云冈石窟第 18 窟主尊大佛和右侧佛

图 29 云冈石窟第 19 窟大佛

金二十五万斤"[1]。因此，昙曜在武州塞所建五窟中佛像，也应为太祖以下五帝，即太祖道武帝拓跋珪、明元帝拓跋嗣、太武帝拓跋焘、景穆帝拓跋晃和文成帝拓跋濬。昙曜主持开凿的5座石窟，应为今山西大同云冈石窟的第16—20窟（图26）。这5座大型石窟，平面均为椭圆形（或称马蹄形）（图27），顶为穹窿顶。它们依次布列在云冈石窟区的中部偏西处，多在窟内雕造三佛[2]，正壁主像形体巨大，高13.5—16.8米，两侧雕像形体较小，更显主像高大雄伟（图28）。除第17窟主像为弥勒菩萨，其余主像均为释迦。洞内主尊最高的是第19窟中的佛坐像（图29），高达16.8米。其中的第20窟，因为前壁和左右两壁前部早年已经塌毁，以致窟内大像处于露天状态，所以后世之人一来到云冈，首先映入眼帘的就是这座大佛的

---
[1]〔北齐〕魏收：《魏书》·卷114·《释老志》，中华书局，1974年，第3036页。
[2] 刘慧达：《北魏石窟中的"三佛"》，《考古学报》1958年第4期。

宏伟身姿，也因此这座大佛不断出现在中外的书刊之中，成为云冈石窟艺术的象征（图30）。其实它的高度在昙曜五窟主尊中排在倒数第二，仅有13.7米。

佛像的容貌，有人认为有仿效拓跋族甚至是北魏帝王容貌的可能，但椭圆平面、穹窿顶的窟形，过去多认为"应是仿印度草庐式的"[1]。但是古印度并没有草庐式样的石窟。中国境内自新疆到河西走廊比云冈石窟建造为早的诸石窟，从龟兹克孜尔石窟到武威天梯山石窟（凉州石窟），再到西秦建弘纪年的炳灵寺169窟等，人们从中看不到椭圆形穹窿顶窟形的先例。再查阅佛典，释迦从苦修、得道、初转法轮到说法，都是在林野、园中树下进行的，从未见有在草庐中传道说法的记述。昙曜主持为皇帝修窟时，怎么就会凭空想出将窟形修造成"印度草庐式"呢？这就是我从20世纪50年代听阎述祖讲授"石窟寺艺术"课以来，一直困扰我的学术难题。当在山西太原、河北磁县、河南洛阳地区发掘的北朝墓随葬陶驼模型的驮载物中辨识出穹庐部件，特别是看到山西大同北魏平城时期墓葬出土的陶质穹庐模型，加上壁画中所绘成群的穹庐画像以后，再联系拓跋鲜卑族用鲜卑语高唱的豪迈歌谣"天似穹庐，笼盖四野"，就可以看出，昙曜五窟椭圆形平面穹窿顶的窟形，并不是仿效鲜卑族并不知晓的域外的草庐，而是将象征皇帝的佛像供奉进鲜卑民族在长期游牧生活中居住的传统居室——穹庐中。穹庐又象征着天穹，也就意味着将佛像供奉在天地之间，显示出浓郁的民族文化特征。所以，昙曜五窟的新样式"应是5世纪中期平城僧俗工匠在云冈创造出的新模式"，可称为"云冈模式"的开始[2]。

图30　云冈石窟第20窟
（前排人物右起：宿白、杨泓）

用民族传统居室穹庐的形貌来凿建石窟，继而引起对早期云冈石窟佛像艺术造型的思考，通俗地讲，就是当时造像所依据的"粉本"究竟来自何方，这又引起对佛教艺术是如何传入中土的思考。

昙曜五窟的艺术造型特征，首先在于其雄浑、宏伟的气势。各窟的主尊佛像，都以其巨大的体量和雄伟的体姿，显露出北魏各代皇帝的无上权威。

---

[1] 国家文物局教育处：《佛教石窟考古概要》，文物出版社，1993年，第104页。
[2] 宿白：《平城实力的集聚和"云冈模式"的形成与发展》，《中国石窟寺研究》，生活·读书·新知三联书店，2019年，第138页。

佛的面容前额宽阔，直鼻方颐，弯眉细目，大耳下垂，口唇紧闭而微露笑意（图31），面相威严又显慈祥。佛衣衣纹厚重，更增造像宏伟气势的力度，再结合粗犷的毡帐穹庐窟形，谱写了一曲歌颂新兴北魏王朝不可阻挡的发展势头的赞歌。

　　佛教在鲜卑族皇帝统治的北魏得以盛行，其缘由也应与后赵近同，创建以本民族的传统建筑形式穹庐形貌的石窟窟形，在一定意义上拉近了拓跋鲜卑与西来的胡神佛陀之间的距离，更具亲切感。至于昙曜五窟内佛陀艺术造型的最初的渊源，自然是来自佛教的故乡——古印度。但是佛教的艺术造型开始并不是由印度直接输入，而是辗转

图31　云冈石窟第20窟大佛头部

迂回，经由中亚进入今中国新疆境内，再沿河西走廊，继续输往中原北方地区。佛教从进入中国境内开始，随着一步步深入内地，开启了不断中国化的历程。

　　还应注意到，随着逐渐掌控北方，北魏王朝将陆续占有的地域内的民众、僧徒和工匠等人迁徙到平城地区，来自青州、凉州、长安以及定州等地的僧徒和工匠，会聚到昙曜指挥的工程队伍之中，带来了不同来源的粉本和工艺技能。所以当时对佛像的雕造，应是博采国内外众家之长，对艺术造型进行再创造，从而形成了北魏自身的时代特色。这也就使仅重视样式学的某些美术史家，可以从云冈造像中或探寻到犍陀罗艺术的影响，或注意到秣菟罗艺术的风格，甚至关注到地中海沿岸诸文明（希腊、埃及）的辐射；或是将统一的艺术作品生硬地分割成西来的及中国的传统，不一而足。但是，像云冈昙曜五窟这样具有艺术震撼力和时代风格的造型艺术品，其创作绝不能只被认为是不同来源艺术的拼盘。"北魏皇室以其新兴民族的魄力，融合东西各方面的技艺，创造出新的石窟模式，应是理所当然的事。"[1]

五

　　昙曜五窟艺术造型的粗犷而雄浑的气势，随着时间的推移而逐渐消逝，从北魏孝文帝太和初年开始，代之而起的是新的精雕细琢的富丽之风。这

---

[1] 宿白：《平城实力的集聚和"云冈模式"的形成与发展》，《中国石窟寺研究》，第142页。

图 32 云冈石窟太和年间所开诸窟外观

图 33 云冈石窟第 13 窟外崖面石雕瓦垄残迹

图 34 云冈石窟第 13 窟 外观复原图

时，在昙曜主持修凿石窟时被请入模拟"穹庐"形貌佛窟中的佛祖，又转而被供养在模拟中国传统样式的殿堂形貌的佛窟之中。这一时期（约孝文帝继位至迁都洛阳时期，471—494），在云冈雕造的洞窟的代表是第5、6窟，第7、8窟，第9、10窟等几对双窟；还有第11、12、13窟一组三窟，是在崖面上从昙曜五窟向东延伸而逐渐开凿的（图32）。目前除第5、6窟前有清代修建的四层木构楼阁遮掩外，其余诸窟的外貌还都能观察到，只是岩石风化严重，细部雕刻已漫漶不清，猛然一看，有些像颇富异域色彩的列柱长廊，但是仔细观察，它们并不是联结在一起的长廊，而是各窟前自成一组的窟前雕刻，因风化过甚，像联结成一体。

1972—1974年，为配合云冈石窟修缮工作，第9—13窟前的基岩面等处曾进行过清理。在清除第13窟前室顶板积土后，人们发现了原来雕刻的脊饰、瓦垄残迹（图33）。结合下方的列柱来看，全窟原来外貌应是雕成具有瓦顶的四柱三开间的佛殿前廊（图34），顶部为筒板瓦庑殿顶，正脊长约3.6米，距地面

图35 云冈石窟第12窟东壁 殿堂形貌佛龛

图36 大同北魏太和元年 宋绍祖墓 殿堂形貌石棺正面

图37 大同北魏太和元年 宋绍祖墓 殿堂形貌石棺正侧面

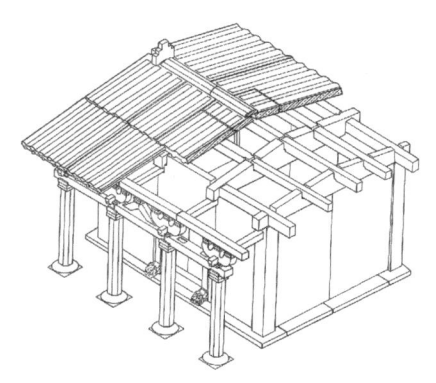

图38 大同北魏太和元年 宋绍祖墓 石棺透视图

9米，脊两端有鸱尾残迹，中央有鸟形残迹；下部为四柱三开间，柱高3.4米，断面八角形，柱基座高1.5米。柱檐风化剥蚀，轮廓处不清，但从前室侧壁和柱头内侧浮雕还可推测，该窟前壁面是柱头刻皿板，栌斗上托额枋，柱头一斗三升，补间人字拱的式样[1]。其外貌正与第12窟内前室东壁所雕殿堂形貌的佛龛相同（图35）。

这类前有四柱三开间前廊的殿堂，应是当年流行的建筑样式，也为当时墓葬中新兴的殿堂形貌石棺所效仿，最典型的考古标本就是大同出土的北魏太和元年（477）宋绍祖墓石棺，它显示出这类殿堂的立体形貌（图36—图38）。宋绍祖墓石棺模拟的是一座四柱三开间，前廊进深一间，其后殿堂进深两间，或为以墙承重，上设木梁架和瓦顶的建筑。这种殿堂建筑很可能是北魏太和初年都城平城流行的新式样，因为一时风尚，而影响了石窟改变为殿堂形貌。

---

[1] 云冈石窟文物保管所等：《云冈石窟建筑遗迹的新发现》，《文物》1976年第4期。

图39 云冈石窟第6窟内景　　图40 云冈石窟第6窟 西壁上层立佛

与昙曜五窟的雕建不同,在太和年间,除皇室外,官吏和上层僧尼也参与开凿石窟,最典型的实例是文明太后宠阉钳耳庆时于太和八年(484)建,太和十三年(489)工毕的第9、10窟,其为"国祈福之所建",应是为"二圣"——冯太后与孝文帝所造,故为双窟。另完工于太和十八年(494)迁洛以前的第6窟,最能展示出这一阶段石窟艺术精致而华美的场景(图39)。这些洞窟呈现在人们面前的是与昙曜五窟完全不同的景观,除了穹庐形貌的窟形变成模拟中国式样的仿木构建筑的石雕外,还出现了披着宽博的汉式佛衣的清秀面庞的佛像。佛像的服饰宽博飘垂,一般认为具有汉式袍服褒衣博带之情趣(图40),显示出与此前的石窟明显不同的新兴的造型艺术风格。这一突然的变化,难道只是那一时期指导开建石窟的僧人和雕窟造像的匠师因师承和艺术流派而做的主观改变吗?答案是否定的。因为决定佛教石窟的雕造面貌的不是幕前的僧人和匠师,而是幕后的功德主——北魏的皇室和权臣。在他们的心目中,宗教行为是从属于当时政治大方向的。

在孝文帝初年,直到太和十四年(490)文明太后冯氏去世,主持政务的实际是临朝听政的文明太后。而当时摆在北魏最高统治集团面前的主要问题,正是如何巩固已被拓跋鲜卑政权统一了的中国北半部江山,以及安抚以广大汉族为主的各民族民众。原来以拓跋鲜卑传统制定的政治构架,已然难以维持,为了长治久安,必定要在政治层面进行彻底改革。其所进行的改革,在一些历史书中也被简单地称为"汉化"。有着汉文化素养的文明太后冯氏,起用了汉族官员李冲、游明根、高闾等,改革鲜卑旧习,班俸禄,整顿吏治，推行均田制，不断进行政治改革。在这样的大背景下，生活习俗、埋葬礼仪等方面的"汉化"势头也越来越大，与之相关的造型艺术自然也随之呈现出新的面貌。

以墓内葬具为例，前已述及的太和元年（477）宋绍祖墓中葬具是仿木构建筑的石棺，在三开间的殿堂前还设置檐柱和门廊。除殿堂形貌的石棺外，在延兴四年（474）至太和八年（484）司马金龙夫妇墓中，以石础漆画木屏风三面围护的石床，也是令人瞩目的典型考古标本[1]。漆画中，人物的面相、体态、服饰，都与传世东晋画家顾恺之绘画的后世摹本中的人物相似，面容清秀而衣裾宽博，女像衣带飘飞，男像褒衣博带、高冠大履，明显是受到当时江南绘画艺术新风熏陶的作品（图41）。司马金龙家族本是东晋皇族，于刘宋政权建立之初逃亡北地，故能在北魏急于获取南方画艺新风时将其介绍到北方。

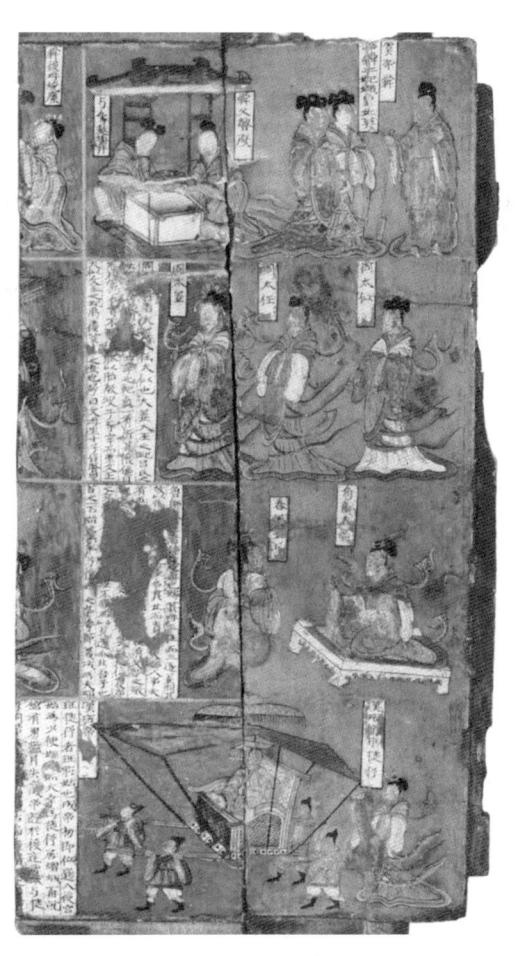

图 41 大同北魏司马金龙墓 漆屏画

当时北魏朝廷起用来自青州地区（这一地区并入北魏版图前曾由东晋、刘宋统治了半个世纪）熟悉工艺技能的人士，其中代表人物就是蒋少游。当时为了获取先进的汉文化艺术，北魏朝廷一方面力图从解析汉魏旧制来承袭汉文化传统，另一方面想方设法去南方获取那里新的文化艺术信息。蒋少游在这两方面都起了很大作用。前一方面，如北魏朝廷曾特地派他去洛阳"量准魏晋基趾"[2]，以在平城营建太庙太极殿；后一方面，曾在李彪出使南朝时，派他担任副使，密令其观南方"宫殿楷式"，以获取南朝建筑艺术等方面的新成就。这也引起南方士人的警惕，清河崔元祖就向齐武帝建议将蒋少游扣留，说："少游，臣之外甥，特有公输之思，宋世陷虏，处以大匠之官，今为副

---

[1] 山西省大同市博物馆等：《山西大同石家寨北魏司马金龙墓》，《文物》1972年第3期。
[2] 〔北齐〕魏收：《魏书》·卷91·《蒋少游传》，中华书局，1974年，第1971页。

图 42 云冈石窟第 9 窟前廊　　图 43 云冈石窟第 6 窟 文殊、维摩诘对坐

使，必欲模范宫阙。岂可令毡乡之鄙，取象天宫？"[1]我们从中也可窥知当时北魏朝廷想获取江南汉族先进文明的急迫心态。就在这样的大历史背景下，孝文帝太和初年，云冈石窟开始第二度开窟造像的热潮。

　　太和初年距和平年间昙曜在云冈开窟造像虽然只过了1/5个世纪，但是北魏平城景观已有较大的改变。鲜卑族传统的毡帐在郊野才有保留，在都城内依汉魏旧制的宫殿和礼制建筑群日趋完备，而且宫殿的修建力求华丽，建筑装饰更趋精美。前述太和元年宋绍祖墓石棺作前带檐柱、前廊的殿堂形貌，正是模拟人间殿堂的造型。同样，云冈石窟在凿建时，舍弃了鲜卑族传统居室毡帐穹庐的形貌，被改为模拟人间帝王的殿堂，前列由巨大檐柱支撑起前廊（图42），室内顶部模拟殿堂中的平棋藻井，连许多佛龛也雕成上为脊装鸱尾的庑殿顶，下为带有前廊的四柱三开间殿堂形貌，和宋绍祖墓石棺的形貌如出一辙。洞窟内部的布局也打破了原昙曜五窟仅在正壁安置主尊而两侧安置立佛的"三佛"布局，而在室内中央凿建直达室顶的方形塔柱，在塔柱三壁和室内两侧壁开龛造像，塔柱与后壁间留出佛徒旋塔礼拜的通道，以上明显是汲取了自龟兹到河西凉州诸石窟中心塔柱室内布局的成熟经验。这样的布局使得塔柱正面龛内的主尊与昙曜五窟比，身高和体量都有所缩减，虽雕造精细而绮丽有加，但缺乏雄浑气势。加之壁面及藻井均满布雕刻，除龛

---

[1]〔梁〕萧子显：《南齐书》·卷57·《魏虏传》，中华书局，1972年，第990页。

图 44 云冈石窟第 6 窟
佛传雕刻之乘象入城

图 45 云冈石窟第 13 窟
明窗下七佛之一

像和飞天伎乐外，还出现许多颇具故事情节的新题材，如文殊、维摩诘对坐（图43），特别是第6窟中佛传故事雕刻占据了壁面的绝大部分，形成连续的释迦从投胎诞生直到得道的历程（图44），生动具体。

更值得注意的是，窟内佛像的艺术造型同样出现很大的变化。太和年间的云冈佛像，不仅失去以前巨大的体量和雄伟的体姿，而且面相也不再是直鼻方颐的威严形貌，而转向面容清、秀慈祥可亲。佛体所披佛衣（袈裟）的质地也由模拟厚重的毛织物，改为模拟轻柔的丝绸。披着方法排除了斜袒裸臂等旧模式，改为自双肩下垂再裹披身躯，外貌近似双领下垂的汉式袍服，且佛衣下，垂宽博飘展，近似汉装士大夫的褒衣博带形貌（图45）。

云冈石窟的窟形、室内布局和佛像造型的变化，强烈地显示出随着汉化的加剧，北魏将来自山东青齐、江苏徐州，乃至河西凉州诸地的影响进一步汇聚融合，形成太和初年平城石窟造像的时代特点，反映出佛教艺术造型向中国化又迈进了一大步，也反映出鲜卑族融入中华民族大家庭的步伐向前迈进了一大步。

当太和年间云冈石窟进入新的艺术高潮的时候，北魏王朝的政治生活又出现了新的转折。太和十四年（490），文明太后逝世，孝文帝终于摆脱了祖母阴影的笼罩。只过了三年，孝文帝就借口伐齐统领百万大军南下，实际是开启了迁都洛阳的行程。经过两年，到太和十九年（495），北魏六宫及文武官员尽迁洛阳，平城从此失去了都城的地位。随着皇室和显贵的离去，云冈石窟持续了30余年的大规模营建活动随即戛然而止。今日云冈第3窟的前庭和前室未完成的工程遗迹，就是那段历史的实物见证。但是，直到孝昌初年因六镇起义致平城荒废为止，云冈还有小规模的开窟活动。继续凿建的都是集中于崖面西部的一些中小型的洞窟，造像面容更趋清秀，而且还有些领先于洛京的新创举。例如三壁设坛，形成三壁三龛的佛像组合，就是滥觞于云冈，以后才流行于中原石窟的。

太和初年，云冈石窟造像出现了面相清秀、佛衣轻薄飘展的艺术风格，表明北魏平城造型艺术已追赶上江南自顾恺之至陆探微为代表的艺术水平。但是，那时在江南又已出现了艺术新风，人物造型由瘦骨清像转向面短而艳的新风格。后世的绘画史中都将艺术新风的代表人物归于张僧繇，其实这一风格的佛教造像在南齐永明年间就已出现。四川成都西安路南朝佛像窖藏出土的齐永明八年（490）比丘释法海造弥勒成佛石像的面相，已经显现出这种艺术新风，且蜀地造像较南朝统治中心的都城建康还会滞后一些时日。比之北魏，时当太和十四年，云冈造像尚以清秀面相为新兴时尚。当以张僧繇为代表的艺术新风的影响呈现于北魏洛阳，已是皇家大寺永宁寺塔中的塑像，大约塑造于孝明帝神龟二年（519）至正光元年（520）。那时，柔然主阿那瓌日益强大，侵扰北魏旧京（平城），云冈石窟因而彻底衰落，从历史记载中消逝了很长时间。

六

综观云冈石窟的窟形从"穹庐"到"殿堂"的转变，可以看清，这是佛教艺术造型（即艺术史的"样式学"）的变更，主导其变更的也不仅是宗教行为，还有着深刻的历史原因，反映了鲜卑拓跋氏加速融入中华民族的历史进程。在佛教造型艺术方面，则体现出佛教在中国化和民族化的进程中，向前迈出了关键的一大步。

原文刊载于《文物》2021年第8期

关于云冈石窟的《茹茹造像铭记》
——兼谈柔然的名号问题

周伟洲

<small>陕西师范大学中国西部边疆研究院</small>

一

　　40多年前，我国学者冯家升先生曾经得到大同云冈石窟一张关于柔然（茹茹）造像的题铭拓片。冯先生据此撰《蠕蠕国号考》一文，对柔然的名号等问题发表了一些十分精辟的见解[1]。

　　柔然是我国漠北一个古代民族。近代中外学者大都认为柔然属于古代阿尔泰语系蒙古语族，源于东胡[2]。柔然自402年在漠北正式建立政权，至555年亡于突厥，前后存在共150多年。它对我国北方以及中亚的历史均发生过较大的影响。可是，我国史籍上有关柔然的记载十分简约，传世及出土文物就更是寥若晨星。现存大同云冈关于柔然造像题铭，自然成为研究柔然历史的珍贵资料。

　　1979年5月及1982年7月，笔者有幸两次赴大同云冈参观、学习。特别是第二次随国内有关单位组织的"河东两京历史考察队"一行再赴云冈，笔者仔细考察了柔然造像题铭。冯先生在《蠕蠕国号考》一文中，介绍拓片时说首行顶格有"大茹茹国"，以下漫漶不可读，有"可敦""吐谷浑"等名[3]。据笔者所见，柔然题铭系刻在云冈编号为第18窟窟门西壁上、下部已完全漫漶，上部除个别字还可辨识外，大部也破毁。从字迹看，铭记共12行。可辨识的字，首行顶格有"大茹茹"三字，第二行首有"可敦"二字，第三行首有"迳（径？）斯"二字，第四行不清，第五行行首有"让"一字，第六行行

---

[1] 此文载《禹贡》卷7，第八、九合期。
[2] 如〔法〕伯希和：《汉语突厥名称之起源》，印译文见《西域南海史地考证译丛续编》；〔日〕白鸟库吉：《东胡民族考》下篇，中译本第65—84页；冯承钧：《高昌之西徙与车师鄯善国人之分散》，载《辅仁学志》第十一、十二期；等等。
[3] 文末附拓片照片一幅，可是字迹无法辨识。

首有"满"一字，第七行行首有"载"一字，第八行行首有"何常"二字，第九行行首有"以兹"二字，第十行行首有"谷浑"二字，第十一行行首有"方妙"二字，第十二行不清。

冯先生所记"大茹茹国""吐谷浑"中的"国""吐"二字，不是原拓片有的，而是根据文意推测出来的。近据宁可先生寄赠罗振玉《石交录》卷3复印本内，有关于此柔然铭记的记载："顷者予门人柯燕般赠残造像记墨本，谓是于云冈访得。文横刻于像龛上，刻字处广尺余，高不及尺，存十一行，行八九字，惟上列一二字至三四字未泐，略可知为茹茹可敦造像记，曰：大茹茹首行、可敦次行、逯斯三行、□云四行、让五行、满六行、载之七行、何常子八行、以兹微福九行、谷浑□人十行、玄妙十一行。其后似尚有字一行，不可见矣"[1]。罗振玉所见拓本，留存字数较多，可供参考。

我国文物考古工作者鉴定：云冈18窟是北魏和平年间（460—465）最早开凿的五窟之一[2]。《魏书卷》114《释老志》记："和平初，……昙曜白帝，于京师（平城，今山西大同）西武州塞，凿山石壁，开窟五所，镌建佛像各一。"现存云冈编号第十六—二十窟即此五窟。因此，第十八窟并非柔然统治者开凿，这是可以肯定的。第十八窟北面正中主像是三世佛，外壁满雕千佛，窟大体是模拟椭圆形草庐形式。从现存东面窟门上满雕千佛的情况看，窟门西壁原也应相应雕满千佛。但是，现存窟门西壁已残毁，上只有一个小龛，内有两尊残佛像，龛下即柔然铭记。显然，此小龛及铭记是窟成之后才刻上去的。和平年间，柔然与北魏正处于敌对状态，史籍并未记有柔然军队或使臣到过北魏京师平城。

柔然铭记既刻于窟成之后，那么大约在什么时候呢？

自402年柔然在漠北正式建立政权后，与北魏基本上处于对峙之中。云冈所在的平城，在398—494年是北魏京城的所在地，柔然军队在这一时期并未攻占过该地。494年，北魏迁都洛阳后，平城作为北方重镇，地位仍然十分重要。一直到520年北魏发生北边六镇各族人民大起义为止，柔然军队也没有到达过平城。其间，虽然柔然使者频繁地往来于漠北和平城或洛阳之间，柔然可汗阿那瓌投归北魏，在洛阳住过一段时期；但是，他们都不可能随意在平

---

[1] 罗振玉《石交录》收入罗福颐编《贞松老人遗稿》甲集，北平出版，1941年。
[2] 山西省文物工作委员会、云冈文物保管所编：《云冈石窟》，文物出版社出版，1977年，前言部分。

城西武州山石窟（云冈）削去今第十八窟窟门西壁上的千佛，刻上题为"大茹茹"的铭记及造像。

520年，北魏北边六镇爆发了各族人民大起义，腐朽的北魏王朝受到了致命的打击。起义军攻占了平城，控制达7年之久。而云冈石窟也由盛转衰。石窟个别地方遭到毁坏，今第十八窟窟门西壁的千佛，可能即毁于此时。

534年后，北魏分裂为东、西魏，双方都企图征服对方，统一北部中国，因而连年战争，势力大衰。而这时在漠北的柔然可汗阿那瓌乘机脱离了与北魏的臣属关系，重新强盛起来："众号三十万"[1]，"士马稍盛，乃号敕连头兵豆伐可汗"[2]。东、西魏的统治者为了借助柔然的力量消灭对方，"竞结阿那瓌为婚好"，"以金帛诱之"[3]。537年，西魏文帝以元翌女，称化政公主，妻阿那瓌兄弟塔寒，又自娶阿那瓌女（魏悼后）为皇后，废原皇后乙弗氏，同时，纳币于柔然。于是，柔然助西魏，不时骚扰东魏北部边境。538年，阿那瓌率军掠东魏幽州（治今北京）、范阳（今河北涿州市）南达易水；又掠肆州（治今山西忻县）、秀容（今忻县西北），至于三堆（今山西静乐）[4]。肆州等地远在大同之南，当时平城武州塞一带正是柔然经常出没之所。

以后，东魏又离间柔然与西魏的关系，与柔然和亲[5]，高欢娶阿那瓌女，号蠕蠕公主。直至552年柔然为其奴役的突厥部击溃、阿那瓌自杀为止，东、西魏及后来的北齐、北周的统治者对柔然均采取这种和亲的政策。东魏（及后来的北齐）北部的平城一带，柔然的势力很大。根据这种情况，大同云冈石窟中的柔然造像铭记，很可能是在534—552年这一时期镌刻的。

铭记首称"大茹茹"之"茹茹"一词在我国史籍上最早出现在《北齐书》里。《魏书》·卷103·《蠕蠕传》称柔然始祖木骨闾死后，"子车鹿会雄健，始有部众，自号柔然"。后来魏太武帝拓跋焘，"以其无知，状类于蛊（《北史》作"虫"是），故改其号为蠕蠕"。可见，"蠕蠕"一词乃是北魏统治者对柔然的侮辱性称呼。唐林宝《元和姓纂》九御，茹氏条说："蠕

---

[1]〔北齐〕魏收：《魏书》·卷18·《临淮王谭附传》，中华书局，1974年，第426页。
[2]〔北齐〕魏收：《魏书》·卷103·《蠕蠕传》，中华书局，1974年，第2303页。
[3]〔唐〕李延寿：《北史》·卷98·《蠕蠕传》，中华书局，1974年，第3264页。
[4] 同上。
[5]《魏书·蠕蠕传》记：高欢曾以常山王妹乐安公主，改称兰陵郡长公主，下嫁柔然。阿那瓌"遣奉马千匹为娉礼，迎公主"。《通鉴》卷一五七"梁大同元年（535年）"条，不查《魏书·蠕端传》原佚，此系据《北史·蠕蠕传》补成，因而在综述北魏亡后柔然与东魏关系，记述比较含糊，竟然记载535年阿那瓌娶兰陵郡长公主，大误。范文澜《中国通史》第二册（1987年第5版），竟沿《通鉴》之误。按《北史·蠕蠕传》：柔然与东魏和亲最早在540年，且兰陵郡长公主系嫁与阿那瓌子奄罗辰。

蠕入中国亦为茹氏，音去声。"同书九鱼有"茹茹氏"："其生蠕，茹茹种类，为突厥所破，归中国。"按柔然人以"茹茹"自称或作姓氏，实始于北魏后期。《汉魏南北朝墓志集释》图版一四七《元恭墓志》记元恭"妇，茹茹主之曾孙"。同书图版五九一《闾伯升暨妻元仲英墓志》亦记："公讳伯升……高祖即茹茹主之第二子……"元恭死于北魏永安三年（530），伯升死于兴和二年（540年），内均称"茹茹主"的后代。又《通志·氏族略》五"茹茹氏"条记："其先蠕蠕种类，为突厥所破，归中国"，有"后魏蔚州刺史、高平公茹茹敦"。可见，北魏后期柔然自己避免用北魏统治者强加于他们带侮辱性的称号"蠕蠕"，而用"茹茹"作为自己的称号或姓氏。云冈石窟的柔然造像铭记中自称"大茹茹"，也是采用"茹茹"作自己的名号。所以，我们推测此铭记刻于534—552年，大致是不错的。

"可敦"，是柔然可汗的正室，相当于内地政权的皇后。《魏书·蠕蠕传》曾记柔然可汗丑奴曾纳医巫是豆浑地万为"可贺敦"，即"可敦"之异译。此名与"可汗"（皇帝之意）一样，源于东胡鲜卑[1]。可敦，在中国史籍中有时又译作可贺敦、可孙、格尊等[2]。可汗、可敦等名号，后又为突厥、蒙古及中亚一些游牧民族所继承[3]。据残存的"大茹茹""可敦"等字推断，此铭记很可能是柔然可汗阿那瓌的可敦自己或遣人在云冈残破的今第十八窟窟门西壁上所刻的崇佛造像铭记。

柔然统治者不仅信奉蒙古草原传统的巫术（早期萨满教），而且也崇信佛教。柔然盛时势力曾达今新疆焉耆、吐鲁番等地，同时与北魏有频繁的经济、文化交往。北魏永平四年（511），柔然可汗丑奴曾遣沙门洪宣向北魏"奉献珠像"[4]。柔然政权还专门设有"国师"一职，由僧人担任。《大藏经·高僧传》第八《释法瑗传》记：法瑗的二兄法爱亦为僧人，曾为柔然的"国师"，"俸以三千户"。又阿那瓌的从父兄名"婆罗门"[5]。婆罗门是印度四大种姓之一，系梵语净行、净志之意，奉事大梵天。柔然王族名郁久闾婆罗门，可见当时印度佛教已传入柔然，故有此姓。上述事实说明：佛教在柔然

---

[1] 见《宋书》·卷96·《吐谷浑传》；《魏书》·卷101·《吐谷浑传》；《南齐书》·卷57·《魏房传》等。
[2] 同上。
[3] 关于可汗、可敦的细详考证，可参阅白鸟库吉《东胡民族考》上篇，中译本第89—100页。
[4] 〔北齐〕魏收：《魏书》·卷103·《蠕蠕传》，中华书局，1974年，第2297页。
[5] 钱大昕：《廿二史考异》卷二二云："蹂蠕即柔然也。魏书作蠕蠕，宋齐梁书皆作芮芮，周书作茹茹，北史有蠕蠕传，而诸传间有作茹茹者，盖译音无定字。"

境内是较为流行的，这是蒙古草原佛教首次传播，它对柔然的政治、经济和文化有一定的影响。云冈石窟柔然可敦的造像铭记反映的正是柔然统治阶级信仰佛教的事实。

二

我国史籍所载柔然的名号有：蝚蠕（《晋书》·卷125·《冯跋载记》）、柔然、蠕蠕、芮芮（《宋书》《南齐书》《梁书》《南史》），茹茹（《北齐书》《周书》《隋书》）等五种。这五种名号都是柔然族名（亦是政权名）的汉字异译[1]。其中哪一个名号更接近于原音呢？过去有一些日本学者做过考证，并用比较语言学的方法，试图找出柔然名号的原音和意义。如白鸟库吉就认为：《宋书·索虏传》记，芮芮一号大檀，又号檀檀，今蒙古语聪明、贤明，读作tsetsen或ssetsen，应即大檀、柔然、蠕蠕的对音[2]。藤田丰八认为：柔然即Ju—Jen，是蒙古语Jusun的对音，此语有礼义、法则之意[3]。冯先生不同意上述意见，他引用云冈的茹茹造像铭记，认为："茹茹国上加大字，必茹茹人自称之辞。……由是吾人可知茹茹乃其自择之字面，非柔然、蠕蠕、蝚蠕、芮芮等辞为他人所称者可比。……然则茹茹乃北魏以后，蠕蠕进化而自择之名辞，殆无可疑矣"[4]。冯先生以为"茹茹"一词为北魏后期柔然自择之名号的看法，无疑是正确的。

但是，真正接近柔然原音的，我以为并不是"茹茹"一词。在我国史籍所记五个名号中，接近原音的应该是柔然人的自称和文献出现较早的名号。

蝚蠕，是《晋书》所记，出现较早[5]。唐代何超《晋书音义》卷下记："蝚蠕，上音柔，下而兖反"读作róu—ruǎn。《魏书·蠕蠕传》说，车鹿会"自号柔然"。柔然，今音与唐代读音基本相同，读作róu—rán。北魏拓跋焘时（423—452），改其名为"蠕"，唐杜佑《通典》卷196云"蠕音而兖反"，即读作ruǎn—ruǎn。以上三个名号的读音差别是较微的。

芮芮，今音读作ruì—ruì，唐代《广韵》去声卷四，十三祭云"芮，而

---

[1] 见《东胡民族考》下编，中译本第67—71页。
[2] 〔日〕藤田丰八：《东西交涉史之研究·西域篇》，《蠕蠕的国号及可汗号》，昭和八年冈书院版，第25页。
[3] 同上。
[4] 见冯承钧：《蠕蠕国号考》。
[5] 《晋书》系唐代房玄龄等撰，时代较晚，但其所据的资料是较早的。

锐切"，读作ruì—ruì，此名是南朝汉人从北魏所称"蠕蠕"一词转化而来。《通鉴》卷125宋文帝元嘉二十七年（450）胡三省注："芮芮，即蠕蠕，南人语转耳。"故其音与上述三名读音差别较大。

至于"茹茹"一词，今音读作rú—rú，唐代《广韵》去声卷四九御云"茹，人恕切"，读作ra—ri。此号起于北魏后期，此词也应源于"蠕蠕"一词。蠕，唐韵为"而兖切"，但又可能读作rù—rù。宋代丁度等撰《集韵》平声虞第十记：蠕音又作"汝朱切"，"虫行貌"。"茹茹"一词或许即蠕蠕另一读音ru—ru转化而来，读作rú—rú，意思是虫行貌，与北魏统治者改柔然为蠕蠕的意思相同。故后来柔然人宁接受"茹茹"名称，而不用带侮辱性的"蠕蠕"这一称号。

从上述的分析可以看出：蝚蠕、柔然、蠕蠕三名号的读音差别甚微，出现较早，而且"柔然"一词系车鹿会所"自命"。而茹茹、芮芮出现较晚，皆源于"蠕蠕"一词，且读音与上述三词差别较大。因此，柔然（róu—rán）的读音应该是最接近于该族名号的读音。事实上，这一看法在《魏书·蠕蠕传》中已说得十分明确，本来是不会成为问题的。

"柔然"一词是什么意思呢？白鸟库吉引《元史》·卷118·《特薛禅传》："薛禅者，华言大贤也，曰聪明之称。"并说："此文中之薛禅二字，明为tsetsen、sseten之对音也。因思柔然或蠕蠕之名，即此tsetsen、ssetsen之音译，原为车鹿食（会）个人自称之尊号，后遂移为国号者也"[1]。藤田丰八认为柔然原意为礼义、法则。此外，国外还有人认为柔然即阿尔泰语异国人，或艾草等意[2]。总之，还没有定论。

此外，欧洲的历史著作里一般又称柔然为阿哇尔人（Avars）。此名最早出现于希腊史家普利斯库斯（Priscus）的著作中。书中说，在461—465年，有一种原居住在大洋沿岸名阿哇尔的民族，因大洋雾气过重，龙蛇侵扰，加上其他民族的侵逼，遂向西迁徙，压迫Savirs族向中亚奔逃。Savirs族又逼迫邻近东罗马帝国的三个民族逃离本土，并遣使向东罗马帝国求援[3]。许多欧洲历史学家认为上述的阿哇尔人即中国史籍所说的柔然人[4]。

---
[1]《东胡民族考》（下）编，中译本第71页。
[2]〔日〕内田吟风：《北亚细亚史研究——鲜卑柔然突厥篇》，一九七五年同朋舍版，第275—276页。
[3]〔英〕麦喀尔尼（Ma Cartnes, C.A）：《论希腊史所载六世纪之突厥历史》，载《伦敦东方学院丛刊》七十一卷。岑仲勉先生有中文节译，载《突厥集史》（下）册，第941—962页。
[4] 最早提出阿哇尔即柔然的是德经（De Guignes, J），见其所著《匈奴、突厥、蒙古和其它西鞑靼通史》(1756—1758)。

自希腊史家普利斯库斯记载了阿哇尔人之后约一百年,阿哇尔人之名再没有出现。直至558年,欧洲一些史籍才又出现了阿哇尔人之名。其中据史家Theophylaktus的记载,突厥征服Abde(嚈哒)以后,击败了阿哇尔人,其或避居于Taugast,或逃于moukri民族之内。Taugast,即桃花石,指中国的北魏;moukri,即指勿吉或靺鞨[1]。但突厥亡嚈哒(Abdt)是在563年至567年间,而突厥灭柔然(阿哇尔)是在555年。沙畹氏是用Abde非嚈哒来解释这一矛盾的。近来,日本学者内田吟风撰《柔然(蠕蠕)阿哇尔同族论考》[2],力主6六世纪入侵欧洲的阿哇尔人就是柔然残部。他根据我国唐、宋一些史籍(如《通志·氏族略》、慧琳《一切经音义》卷91等),认为柔然灭于突厥不是555年,而是在北周末(580年左右)。这样,内田吟风就解决了上述矛盾。柔然是否真是欧洲载籍中的阿哇尔族,目前虽然还没有定论,但是在欧洲一些历史著作中均把阿哇尔人视为中国史籍所记的柔然人。

原文刊载于《西北大学学报(哲学社会科学版)》1983年第1期

---

[1] 见〔法〕沙畹《西突厥史料》,冯承钧中译本。
[2] 文见《北亚细亚史研究——鲜卑柔然突厥篇》一书。

云冈石窟与北魏平城外来文明艺术

张庆捷

山西省考古研究院

雁门关位于山西代县，以今天行政区划来看，位于雁门关以南的是忻州市，位于雁门关以北的是朔州市与大同市。虽然两个地区只有一山之隔，但是自古以来，地理、文化均有很大差别。从自然地理现象看，山北（汉代称陉北）为大同盆地，山南为忻定盆地；自秦汉以来，山南以农业文化为主，山北以游牧文化为主；山南丘陵耕地连绵，粮食作物众多，山北地势辽阔，一派天苍苍、野茫茫的游牧文化气象。

从汉代丝绸之路开通，这里就有了西域人活动的踪迹。如人们于1983年在朔州发掘的两汉墓葬中，就出土过一些深目高鼻中亚人面貌的铜俑[1]。这些铜俑皆为伎乐说唱俑，表明至晚从那时起，大同盆地的居民已与西域人发生联系。需要说明的是，本文指的西域人，有西亚人，如波斯人；有中亚人，如安国、粟特人等；有印度及其属国人，如罽宾人；也有今新疆地区的人，如龟兹人。所以本文希图通过平城发现的遗物和文献有关记载，探讨平城与西域诸国的各种联系，以及云冈石窟产生的社会文化背景。

一

魏晋时，乌桓、鲜卑等游牧民族频繁出没于该地区，由此可以推测，曾有许多中亚人来到这里。据史料与出土考古资料证明，中亚人与这里产生紧密联系，始于鲜卑拓跋部定都平城。这是398年，北魏第一个皇帝拓跋珪在位的事情。

---

[1] 山西省考古研究所平朔考古队：《平朔出土文物》，山西人民出版社，1994年，第29页。

以往学界讨论丝绸之路的东端，绝大多数只讲到西安或者洛阳。实际上，笔者根据史书记载和考古发掘资料来看，丝绸之路开通后，它的东端历代有所不同。所谓丝绸之路东端，一般是指中国某一朝代的京都。如持长安是丝绸之路东端说者认为，长安一度是西汉和隋唐的京都；持洛阳是丝绸之路东端说者认为，洛阳曾经是东汉和北魏后期的都城。以上两说都是不争之事实，之所以产生此种认识，因为都城是一个国家某一个朝代政治、经济、文化和贸易的中心，所以也是外国商人聚居较多之地，以都城为丝绸之路东端标志，确实有理有据。然而历史是一条流淌的长河，处于不断变动之中，以某一朝代静态停滞的情况来概括所有朝代，就不免有违背史实、以偏概全之嫌。历史地看，在不同的朝代，根据京城所处位置的不同，丝绸之路的东端地点也有所不同。如北魏的丝绸之路东端，前期是平城，后期是洛阳；东西魏的丝绸之路东端，自然是邺城和长安；北周和北齐的丝绸之路东端也是西安和邺城。这里需要特别指出的是晋阳，由于它在北魏末就有的特殊地位，又是北齐别都，所以也属于丝路东端。近几十年来，人们在上述地区发现许多西来的器物和艺术品，就说明了这个史实。

以该观点看北魏，北魏定都平城后，尤其是鲜卑拓跋部入主中原以后，占据多半个中国，对游牧民族与外国人采取优惠政策，吸引大量的外国商人涌向平城，平城成为一个移民组成的新国际都市，自然而然成为该时期丝绸之路的东端。李凭先生考察统计了北魏道武帝定都平城以来的移民人数，认为当时迁到今雁北地区的人口超过150万[1]。

从《魏书·西域传》也可以看出来，西域许多国家在计算里程时，均是以平城为目的地：

> 悉万斤国，都悉万斤城，在迷密西，去代一万二千七百二十里。
>
> 粟特国，在葱岭之西，古之奄蔡，一名温那沙。居于大泽，在康居西北，去代一万六千里。先是，匈奴杀其王而有其国，至王忽倪已三世矣。其国商人先多诣凉土贩货，及克姑臧，悉见虏。高宗初，粟特王遣使请赎之，诏听焉。
>
> 波斯国，都宿利城，在忸密西，古条支国也。去代二万四千二百二十八里。城方十里，户十余万，河经其城中南流。……其俗：丈夫剪发，戴白

---

[1] 李凭：《北魏平城时代》，社会科学文献出版社，2000年，第353页。

皮帽，贯头衫，两厢近下开之，亦有巾帔，缘以织成；妇女服大衫，披大帔，其发前为髻，后披之，饰以金银花，仍贯五色珠，落之于髀。

罽宾国，都善见城，在波路西南，去代一万四千二百里。居在四山中。其地东西八百里，南北三百里。地平温和。有苜蓿、杂草、奇木、檀、槐、梓、竹。种五谷，粪园田。地下湿，生稻。冬食生菜。其人工巧，雕文、刻镂、织罽。

从这些记载看，此时的丝绸之路东端就是平城。

史载，道武帝拓跋珪定都平城前后，就有许多中亚人前来投奔。最著名的如安同，其先祖是安世高，汉代以安息王侍子入洛。其父是安屈，曾在慕容手下任殿中郎将。安同年青时，到代北商贩，遇到道武帝，"见太祖有济世之才，遂留奉侍"[1]。入仕北魏的安息人，还有安吐根的曾祖，《北史》·卷92·《蠕蠕传》记载："安吐根，安息胡人，曾祖入魏，家于酒泉。吐根魏末充使蠕蠕，因留塞北。天平初，蠕蠕主使至晋阳，吐根密启本番情状，神武得为之备。"由上引事例反映的内容看，北魏初期，已经有中亚人来到平城。

到明元帝拓跋嗣时，西域诸国来朝觐者很多，泰常四年（419）四月，"享东庙，远番助祭者数百国"[2]，其中就应该有中亚人。太武帝拓跋焘太延年间（435—440），柔然、车师、焉耆、鄯善、粟特等国来朝觐。太延元年（435）五月，北魏还一度"遣使者二十余辈使西域"[3]。如《北史·魏本纪第二》载，太延元年八月丙戌，"行幸河西。粟特国遣使朝贡"。这是因为河西地区粟特人很多，有的商人兼有使者身份。太延三年（437），"高丽、契丹、龟兹、悦般、焉耆、车师、粟特、疏勒、乌孙、渴盘陀、鄯善、破洛那、者舌等国客遣使朝贺"[4]。次年，平凉州，"徙凉州三万余家于京师"[5]。众所周知，凉州人口复杂，其中有许多中亚人。史书还记载，"是岁，鄯善、龟兹、疏勒、焉耆、高丽、粟特、渴盘陀、破洛那、悉居半等国并遣使朝贺"[6]。到文成帝拓跋濬太安年间（455—459），除粟特、波斯等

---

[1] 〔北齐〕魏收：《魏书》·卷30·《安同传》，中华书局，1973年，第712页。
[2] 〔唐〕李延寿：《北史》·卷1·《魏本纪第一》，中华书局，1974年，第32页。
[3] 〔唐〕李延寿：《北史》·卷2·《魏本纪第二》，中华书局，1974年，第49页。
[4] 同上书，第52页。
[5] 同上书，第53页。
[6] 同上书，第54页。

国外，甚至嚈哒、普岚国并派使者远赴平城朝贺[1]，以后陆续来的还有悉万斤、罽宾、頞盾等国。上述国家中，有的位于东亚，如高句丽，有的位于中亚甚至西亚，如破洛那（今费尔干纳）、者舌（今塔什干）、粟特、波斯（今伊朗高原）、悉万斤（今撒马尔汗）、罽宾（今克什米尔地区）、頞盾等，外国使团频繁来到平城，建立了双方的政治与商贸联系，还带来西域的宗教与艺术。

除粟特人外，我们还注意到，在并州北部还有许多柔然人、高车人与突厥人长期活动出没于此。《北史》与《魏书》都记载，柔然衰亡前后，许多柔然人与高车人迁徙到并州北部。在灵丘县发现的北魏文成帝《南巡之颂碑》中，也记载了不少柔然人与高车人的名字，如征东大将军马都尉□□郡王茹茹常友、散骑□（残8字）尚书汝南公袁纥尉斛、□（残12字）侯斛律□拔、武[毅]将军内三郎斛律莫烈、前将军内三郎钟离侯斛律羽都居、宁朔将军内三郎晋安子斛律出六拔、扬烈将军内三郎灵开男茹茹命以斤、扬烈将军内三郎永宁男斛律西嬬、武毅将军内三郎律伏和真、内三郎袁纥退贺拔、威寇将军内三郎契胡库力延、内三郎契胡乌已等官员[2]，多数出自柔然与高车族。柔然与高车的活动范围极其辽阔，已经到达中亚，其内部当有一定数量的中亚人。

检索史籍与实物资料，平城粟特人主要有文武官员、乐伎、商人和僧侣等。

第一种是文武官员，如北魏前期的安同[3]和安吐根的曾祖。《安令节墓志》曰："君讳令节，字令节，先武威姑臧人，出自安息国，王子入侍于汉，因而家焉。历后魏、周、隋，仕于京洛，故今为幽州宜禄人"[4]。该碑虽然没有明确记载安令节祖上仕于平城，但说到其家族主要成员从汉以来都是官员，所以也不能排除安令节祖上仕于平城的可能。入华后做官，成为粟特上层人物的最佳选择。

第二种是乐伎。史书记载不少西域的音乐家、舞蹈家及音乐流传到平城，如《魏书·乐志》曰："世祖破赫连昌，获古雅乐，及平凉州，得其

---

[1] 〔唐〕李延寿：《北史》·卷2·《魏本纪第二》，中华书局，1974年，第68页。
[2] 山西省考古研究所、灵丘县文物局：《山西灵丘北魏文成帝〈南巡碑〉》，《文物》1997年第12期。
[3] 〔北齐〕魏收：《魏书》·卷30·《安同传》，中华书局，1974年，第712页。
[4] 荣新江、张志清主编：《从撒马尔干到长安——粟特人在中国的文化遗迹》，国家图书馆出版社，2004年，第136页。

伶人、器服，并择而存之。后通西域，又以悦般国鼓舞设于乐署。"《隋书·音乐志》也记载："疏勒、安国、高丽并起自后魏平冯氏（北燕），及通西域，因得其伎。"北魏灭北燕是436年，可见在太武帝太延年间，安国等粟特人的乐伎已经到达平城。有许多实物证据可与文献互证，如在云冈北魏前期诸石窟中，有许多乐者手执琵琶、箜篌、横笛、底箫、细腰鼓、羯鼓、钹、筚篥等乐器，就与印度、中亚诸西域国家有关。此外根据考古出土资料看，一些粟特舞蹈也东传过来，如来自粟特的胡腾舞当时已在平城流行。20世纪70年代，在大同北魏遗址出土、现藏于山西省博物馆的一个石砚，上面雕刻几幅图案，雕工精细，其中便有一个"胡腾舞"的形象[1]，一男子在跳舞，旁有一男子在弹琵琶伴奏[2]。

平城遗址还有其他中亚人乐舞者的形象。2000年，山西省考古研究所与大同市考古研究所联合发掘了大同雁北师院北魏墓群。出土物中就有不少粟特人伎乐俑，反映出粟特与平城的密切关系。其中M2出土的一群陶杂技俑很有特色，共8件，高约20余厘米，均为成年男性，身材粗壮，小腹前凸并稍下沉，头戴圆顶帽，帽后有裙，个个面相丰满，浓眉大眼，深目高鼻，不见胡须，面带微笑，神态安详，身着圆领窄袖红地带花长袍，脚蹬黑色长靴。8人中，6人做鼓掌状，但鼓掌姿势各异，有的双掌位于胸前，有的高举过肩，有的位于腹前。还有一人，一手伸于嘴前，一臂下垂于身侧，似正全神贯注地在欣赏。还有一人，身体壮实，是这批杂技俑中的主角。他脸向上仰，左手叉于腰后，右手置于额上，上身微倾，两腿略曲，分开站立，似很吃力。额上支竿，两个小俑正在竿上表演（图1）。这些石窟浮雕、砚台图像与陶俑，增加了文献所载的可信度，而且将西域乐舞传入平城的情况进一步具体化与形象化。

第三种是来平城做生意的各国商人。如安同，他是安国人的后代，来代北经商，很可能是利用语言的优势，做国际贸易。大同雁北师院北魏墓群出土物中就有不少粟特人俑和陶制毡帐模型和骆驼俑。司马金龙墓中也有陶制骆驼和牵驼的胡人，反映的就是商人不远万里，穿越大漠，长途贩运的情形。关于粟特国，《北史·西域传》曰："其国商人先多诣凉土贩货，及魏

---

[1] 张庆捷：《北朝隋唐的"胡腾舞"》，《粟特人在中国——历史、考古、语言的新探索》，《法国汉学》第十辑，中华书局，2005年，第390—402页。
[2] 此砚现藏山西省博物馆，20世纪60年代末出土于大同市城南轴承厂北魏遗址。《"文化大革命"期间出土文物》，文物出版社，1972年，第163页。

图1 大同雁北师院北魏墓出土 粟特人俑

克姑臧（439），悉见掠。"由此可见，平凉州后，被强徙到平城的三万余家凉州人之内，还有许多粟特商人。云冈石窟的浮雕中，也有与商人有关的故事，反映了西域商人利之所在，无所不至，善于经商的特点。如第6窟中心塔柱东面下层的"商人奉宝像"、第12窟后室南壁的"二商奉食像"等[1]。这些商人在平城从一个塞北小城发展为一个国际大都市的历史上，功不可没。

第四种是来平城传播佛教与佛教艺术的僧侣，史籍中记载了不少通过丝绸之路来平城的高僧。可以说，北魏佛教的兴盛和云冈石窟的开凿，与西域来的高僧直接有关。我们在《魏书·释老志》看到，当时活跃在平城的有影响的僧人，主要有两部分：一部分是从河西凉州迁徙到平城的，有汉人，也有外国人，似以外域僧人为多；另一部分干脆是由天竺、中亚和其他西域诸国，直接到平城宣扬佛教的，他们精通多种语言，懂天文、医术、建筑和各种艺术，是献身于宗教文化传播的实践者。

云冈石窟的供养人，多数是身着鲜卑服装的鲜卑人，但是，偶尔也有其他民族的供养人，在云冈第11窟的南壁东侧上部，有十几位身着窄袖长袍、头留剪发、粟特人装束的供养人，证明许多生活在平城的粟特人，已成为佛教信徒。

---

[1] 阎文儒：《论云冈的造像题材与风格》，《北朝研究》1994年第2—3期，第10、15页。

二

道武帝建国12年后迁都平城,于天兴元年(398)下诏,允许在平城修建佛寺:"天兴元年,下诏曰:'夫佛法之兴,其来远矣。济益之功,冥及存没,神踪遗轨,信可依凭。其敕有司,于京城建饰容范,修整宫舍,令信向之徒,有所居止。'是岁,始作五级佛图、耆阇崛山及须弥山殿,加以缋饰。别构讲堂、禅堂及沙门座,莫不严具焉"[1]。可以相信,至晚从这年起,随着五级佛图、耆阇崛山及须弥山殿等佛教建筑的出现,佛教及其艺术开始在平城扎根。史书还记载:"太宗践位,遵太祖之业,亦好黄老,又崇佛法,京邑四方,建立图像,仍令沙门敷导民俗"[2]。从"京邑四方,建立图像"之句看,如果说佛教图像艺术在道武帝时我们还只能推测的话,那么到明元帝时,已经是明确记载了。在太武帝灭佛前,佛教及其艺术在平城已经传播了数十年,有了相当气候。尤其在太武帝与太延年间平定凉州后,"徙其国人于京邑,沙门佛事皆俱东,象教弥增焉"[3]。凉州僧侣中,来自中亚诸国与印度属国等地的高僧不是少数。

太平真君七年(466),太武帝因长安沙门私藏武器,怀疑与谋反有关,开始灭佛,前后持续七年之久,直到他去世。文成帝即位后,以佛教"助王政之禁律,益仁智之善性",下令恢复佛教的地位,"以化恶就善,播扬道教也"[4]。

佛教在平城恢复后,发生了很大变化,最显著的是佛教图像艺术与统治者的结合。文成帝任命重返沙门的罽宾贵族师贤为道人统,掌管佛教事务,师贤立即予以回报,借一纸诏令而将佛像与皇帝像合二为一,把北魏首任道人统法果宣扬的"太祖即是当今如来,拜天子乃是礼佛"[5]的观念变成看得见摸得着的崇拜对象和实体。《魏书·释老志》记载此事:"是年(当为452年),诏有司为石像,令如帝身。既成,颜上足下,各有黑石,冥同帝体上下黑子,论者以为纯诚所感。"

不难看出,所谓"颜上足下,各有黑石,冥同帝体上下黑子",并不是什么"纯诚所感",而是师贤对入华佛教图像形式的一个改革创造。这个举

---

[1] 〔北齐〕魏收:《魏书》·卷114·《释老志》,中华书局,1974年,第3030页。
[2] 同上。
[3] 同上书,第3032页。
[4] 同上书,第3036页。
[5] 同上书,第3031页。

动意味深刻，并具有很强的现实和功利作用，它表明佛教在北魏经历了入华以来的首次灭佛浩劫后，吸取了血的教训，更主动地向统治者直接提供服务，标志着与统治者的结合步入一个新的阶段。

兴光元年（454）秋，在为文成帝造像的基础上，再次"敕有司于五级大寺内，为太祖以下五帝，铸释迦立像五，各长一丈六尺，都用赤金二十五万斤"[1]。

罽宾沙门师贤在平城为太祖以下五帝铸释迦立像，说明四个问题：

第一，佛教再次得到北魏皇帝的支持和信任，而主持这次复兴的僧人，是来自今克什米尔地区的高僧。

第二，太祖以下五帝铸释迦立像，说明来自远方异国的僧人很快适应了北魏的政治环境，为避免太武灭佛悲剧的重演，尽量将佛教传播与皇帝统治的利益结合起来，以佛教为统治者服务，换取统治者对佛教的支持。

第三，将皇帝与释迦合二为一的办法，开了云冈石窟昙曜五窟佛教大像与皇帝大像结合之先河，对昙曜五窟的开凿有直接的影响，而且释迦塑像与皇帝塑像结合的过程，也是一个高水准的创造过程。正是这个充满了智慧的艺术创造，开通了佛教发展的坦途，也推动了平城的佛教图像艺术。

第四，将皇帝像与释迦像合二为一的办法，对佛教僧侣来说，是"太祖即是当今如来，拜天子乃是礼佛"的具体体现，表面上充分表达了僧侣对皇家的忠诚；实际上，对以皇家为核心的统治集团来讲，佛像采用先帝体貌特征，礼佛成为拜先帝，使得后来的皇帝对这些具有先帝形象特征的佛像不得不崇敬有加，不得不尽心维护，无形中增加了与佛教的密切关系，制约了对佛教的打击行为。这一层意思和效果，很可能才是师贤、昙曜等人策划将皇帝与释迦体貌特征合二为一的初衷和目标。

在此之后，又有一些西域佛教图像艺术传到平城。史载比较著名的为太安元年（455），"有师子国胡沙门邪奢遗多、浮陀难提等五人，奉佛像三到京都。皆云，备历西域诸国，见佛影迹及肉髻，外国诸王相承，咸遣工匠，摹写其容，莫能及难提所造者，去十余步，视之炳然，转近转微。又沙勒胡沙门，赴京师致佛钵并画像迹"[2]。

这两批人的到来，使平城的佛教艺术更为丰富。值得注意的是，师子国

---

[1] 〔北齐〕魏收：《魏书》·卷114·《释老志》，中华书局，1974年，第3036页。
[2] 同上。

沙门邪奢遗多、浮陀难提等五人带来的佛像艺术水平极高，其感染力超过以往任何佛像，如此高水平的佛像在中原初次出现，在西域诸国也极为罕见，"外国诸王相承，咸遣工匠，摹写其容，莫能及难提所造者，去十余步，视之炳然，转近转微"，轰动了平城。它出现在平城，必然会促进平城佛教图像艺术的发展，也一定影响了昙曜五窟的艺术创造。

三

云冈石窟，尤其是云冈石窟中的昙曜五窟，与继师贤之后出任沙门统的昙曜有直接的关系。他是一个道行极高的僧人，未出任沙门统之前，便有了"灭佛不屈""马识善人"的故事[1]。他出任沙门统后做的第一要事，便是"于京城西武州塞，凿山石壁，开窟五所，镌建佛像各一。高者七十尺，次六十尺，雕饰奇伟，冠于一世"[2]。这就是至今仍存的云冈石窟中的第16—20窟。其后，他又与天竺沙门常那邪舍等，译出新经十四部[3]。据多位中外学者研究，云冈昙曜五窟的主佛继承了罽宾沙门师贤在平城为太祖以下五帝铸释迦立像的传统，象征着北魏五个帝王[4]。与师贤为五帝铸一丈六尺的释迦立像相比，昙曜所为，"高者七十尺，次六十尺"，工程更浩大，气势更恢宏（图2）。

昙曜的国籍，史书缺载。辛长青先生认为，"昙曜应为罽宾人或云西域人（属我国古代少数民族居住地区）"[5]。昙曜是西域人的意见言之有理，但他是否为罽宾人，由于缺乏确切证据，暂时不便断言，还有待新资料的发现或者更深入的研究。

正如许多学者注意到的，他来自凉州。《高僧传·宋伪魏平城释玄高传》附《昙曜传》记载："河西国沮渠茂虔（牧犍）时，有沙门昙曜，亦以禅业见称，伪太傅张谭伏膺师礼"[6]。当时凉州有许多外国高僧，如第一高僧

---

[1] 《魏书》·卷114·《释老志》，"初昙曜以复佛法之明年，自中山被命赴京，值帝出，见于路，御马前衔曜衣，时以为马识善人。帝后奉以师礼。"第3037页。
[2] 同上。
[3] 同上。
[4] 〔日〕吉村怜：《论昙曜五窟——昙曜五窟营造顺序》。在该文中，吉村先生还追述了几位日本学者的观点。吉村怜著，卞立强、赵琼译：《天人诞生图研究——东亚佛教美术史论文集》，中国文联出版社，2002年，第294页；宿白：《平城实力的集聚和"云冈模式"的形成与发展》，《中国石窟·云冈布窟》（一），文物出版社，1991年，第176页。
[5] 辛长青：《昙曜初探》，《北朝史研究》1994年第2—3期合刊，第96页。
[6] 〔梁〕慧皎：《高僧传》，中华书局，1992年，第413页。

昙摩谶（或云昙无谶），据《高僧传》，他来自中天竺，而《魏书·释老志》说他来自罽宾。

昙曜五窟源于犍陀罗、秣菟罗、笈多、河西等多种艺术，涉及多个国家和地区，主持者如果没有在广泛开放的文化环境中的生活经历，很难主持创造出昙曜五窟这样的艺术品来。因为玉门关以东，在昙曜五窟之前，并没有大规模全石雕的石窟群，也没有阿富汗巴米扬的大像窟和大立佛，其石窟形制、造像题材、装饰图案和服装样式，是在对外来佛教石窟艺术改造的基础上，整合平城汉、鲜两族文化，构成独具风格的"云冈模式"[1]。这是一个空前巨大的工程，不是一个中国高僧仅凭积累了平城的外来艺术之后就可以

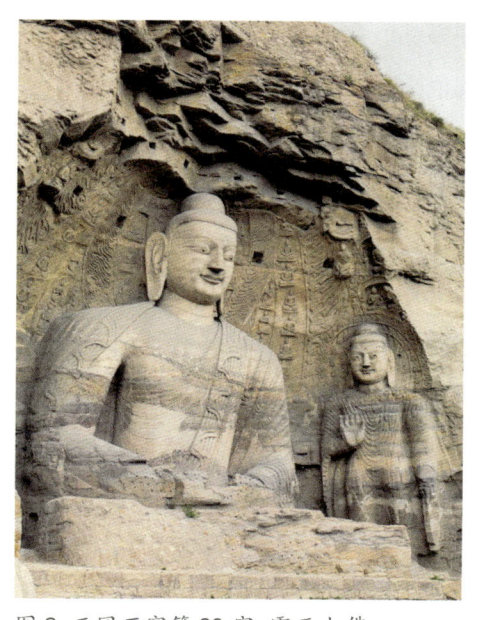

图2 云冈石窟第20窟 露天大佛

办到的，这个工程的设计者和主持者应该是一个既有广阔的西域艺术基础，又了解平城独特的佛教及其图像的演变过程的高僧。具备这些条件的高僧就当时条件来讲，应该就是昙曜，所以说他应该是一个来自遥远的西域某国的入华高僧。

昙曜与天竺沙门常那邪舍等译出新经十四部，也透露出他是一个来自遥远国度的入华高僧。我们知道，在他之前主持译经者，绝大多数是入华高僧，也有法显等中国高僧主持译经，然而法显游历过印度和西域诸国，是一个在国外生活多年、深谙天竺语言的中国高僧。昙曜显然没有法显的经历。再从翻译本身来讲，如不懂佛经的本来语言，怎么能主持译经，又如何译得出十四部之多？

毫无疑问，昙曜五窟是中外文化艺术的结晶，其中蕴藏着浓郁的西域文化内涵。但是，佛教在北魏至少有两方面的重要影响：首先，佛教在平城的

---

[1] 宿先生概括评价昙曜五窟的艺术风格、造像组合和服饰特点说："沿西方旧有佛像服饰的外观，摹拟当今天子之容颜风貌，正是一种新型的佛像融合。"宿白：《平城实力的集聚和"云冈模式"的形成与发展》，《中国石窟·云冈石窟》（一），文物出版社，1991年，第183页。阎文儒先生也认为："尽管云冈石窟晚于河西陇右各窟群，但是由于北魏统一北中国，由印度、西域来中国的沙门，直接到了平城，他们带来的粉本和雕造技法，也影响了当地的工匠们。从而一期前段的造像特征与风格，有些方面还是直接渊源于印度和犍陀罗。20窟大佛像的面型，与有须的样式，是相当接近于犍陀罗造像的。……可是衣纹方面，没有一种是犍陀罗的，而是在中国自己传统雕塑艺术的基础上，吸收融合成为自己民族形式的新创作。"阎文儒：《论云冈的造像题材与风格》，《北朝研究》1994年第2—3期，第13页。

发展，除了出现的云冈石窟外，京城内外还出现了许多佛教寺院，这些建筑与宫殿、衙署成为城市的大型建筑，从而改变了汉魏以来城市的传统布局，从此以后，佛教建筑成为历代城市建筑的主要部分和最佳景观；其次，佛教在平城发展到太和年间，佛寺成为陵园的一个组成部分，最著名的就是永固陵，冯太后在世时，就在永固陵修建起"思远浮屠"，使永固陵成为陵墓、寝殿和佛寺三者结合的陵园。这种格局对唐代有很大影响，比如说，唐太宗的昭陵就是模仿了这种三者合一的格局。因此说，这两方面的影响，丝毫不亚于云冈石窟的出现，甚至有过之而无不及。

四

平城浓郁的西域文化内涵，与平城的西域人及其浓厚的文化氛围是分不开的。这些西域人从事的职业各种各样，他们除为平城带来了西方诸国的宗教文化艺术，还带来许多西域制造的各种器物和高档商品。《魏书·西域传·大月氏国》曰："世祖时，其国人商贩京师，自云能铸石为五色琉璃，于是采矿山中，于京师铸之。既成，光泽乃美于西方来者。乃诏为行殿，容百余人，光色映彻。观者见之，莫不惊骇，以为神明所作。至此中国琉璃遂贱，人不复珍之。"这条史料很珍贵，不但记载了大月氏人在平城经商之事，还记载了他们把大月氏生产玻璃工艺与技术传到中原，中原从北魏起就有了自己的玻璃生产作坊，开始成批生产，致使此后"中国琉璃遂贱，人不复珍之"。

北魏平城遗址和墓葬中出土了许多这方面的珍贵实物资料。外来金银器和玻璃器是当时国际贸易中的高级商品，在中国受珍视的程度，就像丝绸在罗马受珍视的程度样。北魏平城墓葬中有很多来自西方的金银器物和玻璃器物，如大同电焊厂北魏墓群内曾出土过来自波斯的一件玻璃碗和一件鎏金刻花银碗[1]。大同小站村花疙瘩台北魏墓还出土过中亚的鎏金银盘和高脚杯等。鎏金银盘高4.1厘米，口径18厘米，圈足直径4.5厘米，高1.4厘米。盘中央用锤揲法锤出一幅狩猎图，画面中是一伊朗脸型的中年男子，深目高鼻，卷发长髯，头戴冠，耳、项饰璎珞，着紧身衣服，手执长柄武器，周围植物

---

[1] 山西省考古研究所、大同市考古研究所：《大同南郊北魏墓群发掘简报》，《文物》1992年第8期。

丛中有三头野猪[1]。这些器物，有西亚的，也有中亚的，都是经过丝绸之路由中亚商人携带来的。

近年来，平城本地生产的玻璃器物，在墓葬中也有出土，如2002年冬，大同迎宾大道北魏墓葬中出土了一个玻璃壶，形制与北魏墓葬中随葬的陶壶接近，可视为本地生产玻璃器的物证[2]（图3）。

图3 大同北魏墓出土 玻璃器

大量西域人生活并活跃在平城，促进了平城的文化交流。这种文化交流的另一个例证，就是推动了葡萄种植业向中原的发展以及葡萄酒酿造业的出现。早在汉代张骞通西域，葡萄种植业就被带回中原。但此时葡萄只在宫苑种植，为皇家观赏植物。一直到东汉，葡萄酒都是非常珍贵的礼品。《续汉书》卷5曰："扶风孟他以蒲萄酒一斛遗张让，即以为凉州刺史"[3]。

葡萄的大规模引进，应是由今新疆地区进入甘肃，即所谓北朝河西地区。北魏太武帝平定北凉，从凉州迁徙到京畿地区大批人口和各种人才，有凉州人，也有粟特人，其中当不乏精于种植葡萄者。葡萄的种植技术在此时很可能进入平城，至少是进入并州。从凉州内迁的粟特人与凉州人，就是葡萄栽培技术进入并州的传播者。史书也记载，北魏不但有葡萄酒，而且还把葡萄酒作为礼品赠送给南朝官员。如《宋书》·卷59·《张畅传》曰："既开门，畅屏却人仗，出对孝伯，并进饷物。虏使云：貂裘与太尉，骆驼、骡与安北，蒲陶酒杂饮，叔侄共尝。"

大同轴承厂北魏遗址出土过一批来自中亚或者西亚的鎏金铜器，时代属北魏迁都洛阳前。其中一件是鎏金高足铜酒杯，器身周围满饰着葡萄叶蔓、成串的葡萄与一些禽鸟。葡萄与葡萄叶蔓组成五个圆环，在每个圆环中，还分别有一个人物，像是跳舞庆祝葡萄丰收图，又像是欢快地采摘葡萄图（图4）。云

---

[1] 夏鼐：《北魏封和突墓出土萨珊银盘考》，《文物》1983年第8期；马玉基：《大同市小站村花疙瘩台北魏墓清理简报》，《文物》1983年第8期。
[2] 安家瑶、刘俊喜：《大同地区的北魏玻璃》，《公元4—6世纪北中国与欧亚大陆》，科学出版社，2005年。
[3] 周天游辑注：《八家后汉书辑注·续汉书·卷5·宦者传》576条："扶风孟他以蒲萄酒一斛遗张让，即以为凉州刺史。"上海古籍出版社，1986年，第490页。

图4 大同北魏平城遗址出土中亚高脚铜酒杯

图5 云冈石窟第八窟拱门东侧摩醯首罗天像

冈石窟中也有葡萄图案。云冈第8窟拱门东侧雕着一个静坐的摩醯首罗天像。他正面带微笑，垂自沉思，右臂自然弯曲在胸前，右手四指，提着一串颗粒饱满的葡萄（图5）。大同方山永固陵遗址，在一些残存的石构件上，也有葡萄蔓枝纹的图案。方山永固陵修建于北魏孝文帝太和年间，说明北魏在平城时代，葡萄及其图案已经比较普及。

波斯萨珊王朝、印度、中亚等地的联珠纹、忍冬纹、葡萄纹等纹饰也流传到北魏京畿地区。如北魏莲花纹瓦当、云冈诸石窟雕刻、墓葬壁画、日用陶制器物、金银珠宝器中，都有大量的莲花和忍冬纹、联珠纹，这些植物纹饰或一些有明显西方色彩的动物纹饰，成为北魏平城反复使用的装饰性图案，还加上了一些汉族传统色彩和鲜卑色彩，合并成新的图案。

以上的文献资料与实物资料大略表明，在北魏平城时代，外来文明已经成为平城社会文化的重要组成部分，它与鲜卑文化、汉族文化兼容并蓄，组合成北魏格外醒目的恢宏气象。

原文刊载于张庆捷著《民族汇聚与文明互动——北朝社会的考古学观察》，商务印书馆，2010年。

试述河西凉州石窟和云冈石窟的关系

秦大树

北京大学考古文博学院

河西凉州石窟,是指以今武威为中心,包括酒泉、张掖、玉门一带分布于祁连山脉的一系列石窟。其地处甘肃省北部的河西走廊,而云冈石窟位于山西省北部的大同,两地相隔逾千里,唯是风马牛而不相及也。如何谈起二者的关系呢?这首先要从历史上考其根源。

魏晋以来,长期的封建割据战争和稍后的民族征服战争,给佛教的传播提供了社会条件,玄学与佛理的渗透,也便于佛教的传扬,因此,在汉代,不过是道教附庸的佛教在这个时期大大发展起来。随着佛教进一步广泛传播,兴窟造寺之举,曾风行一时。此举在战乱纷繁的北方尤其盛行。十六国时期,许多王朝的统治者笃信佛教,并利用佛教统治人民。如后秦统治者姚兴,重用高僧鸠摩罗什,"于长安草堂集义学八百人,重译经本"(《魏书·释老志》,后面不注的皆引此书),可见其兴盛情况。公元4世纪末到5世纪前半段,北方的佛教以关中到河西一带发展最为迅速,许多重要的石窟,如敦煌莫高窟、天水麦积山石窟、永靖炳灵寺石窟,都是这时开创的。许多著名的高僧都在这里传经布道,求法译经。河西凉州地区是一个佛事的中心。376年前凉灭于前秦。4世纪末,前秦瓦解,当时分散在北方地区的匈奴余部乘势兴起,世居张掖南,久已汉化了的沮渠氏在沮渠蒙逊的率领下,于401年据张掖,412年占凉州,建立了北凉政权,不久又西取酒泉、敦煌、高昌,尽有黄河以西之地。沮渠蒙逊是十六国中最善于利用佛教来对人民进行思想统治的人物之一,他曾优礼接待过许多西方来的高僧,翻译了许多佛经,但当北魏太武帝拓跋焘遣使以威势向他索取西方高僧昙无谶时,他怕无谶为魏出谋,"遂使人杀谶"。《魏书·释老志》载:"凉州自张轨后,世信佛教。敦煌地接西域，道俗交得其旧式，村坞相属，多有塔寺。"我们从中足见当时河西至敦煌一线佛教兴旺的景象。沮渠蒙逊曾为其母于山寺造过丈六石像，又开凉州石窟。所以，北凉时期的佛经译场和佛教建筑的规模，都是北方之冠。

再看北魏，拓跋鲜卑自东北的大兴安岭地区逐渐南迁，并且由原始的狩猎部落进入阶级社会。进入中原后，他们在汉族的影响下迅速封建化。在这一过程中，其内部的阶级矛盾逐渐激烈。在汉族的影响下，统治阶级开始接受佛教。《魏书·释老志》载："魏先建国于玄朔，风俗淳一，无以为自守，与西域殊绝，莫能往来。故浮屠之教，未之得闻，或闻而未信也。及神元与魏晋通聘，文帝久在洛阳，昭成又在襄园，乃备究南夏佛法之事。"从太祖、太宗时，北魏统治者开始信奉佛教，礼待沙门，尊高僧法果为道人统。但太武帝即位后，他"既而锐志武功，每以平定祸乱为先。虽归宗佛法，敬重沙门，而未存览经教，深求缘报之意"。在道士寇谦之的影响下，他信奉道教。太平真君七年(446)，长安种麦寺内被发现有兵器，他以为僧人参与谋反，于是听信寇谦之和司徒崔浩之言，下令毁灭沙门，开历史上"三武一宗"灭佛之先。这时，僧侣四散，佛教除在凉州、辽西稍盛外，普遍呈衰颓状态。但是，到了太武帝晚期，阶级矛盾和民族矛盾日益尖锐，北魏的统治受到威胁，统治阶级对佛教更加依赖。所以，在废佛四年后，文成帝一继位，便马上颁布恢复佛教的诏书，特别强调佛教"助王政之禁律，益仁智之善性，排斥群邪，开演正觉"。他在位期间大兴佛事，"诏有司为石像，令如帝身"，又敕有司在京师"五级大寺内，为太祖以下五帝释迦之像五，各长一丈六尺"，和平初年"于京城西武周塞，开窟五所"。他特别强调继续太武废佛前，佛教徒宣扬皇帝"即是当今如来"这一点，足以昭示其目的。自文成帝以后，佛教流行愈演愈烈。终北魏一代，相续开凿了云冈、龙门两大石窟，为中国佛教史上的盛世。

由此可见，北方地区的佛教，是先以河西地区为中心发展起来的，西方来的高僧多在这里传经布道，而中国的僧人也多在这里从师受道，求法译经。此地五凉时期就塔庙遍布，并有石窟开凿了。及至北魏统一了北方，佛教的中心地区才转移到中原。其标志就是云冈、龙门两大石窟。这一过程中凉州对中原产生了较大的影响。在北魏初期，太武帝灭佛前凉州对中原地区就产生了影响。《魏书·释老志》载："太延中，凉州平，徙其国人于京邑，沙门佛事皆俱东，象教弥增矣"。《十六国春秋》中指出，这次迁徙的人众达十万户，当然也包括了营建石窟的匠作技工。可以说，这是凉州地区对平城地区的一次全面的影响。太武帝时又有一次废佛事件，河西以东的广大地区的佛教场尽遭破坏，复佛后，其可法的旧制就只能来自河西凉州了。

再有，北魏统治者接受佛教以后，不论灭佛前后，主持佛事的几位高僧都与凉州地区有着密切的联系。玄高法师，早年往关中师事佛陀跋陀罗，通禅法，后往西秦，隐居麦积山，从受禅法的学者达百余人。玄高也曾从禅师昙无毗受法，后入北凉，受沮渠蒙逊的敬事。北魏太武帝攻入北凉时，请玄高往平城，大弘禅法。复佛后第一位道人统师贤，"本罽宾国王种人，少入道，东游凉城，凉平赴京"。继师贤为沙人统，并主持开凿云冈石窟的法师昙曜，早年也曾在河西活动过多年。这些人在北魏佛教的发展中占有重要的地位，他们自然而然地会把河西地区的影响带到关东地区。

从历史上看，凉州地区的确对北魏平城一带的佛教发展有影响。现在再看两地现存石窟的关系。

河西地区现存石窟有几处，如武威的天梯山石窟、张掖马蹄寺、酒泉文殊、玉门昌马诸石窟。关于沮渠蒙逊开凉州石窟，《法苑珠林》卷14记载："凉州石崖塑像者：昔沮渠蒙逊以晋安帝隆安元年据有凉土三十余载，陇西五凉，斯最久盛，专崇福业，以国城寺塔终非久固，古来帝官终逢煨烬，若依立之，效尤斯及，又用金宝，终被盗毁。乃顾盼山宇，可以终天，于州南百里，连崖绵亘，东西不测，就而斫窟，安设尊仪，或面或塑，千变万化，有礼敬者，警眩心目……"由此记载情况看，凉州石窟与天梯山石窟位置、内容都比较接近。但是，因为此处位于地壳断裂地带，历史上多次发生大地震，所以，石窟保存得很不好。现存窟中仅第一、第四窟从窟形上看似为北朝时期的，其是中心柱窟，但内部的塑像和壁画都经后代改造，已看不出多少当年的痕迹了。还有一些同志认为，沮渠蒙逊所开凉州石窟也许不是一处，而是沿祁连山脉一线的一系列石窟，也即上述的马蹄寺、文殊山、昌马诸石窟。现姑且不论它是不是凉州石窟，单就其位置看，它当时是在北凉政府的控制之下的，可以代表凉州的情况。对这些石窟的调查表明，酒泉文殊山千佛洞、万佛洞和张掖金塔寺的东西两窟，大约是仅知的北凉石窟。这四座石窟都是平面方形或长方形，中立方形塔柱的支提窟。金塔寺东窟的塔柱保存较完整，下设高基坛，坛上略分三层，下层的高度约占全高的

1/2强，每面开圆形龛，内塑坐佛，外两侧各立菩萨和比丘，间有力士，上部影塑飞天；第二层除北面影塑千佛外，其余三面各开三浅龛，内塑坐佛，其中有苦行像，也有佛装的弥勒；上层各面影塑成列的坐佛，其间立菩萨，边际有飞天。文殊千佛洞壁画保存较好，四壁上部画千佛，下部画成列的立佛，塔顶四周画飞天一匝，作供养佛塔状。这些窟内的造像多经后代改建，从残存的孑遗看，窟内造像多为一佛一菩萨或一佛二菩萨。壁画内容，大多为千佛或简单的"佛说法图"。造像与壁画的特点，也反映了我国早期造像中质朴、挺健的作风。佛与菩萨基本的特征是：面相方圆，昂眉深目，眼角细长，唇薄嘴小，颈部圆润，肩宽臀壮，身材高大魁梧，挺拔健实。造像服饰，除早期造像中流行的通肩大衣和半袒肩袈裟外，还有一种右拔式袈裟。这种服饰，极受古代犍陀罗造像的影响，衣纹的刻法，除应用我国民族固有的阴刻外，另有不少作品大量地运用摩菟罗式的圆线条和犍陀罗式的凸凹雕法。

云冈石窟开凿于文成帝复佛后不久的和平年间，现存的主要的大窟都开凿于北魏时期。《魏书·释老志》记载当时的开窟情况，和平初，"昙曜白帝，于京城西武州塞，凿山石壁，开窟五所，镌建佛像各一，高者七十尺，次六十尺，雕饰奇伟，冠于一世"。云冈一期的石佛，即第16—20窟，就是昙曜五窟。这期石窟形制上的特点是：各窟大体上都模拟椭圆形平面，穹窿顶的草庐形式，造像主要是三世佛和千佛，主像形体高大，占了窟内面积的大部分。其中18、19、20三窟为一组，都是以佛装的三世佛为主像，在云冈石窟中开凿最早。这组石窟布局紧凑，佛像造型雄伟，服饰或右袒或通肩，衣纹流行仿毛质厚衣料而出现的凸起的式样。总之，从窟的整体安排到各种形象及其细部的雕琢技艺，水平都很高，这绝不是北魏复佛不久就能突然产生的，当是废佛以前旧情况的继续。16、17窟是另一组，两窟开凿的时间稍晚，17窟主像也是三世佛，但当中大像是菩萨装的交脚弥勒像，16窟主像是单一的释迦立像。

云冈的第二期石窟在形制上的特点是：平面多方形，多是前后室，但也有个别的类似第一期椭圆形平面的草庐形式。有的窟中部立塔柱，还有的在后壁开凿隧道式的礼拜道。方形窟的壁面雕刻都作上下重层、左右分段的布局，窟顶多雕出平棊。在造像方面，像第一期那样的大像稀少了，造型远不如过去的雄伟，但形象的题材多样化了。出现世俗的供养人行列，凸起的衣纹逐渐为简化的断面作阶梯式的衣纹所代替。汉魏以来，分层分段附有榜题的壁面布局、中国传统的建筑形式及其装饰日益增多。佛像的服装，在第二期晚期也换上了中原流行的褒衣博带式。

从两地石窟的情况看，早期相似之处很多。再结合敦煌莫高窟、天水麦积山石窟早期的情况，我们可以看到一些具有共性的东西。这两地早期的佛像题材均以三世佛和千佛为主，也有些佛装的或菩萨装的弥勒像。左右有一或两个侍立的胁侍菩萨。壁画、壁雕往往以千佛的形象为多。造像和壁画多表现得质朴、雄健，在形象上表现得面相方圆，昂眉深目，肩宽臂壮，身材高大魁梧，与莫高窟第275窟、炳灵寺第169窟、麦积山第78窟具有相同的风格。服装均为右袒或通肩大衣，衣纹除阴刻外，极流行凸起的式样，这些都表现了外来的佛教尚未被我国完全消化，保有强烈的异国情调的现象。在这几处石窟中，云冈的开凿年代最晚，大体上比河西等地晚了一个阶段。在复佛后开凿的最初阶段，云冈当是受到了河西凉州的巨大影响，许多地方甚至照搬过来。现知的河西北凉佛教遗迹，几乎都与佛塔有关，这和北凉流行小乘佛教密切关联。小乘宣传成佛需要累世修行、积累功德、循序渐进，强调寂坐禅行，而禅行需入塔观象，因此，佛塔在北凉十分流行。这种情况，在云冈石窟中也有表现。云冈石窟主要是禅窟，云冈二期的5、6、7、8、9、10，三组双窟前外壁左右两侧都雕镌出高塔。北凉石塔和石窟塔柱上层影造弥勒，这是随希求决疑，禅观弥勒和宣传弥勒即将出世而出现的。云冈石窟中的弥勒形象，也当来源于此。

值得注意的是，云冈早期的昙曜五窟，与河西凉州北凉石窟、莫高窟以及麦积山等地的几处早期石窟的窟形不同。而稍后的二期石窟中出现了中心柱窟。这种情况应与昙曜五窟的特殊情况有关。《魏书·释老志》载："兴光元年秋，敕有司于五级大寺内，为太祖以下五帝，铸释迦立像五，各长一丈六尺，都用赤金二十五万斤。"而昙曜开五窟，也定是出于与沮渠蒙逊相同之目的，为了使其"可以终天"。实际上是五级大寺内铸佛的一次重复。这是宣扬皇帝"即是当今如来"的具体表现。因此，在窟形的巨大、具有天象意味的穹窿顶和突出形象、不惜代价等方面，会有意突破凉州形制。这与皇陵与一般官僚之墓的区别同样显而易见。因此，云冈一期石窟与凉州石窟的差别，除了地方不同的影响外，等级的不同也是一个重要的因素。

北魏于460年复佛以后，文成帝、献文帝、孝文帝等几世笃信佛教，佛教的中心已由凉州一带转移到关东地区，并且开始把佛教国化。教义上出现了佛理与玄学的渗透。现有的佛教遗迹也反映出了汉化的产生。佛像服饰上出现了褒衣博带的样式，这是孝文帝改革后首先在云冈石窟中出现的。衣纹出现了简化的阶梯状形式，体态向当时崇尚的清瘦形发展，面相也逐渐成为汉人的形象。世俗的供养人行列出现。建筑和壁画中中国传统的建筑形式及装饰日益增多。这些现象首先出现于关东地区的石窟中。所以，在这后一阶段，云冈、龙门、巩县等石窟开始对河西凉州地区石窟以及敦煌莫高窟、天水麦积山等地石窟产生影响。这表明佛教在中国成熟起来，真正立稳了脚跟。

原文刊载于《北京大学研究生学刊》1987年第2期

徐州高僧入主云冈石窟

张焯

云冈研究院

学术界普遍认为，云冈石窟的前期造像雄浑、粗犷、健硕，集中西艺术风格于一体，而颇承凉州模式；到在太和十三年（489），褒衣博带、秀骨清像，登上了云冈第11窟外壁佛龛，并从此成为时尚[1]。这一变化，与北魏孝文帝、文明太后推行的汉化改革有关。褒衣博带式装束，是太和十年（486）官服改制的反映[2]；秀骨清像型佛雕，系南朝画风北渐之结果。然而，南朝画技进入云冈，与凉州高僧式微，徐州名僧北上，"唱谛鹿苑，作匠京缁"（下详），代京平城（今山西大同）佛学风气变化，有直接关系。同时，涉及首都僧团领导核心的变更，以及南北佛教思想的差异、撞击与调和。这个问题，由于历史记载太少，一直没有人明确提出并加以证实。

一、法秀谋反与凉州高僧式微

史载，北魏太延五年（439），太武帝破姑臧（凉州治，在今甘肃武威），灭北凉，徙沮渠氏国人三万余家于京师，其中包括参与守城被俘配役的三千僧人[3]。这批凉州民、僧的东迁，遂使"沙门佛事皆俱东"[4]，平城"象教弥增"，成为中国北方佛教中心。太平真君七年（446年），帝西伐盖吴，至关中，"诏诛长安沙门，焚破佛像，敕留台下四方，令一依长安行

---

[1] 见宿白先生《中国石窟寺研究》附录二《北朝造型艺术中人物形象的变化》。
[2] 关于云冈石窟的褒衣博带、秀骨清像，我们并不回避昙曜五窟中的第16窟大佛属于首例。这一云冈早期雕刻的孤例，与北魏往往将征服地区造型优美的佛像迁归代都的史实相符，说明了我国南北造像艺术始终处于相互影响、效仿和创新之中。昙曜于文成帝复法之初，取则中原像法，营造了一尊南方华夏风格的第16窟大佛，并不奇怪。只是当时尚属末流，没有趋向主流。主流趋势的形成，是在太和十年官服改制以后，特别是十八年迁都洛阳以后。
[3]《续高僧传》卷26《魏凉州沙门释僧朗》曰："释僧朗，凉州人。魏虏攻京，城民素少，乃逼斥道人，用充军旅，队队兼之。及辇冲所拟，举城同陷。收登城僧三千人至军，将见魏主所，谓曰：'道人当坐禅行道，乃复作贼，深当显戮，明日斩之。'至期，食时，赤气数丈贯日直度。天师寇谦之为帝所信，奏曰：'上天降异，正为道人。实非本心，原不须杀。'帝亦赤竖王亦同谏请，乃下敕止之，犹房掠散配役徒。唯朗等数僧别付帐下。及魏军东还，朗与同学中路共叛。阵防严设，更无走处，……"
[4] 见《魏书·释老志》。本文以下引文未注出处者，皆此志。

事"。于是北国"一境之内，无复沙门"（《高僧传》卷10）。文成帝兴安元年（452），下诏复佛。法灭七载，始得再兴。不久，以帝师昙曜建议，"于京城西武州塞，凿山石壁，开窟五所，镌建佛像各一"。云冈石窟皇家工程正式启动，凉州僧众成为主力。关于平城佛教与河西佛教的这种特殊的因承关系，北齐魏收《魏书·释老志》讲得很清楚："凉州自张轨后，世信佛教。敦煌地接西域，道俗交得其旧式，村坞相属，多有塔寺。太延中。凉州平，徙其国人于京邑，沙门佛事皆俱东，象教弥增矣"[1]。凉州地处中西交通孔道，其佛教直接传承西域、印度之法，北魏境拓黄、淮北部中国，不断将征服地区的官府世业人口掳归京师，巧匠精工汇聚平城。二者结合，借云冈石窟的造像艺术表现出来，也在情理之中。

昙曜，是转徙平城的凉州僧侣的代表，也是北魏佛业昌盛的奠基性人物。他的生平事迹，魏收时已不能详述，我们现在知道得更少。梁释慧皎《高僧传》卷11记："河西国沮渠（茂虔）[牧犍]时，有沙门昙曜，亦以禅业见称，伪太傅张潭伏膺师礼。"《十六国春秋辑补·北凉录》引《御览》曰："张潭，字元庆，武威姑臧人也。为和宁令，政以德化为本，不务威刑。民有过者，读《孝经》及《忠臣孝子传》训导之。百姓爱之如父母，号曰慈君。"可见，昙曜原本是凉州的禅僧，入北魏前已小有名气。《魏书·释老志》讲："先是，沙门昙曜有操尚，又为恭宗所知礼。佛法之灭，沙门多以余能自效，还俗求见。曜誓欲守死，恭宗亲加劝喻，至于再三，不得已，乃止。密持法服器物，不暂离身，闻者叹重之。"恭宗，乃太武嗣子，文成之父。盖文成帝作皇孙时，即识得昙曜，所以初复佛法，便诏曜回京。"初，昙曜以复佛法之明年，自中山被命赴京，值帝出，见于路，御马前衔曜衣，时以为马识善人。帝后奉以师礼。昙曜白帝，于京城西武州塞，凿山石壁，开窟五所，镌建佛像各一。高者七十尺，次六十尺，雕饰奇伟，冠于一世。"这五所石窟，就是今天云冈第16—20窟，俗称"昙曜五窟"。和平元年（460），昙曜被任命为沙门统。在主持云冈工程中，曜统奏请皇帝批准，划拨俘房为僧祇户，纳僧祇粟，保证了僧粮供应；免罪犯及官奴为佛图户（寺户），服务于寺院经济和生活。从和平三年（462）开始，"昙曜又与天竺沙门常那邪舍等，译出新经十四部"。翻译佛经，是魏晋南北朝佛教最

---

[1] 本文径称纪、传、志者，皆引有《魏书》。

重要的事业之一，主译者往往既通梵文，又精汉语，必然是学贯中西、精通义理的大师。

昙曜历任文成、献文、孝文三世，卒年不详。唐明佺《大周刊定众经目录》卷1记："《大吉义咒经》一部四卷（四十四纸或二卷）。右，后魏太和十年昙曜译。出《达摩郁多罗录》。"由此说明，昙曜死于太和十年（486）之后。唐道宣《广弘明集》卷24录有元魏孝文帝"褒扬僧德"的七道诏令，共二《帝立僧尼制诏》，下达于太和十七年（493）颁《僧制》之前，诏中有"沙门统僧显"之语。其一《帝以僧显为沙门都统诏》云："近得录公等表，知欲早定沙门都统。比考德选贤，寤寐勤心，继佛之任，莫知谁寄。……令以思远寺主、法师僧显，仁雅钦韶，澄风澡镜，深敏潜明，道心清亮，国堪兹任，式和妙众，近已口白，可敕令为沙门都统。又，副仪贰事，缁素攸同，顷因曜统独济，遂废效任。今欲毗德赞善，固须其人。皇舅寺法师僧义，行恭神畅，温聪谨正，业茂道优。用膺副翼，可都维那，以光贤徒。"思远寺，即方山（在今大同城北25公里）思远浮屠，实为文明太后冯氏陵墓守灵之寺。太和三年（479）建寺，十四年（490）九月太后崩。孝文帝先后多次驾临方山，僧显为帝知赏，擢任沙门统，当在此间。分析诏书，显统就任约在太和十三年至十五年，时曜统已过世良久。这里可做大胆推测，他的死期当在太和十一年或十二年。至此，昙曜自凉州入北魏，已届半个世纪献身云冈事业，领导北朝佛教亦近30年之久。这段时间，前六年是文成帝，中六年是献文帝，后为孝文帝，而绝大部分时期是冯太后摄政。不难想象，曜统与太后之间，必然保持有一种相敬、相信的关系。

文明太后冯氏，祖籍长乐信部（今河北冀州市）。祖父冯文通据辽西，为北燕王。北燕国都龙城（或称和龙、黄龙，即今辽宁朝阳），佛法颇盛。父朗，太武帝时人魏，曾为秦、雍二州刺史，冯氏生于长安，幼年在斯。长安自前秦苻坚、后秦姚兴时代，释道安、鸠摩罗什两度掀起译经高潮，成为中国大乘佛学的发祥地，高僧辈出，佛教思想深入人心。冯朗后来坐事被诛，冯氏没入掖庭，长大后为文成帝皇后。她聪达多智，能决断，献文帝青年逊位、驾崩，孝文帝前20年政治，实由冯太后主之。太和年间，"太后立文宣王庙于长安，又立思燕佛图于龙城"，意为先辈祈福。兄熙，"信佛法，自出家财，在诸州镇建佛图精舍，合七十二处，写十六部一切经。延致名德沙门，日与讲论，精勤不倦，所费亦不赀。而在诸州营塔寺，多在高山秀阜，伤杀人牛。有沙门劝止之，熙曰：成就后，人唯见佛图，焉知杀人牛也？"冯氏家族佞佛，对北魏佛法的兴盛，起了推动作用。然而，在太和五年（481）平城发生法秀和尚未遂政变之后，太后似乎对首都的僧人产生了信任危机。

《高祖纪》曰："五年春正月己卯，车驾南巡。丁亥，至中山，亲见高年，问民疾苦。二月辛卯朔，大赦天下。……车驾幸信都，存问如中山。癸卯，还中山。己酉，讲武于唐水之阳，庚戌，车驾还都。沙门法秀谋反，伏诛。……三月辛酉朔，车驾幸肆州。……车驾还宫。诏曰：法秀妖诈乱常，妄说符瑞。兰台御史张求等一百余人，招结奴隶，谋为大逆，有司科以族诛，诚合刑宪。（且）[但]矜愚重命，犹所弗忍。其五族者，降止同祖；三族，止一门；门诛，止身。"中山，即今河北定州；信都，是南巡的终点。这样看来，这次出行的目的主要是太后归省故里。关于法秀谋反，《魏书》记载粗略，却不可小视。37年后的孝明帝神龟元年（518），由于京城洛阳寺院发展呈泛滥之势，尚书令、任城王元澄上书极谏，奏章中谈道："往在北代，有法秀之谋；……初假神教，以惑众心，终设奸诳，用逞私悖。太和之制，因法秀而杜远。"可见，这是一场被最高统治者视若殷鉴，对太和年间平城佛教发展颇具影响的政治事件。

法秀谋反的参与者，主要是来自凉州、青齐的失意士人。《阉官传》曰："平季，字稚穆，燕国蓟人。祖济，武威太守。父雅，州秀才，与沙门法秀谋反，伏诛。季坐腐刑，入事宫掖。"《崔玄伯传附道因兄子僧祐传》：献文帝皇兴三年（469）归降，"在客数载，赐爵层城侯。与房法寿、毕萨诸人皆不穆。法寿等讼其归国无诚，拘之岁余，因赦乃释。后坐与沙门法秀谋反，伏法"。平雅是凉州人，崔僧祐是平齐民。另外，告发者王亮、说情者王睿，俱来自凉州。"王睿，字洛诚，自云太原晋阳人也。六世祖横，张轨参军。晋乱，子孙因居于武威姑臧。父桥，字法生，解天文卜筮。凉州平，入京，家贫，以术自给。……少传父业，而姿貌伟丽。……承明元年，文明太后临朝，睿因缘见幸，……于是内参机密，外豫政事，爱宠日隆，朝士慑惮焉。……及沙门法秀谋逆，事发，多所牵引。睿曰：'与其杀不辜，宁赦有罪。宜枭斩首恶，余从疑赦，不亦善乎？'高祖从之，得免者千余人。"（《王睿传》，下同）。睿弟亮，"字平诚。承明初，擢为中散。告沙门法秀反，迁冠军将军"。就上述与法秀谋反有牵涉的四人分析，这是一场以凉州民为主体的未遂政变。

《资治通鉴》卷135记:"沙门法秀以妖术惑众,谋作乱于平城;苟颓帅禁兵收掩,悉擒之。魏主还平城,有司囚法秀,加以笼头,铁锁无故自解。魏人穿其颈骨,祝之曰:'若果有神,当穿肉不入。'遂穿以徇,三日乃死。议者或欲尽杀道人,冯太后不可,乃止。"文中"欲尽杀道人"之事,见于唐道宣《续高僧传》卷25:"僧明道人,为北台石窟寺主,魏氏之主天下也,每疑沙门为贼,收数百僧,互系缚之,僧明为魁首。以绳急缠,从头至足,克期斩决。明大怖,一心念观音。至半夜,觉缠小宽,私心欣幸,精祷弥切。及晓,索然都断。既因得脱,逃逸奔山。明旦,狱监来觅不见,唯有断绳在地,知为神力所加也。即以奏闻,帝信道人不反,遂一时释放。"按:北台石窟寺,即北魏武州山石窟寺,今云冈石窟,僧明为首的数百僧人,当为建设、管理石窟的凉州和尚。凉州僧众作为战俘服役,其身份实际就是官府奴隶[1]。这批人,正是孝文诏令中指责法秀"招结奴隶,谋为大逆"的叛党群体,也正是王睿所谓"余从疑赦"的幸免者。由此,一方面可以帮助我们了解法秀其人;另一方面有助于我们理解云冈:那戛别异状,穷诸巧丽的窟制,颜慈神威、庄严肃穆的大佛,千姿百态、神情秀朗的法相,面别风趣、活泼欢喜的菩萨诸天,率真写实、虔诚迷信的供养檀越,等等,这些骇动人神、摄魂夺魄的石雕,居然出于身陷囹圄的僧侣、工匠之手,竟是由生活极度痛苦、愁闷、艰辛的生灵,为抒发和寄托心底的希望,一锤一錾琢磨出的生命绝唱。

太和五年二月,帝、后自信都返回中山,在城东诏立五级塔寺。"二圣乃亲发至愿,缘此兴造之功,愿国祚延长,永享无穷;妙法熙隆,灾患不起;时和年丰,百姓安逸;出因入果,常与佛会"[2]。随后,登越太行山。"车驾还次肆州,司空苟颓表沙门法秀诱惑百姓,潜谋不轨,诏烈与吏部尚书阙丞祖驰驿讨之"(《于栗䃅传附孙烈传》)。肆州,治今山西忻州;御驾走的是经河北曲阳、阜平,到五台山、忻州,北过雁门关,回大同之路。按照唐《续高僧传》《法苑珠林》等书追述,五台山即《华严经》所载文殊菩萨常住之清凉山,佛寺建设始于孝文帝。此番帝、后驾幸肆州,途经五

---

[1] 《隋书》·卷25·《刑法志》曰:"魏虏西凉之人,没入名为隶户。魏武入关,隶户皆在东魏,后齐因之,仍供厮役。"
[2] 《河北定县出土北魏石函》,《考古》1966年第5期。

台,大约也有过佛事之举。当年的冯太后,就是这样怀着虔诚的礼佛之心,踏上归程;忽然传来凉州僧人在京谋反的消息,不啻一声霹雳,粉碎了她"妙法熙隆,灾患不起"的幻想。回京后,对法秀逆党,她虽理智地处理,但从此种下警惕的情结。关于这一点,从是年七月,"班乞养杂户及户籍之制五条"(《高祖纪》),即重点加强对僧人、工匠,僧祇户、佛图户等"乞养杂户"的户籍管理,可见端倪。太和六年后,皇帝连续三年临幸云冈;九年,禁断图谶、秘纬;十年,沙汰僧尼;十三年,禁断京城四月八日行佛之俗;十七年,诏立《僧制》。种种迹象显示,任城王所谓"太和之制,因法秀而杜远"的总结,真实地透露出太后与皇帝当时的心声。大约正是这种对首都僧侣的戒备心理,使得外籍僧人特别是徐州高僧,在法秀之乱后不久,受到了朝廷的欢迎。

二、徐州僧匠北上平城与入主云冈

徐州,古今同地,又名彭城,居黄淮间南北交通要冲。东晋末年,刘裕北征长安、姚秦溃败,关中学僧东下徐海,鸠摩罗什弟于道融、僧嵩等宣教彭城,徐州义理佛学遂盛。献文帝天安元年(466),军锋南指,刘宋徐州刺史薛安都举城归附。彭城入魏,北国代都、徐方两大佛教重地,遂遥峙南北。

到太和四年,即齐嵩帝萧道成建元二年,"淮北四州民不乐属魏,常思归江南,上多遣间谍诱之。于是徐州民桓标之、兖州民徐猛子等所在蜂起为寇盗,聚众保五固,推司马朗之为主,魏遣淮阳王尉元、平南将军薛虎子等讨之。……桓标之等有众数万,寨险求援。……赴救迟留,标之等皆为魏所灭,余众得南归者尚数千家;魏人亦掠三万余口归平城。"(《通鉴》卷135)。这次徐兖起义,当年十月爆发,次年二月被镇压,失败者徙于平城为奴隶。《魏书·高祖纪》载,太和五年二月,"假梁郡王嘉大破道成将,俘获三万余口送京师"[1]。……夏四月……壬子,以南俘万余口班赐群臣"。此事,《高僧传》卷13中有如下记载:

> 彭城宋王寺有丈八金像,乃宋车骑、徐州刺史王仲德所造,光相之工,江(左)[右]称最。州境或应有灾祟,及僧尼横延衅戾,像则流

---

[1] 《魏书》·卷98·《萧道成传》曰:"梁郡王嘉大破道成将,俘获二万余口送京师。"

汗。汗之多少，则祸患之浓淡也。宋泰始初，彭城北属，群虏共欲迁像。引至万夫，竟不能致。齐初，兖州数郡欲起义南附，亦驱逼众僧，助守营堑。时虏帅兰陵公攻陷此营，获诸沙门。于是尽执二州道人，幽系（围）[圄]里。遣表伪台，诬以助乱。像时流汗，举殿皆湿。时伪梁王谅镇在彭城，亦多（小）[少]信向，亲往像所，使人拭之，随出，终莫能止。王乃烧香礼拜，至心誓曰："众僧无罪，弟子自当营护，不使罹祸。若幽诚有感，愿拭汗即止。"于是自手拭之，随拭即燥。王具表其事，诸僧皆见原免。

文中"伪梁王谅"，与《魏书》"假梁郡王嘉"系同一人，即太武帝之孙、徐州刺史元嘉[1]。按徐、兖二州被俘之僧、"助乱"性质与太武时凉州僧众完全相同，虽经元嘉奏请赦免死罪，仍应在北徙之列。由于适值凉州僧人因法秀谋反而被疑、疏远，南方僧业及徐州高僧的声名，必定由他们的传说而闻于代京。很快，便引起了朝野的关注。而进入太和时代，受佞佛的太后影响，少年勤学的孝文帝元宏"尤精信，粗涉义理"（《南齐书·魏虏传》），对徐州学僧表现出极大的钦慕。《高僧传》·卷8·《齐伪魏释昙度》曰：

> 释昙度，本姓蔡，江陵人。少而敬慎威仪，素以戒范致称。神情敏悟，鉴彻过人。后游学京师，备贯众典，《涅槃》《法华》《维摩》《大品》，并探索微隐，思发言外。因以脚疾西游，乃造徐州，从僧渊法师更受《成实论》，遂精通此部，独步当时。魏主元宏闻风餐挹，遣使征请。既达平城，大开讲席，宏致敬下筵，亲管理味。于是停止魏都，法化相续，学徒自运而至，千有余人。以伪大和十二年卒于魏国，即齐永明（六）[七]年也。撰《成实论大义疏》八卷，盛传北上。

昙度，诸书亦称法度、惠度、慧度。刘宋之世，游学京师建康（今南京），住持天保寺。昙度西游徐州事，见《高僧传》同卷："释道盛，……始住湘州，宋明承风，敕令下京，止彭城寺。……后憩天保寺，齐高帝敕代昙度为僧主。丹阳尹沈文季素奉黄老，……欲沙简僧尼，由盛纲领有功，事得宁寝。"沈文季任丹阳尹，在刘宋升明二年，即北魏太和二年（478）。

---

[1] 《魏书》·卷18·《广阳王建传附子嘉传》曰："高祖初，拜徐州刺史，甚有威惠。"

可见，昙度转锡徐州，真实原因并非足疾，而是不得意于即将改朝换代的齐高帝萧道成。昙度应邀北上平城，与其师兄弟道登携行。《续高僧传》·卷6·《魏恒州报德寺释道登传》云：

> 释道登，姓芮，东莞人。聪警异伦，殊有信力。闻徐州有僧药者雅明经论，挟策从之，研综《涅槃》《法华》《胜鬘》。后从僧渊，学究《成论》。年造知命，誉动魏都，北土宗之。累信征请，登问同学法度曰："此请可乎？"度曰："此国道学如林，师匠百数。何世无行藏，何时无通塞？十方含灵，皆应度脱，何容尽期。南国相劝行矣，如慧远拂衣庐阜，昙谛绝迹昆山，彭城刘遗民辞事就闲，斯并自是一方。何必尽命，虚想岩穴，远迫巢、许？纵复如此，终不离小乘之机。岂欲使人在我先，道不益世者哉！随方适化，为物津梁，不亦快乎？"登即受请，度亦随行：及到（洛阳）[平城]，君臣僧尼莫不宾礼。魏主邀登昆季，策授荣爵。以其本姓不华，改芮为耐，讲说之盛，四时不辍。末趣恒岳，以息浮竞，学侣追随，相仍山舍，不免谈授，遂终于报德寺焉。春秋八十有五，即魏景明年也。

文中记述道登卒年，与《释老志》不同，其寿数及可推知的入魏都年代、名称，均有错误，姑且不论。"此国道学如林，师匠百数"，系指以昙曜等凉州僧为主的平城僧匠。关于僧渊法师，见《高僧传》卷8："释僧渊，本姓赵，颖川人。魏司空俨之后也。少好读书。进戒之后，专攻佛义。初游徐邦，止白塔寺，从僧嵩受《成实论》《毗昙》，学未三年，功逾十载，慧解之声，驰于遐迩。渊风姿宏伟，腰带十围，神气清远，含吐洒落。隐士刘因之，舍所住山，给为精舍。昙度、慧记、道登并从渊受业。慧记兼通数论，道登善《涅槃》《法华》，并为魏主元宏所重，驰名魏国。渊以伪太和五年卒，春秋六十有八，即齐建元三年也。"昙度、慧记、道登兄弟北上代京，应在其师僧渊太和五年辞世之后。昙度"既达平城，大开讲席，宏致敬下筵，亲管理味。于是停止魏都，法化相续，学徒自远而至，千有余人"。道登"及到（洛阳）[平城]，君臣僧尼莫不宾礼。魏主邀登昆季，策授荣爵。……讲说之盛，四时不辍"。以上表明徐州高僧，受到了孝文帝前所未有的尊礼，开坛讲授，远近学徒慕名而至，外来僧侣的势力在平城迅速膨胀。代都讲经义学，蔚然成风[1]。

关于昙度之死，事有蹊跷。《刘芳传》云：

> 刘芳，宁伯文，彭城人也，汉楚元王之后也。……慕容白曜南讨青齐。梁邹降，芳北徙为平齐民，时年十六。……芳虽处穷窘之中，而业尚贞固，聪敏过人，笃志坟典。……芳常为诸僧备写经论，笔迹称善，卷直以一缣，岁中能入百余匹，如此（数十）[十数]年，赖以顾振。由是与德学大僧多有还往。时有南方沙门惠度，以事被责，未几暴亡。芳因缘关知，文明太后召入禁中，鞭之一百。时中官李丰主其始末，知芳笃学有志行，言之于太后，太后微愧于心。会萧赜使刘缵至，芳之族兄也，擢芳兼主客郎，与缵相接。

按：刘芳由梁邹（今山东邹平北）入国，在献文帝皇兴二年（468）。刘缵出使北魏，《魏书》《南齐书》记有两次：初使到达平城，在齐武帝萧赜永明元年（北魏太和七年）十月；二使到平城，在太和九平（485）五月。《南齐书·魏虏传》曰："刘缵再使虏，太后冯氏悦而亲之。"刘芳被擢任主客郎，当在此时。至是，芳客居平城已18年。其间，"芳常为诸僧备写经论，……由是与德学大僧，多有还往"。先则受雇为旧僧誊写经书，后遂结识新僧，自然穿梭于凉州、徐州僧间。昙度"以事被责"，无非是与平城旧僧不和，由学术之异，扩大到政治之争。刘芳"因缘关知"，由其彭城旧族，与徐州僧匠故土乡亲，同气相近，难免投缘，过从甚密，无意间竟卷入僧团斗争旋涡。昙度被责，英年暴亡；刘芳被鞭，太后微愧，一则反映了当时新旧僧团间斗争的激烈，二则表露出昙度之死情有所冤，语有所难。太和十九年四月，"帝幸徐州白塔寺。顾谓诸王及侍官曰：此寺近有名僧嵩法师，受《成实论》于罗什，在此流通。后授渊法师，渊法师授登、纪二法师。朕每玩《成实论》，可以释人染情，故至此寺焉"。孝文讳言昙度，别有隐情。

---

[1] 关于北朝佛学风气的演变，汤用彤先生《汉魏两晋南北朝佛教史》第20章《北朝之佛教》有以下论述："北方佛教义学，以罗什在长安时为最盛。其后叠经变乱，学僧星散。凉州沙门，徙于平城。北朝之初，佛教与道安、罗什时代，大异其趣。禅师玄高、昙曜，实执僧界之牛耳。由是盛行净土、念佛，又偏重戒律，并杂以方术、阴阳之神教。凡汉代佛教之残余，似多流行于北。至若义学，在北朝初叶，盖蔑如也。北朝义学之兴，约在孝文帝之世，其先多来自彭城。其后，洛中乃颇讲佛义。而终则在东魏北齐，邺城称为学海焉。"上述论断已经明确了北魏太和年间孝文帝平城讲学之兴，缘由徐州高僧的北上。惜锡予先生对此中关节，未加详书。

关于代都新旧僧匠这段派系斗争的详情，现在已无从知晓。但其中隐情，不难理解，恐怕是冯太后碍于昙曜等凉州高僧的不满，对昙度有些过分责难，致使其以死表白。当然，这只是推测。不过，有一点很明确，即昙度之死，为徐州僧匠在平城站稳脚跟，并在日后信倍受皇帝的信用，奠定了基础。《释老志》云：

> 时沙门道登，雅有义业，为高祖眷赏，恒侍讲论。曾于禁内与帝夜谈，同见一鬼，二十年卒，高祖甚悼惜之，诏施帛一千匹，又设一切僧斋，并命京城七日行道。又诏："朕师登法师奄至徂背，痛怛摧恸，不能已已，比药治慎丧，未容即赴，便准师义，哭诸门外。"缁素荣之。

道登与孝文帝见鬼之事，见《灵征志》："太和十六年十一月乙亥，高祖与沙门道登幸侍中省。日入六鼓，见一鬼衣黄襦袴，当户欲入。帝以为人，叱之而退。问诸左右，咸言不见。唯帝与道登见之。"此时的道登，常侍孝文帝左右，或已拜为国师。《酷吏传》记迁都前后，齐州刺史高遵"以道登荷宠于高祖，多奉以货，深托仗之"。太和十九年（495），孝文帝南伐，《南齐持·宗室传》曰："虏主元宏寇寿春，……遣道登道人进城内，施众僧绢五百匹。"太和二十年，道登死于平城报德佛寺，孝文帝在洛阳宫门外为之举哀。当此时，北都平城已经成为徐州僧的大本营，正是由于道登"为高祖眷赏，恒侍讲论"，遂使孝文帝成年后"善谈黄老，尤精释义"（《高祖纪》），对《成实论》情有独钟，对其译者鸠摩罗什大师推崇备至。太和二十一年五月，"诏曰：罗什法师可谓神出五才，志入四行者也。今常住寺，犹有遗地。钦悦修踪，情深邈远，可于旧堂所，为建三级浮屠。又见逼昏虐，为道殄躯，既暂同俗礼，应有子胤，可推访以闻，当加叙接"。这无疑是徐州僧学对他产生的影响。

综上可见，昙曜之死、昙度暴亡，是关乎平城佛教新旧之变的大事。《高僧传》记昙度卒于太和十三年（489），而《刘芳传》言太和九年前以事被责，"未几暴亡"，似在太和十三年以前，但无论如何，太和十三年是个关键的年份。至少在这一年，徐州僧的力量达到了与凉州僧抗衡的均势。这大约也是昙曜死后沙门统一职迟迟定夺不下的原因。

现在，我们回头再看《帝以僧显为沙门都统诏》。僧显住持方山思远寺，应属久居平城的凉州僧徒。孝文帝谓之"仁雅钦韶，……深敏潜明，……固堪兹任，式和妙众"语，说明他为人宽容、通达，可以团结众僧，稳固失势的旧僧之心。都维那僧义住持皇舅寺，即冯熙所建浮屠，而熙久在定州、洛阳外任，亦曾统兵征战淮北，当与南僧有接；孝文帝谓僧义"行恭神畅，温聪谨正，业茂道优"，似为赞叹南方义解僧之词。重新僧，慰旧僧，两厢并用，孝文可谓良苦用心！然而，都维那掌管京邑佛事，僧义之任，云冈石窟便正式转归南僧。

徐州高僧入主云冈的确证，见《广弘明集》·卷24·《元魏孝文帝为慧纪法师亡施帛设斋诏第七》："徐州法师慧纪，凝量贞远，道识淳虚，英素之操，超然世外；综涉之功，斯焉罕伦。光法彭方，声懋华裔，研论宋壤，宗德远迹。爰于往辰，唱谛鹿苑，作匠京缁，延赏贤丛。俟矣，死魔忽歼良器，闻之悲哽，伤恸于怀。可敕徐州施帛三百匹，并设五百人斋，以崇追益。"慧纪，《高僧传》作"慧记"，《释老志》作"惠纪"。此诏，发布于太和十八年迁都洛阳以后，慧纪大致在返回彭城后不久圆寂。"光法彭方，声懋华裔，研论宋壤"，讲的是他刘宋时游学徐州；"爰于往辰，唱谛鹿苑，作匠京缁"，说的是他随昙度、道登前往平城，作了京城和尚的师傅，在鹿苑中讲经说法。鹿苑，拙文《高允〈鹿苑赋〉与云冈石窟》（载2003年10月31日《中国文物报》）已有考证，指的就是云冈石窟所在的平城西北皇家佛地。慧纪"唱谛鹿苑"，明确无误地宣布了徐州高僧在云冈的领导地位，太和十三年以后云冈石窟造像的变化根源于斯。

除昙度、道登、慧纪三人外，见诸史籍，到达平城的徐州高僧还有僧逞、龙达等。太和十九年四月，孝文帝南伐回师，游徐州彭城，又幸兖州鲁县（今山东曲阜），其间诏曰："门下：徐州道人统僧逞，风识淹通，器尚伦雅，道业明博，理味渊澄。清声茂誉，早彰于徐沛；英怀玄致，夙流于谯宋。比唱法北京，德芬道俗，应供皇筵，美敷宸宇。仁睿之良，朕所嘉重。依因既终，致兹异世。近忽知闻，悲怛于怀。今路次兖濮，青泗岂遥。怆然念德，又增厥心。可下徐州，施帛三百匹，以供追福，又可为设斋五千人。"（《广弘明集》·卷24·《元魏孝文帝赠徐州僧统并设斋诏第五》）。大约迁都洛阳后，僧逞便返回了彭城。又，《续高僧传》·卷16·《齐林虑山洪谷寺释僧达传》曰："释僧达，俗姓李，上谷人。十五出家，游学北代，听习为业。及受具后，宗轨《毗尼》，进止沈审，非先祖习。年登二夏，为魏孝文所重，邀延庙寺，阐弘《四分》，而形器异伦，见者惊奉。虎头长耳，双齿过寸，机论适变，时共高美。与徐州龙达各题称谓。寻复振锡洛都，因遇勒那三藏，奉其新诲。……终于洪谷山寺，春秋八十有二，即齐天保七年六月七日也。"按僧达卒于556年，出家游学平城，值太和十三年（489），后来精通律藏，与徐州龙达齐名。

三、南北高僧佛教思想的差异

南北朝是中国佛教的鼎盛时期，魏晋十六国以来引进流行的经典、学说，正处于消化、整合、创新之中，各种思潮异彩纷呈，各个流派宗脉繁杂。对此时的异宗僧学予以甄别，良非易言。特别是北魏僧学，记载缺略，历来难晓。这里，关于北魏平城时代凉州与徐州高僧的佛学思想及其差异，只是我个人的推测，或涉谬妄。《高僧传》·卷8·《齐京师太昌寺释僧宗》曰：

> 善《大涅槃》及《胜鬘》《维摩》等，每至讲说，听者将近千余。妙辩不穷，应变无尽。……魏主元宏遥挹风德，屡致书并请开讲，齐太祖不许外出。……先是，北土法师昙准，闻宗特善《涅槃》，乃南游观听。既南北情异，思不相参。准乃别更讲说，多为北士所师。准后居湘宫寺，与同寺法身、法真并为当时匠者。

观昙准南下建康的遭遇，实与北上平城的徐州高僧相似，原因可能不仅仅是两地尊习的佛典不同，恐怕更在于"南北情异，思不和参"。南北僧人即便对同一佛经，彼此的理解也有着本质的差别。再者，佛教宗派、学说之争，由来已久。教分有无、顿渐、偏圆等等，不一而足。汤用彤先生《北朝之佛教》讲："判教之说，约在北凉昙无谶法师之时也。……南北朝判教异说极多。……南学简要，判教之说，既不盛行，……北有七家，可见判教之盛行。此抑或因北学深芜，穷其枝叶也。"由此看来，北方僧侣的门户之见较南僧更甚。

凉州僧学，以昙无谶为代表，译经有《大般涅槃经》《方等大集经》《方等大云经》《方等王虚空藏经》《悲华经》《金光明经》《海龙王经》《菩萨地持经》《菩萨戒本》等10余部。据汤用彤先生《汉魏两晋南北朝佛教史》讲："谶所译经均属大乘。而《涅槃经》阐佛性学，开中国佛理之一派，至为重要。"昙曜等凉州僧匠师承的应该属于昙无谶之学，当然所长在于禅学。徐州僧嵩一脉师徒，属于义学讲经之僧。《高僧传》卷8末论云："昙度、僧渊，独擅江西之宝；……虽复人世迭隆，而皆道术悬会。"江西，相对于"江东"而言，亦即"江右"，相对"江左"而言。清梁绍壬《两般秋雨随盦笔》卷7云："考六朝以前，其称江西者，并在秦都（今六合）、历阳（今和州）、庐江（今庐州）之境。盖大江自历阳斜北下京口，故有东西之名。……昔之所谓江西，今之所谓江北也。"可见，僧渊、昙度演法彭城，是当时江北最负盛名的佛学大师。《高僧传·齐京师中兴寺释僧印》曰："初游彭城。从昙度受'三论'。度既擅步一时，四远依集，印禀味钻研。穷其幽奥。""三论"，即鸠摩罗什所译《般若》之《中论》《十二门论》《百论》。按彭城高僧之学，僧渊"从僧嵩受《成实论》《毗昙》"，昙度"《涅槃》《法华》《维摩》《大品》并探索微隐"，道登"研综《涅槃》《法花》《胜鬘》"，慧纪"兼通数论"，都是当时盛行的大小乘佛典。僧嵩早年受教于鸠摩罗什，尤为《成实》大家。从佛教宗系上讲，属于罗什关中流亚。

《成实论》，古印度诃梨跋摩著。该书在小乘论中说"我空"（认为人无自性），兼说"法空"（认为客观世界无自性），是一部向大乘空宗（中观宗）过渡的著作。自鸠摩罗什译成汉文后，研习者自成一派，号称"成实师"。唐湛然在《法华玄义释签》中述南北朝晚期佛学曰："江南盛弘《成实》，河北偏尚《毗昙》。"南北尊尚的佛经不同，应是徐州僧匠讲学平城首先遇到的难题。不过，更大的难点恐怕还在于学术上的分歧。

梁僧祐《出三藏记集》·卷5·《小乘迷学竺法度造异仪记》云："自正化东流，大乘日曜，英哲顶受，遍宇服膺。而使迷伪之人，专行偏教，莫或振止，何其甚哉！昔慧导拘滞，疑惑《大品》；昙乐偏执，非拨《法华》。罔天下之明，信己情之谬，关中大众，固已指为无间矣。至如彭城僧渊，诽谤《涅槃》，舌根销烂，现表厥殃。大乘难诬，亦可验也。寻三人之惑，并恶止其躬。"而《高僧传》·卷7·《宋京师中兴寺僧嵩》云："时中兴寺复有僧庆、慧定、僧嵩，并以义学显誉。庆善'三论'，为时学所宗。定善《涅槃》及《毗昙》，亦数当元匠。嵩亦兼明数论，末年僻执，谓佛不应常住。临终之日，舌本先烂焉。"以上二书，记载舌根溃烂的或曰僧渊，或曰僧嵩，本系师徒，即便误指，并不要紧；重要的是，说出了彭城高僧攻击大乘《涅槃》之学。对此，《中论疏》卷3讲得更明确："彭城嵩法师主《大品》，而非《涅槃》。"《大品》即罗什所译《大品般若经》，《涅槃》即昙无谶所译《大般涅槃经》。按《涅槃经》讲：佛之涅槃，非灰身灭智；佛今虽现入灭之相，然佛身常住不灭。僧嵩诽谤《涅槃》，"谓佛不应常住"，实是东晋十六国佛学大师慧远、罗什以后，南北佛教公认的异端。《高僧传》·卷6·《晋庐山释慧远》谓："先是，中土未有泥洹常住之说，但言寿命长远而已。远乃叹曰：'佛是至极。至极则无变。无变之理，岂有穷耶？'因著《法性论》曰：'至极以不变为性，得性以体极为宗。'罗什见论而叹。"显然，在当时的正统佛教看来，僧嵩的言辞，陷入了小乘偏执的泥潭。徐州僧匠师承的这种观点，大约正是昙度遭受诋毁，被责暴亡的学术原因。

最后谈两个问题，留作思考。一是云冈石窟的涅槃形象，仅在第11窟与西部晚期洞窟中有3处小型雕龛，而第11窟的开凿在云冈最为复杂，多有铲去旧龛重新雕刻之处。又，无名窟，只有檐柱屋形前室，没有同类型中的第9、10、12、14窟那样的后室，且窟制较低，前部雕镂，后壁残余通长台座，却没有雕刻完成，今天学者多猜疑留作卧像。既然凉州僧学最重《涅槃》，为何云冈没有大型涅槃造像？二是《高僧传》所记彭城宋王寺丈八金像，光相冠绝江北，献文帝时徐州入魏，北人欲迁归平城，竟不能致。但既已重视，难免要被观摩或摹写回京。此外，孝文帝延兴二年（472）诏曰："济州东平郡，灵像发辉，变成金铜之色。殊常之事，绝于往古；照隆妙法，理在当今。有司与沙门统昙曜令州送像达都，使道俗咸睹实相之容，普告天下，皆使闻知。"中原法相，必然成为平城样板。再有，太和五年徐兖二州被俘僧人到达平城后，很可能依照平凉民、平齐民的旧例，被安置到在建的云冈石窟中服役，南方风范自然会逐渐渗透并表现出来。在徐州高僧入主云冈之前，云冈石窟造像受南朝影响，是否有一个渐进的过程？

原文刊载于《文物世界》2004年第5期

云冈石窟——文化交流融合的瑰宝

李君

山西大学历史文化学院

"何处赴唐第一步？云冈巨佛笑无语。"

云冈石窟，地处今山西大同市城西的武州山南麓、十里河北岸。石窟依山开凿，东西绵延1公里，窟区自东而西依山势分为东、中、西三区，现存主要洞窟45个，附属洞窟209个；共有佛龛1100个，大小石造像51000余尊，造像最高17米多。这座由北魏皇家主持开凿的石窟寺，集当时全国人力、物力、财力之最，代表了5—6世纪佛教艺术的最高成就，与敦煌莫高窟、洛阳龙门石窟并称中国三大石窟，与印度阿旃陀石窟、阿富汗巴米扬石窟合称世界三大石雕艺术宝库。

犹如一部刻在山崖岩石上的史书，作为世界文化遗产的云冈石窟融汇了鲜卑、汉等民族以及中亚文化的精髓，是北魏文明的绚丽瑰宝，是中华佛教艺术的巅峰之作，是各民族交往交流交融的结晶。

一、佛教弘扬与平城时代

走进这座距今1500多年的佛教艺术宝库，仿佛穿越时空。矗立面前的佛像，或立或卧，或微笑或沉思，无不动人心魄。每个面对云冈石窟的人，都会为它恢宏的气势所震慑。那么，究竟是谁把这段山崖打造成了一座流光溢彩的艺术殿堂呢？

东汉末年，群雄并起，逐鹿中原，兴起于东北大兴安岭地区嘎仙洞的鲜卑族拓跋部成为漠北最强大的部落联盟。386年，拓跋珪即位为魏王，号大魏，定都盛乐（今内蒙古和林格尔县北），398年迁都平城（今山西大同市）。其后，经过三代帝王近40余年的东征西伐，太武帝拓跋焘于439年统一北方，建立了强盛的北魏王朝。从定都平城至494年孝文帝迁都洛阳，平城时代占据了北魏王朝统治时期的2/3。以平城为中心的大同盆地，在这百余年里一直是当时我国北方的政治、经济、文化中心，汉、鲜卑等各民族乃至来自中亚各国的人们共同发展了这一地区的农业、牧业、手工业和商业，各种文化碰撞融合、相得益彰。

入主中原后，拓跋珪奉佛教为国教，在北方大规模建寺立庙。他对沙门法果礼遇有加，法果也打破沙门不礼拜皇帝的教规，将其视作"当今如来"。北魏的几代皇帝大都崇尚佛教，从而使平城成为北方的佛教中心。后虽北魏历经太武帝灭佛事件，佛法一度停滞，但文成帝即位后立即"复法"。西来僧人很快适应了北魏政治环境。比如，任沙门统的昙曜继承高僧法果、师贤将佛像与帝像合一的传统，于平城西边的武州山开窟建寺。在皇室的直接经略下，在礼帝为佛、神化人主思维以及灭佛、西风东渐背景下，云冈石窟集当时北方的人力、物力、财力之最，从洞窟形制、造像题材、服装样式、雕造手法等各方面汲取、改造中亚、印度和我国凉州（今甘肃武威市）等地的石窟艺术，最终形成"云冈模式"。北魏地理学家郦道元在《水经注》中，就记录了云冈石窟的壮观景象："凿石开山，因岩结构；真容巨壮，世法所希。山堂水殿，烟寺相望；林渊锦镜，缀目新眺。"

二、文化艺术交流融合的代表

北魏在统一北方之时，特别注重对能工巧匠、文学艺术人才的搜罗，并将其聚集于国都平城一带。439年，太武帝平定河西北凉，从当地迁徙3万余户到平城，其中既有汉人，也有胡僧，平城兴建佛寺由此开始。西域诸地高僧也纷纷来到平城，带来西域及印度佛教艺术样式。可以说，当时北方主要的佛教派系和造像力量的精华集中到了平城地区。文成帝复法后，任命的道人统师贤就是罽宾人（古代中亚国家）。最早奏请文成帝开凿云冈石窟的昙曜，也来自河西走廊。因此，在云冈石窟的开凿过程中，无论主持者还是工匠，都体现出了多民族各方人士协力共创的特色。这种背景下所完成的艺术品，自然会体现出鲜明的多元化特色乃至"国际范"。比如，很多石窟中的造像以及窟形、装饰手法等具有浓郁的古印度风格。尤其早期开凿的"昙曜五窟"（第16窟至第20窟），尽管主像分别按照北魏文成帝、景穆帝、太武帝、明元帝、道武帝的形象来塑造，但这些造像更具西来样式，被称为胡貌梵像。其主像皆面部方圆，深目高鼻，双肩齐挺，身着半袒右肩或通肩式袈裟；衣纹则层次鲜明、厚重，犍陀罗风格较为明显，同时佛衣贴体，又有秣菟罗风格的特征。但造像整体高大、粗犷、健壮的特点又受到拓跋鲜卑游牧民族审美倾向的影响，堪称文化交融的杰出代表。

云冈石窟第20窟主尊释迦牟尼佛，是举世闻名的云冈露天大佛。大佛高13.75米，法相庄严，气宇轩昂，充满活力。其面形丰圆，宽额广眉，高鼻薄唇，身体壮硕，被西方学界称为"东方美男子"；偏袒右肩，薄衣贴体，尽现犍陀罗造像艺术特征。这尊佛像将拓跋鲜卑剽悍与强大、宽宏与睿智的民族精神表现得淋漓尽致，给人以心灵的震撼，是云冈石窟雕刻艺术的代表作。

云冈石窟的早期菩萨造像，尚有古印度贵族的装束特点。第17窟主尊是云冈最大的交脚弥勒菩萨坐像，他以胸前的龙头缨挂饰为标志，头戴花冠，佩臂钏。第16窟主佛尽管也是犍陀罗艺术中的肉髻加水波纹发式，但是脸形瘦长，穿厚重的毡披式袈裟，胸前佩结飘带，显示了从印度和西域风格向中原风格转变的趋势。第18窟北壁主尊左右两侧雕有释迦牟尼的十大弟子像，明显的梵相胡貌。其中保存最好、最为精彩的，是采用近似于圆雕手法雕琢出来的僧人像。其鼻梁高挺，双目深凹，五官立体，胡人的特征明显。总体上看，这些佛像雕刻造型体面分明，线面结合，粗犷浑厚，雄浑大气，体现了中原传统的审美特征以及拓跋鲜卑民族的精神面貌，成为犍陀罗造像艺术东传中国后的巅峰之作。

《后汉书·西域传》提到的"商胡贩客"，是指通过丝绸之路而来的西域和中亚等地商人。自东汉以降尤其北朝时期，胡商东来人数剧增，其贸易活动及文化习俗对中原产生了很大影响，是当时中原与西域以及东西方文化交流互动的重要组成部分。他们的身影在云冈石窟中时有出现，例如第6窟、第12窟、第16窟，都以胡商身份客串于佛本行故事中。虽然工匠依照佛经将内容予以表现，但胡商的形象以及商队的组成是对现实生活的真实再现。有时在两两并肩人物中，必有一个高鼻深目、须发卷曲的胡人，另一个则是地道的中原人形象，反映了胡汉杂处、民族相融的历史事实。随着丝绸之路的通畅，西域及中亚、西亚的乐舞不断传入平城。而作为能歌善舞的游牧民族，拓跋鲜卑不但喜欢观赏乐舞表演，还爱以此自娱，因此乐舞艺术也发展得很快。由此，中原舞蹈、鲜卑舞蹈和西域乐舞、西凉乐舞、高丽乐舞等多元艺术交融的繁荣景象出现了。这种盛况在同时期的云冈石窟得以再现，并以雕刻的形式固化，使子孙后代仍然能够欣赏到北魏时期的乐舞华章。云冈石窟有24个洞窟雕刻乐舞图像内容，包括乐器雕刻28种530余件、乐队组合60余组。其中既有中原汉式琴、筝、箫、笙及鲜卑大角，也有龟兹细腰鼓、五弦，还有西亚系波斯竖箜篌、天竺梵呗，胡风汉韵，兼容并蓄。

再如，细腰鼓在云冈石窟雕刻中有68件，同样在新疆克孜尔石窟和甘肃敦煌石窟北凉、北魏、西魏、隋代壁画中曾有出现。手鼓经丝绸之路传入龟兹，直到如今仍是新疆维吾尔、乌孜别克、塔吉克等民族的传统乐器。克孜尔石窟第38窟中绘有手鼓，云冈石窟第11窟、第13窟也雕刻着2幅手鼓图像。北朝时短颈琵琶由波斯传入中国，云冈石窟有近50件琵琶雕刻。五弦与琵琶外形相似，由龟兹传入，云冈石窟造像的几乎所有乐队组合中都有五弦出现。汉代由中亚传入中国的波斯乐器竖箜篌，在云冈石窟中的形制更加多样。

素有"音乐窟"之称的云冈石窟第12窟以绚丽多姿的形象，再现了天宫的歌舞升平（图1、图2）。佛陀在这壁低眉合掌含笑聆听，众僧在那厢痴迷凝目沉浸其中；乐手怀抱琵琶忘情弹奏，飞天四方扬袖翻飞。真可谓一座洞窟打开，现出一个华美绚丽、神佛共舞的洞天。明窗上方雕刻着14位伎乐天，分别手持琵琶、五弦、排箫、横笛、箜篌、腰鼓、束腰鼓、筚篥等乐器，飞天在美妙音乐中翩翩起舞。洞窟顶部雕有7位夜叉，分别手持曲颈琵琶、筚篥、束腰鼓、腰鼓、埙等乐器。中间的夜叉扭腰耸胯，双手合十举于头顶，又似整个乐队的指挥，动作连贯，气韵奔放。仅这个窟，就有大小乐器17个种类47件之多。这些雕像饱满华美、境界宏大、装饰绚烂、色彩浪漫，体现了佛境天国与现实生活的完美结合。其华丽的窟顶，使人联想到游牧民族的帐篷；充满动感的形象，展现了马背上的生活；无所不在的旋律和节奏感，体现着鲜卑族的风情……云冈石窟用雕刻记录了北魏的乐舞艺术，看似无声，却又在岁月变迁中萦绕不绝。这一时期的音

图 1 云冈石窟第 12 窟前室西壁

图 2 云冈石窟第 12 窟

乐融合了我国南北方、西域和中原传统雅乐以及中亚的音乐精华,是各民族文化交融的鲜活例证,堪称中国音乐发展史上的里程碑。特别是与西域音乐的融合,为以歌舞为主要标志的唐代音乐艺术的兴盛奠定了基础。

就这样,无数僧匠在承续古印度恒河流域犍陀罗、秣菟罗时代造像和美学风范的同时,结合我国北方、西域和中原等地区各民族的艺术手法,融汇成独特的造型风格,使云冈石窟成为举世瞩目的世界文化遗产,至今散发着巨大的艺术魅力。

三、中国佛教艺术的典范

471—494年，是北魏迁都洛阳以前的孝文帝时期，文明太后冯氏临朝听政，与皇帝共同执政，开创了北魏的鼎盛时代。其间，云冈主要开凿了12个大像大窟，除第3窟未及完工，分别有第1、2窟，第5、6窟，第7、8窟，第9、10窟四对双窟，另有第11、12、13一组三窟。从460年开窟建寺至迁都洛阳前，皇家经营的所有大窟大像全部完成，历时40余年。其间，全面的汉化改革政策得到有力推进，也将北魏推到了繁盛巅峰。这一时期开凿的云冈石窟，彰显着富丽堂皇的太和风格，其主要特点是汉化趋势发展迅速，呈现出内容繁复、雕饰精美的艺术特点。

第9、10窟这组双窟是云冈石窟中殿堂风味最浓的两个窟，其前殿有列柱开间为一大特色。两窟前殿各有两根露明通顶八角形石柱，柱面各刻10层佛龛置于象形、狮形的柱础之上。中晚期塔的样式，已经由印度窣堵波式（覆钵形）变为汉地仿楼阁式方形塔。其柱子也极具异域风格，第10窟后室窟门左右两侧的柱子就受到古希腊文化的影响。

在云冈约有385个"二佛并坐"龛，几乎每个洞窟都有这种形象，或置于正壁，或在东西两壁及南壁，也有的雕刻于拱门或明窗上。可以说，它们堪称云冈石窟造像的经典。

飞天伎乐造型是云冈舞蹈艺术的升华，多以飘动的帔帛表现力量、速度和情感。它们有的托举莲花，有的手持璎珞，是北魏各民族乐舞艺术大融合的真实写照。第9窟后室顶部雕有八身飞天的形象，其中四身为体格健壮、逆发的男性。他们一手叉腰，一手托莲，非常阳刚，再现了北方少数民族男性舞者的形象。另外四身为女性，高发髻，姿态柔软，舞姿动人，身着汉服，展现了女性舞者的娇美形象。相较于同时期敦煌莫高窟的飞天，云冈石窟中的飞天则更具多民族交融的特色。无论是服饰、肢体柔软度，还是雕刻的细节，都更流畅和世俗化。飞天造型不仅是云冈造像艺术的升华，还是北魏时期各民族文化交流融合的艺术再现。

这一时期云冈石窟造像题材内容多样化，还出现了护法天神、伎乐天、供养人行列以及佛本行、本生、因缘和维摩诘故事等，其中乐舞造型开创了炽盛的局面。中期开凿的12座大像大窟，除第3窟外，其余的全部有伎乐形象，乐器雕刻共计450余件各24种。天宫伎乐形式，是这一时期展示乐舞内容的最大载体。文明太后与孝文帝共同执政期间，恢复汉魏礼乐制度，推崇中正雅乐，所以随之在中期石窟始见笙、琴、筝等乐器，乐舞雕刻内容迅速发展，一改昙曜时期沉寂、冷涩的禅行色彩。窟顶也从穹窿顶发展为汉式宫廷样，有巨大檐柱支撑的前廊，窟顶多有平棋藻井，佛龛雕刻为庑殿顶，金脊饰金翅鸟和鸱吻，处处可见华美。从佛陀造像来看，面容从深目高鼻变为清秀可亲，佛衣从斜袒右肩的袈裟换为褒衣博带的南朝式装束。总之，中期造像绮丽繁复有加，不似早期的雄浑冷清之势，从洞窟形制到造像题材和造型风格都具有明显的汉化特征，是佛教石窟艺术中国化的明证。

孝文帝迁都洛阳，平城作为北都依旧是北魏的佛教故地。从这一年直至524年北魏分裂，云冈的中小型石窟从东往西陆续开凿了200余座，主要分布在第20窟以西，包括第4窟、第14窟、第15窟和第11窟以西崖面上的窟龛，系居留平城的中下层官吏及百姓营建。随着石窟艺术中国化、世俗化，晚期石窟更多地反映了民间现实生活的图景。如第38窟东壁、北壁有一幅橦倒伎的浮雕图像，在乐队的伴奏下，两个人顺着木杆爬到顶端表演杂技，旁边是观看杂技的达官贵人，还有随从撑着伞。这一浮雕作为北魏民间百戏杂技表演的再现，是云冈石窟雕刻世俗化的体现，也是南北民族文化融合的产物。

在云冈石窟开凿晚期，造像题材多为释迦、多宝或上为弥勒、下为释迦。佛像和菩萨面容消瘦、长颈、肩窄而下削，这种造像属于北魏后期出现的"秀骨清像"艺术形象。这一特征和风格在河南洛阳龙门石窟北魏窟亦有表现，对中国石窟艺术的发展产生了深刻影响。

云冈石窟是多种文化交融产生的伟大艺术，"文化融合"堪称其佛教造像艺术的最大特色，对后世影响极大。继之而起的，如洛阳龙门、太原天龙山、巩县石窟寺、义县万佛堂等，其雕造艺术均肇始于云冈石窟。此后，这些造像艺术还传播到日本、朝鲜，云冈石窟也因此被誉为"东亚佛教艺术的母胎"。

2020年5月，习近平总书记在云冈石窟考察时强调："要深入挖掘云冈石窟蕴含的各民族交往交流交融的历史内涵，增强中华民族共同体意识。"

文明因交流而多彩，文明因互鉴而丰富。北魏在各民族文化以及东西方文化的交流与融合中，促成了汉代文明与唐代文明的成功链接。毫无疑问，作为各民族交往交流交融的结晶，云冈石窟是中华优秀传统文化的杰出代表，积淀着中华民族深层的精神力量，展现着中华民族独特的精神标识。"中国由此迈向大唐。"

原文刊载于《中国民族》2021年第7期

云冈石窟造像的鲜卑特色与文化多样性

彭栓红

大同大学文学院

一、云冈石窟造像的鲜卑之风

云冈石窟造像往往渗透鲜卑族社会生活习俗的影子。

鲜卑族喜弹琵琶。云冈石窟研究院王恒认为："北魏时期就有'琵琶长笛曲相和'的乐器配合使用习惯"[1]。北齐贵族多为鲜卑人，齐朝一个士大夫教育自己的儿子"教其鲜卑语及弹琵琶"[2]，以便赢得王公贵族的赏识。第6窟中心塔柱的太子骑象、入城、七步莲花故事造像都有弹琵琶的供养人造像。第12窟东北角有手持五弦曲颈琵琶的乐伎。曲颈琵琶在云冈石窟造像中大量出现，是当时社会较流行的一种乐器，但现在很少见。曲颈琵琶本出波斯，由西域传入我国，新疆克孜尔第60窟也有曲颈琵琶，其他窟还有直颈三、五弦琵琶。甘肃敦煌有反弹直颈琵琶。鲜卑族喜欢弹琵琶的生活习俗，既有作为北方游牧民族本身对乐舞的偏爱诉求，也有丝路文化、中西文化交流的影响，更是安邦立国后北魏鲜卑人的雄心、自信所带来的兼收并蓄、开放宏阔的文化气象之体现。

云冈石窟有大量太子射猎造像，第1窟前室北壁、第9窟前室北壁睒子被迦夷国王射杀，以及第10窟后室南壁上层魔王波旬欲来恼佛缘、第6窟西壁中层的降魔成道造像，均有射箭情节。云冈石窟对骑马射箭的雕刻，既是鲜卑族游牧文化的体现，也是帝王贵族围猎生活的折射。

鲜卑族喜饮酒，但云冈石窟造像对饮酒场面雕刻较少。从佛教教义的

---

[1] 王恒：《云冈佛经故事》，山西人民出版社，2002年，第38页。
[2] 〔南北朝〕颜之推，檀作文（译注）：《颜氏家训》，中华书局，2011年，第17页。

角度，饮酒场面不适宜大量出现。表现太子生活的造像出现醉酒娱乐人物，仅限于对宫廷世俗生活的呈现，也是作为佛教戒酒禁欲教义对立面的欲望来表现的。饮酒场面较少，还可能与北魏太武帝灭佛事件有关。太武帝经长安时入寺庙见和尚储藏兵器、财物、酒器等，怀疑和尚有异心，又在崔浩的鼓动下，遂有了之后的灭佛事件。在此背景下，作为宗教空间的云冈石窟也不适合表现饮酒场面。

云冈石窟造像鲜卑服饰民俗在衣帽方面表现较为显著。鲜卑风帽，又称鲜卑垂裙帽、长裙帽、鲜卑帽、大头长裙帽，到北周演化为"垂裙覆带"的突骑帽。这种帽子由帽屋、帽裙组成，用带子于脑后做结收紧。鲜卑帽的帽屋多为圆形，也有尖形，帽顶较软，有的中间下凹，有的有明显十字交叉状。一般来讲，"男性帽屋多为圆形或者类圆形，女性的帽屋顶部微微下凹"[1]。如云冈石窟第9窟主室南壁东侧兄弟二人俱出家缘故事中穹庐顶内置一佛，佛两侧鲜卑装束人的性别就可从鲜卑帽判断。而帽屋顶部十字交叉的帽子男女通用。帽裙（垂裙）常置于脑后及两侧至肩部，早期有挡风防寒的作用。吕一飞指出，制作鲜卑帽的材料有动物皮革或动物毛织品，也有丝织品，颜色多为黑色[2]。云冈石窟鲜卑帽的帽屋较大，圆形和类圆形的垂裙帽出现较多。北齐时出现的帽屋较小，帽顶呈山字形，有垂裙的山形风帽和帽屋较小，帽裙向上翻折的卷裙小帽，云冈石窟未见。

鲜卑帽大量出现在云冈石窟供养人形象中，如昙曜五窟世俗供养人，第7窟西壁中层佛教故事中的供养人，第11窟太和七年碑左侧的供养人，第12窟前室北壁佛陀鹿野苑初转法轮说法中佛左侧五位穿鲜卑装供养人。第8窟主室南壁双头莲旁边有头戴鲜卑风帽（鲜卑垂裙帽）的胡人供养像（图1）。北魏迁都后胡服改革"禁妇女戴帽着小袄"[3]，也反证鲜卑帽是其典型的民族服饰。

有学者指出，"鲜卑族服饰主要是上褶下袴"[4]。迁都前鲜卑男性常为上褶下袴形制，迁都后为上衣下裳形制。"最早有明确纪年的鲜卑男性穿着

---

[1] 孙晨阳：《中国北方古代少数民族服饰研究（匈奴、鲜卑卷）》，东华大学出版社，2013年，第139页。
[2] 吕一飞：《胡族习俗与隋唐风韵——魏晋北朝北方少数民族社会风俗及其对隋唐的影响》，书目文献出版社，1994年，第7页。
[3] 范文澜：《中国通史简编（上册）》，华东师范大学出版社，2014年，第169页。
[4] 孙晨阳：《中国北方古代少数民族服饰研究（匈奴、鲜卑卷）》，东华大学出版社，2013年，第154页。

上衣下裳之形象见于龙门石窟(498)比丘慧成龛"[1]。鲜卑族的袴，是适应骑马射猎、可抵御寒冷的满裆裤(合袴)。早期袴口收紧露履，晚期袴口逐渐宽松覆盖履而微露履头。"上襦下裙是北魏早期鲜卑女性服饰主要形制，该形制服饰最早出现在430年大同沙岭北魏墓壁画中……上襦下裙和上褶下袴是北魏后期鲜卑族女性的主要服饰形制"[2]。其中上襦下裙是典型的汉服，《中原历代女子服饰史稿》载齐胸襦裙最早见于南北朝。褶衣一般在膝以上，常与袴搭配，常见交领式，也有对襟和圆领。北魏服饰具有胡汉兼容的特色。鲜卑族的裤装在北朝很流行，窄袖短衣、帽子也盛行。窄袖，一般是袖短、袖口小，而中原服饰多为宽广大袖。鲜卑男子常穿小袖袍，小袖袍长度过膝，在边缘常有镶边，多交领，也有对襟、圆领，如昙曜五窟男供养人的上衣就如此。鲜卑妇女常穿夹领小袖、小襦袄，也是短衣。第5窟南壁穹庐龛与盝形龛之间的逆发形托举地神、飞天、供养人都穿对襟、半袖的短襦(图2)。其中逆发形地神腰束带，上褶下袴形制。供养菩萨和飞天是上褶下裙形制。鲜卑服饰喜用腰带，尤其对襟衣服与腰带搭配，在云冈石窟不同身份、阶层的形象中大量出现，如第6窟东壁南侧的出南门遇病人造像中太子、老人、飞天穿对襟衣，腰部均束带(图3)。当然，也存在一部分飞天穿对襟襦而无束腰，如第34窟西壁飞天(图4)。

图1 第8窟主室南壁 双头莲旁头戴鲜卑风帽的胡人供养人

图2 第5窟南壁穹庐龛与盝形龛之间的造像

图3 第6窟东壁南侧出南门遇病人

---

[1] 孙晨阳：《中国北方古代少数民族服饰研究（匈奴、鲜卑卷）》，东华大学出版社，2013年，第193页。
[2] 同上。

图 4 第 34 窟 西壁飞天

《说郛三种》卷18引宋顾文荐《负暄杂录》古制度条："至元魏时，始有袍、帽，盖胡服也"[1]。《梦溪笔谈》卷1载："中国衣冠，自北齐以来，乃全用胡服。窄袖绯绿短衣、长靿靴，有蹀躞带，皆胡服也"[2]。从服饰史的角度看，胡服对中国服饰、对汉族胡化的影响，经北魏至北齐，到隋唐绵延不绝，北魏无疑对胡汉文化的交流做出了巨大贡献。

北方游牧民族骑马射箭，喜欢穿靴。第7窟明窗西壁树下思维比丘画面构图为：连绵山岳间有一圣树，树下有坐禅比丘(图5)。上部一僧衣围头禅定比丘，头向树方向侧倾，坐于平面高脚凳上，凳下放一双靴子，鞋尖同向左朝树。在云冈石窟中大多数造像足衣为裤裙遮蔽，而此图清晰地表明当时穿靴的生活。有学者指出："根据文献和图像资料来看，这一时期穿靴应该是比较流行的，不论贵族还是平民都可以穿着"[3]。但是脱鞋赤足的习俗自古就有。江冰认为："周代凡登堂入室，都必须把鞋子脱在户外"[4]。"拿古人足衣来说，最先以脱袜为敬，后来不脱袜但要脱鞋，再后来连鞋也不脱，以至于将来自胡地的皮靴做了朝服，而古代之履反而成了在家闲居时的便服。……唐以后不脱鞋袜的礼仪延续到今天"[5]。云冈石窟赤足佛像、露脚飞天，也符合中国古人生活习俗。但佛教东传，赤足像既受地处热带、亚热

---

[1] 〔明〕陶宗仪等：《说郛三种》，上海古籍出版社，2012年，第331页。
[2] 〔宋〕沈括，施适校点：《梦溪笔谈》，上海古籍出版社，2015年，第3页。
[3] 孙晨阳：《中国北方古代少数民族服饰研究（匈奴、鲜卑卷）》，东华大学出版社，2013年，第155页。
[4] 江冰：《中华服饰文化》，山西人民出版社，1991年，第139页。
[5] 同上书，第140页。

带印度地理文化的影响，也是佛教苦修和"佛不着履，有三因缘：一者使行者少欲，二者现足下轮，三者令人见之欢喜"[1]文化的体现。而云冈禅定比丘脱靴状，应该更多地表达修行的虔诚、对佛礼敬之意，也是久坐禅定的现实需要，还可以看到宗教与世俗文化的交融。

鲜卑族的传统信仰民俗，主要体现在云冈石窟的选址等方面。云冈石窟的位置在大同市西北16公里，而恒山在大同西南60多公里。为何居于平城的鲜卑贵族选择了西北的武周山，而不是偏南的浑源恒山，这不仅仅是距离的原因，也可能是原来居于东北的鲜卑族南下经（内蒙古）盛乐再到平城，把对民族迁徙、故乡的思念、祖先的追忆祭祀和鲜卑族古老的西郊祭天的习俗、大山的崇拜和佛的崇拜统一在一起。后来，随着汉化、封建化，神山崇拜和大佛信仰逐渐突出了，祭天也不再局限在西郊。迁都洛阳后，鲜卑族的汉化程度渐高，开凿龙门石窟的地理位置选择就没有了更多的束缚。

云冈石窟色彩研究较少，后世包泥彩绘，辽金已有彩绘（如第7窟、第37窟网目纹彩绘），清朝尤甚，难以判断北魏石窟色彩原貌。中国造像有"三分塑，七分彩"的传统，北魏皇家工程的云冈石窟造像不可能不施彩。

图5 第7窟明窗西壁 禅定比丘

笔者以为赭红色是北魏曾用过的一种造像色彩，如第38窟窟顶四壁均有赭红色。郑振铎在《云冈》中提到云冈石窟北魏色彩是："彩色黝红，极为古艳，一望而知，是元魏时代所特有的鲜红色及绿色，经过了一千五百余年的风尘所侵所曝的结果，绝不是后代的新的彩饰所能冒充得来的"[2]。李雪芹、李立芬在《解读云冈》中说："据云冈石窟文物研究所对现有洞窟颜色的调查分析，初步认为，云冈石窟在北魏时期就在佛像身上涂有颜色，但不是大面积或整个洞窟彩绘，只是在佛像局部涂有一些红色，在现编号的第16—20窟中，从现有佛像身上的衣服缝隙中可辨认出这种红色"[3]。另

---

[1]〔后汉〕安世高译：《大藏经（经集部）·佛说处处经》，河北省佛教协会，2005年，第524页。
[2]郑振铎：《平绥沿线旅行记·西行书简》，山西古籍出版社，2002年，第31页。
[3]李雪芹、李立芬：《解读云冈》，学苑出版社，2006年，第122页。

有张楚金《翰苑·蕃夷部》引《汉名臣奏》描述鲜卑人："今其人皆髡头衣赭"[1]。我们从文献记载中可见鲜卑族喜欢赭红色，另外，石窟造像对此也都有体现，如大同司马金龙墓红色屏风，北魏时期墓葬中出土的红色上衣、黑色镶边的人物俑。洛阳涧西衡山路北魏墓墓室底部"壁画以红色为主"[2]。北魏石窟造像对浅红色的偏好，在北魏后期的甘肃王母宫石窟也有体现。大同学者用X射线衍射分析云冈石窟造像颜料的物相得知："云冈石窟所采用的颜料多为天然矿物颜料。如辰砂、铅丹作为基本的红色颜料，绿铜矿作为基本的绿色颜料等。各种颜料的填料均为高岭土、石英和石膏。基本颜料配以不同比例的填料，又可得到不同的色调"[3]。北方民族普遍都有太阳崇拜，以东为贵。《北史·后妃上·文帝悼皇后郁久闾氏传》载："蠕蠕俗以东为贵，后之来，营幕户席，一皆东向"[4]。乌丸(乌桓)俗与鲜卑相近。《三国志》也载乌丸、鲜卑等族"以穹庐为宅，皆东向"[5]。这种崇东向阳的生活习俗，反映在色彩信仰上一般崇尚红色。

北魏太和改制对服饰影响较大。随着鲜卑族封建化、汉化，服色、形制变化也较大。"自太和十五年(四九一年)正月起，孝文帝终止承秦为土德，改以承晋为水德，服色尚黑"[6]。我们今天在云冈石窟看到的红色为主、黑色为辅的色彩，可能是北魏原来的色彩。当然云冈石窟的色彩绝不会只有红、黑两色，可以想象北魏云冈石窟体现在色彩上的富丽堂皇的皇家气象，应该与鲜卑族海纳百川的胸襟和政治抱负有关，与中西文化的交流、民族文化的交流有关。吕一飞就认为胡服原本多素色，"到了北朝时期，胡服多彩色"[7]。这种色彩多元化的选择，也是民族深度交融的体现。

鲜卑族有敬鸟情结。《魏书·官氏志》载拓跋珪用凫鸭、白鹭等水鸟名作为官号，"法古纯质，每于制定官号，多不依周汉旧名，或取诸身，或取诸物，或以民事，皆拟远古云鸟之义。诸曹走使谓之凫鸭，取飞之迅疾；以伺察者为候官，谓之白鹭，取其延颈远望。自余之官，义皆类此，咸有比

---

[1] 张中澍、张建宇校译：《翰苑·蕃夷部》，吉林文史出版社，2015年，第89页。
[2] 洛阳市文物考古研究院：《洛阳涧西衡山路北魏墓发掘简报》，《文物》2016年第7期。
[3] 李海，陈顺喜等：《云冈石窟彩绘颜料初步分析》，《文物》1998年第6期。
[4]〔唐〕李延寿：《北史》·卷13·《后妃上》，中华书局，1997年，第146页。
[5]〔晋〕陈寿：《三国志》·卷30·《魏书·乌丸鲜卑东夷传第》，中华书局，1997年，第219页。
[6] 罗新：《黑毡上的北魏皇帝》，海豚出版社，2014年，第17页。
[7] 吕一飞：《胡族习俗与隋唐风韵——魏晋北朝北方少数民族社会风俗及其对隋唐的影响》，书目文献出版社，1994年，第17页。

况"[1]。第10窟窟门上方左右护法神像头饰似鸟。第38窟也有头朝下俯冲下来的鸟造型。第15窟万佛洞西壁龛饰水草、水鸟，造像生动，有的似鸳鸯成双成对出现。这些涉及鸟的图案造像，应该与鲜卑族早期在辽河流域过着渔猎生活有关。

二、云冈石窟造像体现多民族文化交融

细观云冈石窟造像处处可见文化多元共存的杂糅性，主要体现为两大模式：多民族文化交融模式和佛教与世俗文化的融合模式。

多民族文化交融，这是北魏时代的特征。平城是北魏丝路文化的重要节点。云冈石窟造像的多民族文化交融特征不仅体现在汉族与鲜卑族等北方民族文化的交融，北方民族相互间的文化交融，而且体现在西域文化、西方文化对北魏文化的影响。其背后折射的是北方民族民俗文化圈的共性特征，折射出胡汉文化、农耕和游牧文化的交融，丝路文化促进中西文化的交融。

云冈石窟出现游牧民族的穹庐顶、汉族的盝顶和屋陇顶并存的龛形屋顶。鲜卑族原居洞窟，再住穹庐，在南下封建化的过程中又渐习屋宇居住。云冈石窟佛像和建筑形制结合的模式有二：第一种是佛像于华盖下常为立式，一般屋形龛下佛像呈现多、立、大的特征。第二种是盝形帷幕龛、穹庐龛、圆拱龛佛像常为坐式，则有少、坐、大的特点。如第11窟西壁屋形龛下立佛，第13窟南壁宫殿屋形龛七佛立像。第12窟前室西壁宫殿屋形龛，面阔三间，三佛，两边侧立菩萨，建筑明显为汉族式样。第10窟前室西壁宫殿屋形龛，若以树为柱的话，也是三间三佛。屋形龛的造像特征应该受汉族农耕定居生活、聚族而居习俗影响。盝形龛受中国盝形顶、印度犍陀罗盝形龛影响，较早出现于云冈中期装饰佛菩萨，唐后渐失。

斗栱是中国古建中特有的构建，最初起承重作用，后世逐渐突出装饰性。一斗三升栱、人字栱在汉族早期建筑中起着承重、美观的作用，造型多简约、古朴、厚重。云冈石窟佛像龛形中人字栱多为直脚（后世多用曲脚，唐后少见），一斗三升栱形少弧度，栱与檐呈平行。云冈石窟一斗三升栱和人字栱常组合运用，多见于塔庙窟、屋形龛，一定程度上体现出北魏对汉文化的吸收（图6）。

---

[1]〔北齐〕魏收：《魏书》·卷113·《官氏志》，中华书局点校本修订本，2017年，第3234页。

图6 第2窟塔庙窟上层

图7 第10窟前室北壁明窗上方

图8 第9窟主室南壁东侧

图9 第9窟、第10窟前 罗马柱

  栏杆装饰在汉族建筑中常见，云冈石窟造像也有体现。第9窟前室北壁明窗上方6个圆拱穹庐龛内各站一人持乐演奏，前面有形似南北朝流行的勾片造栏杆(图7)。梁思成认为此类栏杆是万字勾栏，"其回纹与希腊万字纹，却绝不相同"[1]。此外，第9窟主室南壁东侧兄弟二人俱出家缘故事中屋陇顶下又设穹庐顶内置一佛，屋前栏杆和台阶栏杆均为勾片造(图8)。穹庐顶的龛和屋陇顶、栏杆建筑的结合，是典型的游牧文化和农耕定居文化建筑融合的例证，也是胡汉文化交融的结果。

  柱子的形状方面，第9窟、第10窟前有数根石雕仿罗马柱(图9)。窟内龛柱有古希腊式柱身，两个大涡卷形装饰的爱奥尼克式柱头(图10)。但希腊爱奥尼克柱身多做上下贯通的一条条半圆形深沟槽，而云冈石窟中国化的处理是柱身满雕连续相接的花纹，如第9窟前室北壁交脚菩萨和第10窟前室北

---

[1] 梁思成：《佛像的历史》，中国青年出版社，2010年，第45页。

图 10　第 10 窟前室北壁　爱奥尼克柱　　图 11　第 11 窟西壁　佛龛柱头作一斗三升

壁倚坐佛的盝顶龛柱子。另外古希腊柱子为上下粗细匀称的直柱，而云冈石窟柱子运到了汉族的"收分"技法。"收分"是中国古建筑按比例收分、根粗顶细（上细下粗）的柱子设计艺术。在汉代，方形柱、八角柱较多，甚至还出现梭柱，影响到南北朝及后世建筑。云冈石窟柱头汉化、中国化，还表现在柱头做山叶蕉花化生童子、一斗三升等装饰（图11），与西方迥异。第10窟前室东壁上层屋形龛，四层塔柱，每层有逆发形舞者，柱头上雕刻山叶蕉花化生童子（图12）。第9窟前室西壁上层屋形龛，四层塔柱，每层有穹庐形龛，内置坐佛，柱头上雕刻山叶蕉花化生童子（图13）。柱头化生童子与山叶蕉花的结合，应该是犍陀罗建筑艺术融入佛教文化的中国创造。此外，这种山叶蕉花化生童子在云冈石窟第11窟佛塔的塔刹中也多有体现（图14）。王敏庆指出，山花蕉叶也叫受花、请花，"受花不是外来品，不是随佛塔的传入而传入我国，它是佛教艺术在中国发展的产物，是中国佛教艺术中所特有的"[1]。而云冈石窟佛龛柱头的一斗三升运用更是完全中国化的造型了。

　　从早期的罗马柱、希腊柱头，到汉族的立柱收分建筑艺术，这些在云冈石窟均有折射，可见中西方文化在云冈石窟中的碰撞融合。

　　多民族文化交融在云冈石窟造像服饰上的体现尤其明显。第6窟文殊问疾造像中维摩诘戴尖顶帽，穿左衽短袖。这种尖顶帽在云冈造像多见，可能是北方游牧民族男子常戴的浑脱帽。吕一飞认为，"浑脱帽是一种用整张皮

---

[1] 王敏庆：《佛塔受花形制渊源考略——兼谈中国与中、西亚之艺术交流》，《世界宗教研究》2013年第5期。

图12 第10窟前室东壁
化生童子与山叶蕉花柱头

图13 第9窟前室北壁

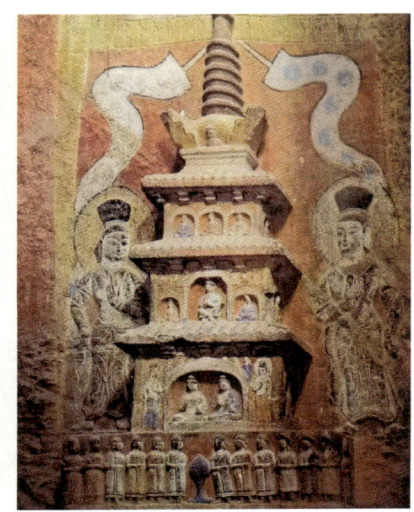

图14 第11窟南壁佛塔

（或毡子）制成的囊形或锥形的帽子"[1]，汉画像砖就有胡族骑手戴此帽，北朝陶俑中也有，蒙古匈奴墓葬中也有红色薄毡尖顶帽出土。这类尖顶毡帽与第8窟三首八臂的摩醯首罗天左右侧头所戴帽子、第11窟上部莲花中三头四臂阿修罗左右侧头所戴帽子相似。汉族传统服装为右衽，交领如y形，右侧衣襟在下。而我国少数民族服装多穿左衽，即右压左，左侧衣襟在下。左右衽之区别，成为胡汉服饰文化的显著区别。北魏时期左衽、右衽服饰共存，胡汉杂糅，开放多元。维摩诘的左衽服饰特点，正说明当时胡文化对汉族文化的影响。

昙曜五窟也有胡汉文化交融的印迹。第18窟至第20窟主尊佛像凉州式偏袒右肩。"袒右肩"，明显是受印度文化影响，是佛教礼佛礼仪，也是《法华经·观世音菩萨普门品第二十五》《金刚经·善现启请分第二》等佛教经典常见表述。第18窟正壁上方十尊比丘（十大弟子），相貌特征有异域色彩。第17窟主尊交脚弥勒（图15），头戴冠，裸露臂膊，自左肩斜披边有雕饰的络腋，胸部有璎珞项链，项链右半部分可见，左边被衣服遮挡。项链外侧，左右各佩戴一条向胸口延伸、口含珠的似龙莽兽型胸带。这种双龙装饰是北魏常见的习俗。内蒙古包头地区曾出土北魏鲜卑双金龙项饰[2]，北魏双龙透雕

---

[1] 吕一飞：《胡族习俗与隋唐风韵——魏晋北朝北方少数民族社会风俗及其对隋唐的影响》，第8页。
[2] 何兹全，张国安：《魏晋南北朝史》，人民出版社，2013年，第170页。

图15 第17窟 交脚弥勒

铜饰[1]。两上臂有臂钏（并列五条，中串珠，外紧挨金属两箍）。汉代以来，汉族就有佩戴臂钏之风。而北方少数民族所戴臂钏较多，且造型奇特。从大同齐家坡发掘的北魏墓葬来看，女性常戴首饰、项饰、腕饰等，考古工作者也指出"鲜卑人不论男女皆重装饰，尤喜用金银"[2]。

北魏与西域各国交往的过程中，西域服饰文化在云冈石窟造像中也留下了痕迹。

围头僧衣有西域风格。第12窟前室明窗东壁树下禅定比丘僧衣围头，左侧菩提树上挂一钵囊。第7窟明窗西壁菩提树下，上下两层各有一坐禅比丘（图5）。上层比丘坐于平面高脚凳上，下层比丘坐于平面石头上。二比丘均圆脸丰满、长眼修眉，抿嘴含笑。坐禅比丘服饰分内外衣，内衣从左肩右斜，袒露左胸。外衣围头僧衣，从头而下全遮臂膊，左右基本对称于腰际打结带子外露，遮住双手，双腿盘坐被衣服遮蔽。围头僧衣应是西域服饰，今天新疆洛浦山普拉墓出土了毛布套头上衣，汉晋时塔里木地区有套头上衣。比丘右侧菩提树一枝叶上悬挂长颈、圆腹饰花纹皮囊，最下面放置一扁圆形腹、长颈圆口瓶。这种圆形皮囊在新疆考古文物中也常见。

云冈飞天凌空飞翔之态，很可能受秦汉以来道教羽人引导升仙思想、南北朝墓羽人的灵动变化以及丝路文化等影响。从考古发掘来看，山东嘉祥县

---

[1] 何兹全，张国安：《魏晋南北朝史》，人民出版社，2013年，第220页。
[2] 王银田，韩生存：《大同市齐家坡北魏墓发掘简报》，《文物季刊》1995年第1期。

图16 第6窟 中心塔柱佛龛护法神

出土东汉武梁石室画像中有各类翼人形象，洛阳曾出土北魏有双翼的男性裸体童子铜像，江苏丹阳墓有羽人形象，河南邓县发现南朝墓天人图，米兰佛塔遗址发现罗马风格有翅膀的年轻男子图像[1]。在丝路各地，古希腊有展翅凌空的提洛岛胜利女神，古代西亚的阿苏尔城遗址门前有带翅的人面公牛护卫[2]。中外艺术不约而同地对凌空飞翔充满美好想象。梁思成对云冈石窟吸收西方艺术也早有论述："飞天手中所挽花圈，皆希腊所自来，所稍异者，唯希腊花圈为花与叶编成，而我则用宝珠贵石穿成耳。顶棚上大莲花及其四周飞绕之飞天，亦为北印中印本有。又如半八角拱龛以不等边四角形为周饰，为犍陀罗所常见，而浮雕塔顶之相轮，则纯粹印式之窣堵坡也"[3]。

云冈石窟早期佛像服饰多为印度式的通肩式和袒右肩式，到中期佛像出现汉族形式的褒衣博带。褒衣博带服饰也是魏晋时期玄学之风在北魏造像服饰上的遗绪。云冈石窟很多造像服饰有轻薄贴身的特点，采用浅浮雕，与古代印度等地服饰承袭有关，当然在技法上也受印度笈多造像影响。

中亚高鼻深目、须发卷曲的胡人形象在云冈石窟也有表现。围绕第6窟中心塔柱四周的主佛龛，在众多供养菩萨和护法神中出现胡汉杂处人物造像（图16）。《乐府诗集》卷51中梁代周舍《上云乐》描述西方老胡形象："青

---

[1]〔美〕韩深：《丝绸之路新史》，张湛译，北京联合出版公司，2015年，彩图5B。
[2] 金秋：《古丝绸之路乐舞文化交流史》，上海音乐出版社，2002年，第129页。
[3] 梁思成：《佛像的历史》，中国青年出版社，2010年，第24页。

眼瞽瞽，白发长长。蛾眉临髭，高鼻垂口。"[1]云冈异域胡人形象有第16窟明窗西侧地神、第10窟前室北壁明窗顶部逆发形飞天、第9窟前室北壁明窗两侧五层方塔的塔层间的逆发形舞者。这些胡人形象大多为云冈石窟早期、中期造像，晚期少见。

第20窟露天大佛造像的波浪状小胡须显然有胡人风格。当然，云冈佛像的胡须也可能与东晋以来流行的《佛说观佛三昧海经》卷3记载的"佛髭""如来髭"的佛像容貌承袭有关。佛像发式上有磨光式、水波纹和螺发样式。云冈石窟第9窟佛像的螺发造型显然是源于印度。波纹式肉髻发式如第16窟主像，有犍陀罗风格。

云冈石窟造像日月装饰，既是各民族对日月星辰等自然崇拜共同文化的体现，也是鲜卑族吸收汉族的梦兆文化，又受感生神话的影响，成为民族集体记忆的体现。《晋书·慕容德》载南燕皇帝鲜卑人慕容德，是"母公孙氏梦日入脐中，昼寝而生德"[2]。《魏书·太祖纪第二》载北魏皇帝拓跋珪："母曰献明贺皇后。初因迁徙，游于云泽，既而寝息，梦日出室内，寤而见光自牖属天，歘然有感。以建国三十四年七月七日，生太祖于参合陂北，其夜复有光明"[3]。北方天气寒冷，雨水不如南方充足，太阳对人们的日常生活影响明显，因而北方民族几乎都有太阳崇拜、祈雨习俗。云冈石窟造像上菩萨常戴日月、仰月宝冠，第8窟窟门两侧摩醯首罗天与鸠摩罗天持日月宝物，第25窟窟顶平棊藻井飞天也手托月。日月、仰月冠饰在佛教文化中代表着光明和智慧。佛教东传中云冈石窟造像"仰月冠饰或日月冠饰受到了波斯萨珊王朝冠饰的影响"[4]，这类造像容易为崇拜太阳的北方民族所吸收接纳，云冈石窟影响了麦积山石窟早期仰月冠饰的形制。

三、云冈石窟造像体现佛教与世俗文化交融

佛教文化与世俗文化交融，从而使得石窟造像有了世俗性、人间性，如佛陀涅槃与民间丧葬习俗的融合。

佛陀涅槃图仅见于第11窟西壁第三层南侧坐佛龛下部、第35窟东壁龛楣

---

[1]〔宋〕郭茂倩：《乐府诗集(第三册)》，中华书局，2017年，第1082页。
[2]〔唐〕房玄龄等：《晋书》·卷127·《慕容德载记》，中华书局，1997年，第3161页。
[3]〔北齐〕魏收：《魏书》·卷2·《太祖纪》，中华书局，1974年，第21页。
[4] 魏文斌：《也谈仰月、日月菩萨冠饰》，《敦煌学辑刊》2007年第4期。

图 17 第 11 窟西壁 佛涅槃

南侧、第38窟北壁。其中第11窟西壁佛涅槃造像雕刻为：佛头南脚北，平躺仰卧床上，两臂于身侧平伸，两脚呈八字状，床大小与佛身等长，床头、尾有圣树枝叶向内合，遮蔽佛身（图17）。佛头前脚旁各有一弟子作站立抚头和跪地抬脚状。从构图来看，抬头、脚的弟子头在同一水平线，结合其站和跪状推测有两种情况：一是床头高，床尾低；二是床若等高，那么床头站立弟子则为童子（如果是成人需弯腰或下蹲，床头弟子造像并未弯腰或下蹲），床尾应是成人弟子。第一种情况成立的话，可能受民间棺椁头大脚小的影响。如大同齐家坡北魏墓东西横置棺椁形制为"棺西头宽大，东头窄小，大头顶部前倾"[1]，南北侧板前高后低，头挡、足挡平面呈梯形。另外考古发现北魏有很多石棺床，有的尸体直接仰面直肢置于棺床之上，如大同南郊北魏墓群M112。云冈佛陀涅槃图这种平躺仰卧葬俗，也可能与北魏石棺床葬俗有关。

《大般涅槃经》载佛"右胁而卧如彼病人"，但云冈石窟佛涅槃是仰卧直肢如俗人亡状。第11窟西壁佛涅槃造像是仰卧状，第35窟东壁佛陀头南脚北也是仰面卧，周围有5位披头散发面露哀色的俗装弟子。第38窟同样中层佛陀头东脚西仰面卧，身体上方也有5位举哀弟子，上层为5位神态淡定的礼佛比丘，下层有6位供养伎乐天。考古发现，北魏早期墓葬鲜卑有俯身葬，后来演变多为仰身葬[2]，云冈石窟晚期出现的佛涅槃仰卧造像与北魏晚期民间仰身直肢葬习俗吻合，正是世俗生活对佛教造像的影响。

佛教神圣造像与民间世俗生活的结合，使得枯燥深奥的教义具体化、形象化，便于宣传佛理。金爱秀认为"汉魏以后，在皇室、贵族、大臣的丧葬

---

[1] 王银田，韩生存：《大同市齐家坡北魏墓发掘简报》，《文物季刊》1995年第1期。
[2] 刘谦发表于《考古》1990年第5期的《锦州北魏墓清理简报》，论及北魏早期俯身葬。大同市考古研究所发表于《文物》2006年第10期的《山西大同七里村北魏墓群发掘简报》，文中描述北魏葬式多为仰身直肢葬，头或向南或向西。棺椁前大后小，前高后低。

中常用鼓吹助丧"[1]，北魏沿袭。云冈石窟涅槃图在符合佛经教义描述的同时，第35窟、第38窟5位举哀弟子和第38窟下层6位持鼓、琵琶等乐器的伎乐天演奏隐隐是民间哭丧、鼓吹助丧的北魏习俗的折射。第11窟涅槃图床头尾各立两对弟子，一对弟子双手合十做祈祷状，另一对弟子手托摩尼宝珠。摩尼宝珠作用在此可能似民间长明灯。《史记》载秦始皇陵置有长明灯。北魏墓葬考古发现很多陪葬物中有铁灯（锡林郭勒盟北魏墓）、石灯（大同司马金龙墓）等。至今，佛教信徒仍有供灯获功德的心理。云冈石窟中期、晚期造像是佛教中国化的重要时期，而其"中国化"的方式就是民族化、地域化、民俗化，这一点在云冈石窟造像中不断得到佐证。

民间招魂幡、死亡禁忌在石窟造像中也隐约体现。第6窟东壁下层出行西门遇到发丧者，一人举幡前行。王恒先生在《云冈佛经故事》书中断为中国本土的"招魂幡"[2]，从形态和情景上看确似民间丧葬习俗"招魂幡"。第6窟东壁南侧三幅画和南壁东侧第二幅画表现太子骑马出游四门的遭遇。雕刻中每幅都有一飞天，但从飞天的飞翔姿势看，当遇到老者、病人和比丘（活人）时，飞天飞翔方向呈现亲近太子所遇对象之势，唯有遇发丧（死人）则呈现飞离之势。出游四门中面对生死，飞天飞翔方向的这种"巧合"，似有民间对死亡禁忌的思维，而此时未成佛的太子作为俗人直面生死、始终前行的选择，正是超越生死的"佛"的境界。

从雕刻位置来看，反映丧葬、死亡的造像所占空间较小，大多选择一角，视觉上不易看到；从雕刻时间和所在佛窟来看，没有出现在皇家石窟中，佛教表达教义的同时，也受民间死亡禁忌的影响，怕带来晦气。

宗教文化与世俗文化的交融还反映在云冈石窟造像的跪姿、坐姿及其坐具上。

胡跪，即半跪半蹲，本为西域少数民族一种日常姿势，后成为古代僧人的致敬礼，云冈石窟的供养人胡跪姿势常被用来表现对佛的礼敬。

中国坐具在南北朝时期由席榻向椅凳等高坐具转变。北魏多民族融合，高型坐具较多，垂足坐是常见坐姿。第7窟大梵天王劝请释迦佛为众生说法造像中左右似天王者，就是垂足坐于束帛坐上。第9窟明窗两侧骷髅仙因缘也是此坐姿。束帛坐，应该是魏晋时期流行的形如长腰鼓的高型坐具"筌蹄"，

---

[1] 金爱秀：《北魏丧葬制度初探》，《河南科技大学学报（社会科学版）》2004年第4期。
[2] 王恒：《云冈佛经故事》，山西人民出版社，2002年，第60页。

与佛教有关，敦煌莫高窟西魏第285窟壁画和洛阳龙门石窟北魏莲花洞壁面多雕刻。南北朝高型坐具除了胡床（含双人胡床）外，又出现了扶手椅、方凳、束腰凳等。垂足坐、高坐具的流行，与南北朝世俗生活中缚裤、围裙的胡风服饰不易露下体有关，进而出现了两腿自然下垂、交叠垂、单腿盘叠于另一垂腿上等坐姿。那么云冈石窟佛像的善跏趺坐（垂足坐）、交脚弥勒像倚坐（交脚倚坐）、思维菩萨半跏思维坐等，正是南北朝高坐具、坐姿、胡服新变的现实生活折射。据汉族文化传统，古人一般安坐，非正式场合有箕踞、蹲踞。敦煌莫高窟北魏第257窟已出现胡床坐像。坐胡床的姿势类似于今人垂足坐。而早在东汉灵帝时期上层贵族就偏爱胡俗。《后汉书·五行志一》记载："灵帝好胡服、胡帐、胡床、胡坐、胡饭、胡空侯、胡笛、胡舞，京都贵戚皆竞为之"[1]。

此外，像第8窟摩醯首罗天所骑牛，牛鼻孔穿环也是世俗生活对佛教文化的渗透。

综上所述，云冈石窟造像是北魏文化的重要载体，世人不仅可以管窥到鲜卑族文化，而且处处可见北魏多民族融合、丝路交往所带来的文化多元共存"美美与共"的杂糅性，处处可见宗教的神圣性与民间生活的世俗性融合。云冈石窟让今人见证了北魏豪迈辉煌、开放多元的雕塑艺术魅力和文化魅力。

原文刊载于《中央民族大学学报（哲学社会科学版）》2018年第5期

---

[1]〔南朝·宋〕范晔：《后汉书》·卷13·《五行志》，中华书局，1997年，第3272页。

云冈石窟大中型洞窟供养人的意识表达

员小中

云冈研究院

　　云冈石窟造像中，世俗供养人是作为功德主的自我形象表达而出现的，具有沟通人神、联系释凡的意义，同时含有对佛法的崇敬、对皇权的敬仰、对未来的期盼、对美好的向往等多种意识，其数量众多，形象鲜明，是当时社会宗教信仰依附群体的意识形态表现，是石窟造像艺术的有机组成部分。供养人位置大致有两种表现：一是在大、中型窟的壁面下层，供养人队列随石窟壁面围绕着内部空间，如第5窟、第13窟等壁面下层。另一种是在民间小龛像的下方，与龛像在同一个平面，如第11窟东、南、西壁面上60余处造像龛下方的供养人。本文只讨论前一种，因为大中型石窟是皇家窟或权贵窟，在石窟群中占主体地位，能出现在这种窟里的供养人一定是特殊阶层的代表，可以说是非富即贵，他们的发愿和功德表达了其族群或同僚中所有人共同的意愿，具有更高层次的集体意识或命运共同体的意识，规模上超出了一般邑社供养，在供养人像中具有一定代表性，值得深入探讨。

一、本文拟讨论的大中型窟

　　本文拟分析有供养人形象雕刻的十座大中型窟，从东至西有第1窟，第5、6窟，第13窟，第9、10窟，第19-2窟，第34、35窟，第37窟等。大型窟定为中东部第5、6窟，第13窟，第9、10窟，第1窟，第19-2窟。中型窟定为西部窟群的第34、35窟、第37窟。属大中型窟但不纳入讨论的有两处。如第7窟，壁面底层的形象风化不明，又因第8窟相同位置是天人身份，所以第7窟是否为世俗供养人身份不能确认，本文暂不纳入讨论。又如第33

窟，供养人缺失太多，且主壁二佛并坐题材与第34窟相同，东南壁面多为现代补砌，也不纳入讨论。（见表1）

表1 大中型窟情况一览表（尺寸单位：≈米）

序号	窟号	形制	明窗	窟门	宽	深	高
1	13	大像窟	高4.6，宽4.1	高3.0，宽3.0，厚2.0	11.0	9.0	13.6
2	5	大像窟	高6.1，宽6.0	高5.3，宽4.8，厚3.0	20.0	13.0	17.8
3	9	佛殿窟	高2.5，宽2.1	高2.8，宽2.4，厚2.1	11.3	8.0	10.5
4	10	佛殿窟	高2.5，宽2.1	高2.8，宽2.4，厚2.1	11.0	7.4	10.5
5	1	塔柱窟	高1.6，宽1.2	高2.5，宽2.1，厚0.9	7.2	9.5	5.7
6	6	塔柱窟	高5.2，宽4.8	高3.3，宽3.0，厚2.2	13.8	13.4	14.5
7	19-2	大像窟	北魏已毁	北魏已毁	7.5	5.5	8.5
8	34	方形窟	现代补砌	现代补砌	3.6	2.8	3.8
9	35	方形窟	高1.3，宽1.0	高1.8，宽1.4，厚1.0	4.5	3.6	4.9
10	37	方形窟	高1.4，宽1.4	高2.2，宽1.3，厚0.8	3.9	3.6	4.7

二、供养人在大中型窟的表现

本文选取的大中型窟含有大像窟、佛殿窟、塔柱窟三种窟形，供养人队列都处在壁面下层。从开窟时间看，作为与一期工程昙曜五窟并行的大像窟第5窟、第13窟开凿时间早，完工有延迟[1]，壁面下的供养人数众多，队列整齐，形象高大。尤其是第13窟供养人（图1—图3），男女分列窟门两侧，着装厚重，样式古朴，身体姿态自然，高浮雕表现，有与主像关联的意识表达，可能是与主像一体化的设计。西部第34、35窟，第37窟属北魏迁都之后（494—520）的三期窟。三期窟平面方形、平顶，四壁三龛，受地形限制，洞窟比二期窟规模小，供养人比例相对更小。从表现位置看，第1窟，

---

[1] 关于大中型窟开窟顺序，〔日〕冈村秀典认为昙曜五窟于460年开始，第5、6窟的开凿时间为477—483年，第7、8窟的开凿稍晚于昙曜五窟，后并行开凿，第8窟早于7窟，然后是第9、10窟，第1、2窟。第5、6窟和第1、2窟可能并行。第1、2窟始于太和元年（477）之际；第9、10窟营造于皇兴、延兴年间（467—476）；第7、8窟营造于和平、皇兴年间（460—471）。参见京都大学人文科学研究所、中国社会科学院研究所编著：《云冈石窟》第三期第20卷《总括云冈造窟顺序》，科学出版社，2018年。

图1 第13窟下层南壁东侧 供养人 　　　　图2 第13窟下层南壁西侧 供养人

图3 第13窟下层东壁 供养人

第6窟，第13窟，第34、35窟，第37窟等窟内供养人随壁面赋形象；第5窟，第9、10窟等三座窟供养人则在诵经道（礼拜道）内壁赋形象（图4、图5）；第19-2窟供养人位置比较特殊，出现在佛座侧面。从图像形式看，第5窟僧人供养人排列方式与第9、10窟一样紧密站立，大部分的供养人风化，推测原始形象全部为僧人；第1窟和第6窟的壁面下层的浮雕故事和供养人队列的构成极其相似，只是第6窟供养人站立在廊道建筑下，女性身份（图6）。第1窟东壁供养人呈男性装束（图7）；西部窟供养人也是紧密排列，但没有手持供物，中央多为弥勒菩萨屋形龛；二期工程供养人形式，表现出第5窟供养人受第9、10窟影响，第6窟受第1窟影响，第19-2窟出现供养人位置创新。从面部朝方向看，第1窟，第9、10窟，第5、6窟，第13窟供养人面向窟门；第34、35窟及第37窟等西部窟供养人面向窟内。从服装样式看，第6

图 4 第 9 窟诵经道西侧 女性供养人

图 5 第 10 窟诵经道东侧 男性及僧人供养人

图 6 第 6 窟下层 供养人

图 7 第 1 窟东壁 男性供养人

窟、第19-2窟及西部窟都是汉民族服装样式。只有第13窟，第9、10窟明确是鲜卑式胡服。（见表2）

表2：云冈石窟大中型窟的供养人统计表（数量单位：身；尺寸单位：≈米）

窟号	位置	现（原）数量	形象	尺寸	供物	主像
1	壁面下	6（50）	汉装男性	1.0	长茎莲	弥勒菩萨
5	诵经道	29（34）	僧装僧人	1.5	无	释迦坐佛
6	壁面下	8（60）	汉装女性	1.2	长茎莲	释迦坐佛
9	诵经道	3+23（30）	僧+胡服男女	1.1+1.5	长茎莲	弥勒坐佛
10	诵经道	3+24（30）	僧+胡服男女	0.9+1.3	长茎莲	弥勒菩萨
13	壁面下	14（42）	胡服男女	1.2	无	弥勒菩萨
19-2	佛座侧	9	汉装男女	1.0—1.3	博山炉	弥勒坐佛
34	壁面下	34（44）	汉装男女	0.3	无	二佛并坐
35	壁面下	75（84）	汉装男女	0.4	无	释迦坐佛
37	壁面下	55（120）	汉装男女	0.3	无	弥勒菩萨

（一）大型窟供养人概况

1. 第13窟　第13窟属大像窟，位于云冈石窟中部窟群西端。

南壁下层拱门两侧共有供养人14身。西侧现存7身男性，从东往西身高呈递减状，靠近窟门者首位供养人形体较高。东侧7身，造像与西侧基本相同，双脚并拢朝前方，与西侧供养人双脚外八字形站立不同。供养人头戴鲜卑风帽，着交领窄袖大衣，腰束带，衣摆过膝外张，脚着靴，双手合掌置于胸前。东壁下层数身供养人与南壁同高同向，西壁风化不可见。

第13窟南壁供养人

2. 第5窟

第5窟属大像窟，位于云冈石窟中部窟群东端。

北壁诵经道内东壁、北壁与西壁下部雕供养人立像，现存29身，身着宽大袈裟，双手合掌，为供养僧人。风化严重。

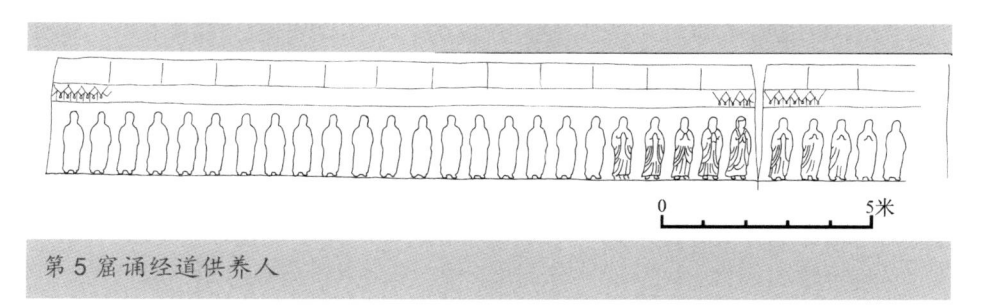

第5窟诵经道供养人

3. 第9窟

第9窟属佛殿窟，位于云冈石窟中部窟区，与第10窟构成一组双窟。

诵经道北壁中央凿宝盖龛，内雕坐佛高约1.2米，仅存形状。佛龛座下方雕3身高约1.1米的世俗供养人立像，性别不可辨。

后室诵经道内北壁中央佛龛的左、右两侧，雕有身高约1.5米的供养人列像，现存可辨共23身。东侧存11身，为男性，面向东侧诵经道口，前3身为僧人，另有2身僧人形象转到东壁，后6位饰垂裙圆帽，长衣，蹬靴，双手执长茎莲于面前。西侧存12身，为女性，面向西侧诵经道口，前3身为僧人，另有2身转到西壁，后7身头戴垂裙圆帽，长裙掩足，双手执长茎莲于面前。（推测诵经道原有供养人近30身。）

第9窟诵经道供养人

4. 第10窟

第10窟属佛殿窟，位于云冈石窟中部窟区，与第9窟构成双窟。

后室北壁诵经道北壁中央宝盖龛内雕菩萨。须弥座下凹进面内雕3身高约0.9米的供养人像，可辨3身中两边略侧身面向中间。

诵经道内北壁中央佛龛两侧雕供养人列像，高1.3米。现存可辨供养人共24身。东侧11身，靠近东壁的3身和转向东壁的3身为僧人，个别饰有头光，僧人之后为5身男性，饰垂裙圆帽，双手执长茎莲面向东侧诵经道口。西侧13身，靠近西壁的3身和拐到西壁的4身为僧人，僧人之后为6身鲜卑女性（现存5身），手执长茎莲于面前，面向西侧诵经道口。（推测诵经道原有供养人近30身。）

第10窟诵经道供养人

5.第6窟 第6窟属中心塔柱窟，位于云冈石窟中部窟群最东段。

东壁下层为多间单层式围廊，每间围廊雕4身供养人像，轮廓可辨，高髻、汉装，身后执莲，面向窟门。（按距离推测东壁原有22或23身，与此相对西壁原有22或23身。）

第6窟东壁供养人

南壁下层多间单层式围廊与东壁连续，每间围廊内有4身供养天人像轮廓，风化严重。（推测南壁东侧有8身，西侧有8身。）现东侧存5身。（推测东南西三壁面下层一圈原供养人共有60或62身。北壁下层不可辨识，此处不计。）

第6窟南壁供养人

6. 第1窟 第1窟属中心塔柱窟，位于石窟群最东端。

东壁下层为男性供养人队列，身着长袍，高1米，面向窟门，风化漫漶严重。南段被后期小龛打断，雕刻基本消失。北段可辨原雕17身以上，现存6身轮廓。供养人头戴进贤冠（仅存冠顶局部），身躯仅存轮廓，不露足。莲华置于身后。

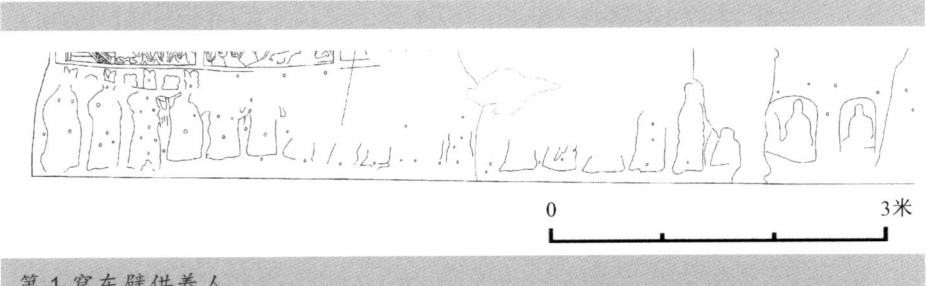

第1窟东壁供养人

7. 第19-2窟 第19-2窟属大像窟，位于第19窟西侧，洞窟地面高出主窟4.6米。

正壁倚坐佛基座两侧共雕9身供养人，左侧为男性5身，头戴进贤冠，方脸，削肩，身着对襟宽袖长袍，有襟带，腰带，下露履。右侧为女性4身，头梳高髻，除右侧为首的女性和左侧最后一身男性手举博山炉外，其余皆双手合掌握物。男性第5身拐到西壁。

第19-2窟佛座供养人

(二) 中型窟供养人概况

1. 第34窟　第34窟属方形窟，位于云冈石窟群西部的高台上。

北壁雕一复合龛，内雕二佛并坐二胁侍菩萨造像。龛下方正中雕一屋形龛，瓦垄清晰，内隐约可辨为1尊坐佛，两侧有雕像痕迹，内容不详。左右各帐饰下共雕16身供养人。东侧现存8身，男性，首位头戴小冠，着宽袖长袍，左手置于胸前，右手前置，掌中托博山炉。身后紧随侍者，头梳高髻，着宽袖长袍，双手执华盖。后6身（原7身）均头戴小冠，着宽袖长袍，露履，双手合掌。西侧现存8身，女性，均头梳高髻，均着宽袖长袍，双手合掌。其中第2位双手执华盖。风化剥蚀严重。

西壁圆拱龛内雕1尊坐佛。龛下部雕一屋形龛，内雕1尊坐佛。左右两侧帐形内共置14身供养人行列，北侧雕6身，女性，均面向北方，头梳高髻，着宽袖衣，双手合掌。南侧风化剥蚀十分严重，可辨8身女性供养。

东壁原壁面坍塌，现代补砌，北下角残存4身男性供养像。头戴冠，着汉装，双手合掌，露履。

第34窟北壁供养人

第34窟西壁供养人

2. 第35窟　第35窟属方形窟，位于第34窟西侧。

北壁壁面风化剥蚀十分严重。龛下正中隐约可辨一圆拱龛，内有坐佛痕迹。其东侧可辨有供养人行列。据痕迹推测，原有20身。

东壁大龛底层帐形内雕男性供养人行列，现存21身，其中有3身仅见痕迹。造像均面向北侧，头戴进贤冠，双手合掌，圆领内衣，外着宽袖长袍，领袖有缘，腰束带，脚露高圆头履。

第35窟东壁供养人

南壁拱门东侧底层帐内男性供养人共9身，腿部以下风化严重。动作、服饰同东壁。第1、2位呈回头顾盼状，其余均面向东方。

南壁拱门西侧底层帐内供养人共10身，均为女性。大襦长裙汉装，头梳高髻，双手合掌，不露足，面向西方。

西壁壁面底层龛下帐内雕一列女性供养人，原约有20身，现存15身。服饰同南壁西侧，面向北。（据遗留痕迹估计，四壁下层一圈原有供养人共约84身，左42身男，右42身女。）

第35窟南壁东侧供养人

第35窟南壁西侧供养人

第35窟西壁供养人

3. 第37窟

北壁大盝形龛下底层正中隐约可辨2座圆拱龛，龛右侧帐式下可辨一行汉装供养人，首位头梳高髻，紧随其后者头梳双髻，持华盖，其后残存10身。均着汉装，双手合掌，面向佛龛中央，其余均剥蚀无存。（北壁原左右各16身，共32身。）

第37窟北壁供养人

第37窟南壁西侧供养人

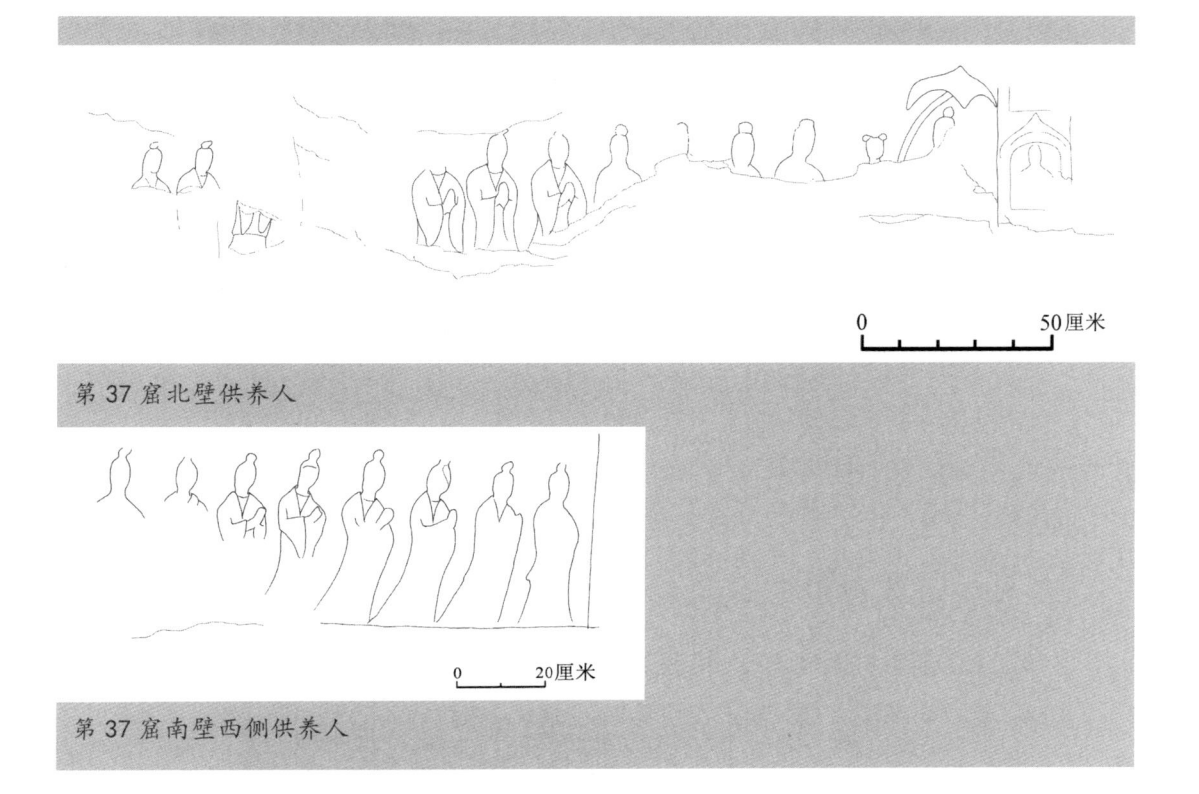

南壁下层窟门东侧底层方形帐内，雕男性供养人行列，现可辨有7身，头戴小冠，着宽袖长袍汉装，双手合掌，下部风化剥蚀不辨。侧身面向东壁。南壁下层窟门西侧底层方形帐内，雕女性供养人行列，现存8身，均头梳高髻，着交领汉装衣，内衣圆领，双手合掌，侧面向西，下半部分风化剥蚀严重。（南壁原左侧11身，右侧10身，共21身。）

第37窟南壁东侧供养人

西壁下层崩塌残毁严重，底层方形帐内供养人大部分剥蚀严重，残存约30身头梳高髻、着宽汉装的女性造像轮廓。（西壁原34身，推测东壁原34身。）（据遗留痕迹估计，下层一周原共有供养人约120身，男、女各60身。）

第37窟西壁供养人

三、供养人群体意识形态的表达

本文把大中型窟内正壁（北）造像认作供养人供养的主要对象。从表二中可看出，选取的十座大中型窟内主像，有四处为弥勒菩萨，三处为释迦坐佛，二处为弥勒坐佛，一处为二佛并坐。可以说弥勒信仰的主题占上风，三世佛组合是主要题材，这也是贯穿云冈石窟的大乘佛教信仰特征的表现。

供养人着胡服在第9、10窟，第13窟表现突出，而其他窟供养人均已着汉装。胡服装束的供养人表示服饰改革还没影响到供养者，这个时期没有出现汉服装束，说明朝野还没有推行服饰革新或还没有波及造像，这可以从反面印证开窟时间，说明第9、10窟，第13窟开凿时间比其他窟要早，而且可能早于北魏太和十年（486）孝文帝始服衮冕、始制五等公服的服饰改革，更早于太和十八年（494）的服饰改革。另《大金西京武州山重修大石窟寺碑》（简称《金碑》）记述："今寺中遗刻者二：一在崇教（福），小而完，……盖庆时为国祈福之所建也。末云：大代太和八年建，十三年毕。"辽代云冈十寺之崇教（福）寺，宿白先生考证为即今第9、10窟[1]。如此，可以说第9、10窟供养人队列在太和十年孝文帝服饰改革前已刻就。

从《金碑》记述可知，第9、10窟设计师是钳耳庆时（王遇），他是孝文帝太和时期宫中阉官，曾任"皇构都将领将作大匠"[2]，《魏书》·卷

---

[1] 宿白：《大金西京武州山重修大石窟寺碑校注——新发现的大同云冈石窟寺历史材料的初步整理》，《北京大学学报（人文科学）》1956年第1期。
[2] 周伟洲：《北魏〈王遇墓志〉补考》，《西北民族论丛》2018年第2期。

94·《列传阉官》有载："遇性巧，强于部分。北都方山灵泉道俗居宇及文明太后陵庙，洛京东郊马射坛殿，修广文昭太后墓园，太极殿及东西两堂、内外诸门制度，皆遇监作"[1]。可见，作为北魏皇室建筑设计师、一位关中冯翊李润镇汉化的羌人，王遇的技艺才华在云冈石窟、北魏平城、北魏洛阳都有表现。王遇极尽其能，设计体现出各种艺术风格交融交流变化的样式，有一定代表性，可以说是引领着建筑样式、装饰图案及其空间内的人物设计潮流，包括第9、10窟的供养人像。

第9、10窟是前后室的佛殿窟，平面上与汉墓前后室结构布局有相似之处，方形门也有画像石汉墓石室门的样子。在两窟主像身后的诵经道北壁中央，即供养人队列的中央，雕刻分为上下两部分：上部是佛龛，下部三身供养人（图8）。这三身供养人比左右两侧的供养人矮很多，这种现象耐人寻味。从位置上说，中间位非常重要，从形象说，供养人被佛龛压低，似乎又不重要，但这三位低矮的供养人一定是功德主中主要发愿人物。由于风化严重，人物面部和手部姿势已模糊，但大致可以看出着胡服装，双手抱于胸前，两侧人物身姿略微侧向中间，有从属或主次的表达，应是侍者身份。第9窟中间人物帽子似有短沿向两侧外翘，不是皂帽后边垂裙。中间人物会是谁呢？阉官王遇定无子嗣，核心供养人不是他或他的家族，皇家窟的供养人一定是皇族。王遇"历奉三帝"，侍奉的三位皇帝是献文帝、孝文帝和宣武帝，开凿第9、10窟时，献文帝可能已失势，宣武帝还没继位，只有孝文帝拓跋宏和冯太后执政，用双窟代表"二圣"是北魏太和时期云冈石窟最显著的特点。在第9、10窟工程收尾时，王遇于太和十二年（488）七月在家乡陕西澄城建了晖福寺，碑文中明确提到了为

图8 第9窟 诵经道中央龛像及供养人

---

[1]〔北齐〕魏收：《魏书》·卷94·《阉官传》，中华书局，1974年，第2024页。

"二圣造三级浮屠各一区"[1]，这是王遇忠于朝廷的真实表述，这种表达应该与他营造云冈崇教（福）寺的思想一脉相承。

若此，诵经道中部上龛下人的结构布局，应是汉代"重生"观念的延续和佛教"轮回"概念的表达。三身供养人像中间一身其实代表一位执政者在人界的化身，与其上方天界佛龛内的化身同示一处，表示天地人神两界的转场图式。与东汉画像石中"升仙图"和"祠主受祭图"[2]有异曲同工之处，只是画像石墓刻画的天上神仙世界在这里变为佛国天宫世界。即第9窟诵经道中央供养者代表文明冯太后，上方龛像是佛，第10窟诵经道中央供养者代表高祖孝文帝，上方龛像是菩萨，上方龛像身份与后室主像一致，表达其代表的执政者身份的一致性（站在皇家祖庙的观点立场看）。由于其位置在诵经道阴暗之处，不易被人察觉，反倒可暗示君主阴德，也可能是王遇自己在积阴德（与阳德相对，做不为人所知的好事）的表示。如此解释中间供养人形象才可以说得过去。从此开始有了皇帝礼佛图像的表达，而且在第7、8窟下层天人身份供养队列形象出现后，一种世俗供养人队列形象表现形式出现了，这种供养人队列形式可能是王遇杂糅胡汉多种文化因素以表达"忠孝"思想的创举。

第9、10窟诵经道北壁供养人从中间朝向两边，男女分列东西，身着胡服，诵经道两端入口处是数位僧人形象，所有供养人手执长茎莲在面前。执莲供养有理想和现实两方面的源头，在佛教本生故事"定光佛授记"里有儒童执长茎莲供养佛的场景，早期石窟也有菩萨执莲侍佛的雕刻，敦煌第275窟（北凉或北魏）壁画上有胡服供养人队列的先例。在北魏太和初年（477），比丘法恩造金铜佛方足座上供养人也是手持长茎莲。说明这种执长茎莲供养形象早已有之，在云冈出现只是传承不算创新。在其后的第1窟、第6窟中，长茎莲花位置由面前转到了身后，供养人神态也由卑躬屈膝变为豪气自信。

整体看，第9窟供养人身材略高于第10窟。原供养人像数量各窟约有30身，僧人排在供养队列前表示"敷导民俗"、引领佛事活动等供养行为，他们也是"三宝"中接受供奉的对象，第11窟太和七年（483）造像龛下有明确的僧人邑师引领供养人的范例。在第5窟诵经道东北西三壁，供养人全部为僧人体貌，可以说是一队僧团阵容。这种供养形式让人不得不考虑前面主尊大

---

[1] 见西安碑林《大代宕昌公晖福寺碑》。
[2] 信立祥：《汉代画像石综合研究》，文物出版社，2000年，第91页。

佛的身份。作为石窟第一大佛，定寓意有至高无上的现实地位，不是一般人可以作为供养身份出现，如果按一般的说法，此大佛代表北魏献文帝拓跋弘的话，僧团是最为合适的供养群体。与之相对的南壁（佛身后）可以看出是一队手舞足蹈模样的天人形象，与第9、10窟同位置风化严重的情况类似。

第13窟下层一圈原始约有40身胡服供养人像。现存南壁供养人保存较好，窟门东侧为女性形象，西侧为男性形象，均着过膝大衣，腰束带，合掌于胸前，面向窟门。女性双脚并拢、俯首侧身，男性八字脚挺胸站立。大衣均下摆外张，有发散状斜向衣纹，这种衣纹不见于云冈其他窟供养人，应是偏早的供养人衣纹形象，与北魏太平真君三年（442）鲍纂造石塔基座、北魏延兴二年（472）黄相造坐佛像[1]等单体造像下的供养人服饰相似。他们双手合十，无莲华供物，衣着朴实，无僧人引领，这是否说明第13窟的供养人不是皇室贵胄的形象。但供养人朝向窟门，与第9、10窟，第5、6窟，第1窟等供养人方向一致，表明他们具有主体意识、对石窟主像有整体认同感，以外向开放姿态，共同迎接外来朝拜者，表明他们至少是皇权势力的支持者。这是皇家大窟供养人体现出的集体认同意识特征。

第1窟和第6窟都是中心塔柱窟，从内容表达上看开凿时间较为接近，而且第1窟异域风格大于第6窟，可能是第6窟开凿的实习基地。第6窟汉化风格更加明显，规模大、历时长，直至迁都洛阳前夕才完成。两窟中心二层塔柱、壁面上层天宫伎乐、中层龛像及三刹佛塔、下层连环画式的浮雕以及供养人队列等，样式都有相似的因素。从残存迹象看，第1窟东下层供养人为汉装的男性形象，第6窟下层供养人全部为汉装女性形象，在廊道建筑下列队。相比之下，第1窟男性供养人较为臃肿粗犷，第6窟女性供养人更为纤柔娇媚。共同点是都面向窟门，与前几座大窟一样，表达了皇家石窟供养人具有的共同主体意识，一致对外的开放心态。第6窟的繁华绚丽的风格更能体现出母仪天下的历史背景。

第19-2窟佛座下的供养人是一个特例。主佛举右手倚坐，着褒衣博带式佛衣，佛座两侧面有供养人列像与主佛同向前方，男左女右，与大窟供养人男女位置相同，具有与主像共同的外向意识。此窟原前壁同东侧19-1窟相同，北魏时第20窟前壁的倒塌殃及相邻的壁面，导致19-2窟前壁和侧壁也倒

---

[1] 金申：《中国历代纪年佛像图典》，文物出版社，1994年，第11页、第34页。

塌。主像工程延期完工后，佛座位置就有了非常明显的空地，并且适合观瞻者仰望，供养人顺时就势而生。女性首位供养人托举博山炉，男性末位供养人托举博山炉，着汉装，无僧人引导。

第34、35窟，第37窟下层供养人服饰全部为汉服（图9—图12），供养人朝向窟内主像，排列整齐的队伍表达出对佛国充满敬畏之心，体现出了参拜神佛的权臣旧贵、豪门地主、财团信徒等群体的角色和心态，他们是与高大

图 9　第 35 窟东壁　男性供养人

图 10　第 35 窟南壁东侧　男性供养人

图11 第35窟南壁西侧 女性供养人

图12 第35窟西壁 女性供养人

佛像有距离的底层信众,没有了能与佛像贴近并一起表达内心情感的勇气,佛像是他们信仰中的不可替代的精神支柱,自己是迫切想要得到佛陀救赎的普罗大众,期盼三世福报、净土重生,轮回解脱。相对矮小的供养形象是他们恰当的身份表达。他们与石窟主体意识分裂,佛在佛界、人在人间,不作为共同体意识表达。供养队列中间的小佛龛（继承了第9、10窟诵经道中部佛龛即天界的含义）就是他们心中的圣地和信仰的归属，他们只是一帮思想盲从的、富足攀比的礼佛联合体。家族中尊贵的人排在前面，有伞盖羽葆，后边的族人衣冠楚楚、摩肩跟踵、互相跟随。这是北魏迁都洛阳后，中型窟供养人体现出的封闭的、内向的、形上的、小我的供养意识特征。

总结

供养人这一特殊造像群体，是石窟中不可或缺的题材，佛法僧三宝的供养行为依赖供养人来实现，代表最高权利身份者——佛陀，需要仆人服侍。在稍早的皇家大窟里，供养人类似皇室奴仆成员，礼佛即礼皇帝，同时与主像（皇帝）一样，面向外界，以开放的姿态迎接膜拜，有着共同的主体意识。供养人队列前的僧人引领队伍在第9、10窟，第5窟诵经道内出现，而其他窟供养人队列前则没有僧人形象，这种仪式感是权利和财富的象征。迁都后中型窟中的供养人，从现实来说远离新都洛阳，脱离了皇权管控，行动比较自由，目的更加功利，他们用实力来表达和实现家族愿望，把希望寄托在石窟四壁上的三世轮回世界里，期盼远离人间痛苦，在佛国净土中重生，这种愿望也是家族所有人的供养意识表达。同时，供养人统一穿着汉装，仪容讲究，表达了功德主对孝文帝汉化制度的拥护和对汉民族主体文化的认同。

大中型窟的供养人像表达出开放和自闭的两种心态，是石窟开凿由盛而衰的表现，也是迁都前后皇权势力渐行渐远，功德主由自信转向自卑的反映，后来民间龛像下大量供养人像的出现，主体由邑社组织、贵族群体渐渐转为个体，供养意识散乱为形形色色的碎片化信仰。从另一方面说，小窟龛的供养人的形象表现和发愿铭文，使佛教石窟里有了人世间个体对皇权、对信仰、对生命、对时代的表达，既有人间的感情流露，又有出世的悲情和超脱。

本文为山西省文物局2023年度"云冈学"建设专项项目"《云冈石窟分类全集》资料整理与编著"阶段性研究成果。

说明：本文线图为作者本人绘制，照片选自20卷本《云冈石窟全集》（青岛出版社，2017年）相关窟内图片

云冈石窟——多民族交流融合的艺术典范

侯瑞

云冈研究院

云冈石窟,从北魏文成帝复法开启雕琢之始,营造近70年,是北魏定都平城(今大同)时期的皇家石窟寺文化遗存,展示了5至6世纪中国石窟的艺术风格和中国北方宗教信仰的发展图景。2001年,云冈石窟申报世界文化遗产时,国际古迹遗址理事会推荐认定文件中对云冈石窟的价值陈述为:"云冈石窟在相当短的时间内(460—525)建成,并创建了中国第一个佛教石窟艺术高峰的经典杰作。该遗产结合了中国文化和来自南亚和中亚地区的影响。贵为中国第一个皇家授权的石窟,它反映了该时代的政治雄心。同时,云冈石窟赋予佛教石窟艺术以明确的中国特征和地方精神,它对其后的中国艺术发展具有重要意义。"

一、中国石窟艺术之经典杰作

佛教石窟艺术在印度诞生后,于公元前1世纪至2世纪和5至8世纪在世界形成两个石窟艺术繁荣期。5世纪和7世纪前后,中国北方先后形成两次营窟造像高峰。云冈石窟即诞生于中国石窟艺术史上第一次造像高峰时期。梁思成曾盛赞云冈石窟的雕凿使得中国雕塑史首次绽放光彩。昙曜五窟(第16—20窟)真容巨壮,气势宏伟,称冠古今。五华洞(第9—13窟)富丽堂皇、瑰丽斑斓,风格别出机杼;具有希腊地中海风格的爱奥尼亚式柱头、科林斯式柱头等造型融入中国汉式仿木构建筑之中,相辅相成,独具一格(图1)。第5窟主像高达17米,雄壮奇伟,给观者以直抵心灵的震撼;第6窟将释迦牟尼出家成道前后的重要事迹以石刻"连环画"形式展现

图1 第9窟前室北壁 中西建筑

得淋漓尽致。在云冈工匠鬼斧神工般的技艺之下，卷草、莲花等异域植物纹样变化多端，将佛国世界装饰得绚烂至极。云冈石窟的每一窟每一龛不仅追求形式之美，而且重视体现宗教内涵，堪称南北朝中国石窟造像艺术的完美典范。

云冈石窟对石窟艺术的变革与发展具有突出贡献。其设计者充分利用雕刻艺术本身具备的审美特性，吸收印度及中亚佛教艺术精华，以中西融合之雕塑语言展示中国佛教艺术。在短短几十年里，古印度犍陀罗和秣菟罗等异域艺术与中国本土艺术在云冈石窟激荡融合、相得益彰。造像者基于民族审美意识和对传统文化底蕴的追求，完成了造像艺术由"胡貌梵相"到"化梵为夏"的转变。昙曜五窟造像宽额广颐、双肩齐挺、身躯高大，与北魏墓葬壁画和陶俑人物形象特征相似。佛像虽然在气质、神态诸多方面因受中华民族审美情感的影响出现变化，但在衣着服饰等方面仍较多地保留了犍陀罗和秣菟罗艺术成分。第16窟主像面相清秀，波状纹发髻显然具有犍陀罗佛像的造型特点，而身上内穿僧祇支，外穿褒衣博带式的服装样式，体现了鲜卑民族对汉文化的吸收，更表现出其强大自信、兼容并包的精神面貌。以第6窟为

图 2 第 6 窟西壁佛像　　图 3 第 5-12 窟佛像

代表的中原风格造像，其神态、服饰焕然一新（图2）。丰瘦适宜、眉疏目朗的面相给人以温静慈和、儒雅亲切的感觉，褒衣博带式的服饰显得潇洒飘逸且富有生气，已然"化梵为夏"。以第9、10窟为代表的中期洞窟窟门两侧的护法神，将希腊神话中的人物和中国守门神的造型相融合，兼具中西文化形象元素，博采众长。不论是外来风格还是本土风格，表现形式打破了印度和西域地区本土雕塑的束缚，中国艺术特色明显（图3）。在造型技巧上，以各种佛教故事为代表的雕刻，采用虚实相间的技法，通过容貌、神态刻画，表现出人物各不相同的性格，具有艺术感染力和社会教化之用。题材表现上反映出法华、弥勒等多种义理思想。在审美情感上，很好表达了中国传统文化奉献孝亲、扬善抑恶的价值取向。云冈石窟呈现出很多不同于印度、中亚石窟的新元素，开创了石窟艺术中国化的诸多新形式。

云冈石窟对佛教雕塑艺术的吸收与融合，经历了接纳、改造的过程，极大地丰富中国雕塑的造型语言和内容，促使了中国雕塑艺术的多元化发展。

二、多民族交流融合之结晶

回溯历史，秦汉以来，汉族和少数民族都把"大一统"作为共同的政治理想。古代不同民族之间的交往交流交融是中华民族得以形成和发展的重要动力。云冈石窟是早期佛教艺术大规模植根中国的杰出代表。淝水之战

（383）结束后，鲜卑拓跋部建立了北魏政权，太武帝北讨柔然，西征夏国，克定关中，攻灭北燕、北凉，完成统一北方大业，在国家建设中网罗人才，吸收先进地区文化，迎来了我国历史上第二次东西文化交流的高潮。大同在当时不仅是北魏都城，还是吸收印度、中亚文化艺术，融合西域诸国和山东六州、关中长安、河西凉州、东北和龙等地区各民族文化与艺术的聚集之地。到5世纪中叶，平城已成为中国北方政治、经济、文化的中心。大规模的人口迁徙使这一区域的民族结构发生了很大变化，汉、鲜卑、氐、羌、乌桓、丁零等各民族徙民汇聚一起，草原文化和农耕文化交相融合，共同铸造着中原文明。

同时，佛教东传，来自西域各地的高僧沿着丝绸之路来到平城弘传佛法。太武帝平定凉州后"徙其国人于京邑，沙门佛事皆俱东，象教弥增矣"。平城成为胡商梵僧云集之地、中华佛教的新中心。一代代主持者和精工巧匠，将印度、凉州、关中等各地佛教艺术样式融于云冈石窟的雕造之中，使其呈现出鲜明的时代风格。昙曜五窟规制宏伟。身躯挺拔、宽额广颐、唇上蓄八字胡须的印度佛教造像特点与肩宽体阔、挺然大丈夫之相的拓跋鲜卑民族形象相结合，佛衣轻薄贴体、衣纹流畅的印度恒河流域和芨多地区造像特点与着衣厚重、衣纹凸起的犍陀罗造像特点相结合，显现出纯朴浑厚的艺术风格。中期石窟雕饰华丽，穹窿顶式形制（第5窟）、佛殿式形制（第9窟）与龟兹石窟大像之后雕琢礼拜道相结合，中国汉式仿木构建筑与地中海希腊罗马建筑样式相结合，以第12窟为代表的中国传统乐器与西域乐器相结合共同演绎北魏音乐艺术等，无不彰显出变化多样、美轮美奂的中西艺术交融之风。晚期石窟造像细颈削肩、清秀俊逸，是南北朝中国北方石窟"秀骨清像"造型之滥觞。异彩纷呈的佛教艺术元素在云冈石窟交融，其样式、风格对中国北部佛教石窟艺术产生了深远影响。

云冈石窟见证了北魏经济文化发展繁荣的历史，见证了佛教传入中原并与中国皇权相结合的历史，见证了5世纪中国各民族在碰撞中走向大融合的历史。印度佛教造像本身在东传过程中受到了波斯、粟特、罽宾、龟兹、鄯善、焉耆等诸国艺术的影响而不断演变；在北魏官员主导下，参与云冈石窟雕琢的群体中，有来自西域的僧人和工匠、来自长安和山东的官吏与庶民，还有北方归属的游牧民族和迁徙北上的南朝士大夫，多元的群体构成使云冈石窟有了"和而不同"的多面呈现。石窟艺术所包含的社会、历史、文化价值，使其成为展现中国古代佛教艺术和中华传统艺术的独特代表。

三、新时代之文化传承

就云冈石窟而言，它对促进、凝聚中华民族共同体意识主要体现在云冈文化内涵的多重属性和传递文化的重要价值。云冈石窟兼具历史、宗教、社会、科学属性。作为一种文化载体，它不只包含中华文明一种文化形态，而是兼具数个世界级文明在古丝绸之路上多次碰撞与融合形成的多元文化形态。所以云冈石窟最本质的特征是其世界性，它成为继巴米扬大佛之后大型石窟中犍陀罗佛教艺术的代表。身处其中，人们能够深切感受到中西文化的交融交汇和多民族交流的辉煌。

云冈石窟是古代中西文化交流和人民友好往来的实物佐证，更是具有全球影响力的中国历史文化遗产的重要价值传播之地，可为各国游客展示中国古代的艺术文化和社会文化。旅游是行走的文化，文化是旅游的灵魂。讲好云冈文化遗产的故事，就是让文物走近大众的第一步。各方游客通过在旅游中感悟中华传统文化的巨大魅力，有利于建立自觉的文化自信。云冈石窟在促进地方社会经济发展和中华民族文化认同、增强公众的遗产保护意识等方面具有重要的社会价值。通过挖掘、弘扬南北朝时期兼容并包的文化，人们能够感悟到中华文化的和而不同，不断铸牢中华民族共同体意识。

原文刊载于《中国文物报》2023年8月4日第006版

图书在版编目（CIP）数据

交融与创新：北魏平城时代研究论集 / 云冈研究院编. -- 上海 : 上海人民美术出版社, 2025. 1. -- ISBN 978-7-5586-3097-2

Ⅰ．K239.210.7-53

中国国家版本馆CIP数据核字第2025HS7538号

出 品 人　　侯培东

统　　筹　　邱孟瑜

交融与创新：北魏平城时代研究论集

编　　者：云冈研究院
责任编辑：朱卫锋　张　璎
特约审稿：袁啸波
装帧设计：金　璐　黄婕瑾
图文制作：施韧鸣　魏翠连
技术编辑：王　泓
出版发行：**上海人民美術出版社**
　　　　　上海市闵行区号景路 159 弄 A 座 7F
　　　　　邮编：201101
网　　址：www.shrmbooks.com
印　　刷：上海丽佳制版印刷有限公司
开　　本：787mm×1092mm　1/16　24.5印张
版　　次：2025 年 1 月第 1 版
印　　次：2025 年 1 月第 1 次
书　　号：ISBN 978-7-5586-3097-2
定　　价：188.00 元